COMO SER UM PROFESSOR REFLEXIVO EM TODAS AS ÁREAS DO CONHECIMENTO

| H333c | Hartman, Hope J.
Como ser um professor reflexivo em todas as áreas do conhecimento / Hope J. Hartman ; tradução: Alexandre Salvaterra ; revisão técnica: Luciana Vellinho Corso. – Porto Alegre : AMGH, 2015.
328 p. : il. ; 23 cm.

ISBN 978-85-8055-464-9

1. Docência – Formação. 2. Docência - Qualificação. I. Título.

CDU 377.8 |
|---|---|

Catalogação na publicação: Poliana Sanchez de Araujo – CRB 10/2094

HOPE J. HARTMAN
The City College of New York

COMO SER UM PROFESSOR REFLEXIVO EM TODAS AS ÁREAS DO CONHECIMENTO

Tradução
Alexandre Salvaterra

Revisão técnica
Luciana Vellinho Corso
Professora Adjunta da Faculdade de Educação da
Universidade Federal do Rio Grande do Sul (UFRGS)
Mestre em Educação pela Universidade de Flinders – Austrália
Doutora em Educação pela UFRGS

AMGH Editora Ltda.
2015

Obra originalmente publicada sob o título
A Guide to Reflective Practice: For New and Experienced Teachers, 1st Edition
ISBN 0073378348 / 97800733783343

Original edition copyright © 2010, McGraw-Hill Global Education Holdings, LLC., New York, New York 10121. All rights reserved.

Portuguese language translation copyright © 2015, AMGH Editora Ltda., a Grupo A Educação S.A. company. All rights reserved.

Gerente editorial: *Letícia Bispo de Lima*

Colaboraram nesta edição

Editora: *Priscila Zigunovas*

Assistente editorial: *Paola Araújo de Oliveira*

Capa: *Ângela Fayet | Illuminura Design*

Imagem de capa: © *Olgalebedeva | Dreamstime.com*

Preparação de original: *Franciane de Freitas*

Leitura final: *Cristine Henderson Severo*

Editoração eletrônica: *Formato Artes Gráficas*

Reservados todos os direitos de publicação, em língua portuguesa, à AMGH EDITORA LTDA.
uma parceria entre GRUPO A EDUCAÇÃO S.A. e McGRAW-HILL EDUCATION
Av. Jerônimo de Ornelas, 670 – Santana
90040-340 Porto Alegre RS
Fone (51) 3027-7000 Fax (51) 3027-7070

É proibida a duplicação ou reprodução deste volume, no todo ou em parte, sob quaisquer formas ou por quaisquer meios (eletrônico, mecânico, gravação, fotocópia, distribuição na Web e outros), sem permissão expressa da Editora.

SÃO PAULO
Av. Embaixador Macedo Soares, 10.735 – Pavilhão 5 – Cond. Espace Center
Vila Anastácio – 05095-035 – São Paulo SP
Fone (11) 3665-1100 Fax (11) 3667-1333

SAC 0800 703-3444 – www.grupoa.com.br
IMPRESSO NO BRASIL
PRINTED IN BRAZIL

*Este livro é dedicado aos meus pais, Lillian e
Philbert Hartman, meus primeiros e melhores professores.*

Sumário

Prefácio 9
1 Reflexões sobre a prática 13
2 A gestão reflexiva do ensino 23
3 A comunicação reflexiva na sala de aula 48
4 Aspectos emocionais do pensamento e da aprendizagem 69
5 A gestão reflexiva da sala de aula 88
6 O pensamento relexivo e crítico dos alunos 110
7 Práticas de avaliação reflexiva 132
8 O ensino de estratégias para promover a reflexão 158
9 A leitura reflexiva e crítica 185
10 Ensino reflexivo de matemática 204
11 Ensino reflexivo de ciências 224
12 Prática reflexiva no ensino de inglês 252
13 O aprendizado reflexivo de línguas estrangeiras 276
14 O ensino reflexivo de história 294
Índice 318

Prefácio

Este livro foi desenvolvido para ajudar professores novos e experientes a ensinar usando o pensamento reflexivo e crítico e estimulando os alunos a também praticá-lo. O ensino reflexivo tem o objetivo de ajudar os alunos a aumentar a consciência sobre suas ideias e conhecimentos, além de ampliar o controle sobre a aprendizagem e o pensamento. Ensinar de forma reflexiva e crítica significa tornar-se mais ciente de seus próprios pensamentos e conhecimentos sobre ensino e aprendizagem, além de aumentar o controle sobre seu pensamento, seus conhecimentos e suas atividades de ensino. O objetivo primordial é que os alunos se tornem pensadores e aprendizes independentes exemplares, capazes de adquirir, utilizar, avaliar e modificar seu conhecimento e suas habilidades na escola e na vida cotidiana. Para atingir essa meta, eles precisam de filosofia e prática especializadas, que são caracterizadas pelo seu próprio pensamento reflexivo e crítico.

A ORIGEM

Este livro é o resultado de mais de 30 anos de trabalho com professores e alunos de todas as séries e níveis de ensino sobre como pensar de forma reflexiva e crítica a respeito do ensino e da aprendizagem. Minha carreira tem sido abençoada com experiências ricas e diversificadas com professores de todas as séries e níveis de ensino, em todos os assuntos e em ambientes urbanos, suburbanos e rurais. Devo muito a todos eles por terem me ajudado a entender o que realmente acontece nas salas de aula e como a teoria sobre pensamento, ensino, aprendizagem e tecnologia pode ser aplicada para melhorar os processos de ensino e aprendizagem. Também me ajudaram a entender a importância de se concentrar em estratégias de pensamento para disciplinas específicas em termos de ensino e aprendizagem, assim como estratégias de pensamento que transcendem disciplinas específicas. Por fim, contribuíram para a minha compreensão do "macrocenário" necessário tanto para ensinar por meio de um pensamento reflexivo e crítico quanto para usá-lo. Trata-se de uma necessidade fundamental para professores novos e experientes.

A ORGANIZAÇÃO

O livro se divide em duas partes. A primeira é dedicada a questões de prática reflexiva com importância geral para professores novos e experientes, independentemente das disciplinas ensinadas. Os temas da primeira parte (Capítulos 1 a 8) incluem gestão da sala de aula, estratégias de ensino e avaliação. A segunda parte (Capítulos 9 a 14) trata do pensamento reflexivo e crítico em cada uma das principais áreas de conteúdo, como ciências, linguagem e história.

Cada capítulo começa com uma visão geral e termina com um resumo e uma identificação de recursos, incluindo referências a ideias apresentadas no capítulo.

TEMAS

Os temas desenvolvidos em todo o livro abordam o conhecimento prévio dos alunos, incluindo preconceitos que podem inibir a aprendizagem; o questionamento como estratégia para promover o pensamento reflexivo e crítico; a utilização de organizadores gráficos para melhorar a compreensão e a memória, bem como ajudar a entender as relações entre ideias; a compreensão das diferenças entre especialistas e novatos; a satisfação das necessidades de aprendizes culturalmente diferentes; e o uso de tecnologias para aprimorar o ensino e a aprendizagem.

AGRADECIMENTOS

Sou muito grata aos quatro revisores anônimos que fizeram excelentes comentários em relação a uma versão anterior deste livro. Seus conselhos ajudaram a orientar minhas revisões e a dar forma a sua versão final. Minhas editoras, Jill Eccher e Allison McNamara, foram cruciais nesse processo. Por isso, gostaria de agradecer a ambas. Meus profundos agradecimentos também a Cheryl Smith, cuja edição do texto original melhorou seu fluxo e organização; e a Rachel Castillo, minha gerente de produção, por garantir que o texto e as figuras estivessem de acordo com meus objetivos.

O falecido Howard E. Gruber, meu principal mentor profissional, inspirou meu interesse em melhorar o pensamento por meio de um seminário de pós-graduação em 1973. Em 1974, ensinamos juntos em um curso de graduação chamado "Como pensar melhor". Em minha carreira como professora, formadora de professores particulares, pesquisadora, avaliadora e desenvolvedora de currículo e de profissionais, tenho enfatizado esse tema desde então. Serei eternamente grata a ele por sua liderança, sabedoria e apoio.

Sou extremamente grata a Zoë Putnam pela ótima edição de uma versão anterior deste livro, bem como por sua orientação multifacetada. Ela realmente tem sido uma das minhas "superprofessoras", influenciando minhas crenças mais profundas, valores e comportamento.

Minha filha, Alicia Volkheimer, e meu falecido marido, Michael J. Holub, me forneceram ideias preciosas sobre prioridades, pensamento positivo e persistência.

Por fim, agradeço a Bob Wechsler pelo apoio contínuo, pois trabalhamos simultaneamente em nossos livros.

Hope J. Hartman
The City College of New York

1
Reflexões sobre a prática

Q uais tipos de dificuldades você encontra no ensino? Por que elas acontecem? Até que ponto você pensa de forma reflexiva e crítica sobre seu ensino para poder abordar tais problemas com mais eficácia?

Quais são os tipos de dificuldades que seus alunos têm no aprendizado? Quais são as suas causas? Até que ponto seus alunos pensam de forma reflexiva e crítica sobre sua própria aprendizagem para que possam resolver seus problemas?

Quais estratégias podem ser usadas para ajudar seus alunos a desenvolver habilidades de pensamento reflexivo e crítico para que possam se tornar aprendizes independentes e autônomos?

O QUE É A PRÁTICA REFLEXIVA?

Esses tipos de perguntas sobre seu ensino e o pensamento e aprendizagem de seus alunos resumem a prática de ensino reflexivo. Mostram que você está atento a:

1. identificar problemas ou crises que ocorrem no ensino;
2. pensar sobre as causas de eventos em sala de aula;
3. refletir sobre suas próprias ações;
4. fazer esforços no sentido de aumentar seu próprio sucesso e o sucesso de seus alunos.

A prática de ensino reflexivo se concentra em "pensar sobre fazer" antes, durante e depois de uma aula. O aprendizado reflexivo se concentra em "pensar sobre fazer" antes, durante e depois de uma atividade de aprendizagem. Em sua forma mais eficaz, o ensino reflexivo funciona como um modelo para seus alunos e os ajuda a se tornarem aprendizes reflexivos. A prática reflexiva oferece benefícios para professores, alunos, administradores e até mesmo pais.

A prática reflexiva é um processo de introspecção. Por meio da análise e avaliação crítica de pensamentos, posturas e ações passados, atuais e/ou futuros, o professor se esforça para obter novas ideias e melhorar o desempenho no futuro.

Muitas vezes, a prática reflexiva ocorre como uma reação a um problema que surgiu ao tentarmos entendê-lo e lidar com ele; contudo, também pode ser utilizada de forma proativa para evitar que problemas surjam. Tornar-se um profissional reflexivo exige esforços intensivos e conscientes no princípio. Com a prática e a experiência, porém, é possível aplicar a reflexão automaticamente à experiência diária, tanto dentro como fora da sala de aula.

Schon introduziu dois conceitos importantes da prática reflexiva: a "reflexão sobre a ação" e a "reflexão na ação". Ambos são enfatizados em todo este livro.

A **reflexão sobre a ação** geralmente se refere a pensar em como será e como foi seu desempenho, avançando para frente e para trás. No ensino, isso costuma corresponder a planejar uma aula e conduzi-la e, em seguida, avaliar a aula e seu sucesso. A avaliação deve levar a ideias sobre como melhorar suas ações no futuro; portanto, retroceder gera avanço. Muitas vezes, a **reflexão na ação** é caracterizada como "pensar na hora", ou seja, enquanto você está participando da ação. No ensino, isso frequentemente corresponde a pausar durante uma aula para verificar a compreensão e a aprendizagem dos alunos, bem como se os métodos utilizados estão levando na direção certa ou se é preciso tentar algo diferente.

A observação é um componente importante do pensamento reflexivo, porque permite avaliar várias situações. Algumas observações dependem de utilizar seus sentidos, como ver e ouvir aquilo que está acontecendo. Tais observações ajudam a determinar quais condições estão facilitando o ensino e a aprendizagem e quais condições estão impedindo-os. A recordação é outro componente do pensamento reflexivo, pois permite que você use sua memória para recuperar observações feitas em outros momentos. A combinação e a consideração de observações atuais e antigas ajudam a desenvolver uma imagem mais clara dos fatores que afetam o ensino e o aprendizado.

Fases da prática reflexiva

A edição de 1933 de *How We Think*, de Dewey, contém um capítulo inteiro sobre o pensamento reflexivo. Dewey (1933) identifica cinco fases ou funções da atividade reflexiva.

1. *Sugestão*. A sugestão se refere a ideias que surgem espontaneamente, estando relacionada a um pensamento focado. É importante reconhecer e apreciar a sugestão, porque as ideias não ocorrem em isolamento. Elas ocorrem em um contexto que contém pensamentos relacionados e os transmite automaticamente, se você permitir. No pensamento reflexivo, é importante perceber que as informações apresentadas como fatos têm possíveis interpretações alternativas.

A sugestão também inclui inferências. As inferências vão além das informações factuais fornecidas em uma observação. O pensamento reflexivo envolve suspender o julgamento, procurar observações adicionais e reconsiderar a validade de fatos e inferências em vez de aceitá-los e agir de acordo com eles, com o pressuposto de que são verdadeiros quando foram inicialmente apresentados.

2. *Intelectualização.* A intelectualização se refere a ultrapassar a experiência emocional de se sentir perplexo devido a um obstáculo ou problema. Envolve os processos intelectuais de ultrapassar a reação espontânea original à dificuldade sentida, reconhecer a confusão e a complexidade dos problemas e entender as situações em que ocorrem. Para resolver um problema, ele precisa ser claramente identificado e definido no contexto.

3. *Ideia/hipótese orientadora.* Depois que a resposta inicial a um problema é convertida de reação emocional para reação intelectual, é possível exercer mais controle sobre a situação e ter uma ideia melhor acerca de como solucionar o problema. Fatos, sugestões e novas ideias são transformados em uma hipótese experimental que orienta a resolução de problemas. Observações adicionais, fatos, inferências, sugestões e intelectualização podem levar à reformulação da hipótese.

4. *Raciocínio.* Mentes bem embasadas elaboram ideias geradas a partir do teste de hipóteses; assim, diferem de seu estado inicial. O conhecimento e a experiência prévios, em conjunto com conceitos da cultura atual, ajudam a transformar informações a fim de produzir ideias relacionadas para que, por fim, exista uma cadeia de pensamentos estendidos e relacionados. Por meio do raciocínio, ideias que parecem estar inicialmente em conflito são resolvidas ou sintetizadas.

5. *Testagem da hipótese pela ação.* A fase final da reflexão envolve fazer um teste por meio de observação ou experimento para verificar uma ideia. Se a ideia for verdadeira, haverá determinadas consequências. Tanto os sucessos (a ideia é válida) como os fracassos (a ideia é inválida) são significativos, porque fornecem informações importantes ao pensador reflexivo. A validação pode levar à formulação de conclusões sólidas sobre a situação do problema. Fracassos podem levar à identificação de novas observações que devem ser feitas, gerando novas hipóteses, definindo novos problemas e esclarecendo problemas existentes. Na perspectiva de Dewey, a experiência é uma professora, uma vez que, com a reflexão, pode influenciar a qualidade da prática no futuro.

A prática reflexiva tem implicações diferentes para profissões diferentes. O livro *The reflective practitioner: how professionals think in action*, de Schon (1983), que rapidamente se tornou um clássico moderno, é dedicado às profissões de arquitetura, psicoterapia, ciência e planejamento urbano. Em 1987, ele escreveu um livro que tratava especificamente da prática reflexiva na educação. Sua ênfase em como "pensar sobre como fazer" é muito parecida com as ideias de John Dewey sobre o pensamento reflexivo (SCHON, 1987).

A prática reflexiva envolve a integração de aspectos do ensino que, muitas vezes, são tratados como fatores sequenciais ao invés de simultâneos. Um exemplo é teoria, pesquisa e prática. Apesar de normalmente serem tratadas separadamente nos cursos de formação de professores, os profissionais reflexivos combinam essas três formas de conhecimento enquanto estão ensinando. Outro exemplo é pensar e fazer. Os professores reflexivos sintetizam o pensar e o fazer durante uma aula. Um terceiro exemplo é a escola e a experiência cotidiana. Os professores reflexivos fazem conexões explícitas entre aquilo que os alunos aprendem na escola e as aplicações desse conhecimento na experiência cotidiana. Isso é feito enquanto ensinam as matérias, e não depois.

OBJETIVOS E TEMAS DESTE LIVRO

Este livro foi criado para ajudá-lo a atingir os objetivos de promover a prática reflexiva em seu ensino e na aprendizagem dos alunos. Baseia-se em teorias e pesquisas atuais sobre como as pessoas aprendem e como ensinar de maneira que o aprendizado seja maximizado. As diferentes estratégias são elaboradas tendo-se em mente as necessidades de professores novos e de professores experientes de ensino fundamental e médio.

O questionamento

O questionamento é uma estratégia importante para melhorar o pensamento reflexivo. Perguntas que instigam o pensamento sobre seu ensino foram incluídas em todo o livro a fim de ajudá-lo a desenvolver o hábito de se questionar e questionar seus alunos para que seja possível orientar sua própria prática reflexiva no ensino, bem como ajudar seus alunos a aprender a avaliar e orientar seu próprio pensamento e aprendizado reflexivos.

Conhecimentos prévios

Quais tipos de pressupostos você faz sobre seus alunos? Eles são "recipientes vazios", sem nenhum conhecimento sobre aquilo que devem aprender com você? Essa costumava ser a opinião predominante a respeito dos aprendizes, mas tem perdido a força recentemente.

Os alunos entram na sala de aula com conhecimentos prévios sobre muitas das coisas que devem aprender. Alguns desses conhecimentos podem ser utilizados como blocos de construção para adquirir novas informações, o que torna a aprendizagem mais significativa. Entretanto, um dos problemas mais comuns e difíceis que você provavelmente encontrará são alunos que entram na sala de aula com ideias inválidas aprendidas em suas experiências cotidianas, em livros e até mesmo em outras aulas das quais participaram ao longo dos anos.

Pode ficar aparente que a aprendizagem de um aluno está contaminado por conhecimentos prévios inválidos, ou seja, algum preconceito ou concepção errônea que inibe a aprendizagem. Às vezes, é evidente que houve um problema de comunicação ou compreensão acerca de algo que foi dito por um professor ou que estava no livro. Consequentemente, a mudança de perspectiva altera as ideias dos professores a respeito de como ensinar uma matéria específica a alunos específicos em situações específicas.

Teorias ingênuas, preconceitos e concepções errôneas são termos que se referem a concepções problemáticas que podem impedir a aprendizagem. Atualmente, muitas pessoas preferem o termo "preconceitos" em vez de "concepções errôneas"; trata-se de uma maneira de se distanciar dos modelos "deficitários" de pensamento e aprendizagem. Esses tipos de concepções ocorrem em todas as séries e em todas as disciplinas, sendo encontrados em professores e também em alunos. Uma das finalidades deste livro é ajudar você e seus alunos a perceber os preconceitos e implementar estratégias para desenvolver concepções válidas e completas.

A diversidade cultural

Outra finalidade deste livro é ajudá-lo a perceber e contestar os pressupostos que faz sobre seus alunos, além de auxiliar seus alunos a perceber e contestar os pressupostos que fazem sobre si mesmos como aprendizes e sobre o conteúdo que estudam na escola. Desafiar os pressupostos feitos por você e por outras pessoas é parte da essência do pensamento crítico. Um corolário para contestar pressupostos é fornecer provas sólidas e substanciadas para embasar conclusões. Esse tipo de pensamento crítico é essencial para um ensino e uma aprendizagem eficazes; seu desenvolvimento é um dos principais temas deste livro.

Até que ponto você e seus alunos fazem pressupostos acerca de pessoas com base em sua origem cultural ou étnica? Nos Estados Unidos e no mundo todo, muitas culturas estão ficando cada vez mais diversificadas. A prática reflexiva ajuda professores e aprendizes culturalmente diferentes a trabalhar juntos de forma mais eficaz e respeitosa. Ambientes de aprendizagem multiculturais podem ser fontes muito ricas para fomentar a reflexão e o pensamento crítico, pois é provável que existam várias perspectivas distintas.

Quando falamos em aprender uma língua estrangeira nos Estados Unidos, a maioria pensa em espanhol, francês, italiano, chinês, alemão ou russo. No entanto, para um número significativo e crescente de alunos, o próprio inglês é uma língua estrangeira, porque não é sua língua materna. Evidentemente, os professores de inglês como segunda língua e como língua estrangeira estão cientes desse fato, mas, muitas vezes, os professores de disciplinas, como ciências, matemática e história, não pensam a respeito desse problema a menos que reflitam sobre como é a aprendizagem do ponto de vista de seus alunos.

Com frequência, nosso etnocentrismo inibe a consciência e a apreciação do fato de que muitos de nossos alunos têm a tarefa dupla de aprender o conteúdo (como ciências) enquanto simultaneamente aprendem o inglês como língua estrangeira, na qual se insere o conteúdo. Professores reflexivos pensam sobre suas práticas em sala de aula, suas ações e comunicação, bem como sobre as perspectivas dos alunos em relação àquilo que estão aprendendo.

Fatores culturais – incluindo o idioma nativo dos alunos e questões de origem familiar, como *status* socioeconômico – podem ter grande impacto no sucesso acadêmico. Até que ponto você está ciente dos fatores culturais/familiares que afetam seus alunos? Por exemplo, até que ponto os pais deles estão envolvidos no trabalho escolar? Outros integrantes da família (como irmãos, tias ou avós) contribuem para o sucesso acadêmico de seu ensino? Até que ponto a família participa de atividades escolares ou frequenta eventos da escola? Nos casos em que os pais não participam, quais são os motivos? Muitas vezes, os pais não se envolvem com a educação dos filhos por causa de conflitos com o horário de trabalho. Até que ponto isso é um problema para seus alunos? Como você poderia descobrir? Como seria possível superar esse obstáculo na comunicação com os pais de seus alunos e, talvez, aumentar seu envolvimento? Algumas estratégias serão apresentadas neste livro.

Experientes *versus* novatos

Uma característica da prática reflexiva que transcende as várias profissões é a ênfase no pensamento sobre suas experiências profissionais a fim de descobrir abordagens novas e melhores para atingir suas metas. Ao final de um dia de ensino, os professores experientes e novatos costumam pensar a respeito de suas aulas e considerar o que deu certo e o que deu errado ou não ocorreu conforme o esperado. O objetivo dessa reflexão é melhorar o ensino.

Às vezes, os professores novatos acham que os experientes têm todas as respostas. Pelo contrário! Os professores experientes nem sempre conseguem alcançar seus alunos nas primeiras tentativas, mas estão dispostos a identificar suas falhas com posturas de abertura e aceitação; estão abertos a assumir os riscos de testar abordagens novas ou adaptar abordagens antigas para satisfazer as necessidades de alunos específicos em situações específicas.

Os professores experientes sabem que ensinar costuma ser uma atividade complexa que requer superação de dificuldades, paciência e persistência. Tentam encontrar motivos para a falta de sucesso examinando as experiências de aprendizagem do ponto de vista do aluno, não apenas do seu. Percebem a importância de prestar atenção e reconhecer as diferenças individuais nos alunos como aprendizes. Frequentemente, essa mudança de perspectiva – não se concentrar naquilo que faz sentido para eles, mas sim naquilo que faz sentido para seus alunos – gera ideias novas e decisivas sobre o motivo do ensino não ter alcançado o nível desejado de sucesso.

Os aprendizes novatos são muito parecidos com os professores novatos. Eles costumam acreditar (erroneamente) que os alunos experientes acertam as perguntas de modo rápido e fácil. Não percebem que, muitas vezes, os alunos experientes ficam confusos durante a aprendizagem e se esforçam para aprender matérias novas de modo a entendê-las, lembrá-las e poder aplicá-las a novas situações. Outro tema deste livro são as características de professores experientes e novatos, bem como de aprendizes experientes e novatos, em disciplinas gerais e específicas.

Tecnologias

Por fim, a educação atual dispõe de inúmeros recursos tecnológicos de valor para promover a prática reflexiva. Todavia, o melhor uso das tecnologias é para complementar (em vez de substituir) o ensino e o aprendizado de pessoa para pessoa. Uma diretriz relacionada ao uso das tecnologias é considerar se você pode alcançar os mesmos objetivos educacionais sem elas. A tecnologia trabalha para a educação – e não o contrário – apenas quando a resposta é negativa. A utilização de tecnologias para promover uma prática reflexiva e crítica no ensino e na aprendizagem é outro tema importante deste livro.

COMO SER UM PROFESSOR REFLEXIVO

Por que você deseja ser um profissional reflexivo? Muitos professores respondem que desejam se esforçar para ajudar seus alunos a aprender/desenvolver todo o seu potencial. Para conseguir isso, é necessário observar seu desempenho como professor e estar aberto para descobrir seus próprios pontos fortes e fracos. Ser defensivo em relação às suas deficiências (ou negar a existência delas) é a antítese do ensino reflexivo. As limitações são oportunidades para o crescimento! A sala de aula deve ser vista como um laboratório para novas ideias, criatividade e experimentação cujo objetivo é melhorar o ensino e a aprendizagem.

Refletir sobre seu ensino antes de uma aula faz parte do processo de planejar o que será ensinado, quando, por que e como. Trata-se de reflexão sobre a ação. Refletir durante uma aula faz parte do processo de conferir ou monitorar a compreensão da aula pelos alunos e seu progresso em relação a atingir as metas e os objetivos almejados. Nesse estágio, a reflexão possibilita a revisão instantânea dos planos com base nas experiências e necessidades dos alunos. Após identificar um problema na sua totalidade ou dominá-lo, é possível inventar uma nova abordagem ou adaptar uma abordagem existente para impedir que as dificuldades continuem ou, até mesmo, aumentem. Trata-se de reflexão na ação.

A reflexão depois de uma aula ajuda a avaliar o progresso, identificar pontos fortes e fracos e planejar as próximas aulas com base nessa análise e em comentários empíricos. É outra dimensão da reflexão sobre a ação. Consequentemente, a prática reflexiva é um ciclo de gestão recursivo (e não linear) do planejamento, do monitoramento e da avaliação de seu desempenho por meio da reflexão sobre a ação e na ação. Os processos de planejamento, monitoramento e avaliação do ensino (e da aprendizagem) são temas recorrentes neste livro; no entanto, são tratados de forma mais abrangente no Capítulo 2 – A gestão reflexiva do ensino.

Um componente importante do planejamento eficaz para a instrução inclui saber quais estratégias de ensino devem ser utilizadas e quando, por que e como utilizá-las. Os mesmos tipos de reflexão também são essenciais para que os alunos usem as estratégias de aprendizagem com eficácia.

A prática reflexiva envolve a adoção da postura de um auto-observador cuidadoso e pensativo, cuja postura em relação ao ensino e às práticas de ensino se baseia nas finalidades e nos valores morais da sociedade. As atividades incluem desacelerar ou parar para perceber o que está acontecendo, indagar acerca de eventos de ensino e seu contexto específico, pensar analiticamente sobre suas ações e criticá-las com uma mente aberta, entender o que está acontecendo, considerar perspectivas alternativas, contemplar o uso de várias ações em potencial e prever suas consequências.

A prática reflexiva facilita a modificação de ações decididas no momento com o intuito de aumentar a eficácia e aprender a partir de suas experiências. Em comparação com os professores não reflexivos, os professores reflexivos têm uma melhor compreensão de si mesmos e de seus alunos; seus pressupostos implícitos; metas e estratégias de instrução; motivações, crenças, posturas, comportamento e o que constitui o sucesso acadêmico. Além disso, são melhores em termos de aproximar a teoria da prática, entendendo quando, por que e como a teoria pode influenciar a prática e percebendo quando existem conflitos entre elas. Os profissionais reflexivos se veem como obras em progresso que evoluem sem parar.

Os professores reflexivos não ficam presos a estereótipos, generalizações ou histórias de sucesso referentes ao uso de determinada abordagem com outros alunos. Percebem que não existe uma melhor forma de ensinar alguma coisa; sabem que os professores precisam ter um repertório de estratégias, além da disposição e das habilidades para fazer adaptações e criar alternativas. Essa perspectiva inovadora transforma o ensino em uma atividade desafiadora, dinâmica e empolgante.

A reflexão sobre falhas no ensino é semelhante às análises de erros que os alunos fazem em relação às respostas quando erram nos testes. Ao fazer uma análise de erros (discutida de forma mais completa no Capítulo 7 – Práticas de avaliação reflexiva), o aprendiz responde a estas perguntas: Onde foi que eu errei? Qual é a informação correta? Por que cometi esse erro? Como posso evitar erros parecidos no futuro? Além de ter uma segunda oportunidade para dominar matérias importantes, os aprendizes também podem encontrar padrões em seus erros e desenvolver estratégias mais eficazes de aprendizagem e memorização para melhorar seu despenho futuramente.

Um modelo cíclico de ensino reflexivo envolve perguntar a si mesmo algumas variações destas cinco perguntas: O que eu fiz como professor? O que eu pretendia alcançar? Por que cheguei a essa perspectiva e abordei a aula dessa forma? Como poderia ensinar de forma diferente? O que e como devo ensinar agora com base em minhas experiências, questionamentos e novas ideias?

Os professores e aprendizes reflexivos são como cientistas: debatem-se com os problemas, geram e testam hipóteses, coletam dados, interpretam resultados, tiram conclusões e identificam limitações em seu próprio trabalho.

ESTRATÉGIAS PARA PROMOVER A PRÁTICA REFLEXIVA

Em que você pensa ao final de um dia de trabalho? Escrever um diário para registrar seus pensamentos é uma boa ideia; assim, você poderá tratar sistematicamente questões importantes, especialmente aquelas que recorrem ou se tornam problemas persistentes. Duas estratégias criadas especificamente para promover a prática de ensino reflexivo com base em suas experiências na sala de aula são: a reflexão orientada e o protocolo de incidentes críticos.

A reflexão orientada

Na reflexão orientada, um professor coleta, individualmente, um conjunto de histórias ou episódios destinados à análise reflexiva e, em seguida, inicia um processo de quatro etapas para refletir sobre cada episódio. Cada etapa é orientada por uma pergunta – uma estratégia comum para o pensamento reflexivo. As perguntas são:
1. O que aconteceu?
2. Por que aconteceu?
3. O que poderia significar?
4. Quais são as implicações para minha prática?

Esse protocolo foi desenvolvido para promover uma reflexão profunda a fim de melhorar o ensino depois de repensar e alterar a prática. Suas experiências de aprendizagem contêm alguns incidentes que poderiam se beneficiar da reflexão orientada?

O protocolo de incidentes críticos

O protocolo de incidentes críticos é semelhante à reflexão orientada, mas foi criado para um trabalho colaborativo com outros professores. É necessário que os professores compartilhem suas histórias com outros professores, recebendo e fazendo comentários em benefício do professor e do grupo. Os grupos utilizam um processo em sete etapas durante 1 hora e 10 minutos.
1. Escrever histórias. Todos os integrantes do grupo escrevem uma história sobre um evento problemático em sala de aula. (10 minutos)
2. Escolher uma história. O grupo seleciona uma história para trabalhar. (5 minutos)
3. O que aconteceu? O autor da história lê o relato escrito daquilo que aconteceu e o insere em um contexto de metas profissionais. (10 minutos)
4. Por que aconteceu? O grupo faz perguntas para tirar dúvidas. (5 minutos)
5. O que poderia significar? O grupo faz perguntas sobre o incidente utilizando o contexto profissional. Os integrantes do grupo agem como profissionais comprometidos que discutem o caso enquanto o apresentador escuta. (15 minutos)
6. Quais são as implicações para a prática? O autor da história reage à discussão e aos comentários dos colegas e tenta identificar novas ideias para melhorar a prática de ensino. (15 minutos)

7. Relatar o processo. O grupo fala sobre o que aconteceu e como o processo funcionou. (10 minutos)

É provável que sua escola tenha professores experientes capazes de compartilhar ideias sobre estratégias de ensino que promovem uma prática reflexiva e que possam orientar professores novatos. Como você pode identificar e se reunir com outros professores para compartilhar e analisar eventos de sala de aula a fim de apoiar seu próprio desenvolvimento profissional e o desenvolvimento profissional dos outros? Crie um repertório de estratégias de instrução para promover a prática reflexiva que satisfaça suas necessidades e as necessidades de seus alunos.

RESUMO

O objetivo deste livro é ajudá-lo a refletir sobre seu modo de ensinar e avaliá-lo de forma crítica, assim como ajudar seus alunos a refletir sobre sua aprendizagem e avaliá-la de forma crítica. A meta é utilizar a reflexão e o pensamento crítico para melhorar o ensino e a aprendizagem. Os temas apresentados ao longo do livro incluem o questionamento, o ativamento e a abordagem dos conhecimentos prévios, as diferenças entre indivíduos experientes e novatos, os fatores culturais que afetam o pensamento e a aprendizagem, o uso de tecnologias para aprimorar o ensino e a aprendizagem e como ajudar seus alunos a pensar de maneira crítica e reflexiva em todas as disciplinas e na vida cotidiana. Várias estratégias de ensino podem ser usadas para promover o pensamento reflexivo e crítico.

REFERÊNCIAS

DEWEY, J. *How we think*. Chicago: Henry Regnery, 1933.
SCHON, D. A. *Educating the reflective practitioner*. San Francisco: Jossey-Bass, 1987.
SCHON, D. A. *The reflective practitioner*: how professionals think in action. New York: Basic Books, 1983.

Leituras sugeridas

BROOKFIELD, S. *Becoming a critically reflective teacher*. San Francisco: Jossey-Bass, 1995.
CLIFT, W. R.; PUGACH, M. C. (Eds.). *Encouraging reflective practice in education*. New York: Teachers College, 1990.
CRUICKSHANK, D.; APPLEGATE, J. Reflective teaching as a strategy for teacher growth. *Educational Leadership*, v. 38, n. 4, p. 553-554, abr. 1981.
HOLE, S.; McENTEE, G. Reflection is at the heart of practice. In: RYAN, K.; COOPER, J. M. *Kaleidoscope*: readings in education. Boston: Houghton Mifflin, 2001. p. 25-29.
McKERNAN, J. *Curriculum action research*: a handbook of methods and resources for the reflective practitioner. London: Kogan Page, 1996.
PACHECO, A. Q. Reflective teaching and its impact on foreign language teaching. *Revista Electronica Actualidades Investigatives en Educación*, v. 5, n.esp., 2005. Disponível em: <http://revista.inie.ucr.ac.cr/uploads/tx_magazine/reflective.pdf>. Acesso em: 14 ago. 2014.

2
A gestão reflexiva do ensino

Este capítulo apresenta muitos dos princípios e estratégias de ensino e aprendizagem reflexivos desenvolvidos ao longo deste livro. Inclui o Modelo BACEIS para melhorar o pensamento, os objetivos do ensino, as diretrizes de ensino, os princípios do ensino crítico e reflexivo e as características de um ambiente de sala de aula reflexivo de sucesso. Também contém várias ideias importantes para ajudá-lo a gerenciar o processo de ensino, incluindo estratégias para uma instrução eficaz e para passar lição de casa. Outros capítulos contêm uma discussão mais aprofundada de estratégias de ensino específicas; o Capítulo 7 oferece um tratamento mais extensivo da avaliação. Os problemas de comportamento são discutidos no Capítulo 5 – A gestão reflexiva da sala de aula.

O MODELO BACEIS PARA MELHORAR O PENSAMENTO

O modelo BACEIS para melhorar o pensamento é a estrutura teórica que embasa as ideias contidas no livro (ver Figs. 2.1 e 2.2). É uma estrutura completa de fatores internos e externos ao aluno que afetam o desempenho acadêmico. Os fatores internos incluem cognição (pensar e saber) e afeto (emoções); os fatores externos são os ambientes acadêmicos e não acadêmicos. O acrônimo BACEIS representa esses fatores como B = *behavior* (comportamento), A = *affect* (afeto), C = *cognition* (cognição), E = *environment* (ambiente), I = *interacting* (interação) e S = *systems* (sistemas).

O modelo afirma que os fatores internos da cognição e das emoções de um aluno estão relacionados um ao outro e também aos fatores externos de ambientes acadêmicos e não acadêmicos. A combinação dessas influências recíprocas afeta o pensamento e o desempenho acadêmico de um aluno.

Como é mostrado nas Figuras 2.1 e 2.2, dois supersistemas interagem um com o outro e com o comportamento. O supersistema interno inclui a cognição e as emoções (afeto) do aluno. Por sua vez, o supersistema externo inclui os ambientes acadêmicos e não acadêmicos. O componente cognitivo envolve capacidades de pensamento (metacognitivas) de nível superior e capacidades (cognitivas) de nível inferior, bem como pensamento crítico, criatividade e estratégias de aprendizagem. A parte do modelo dedicada às emoções consiste em motivação, autocontrole afetivo e posturas. O ambiente acadêmico inclui as características do professor, o conteúdo, as técnicas de instrução e o ambiente de sala de aula. O ambiente não acadêmico consiste em origem familiar, forças culturais e *status* socioeconômico. Tais fatores ambientais interagem entre si e com o restante dos componentes no modelo. A combinação dessas variáveis interativas gera consequências comportamentais referentes ao desempenho intelectual e acadêmico.

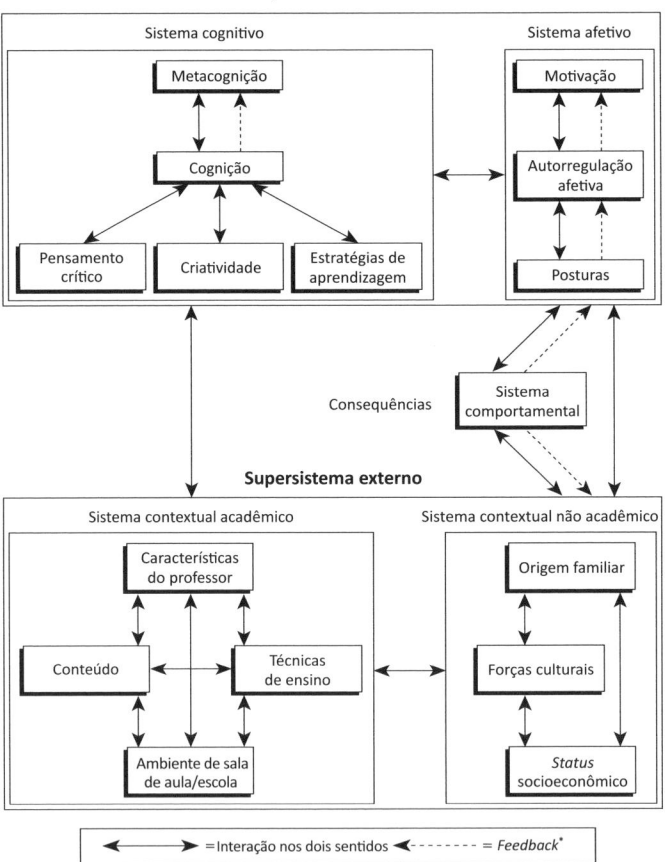

Figura 2.1 Componentes do modelo BACEIS.
Fonte: Hartman e Sternberg (1993, p. 401-425).
Reimpressa com permissão de Springer.

---

* N. de R.T.: *Feedback* significa dar/receber um comentário, um retorno a respeito de uma produção do aluno, por exemplo, que lhe informa os pontos positivos e/ou negativos de seu trabalho, assim como os caminhos a seguir para vencer as dificuldades encontradas.

ANTECEDENTES — SUPERSISTEMA INTERNO	
Sistema cognitivo de Keisha	**Sistema afetivo de Keisha**
Metacognição – exame superficial, imagem – monitoramento da compreensão – autoquestionamento, reanálise	*Motivação* – interessa-se pelo conteúdo e deseja responder às perguntas corretamente – deseja agradar pais e professores
Cognição – codificação de informações – esclarecimento – inferência	*Autocontrole afetivo* – deseja ser um bom leitor – valoriza a leitura
Pensamento crítico – avalia fontes alternativas de energia	*Criatividade* – desenvolve nova forma de purificar gasolina	*Estratégias de Aprendizagem* – atenção seletiva	*Posturas* – bom autoconceito de leitura – curiosidade em relação ao conteúdo devido à profissão do pai – persiste durante a leitura de material difícil

SUPERSISTEMA EXTERNO	
Sistema contextual acadêmico de Keisha	**Sistema contextual não acadêmico de Keisha**
Características do professor – especialista em leitura – vasta experiência de ensino – positivo em relação aos alunos – repertório de ensino diversificado	*Origem familiar* – falantes nativos de inglês – família lê e discute livros durante o jantar – irmãos/irmãs são bons leitores – pai tem posto de gasolina
Conteúdo (texto) – emissões da gasolina – ozônio na atmosfera – carro *versus* transporte público – fontes alternativas de energia	*Forças culturais* – necessidade da leitura como capacidade de sobrevivência na sociedade (sinais, rótulos, vagas de emprego) – a televisão inibe a leitura
Ambiente de sala de aula – alunos contestam a autoridade – recursos acessíveis – conteúdo em nível adequado	*Status socioeconômico* – dinheiro para livros, jornais – tempo de lazer para a leitura – a renda do pai é fundamental para sustentar a família
Técnicas de instrução – ensino recíproco – formação de imagens	

Figura 2.2 Aplicação do modelo BACEIS à leitura.
Fonte: Hartman e Sternberg (1993, p. 401-425).
Reimpressa com permissão de Springer.

Estar ciente dessas influências pode ajudá-lo a entender o macrocenário das forças que afetam o pensamento e o desempenho acadêmico dos alunos. Tal compreensão pode ajudá-lo a desenvolver instruções para melhorar as condições para o desempenho dos alunos. Ao utilizar o modelo para apoiar o desenvolvimento intelectual, é possível intervir em qualquer ponto desse conjunto complexo.

As implicações de instrução do modelo BACEIS estão representadas em uma abordagem de planejamento de aula, chamada de Rich Instruction Model (ver Figs. 2.3 e 2.4).

Rich Instruction Model

O Rich Instruction Model, resumido nas Figuras 2.3 e 2.4, é uma abordagem abrangente para a aplicação do modelo BACEIS ao ensino instrução em sala de aula. Contém três seções: objetivos, núcleo do plano de aula e transferência.

Esse modelo é demasiadamente complexo para ser implementado de uma vez. Os professores concluíram que é melhor adicionar seus componentes aos planos de aula regulares *de forma gradual*, até que suas aulas incluam o modelo inteiro. Por exemplo, você pode começar com os objetivos e acrescentar objetivos de habilidades de pensamento ao conteúdo de uma aula. Em seguida, é possível adicionar objetivos relacionados à postura. Depois, talvez queira trabalhar no núcleo do plano de aula, identificando os benefícios de curto e longo prazo da aula, ou, quem sabe, identificar os conhecimentos prévios dos alunos que são importantes para a aula. Como alternativa, você poderia começar com o núcleo do plano de aula e, mais tarde, trabalhar nos objetivos. Não existe uma maneira "certa" de incluir todos os componentes do modelo no ensino. Faça aquilo que faz mais sentido para você.

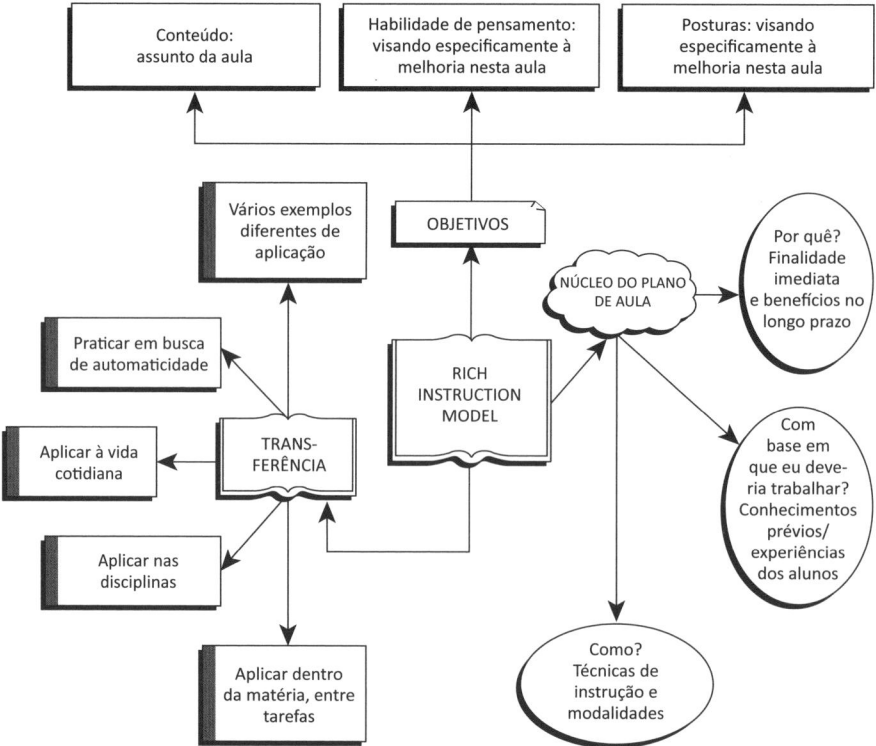

Figura 2.3 Rich Instruction Model.
Fonte: Adaptada de Hartman e Sternberg (1993), com permissão de Springer.

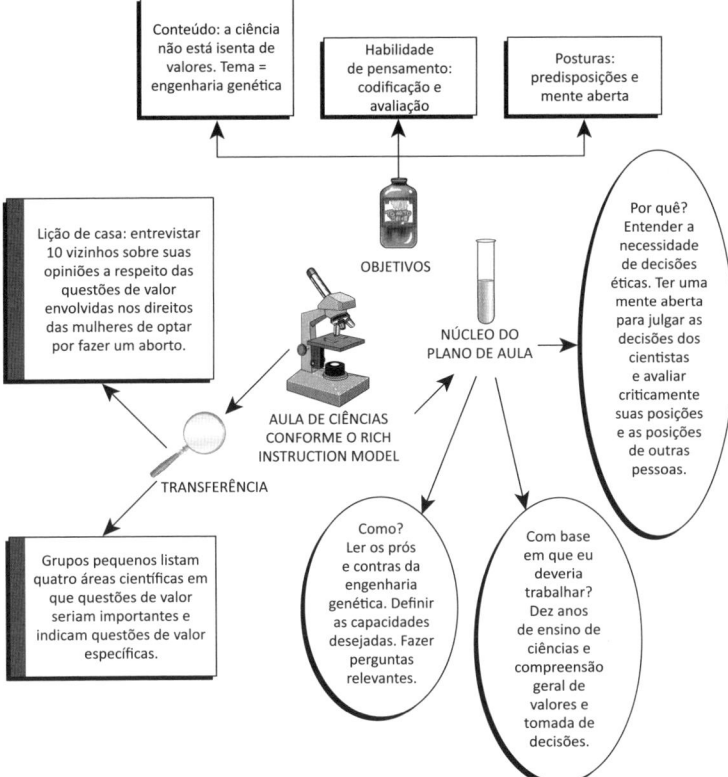

Figura 2.4 Aula de ciências desenvolvida pelo professor conforme o Rich Instruction Model.
Fonte: Adaptada de Hartman e Sternberg (1993), com permissão de Springer.

O Capítulo 14 contém um exemplo de aula de história baseado nesse modelo. Depois de examiná-lo, reflita sobre como e até que ponto seus planos de aula são consistentes com o Rich Instruction Model. Como você poderia começar a incorporar mais fatores do modelo em seu próprio ensino?

OBJETIVOS DE ENSINO

Quais são seus objetivos de ensino? Até que ponto você os apresentou aos seus alunos? Até que ponto seus objetivos são refletidos em seus próprios planos de aula? Os objetivos a seguir foram extraídos do modelo BACEIS para melhorar o pensamento e incluídos no Rich Instruction Model.

1. Aprendizes reflexivos e autônomos e pensadores críticos. O objetivo mais importante do ensino é desenvolver alunos que pensem de forma reflexiva, crítica e autônoma para que sejam aprendizes independentes durante toda a vida. Até que ponto você e seus alunos pensam sobre seu próprio pensamento?

Uma prática de ensino reflexivo não envolve simplesmente transmitir informações aos alunos, dizer-lhes o que está errado e lhes fornecer as respostas corretas – embora tais estratégias às vezes sejam benéficas. Na verdade, tal prática foi criada para ajudar os alunos a se tornarem mais responsáveis pela própria aprendizagem, além de mais reflexivos e críticos em seu pensamento. Ela deve ajudá-los a gerenciar seu próprio desempenho dentro e fora da escola.

O ensino e a aprendizagem reflexivos incluem "reflexão sobre a ação" e "reflexão na ação". Lembre-se de que a reflexão sobre a ação significa que você e seus alunos pensam a respeito e consideram com cuidado quais ações poderiam ser executadas antes de se envolver com uma tarefa (por exemplo, antes de ministrar uma aula no caso dos professores; antes de concluir uma tarefa no caso dos alunos), além de examinar sistematicamente as ações que já foram executadas (por exemplo, como uma aula foi ministrada no caso dos professores; como uma tarefa foi avaliada no caso dos alunos). A reflexão na ação significa que você e seus alunos pensam a respeito e examinam com cuidado aquilo que estão fazendo em tempo real – o que às vezes é chamado de "pensar na hora". Esses conceitos já foram apresentados no Capítulo 1. Você verá que são elaborados ainda neste capítulo e são um tema recorrente em outros capítulos deste livro.

Não existe um único método de ensino que ajudará todos os alunos a se tornarem aprendizes reflexivos e autônomos e pensadores críticos. A instrução diferenciada – definida como a adequação do ensino às necessidades, interesses e características de cada aprendiz – é uma abordagem popular para lidar com as diferenças individuais. Inclui a avaliação dos níveis de desempenho atuais de cada aluno, a identificação de suas preferências de aprendizagem e a personalização dos métodos de ensino (*scaffolding* ou "suportes" personalizados) para corresponder a essas características.

Os professores experientes têm muitas estratégias de ensino em seu repertório e sabem quais estratégias devem usar e quando, além de por que e como usá-las. Por exemplo, algumas estratégias devem ser utilizadas somente durante um curto período e exigem pouco planejamento, enquanto outras são necessárias a longo prazo e exigem um planejamento considerável. Recomendam-se três estratégias para apoiar a instrução diferenciada: estações, programas de trabalho e estudos orbitais. As estações são locais dentro da sala de aula em que os alunos trabalham em diferentes tarefas de modo simultâneo. Os programas de trabalho são listas de tarefas elaboradas para alunos individuais. Os estudos orbitais são investigações individuais que giram em torno de um componente do currículo. É possível aprender mais sobre esses assuntos em Crawford (2008).

2. Participação ativa no processo de aprendizagem. Até que ponto seus alunos participam ativamente do processo de aprendizagem? Observar passivamente enquanto você resolve um problema ou ouvir sua explicação sobre como revisar uma redação ou trabalho não os ajudará muito a longo prazo. Para que a aprendizagem seja significativa e duradoura, a participação do aluno é essencial. O aprendizado significativo é mais bem construído por meio das ações do próprio aprendiz. Oriente os alunos para que façam seu próprio trabalho, como resolver seus próprios problemas e revisar suas próprias redações. Procure ser um treinador ao invés de um palestrante.

3. Conhecimento do conteúdo. Aprender o conteúdo da disciplina também é um objetivo primário. As pesquisas identificam três categorias de aprendizado de conteúdo: adicionar-lhe, aprimorá-lo e alterá-lo. O conceito de adicionar ao conhecimento é um ponto de partida importante, porque os alunos costumam ter conhecimentos prévios acerca da matéria que estão aprendendo. Parte desse conhecimento é válida e pode ser utilizada como blocos de construção. Em muitos casos, os alunos têm conhecimentos prévios que são inválidos e podem inibir o aprendizado.

Construir a partir de conhecimentos prévios válidos é a essência do aprendizado significativo. Portanto, evoque regularmente os conhecimentos prévios dos alunos sobre um tema antes de começar a ensiná-lo ou durante o ensino. Faça conexões sistematicamente entre os conhecimentos prévios dos alunos e as informações novas. Isso deve ser feito na disciplina que está ensinando, entre outras disciplinas e na vida cotidiana.

O aprimoramento dos conhecimentos existentes dos alunos envolve se dar conta de que os estudantes têm as ideias básicas, mas estas precisam ser calibradas, esclarecidas ou elaboradas. Por exemplo, um aluno que aprende a calcular uma média pode saber que é necessário somar todos os números e dividir, mas talvez não saiba por qual número a divisão deve ser feita.

Um terceiro tipo de trabalho relacionado ao conteúdo é *alterar* as informações dos alunos. Muitas vezes, eles têm teorias ingênuas, preconceitos ou concepções errôneas que interferem no aprendizado. Por exemplo, os alunos podem saber que precisam multiplicar conjuntos de números separados por parênteses, mas podem achar que é possível multiplicá-los em qualquer ordem, sem saber que os parênteses mais internos devem ser multiplicados primeiro. Ou, um aluno pode conhecer os termos "osmose" e "difusão", mas confundir suas definições.

Além disso, é comum que professores novatos tenham preconceitos em relação a alguns conteúdos do currículo. Tenha ciência de suas próprias teorias ingênuas e das teorias ingênuas de seus alunos e utilize estratégias de alteração conceitual para superá-las. (As estratégias de alteração conceitual são discutidas no Capítulo 11, sobre ciências.) Não se espera que você saiba tudo, mas é importante se tornar um especialista nas disciplinas que ensina. A especialização demora a acontecer. Por isso, reflita e avalie criticamente seus pontos fortes e fracos em sua disciplina. Muitos recursos voltados ao desenvolvimento profissional estão disponíveis na internet, na escola e nos bairros. Você pode aprender coisas novas, assim como seus alunos!

Por fim, um objetivo importante do ensino de conteúdo é ajudar seus alunos a aprender como é pensar da forma como os especialistas pensam em disciplinas específicas. Os alunos devem aprender como os biólogos pensam e como isso difere do pensamento dos historiadores, que é diferente do pensamento dos matemáticos, que, por sua vez, é diferente do pensamento dos especialistas em inglês.

4. Desenvolvimento de capacidades intelectuais. Ajude a melhorar as capacidades de pensamento reflexivo e crítico dos alunos enquanto desenvolve seus conhecimentos sobre a matéria. Se os alunos souberem pensar, aprender e estudar, poderão entender o conteúdo e se lembrar dele mais facilmente. Muitas vezes, os alunos acham que, se trabalharem mais (ou seja, por mais tempo e com mais concentração), terão um desempenho melhor em seus trabalhos escolares. No entanto, se eles dedicarem mais tempo ao uso de estratégias ineficazes, provavelmente aprenderão pouco e ficarão muito frustrados. Mais nem sempre significa melhor. Às vezes, em vez de estudar "mais", é necessário estudar de forma "mais inteligente". Para fazer isso, os alunos devem refletir sobre suas próprias estratégias de pensamento e aprendizado e avaliá-las de modo crítico, tanto em geral como em disciplinas específicas.

5. Posturas que promovem o pensamento e o aprendizado. Ter todos os conhecimentos e as capacidades bem desenvolvidas do mundo não é garantia de sucesso. Posturas associadas à reflexão e ao cuidado são melhores em termos de promover o sucesso acadêmico do que uma postura de impulsividade. Cultive posturas que motivem seus alunos a adquirir conhecimentos e capacidades com compreensão; ajude-os a descobrir como aplicá-los. Ajude-os a confiar em si mesmos como aprendizes, assim como persistir em caso de dificuldade, frustração ou tédio. Por fim, ajude os alunos a se sentirem responsáveis pelo próprio aprendizado e a serem capazes de controlá-lo.

6. Transferência. A transferência significa aplicar aquilo que foi aprendido a situações que variam (pelo menos um pouco) da situação de aprendizado inicial. Em uma transferência positiva, o aprendizado anterior auxilia o aprendizado posterior. Por exemplo, saber como pegar um ônibus auxilia a aprender a pegar o metrô. Saber somar pode facilitar no momento de aprender a multiplicar. Em uma experiência negativa, o aprendizado anterior interfere no aprendizado posterior. Por exemplo, a pessoa que está acostumada a usar freios de pé em uma bicicleta pode ter dificuldade para aprender a usar um freio de mão. Na transferência nula, o aprendizado anterior não tem efeito no aprendizado posterior. Por exemplo, saber falar russo não tem efeito em aprender a tocar piano.

Tente promover a transferência positiva sempre que possível. Ensine os alunos a aplicar aquilo que aprendem à mesma disciplina, a disciplinas diferentes, à vida cotidiana e a futuras situações profissionais.

7. Ambiente de aprendizado. Crie um ambiente de aprendizado personalizado para alcançar os seis princípios precedentes. Um recente clássico sobre o aprendizado, intitulado *How People Learn*, contém um capítulo excelente dedicado a esse tema. Ele identifica quatro tipos de ambientes de aprendizado: centrado no aprendiz, centrado no conhecimento, centrado na avaliação e centrado na comunidade (BRANSFORD et al., 2000).

Os ambientes centrados no aprendiz enfatizam a necessidade de prestar atenção aos conhecimentos prévios dos alunos e às suas capacidades, posturas e crenças. A finalidade dos ambientes de aprendizado centrados no conhecimento é fornecer conhecimento aos alunos, transformando-os em especialistas na disciplina; atender aos padrões de conteúdo; e ter corpos de conhecimento bem organizados. Também se enfatizam fatores como aprendizado significativo, ensino voltado à transferência e compreensão do "macrocenário".

Os ambientes de aprendizado centrados na avaliação combinam o currículo com as avaliações e usam comentários para avaliações formativas e somatórias, a fim de promover um aprendizado com compreensão.

Os ambientes centrados na comunidade consideram a escola e a comunidade maior (como as casas dos alunos e as empresas locais) em termos de normas e expectativas para a participação e as conquistas dos alunos.

Até que ponto e de que maneira seu ensino é consistente com esses objetivos? Quais são seus pontos fortes e fracos? Como você poderia deixar seu ensino mais consistente com os princípios identificados nesses objetivos?

DIRETRIZES DE ENSINO

A seguir, são apresentados 12 princípios gerais de ensino com base em pesquisas sobre instrução. Foram adaptados do clássico de McKeachie (1999) intitulado *Teaching Tips*.

1. Permita que os alunos observem um exemplo do desempenho desejado, de preferência executado por outro aluno para mostrar que é um objetivo que pode ser alcançado. Em geral, exemplos positivos ajudam mais do que exemplos que devem ser evitados, embora estes sejam úteis como informações complementares. Quando estiver demonstrando como realizar um procedimento, chame atenção dos alunos para aspectos essenciais da técnica. Tente garantir que os exemplos sejam culturalmente relevantes para seus alunos. Incentive-os a refletir sobre as diferenças entre seus pensamentos e ações e os pensamentos e ações deles.

2. Dicas verbais ou rótulos que identificam as principais características da habilidade necessária ou conceito em questão ajudam os alunos. Os exemplos poderiam incluir: "Saber a ordem das operações é essencial para um cálculo correto" ou "Os despejos de produtos químicos dessa empresa são a maior causa de poluição em nossa cidade".

3. Às vezes, é melhor começar com exemplos simplificados relacionados àquilo que você deseja que seus alunos consigam fazer. Simulações ou demonstrações de partes de uma tarefa complexa costumam ser mais úteis como pontos de partida do que situações reais complexas, que podem sobrecarregar o aluno com um excesso de detalhes. Menos pode ser mais: menos informações poderá possibilitar um aprendizado mais significativo. Como nem sempre conseguem diferenciar o que é importante e o que não é, os alunos costumam atribuir a mesma importância a todas as informações. Consequentemente, muitas vezes tentam memorizar tudo em vez de entender os pontos mais importantes. Forneça informações que os alunos possam realmente utilizar naquele momento.

4. Ofereça oportunidades para os alunos terem sucesso em uma tarefa ou problema; não interfira assim que perceber que estão perdendo o rumo. Forneça a orientação necessária para que não continuem cometendo erros ou seguindo na direção errada. Avalie com cuidado os componentes de uma tarefa acadêmica e a sequência de atividades de aprendizado para a conclusão bem-sucedida de cada um desses componentes. Estruture as experiências de aprendizado dos alunos das simples às complexas. Organize as etapas para que cada problema novo possa ser resolvido com sucesso ou para que cada tarefa nova possa ser concluída com sucesso. Essa sequência é capaz de garantir o êxito da tarefa ou do problema como um todo.

5. Forneça prática e comentários aos alunos. A prática deve ser intensiva e extensiva, conforme sugerido na seção deste capítulo intitulada "O ensino voltado à transferência". Assim, os alunos poderão aplicar conhecimentos e habilidades importantes com esforço relativamente reduzido em várias situações.

6. Seja seletivo em relação aos comentários fornecidos. Determine as prioridades e não tente corrigir tudo de uma vez. Um excesso de comentários negativos pode sobrecarregar os alunos e diminuir sua motivação no sentido de melhorar o desempenho.

7. Faça alguns comentários encorajadores, além de críticas. Se os alunos perceberem que são fortes em algumas áreas e tiveram determinado grau de sucesso, é mais provável que eles se sintam motivados a melhorar seu desempenho. Isso não acontece quando acreditam que fazem tudo errado.

8. Ensine os alunos a refletir sobre seu desempenho e fazer comentários para si mesmos. Pergunte aos alunos quais são suas percepções acerca do que e como estão fazendo. Mostre-lhes como fazer uma autoavaliação. Pense em voz alta enquanto executa o processo que está usando e a base de sua avaliação. Ofereça comentários aos alunos *a respeito de sua avaliação*, além do trabalho que está sendo avaliado.

9. Dar *feedback* que identifica erros não será útil se o aprendiz não souber o que deve fazer para evitar tais erros. Forneça orientações sobre autocorreção. Assim, o aprendiz saberá o que deve tentar na próxima vez para melhorar o desempenho e evitar erros futuros.

10. Ao dar um exemplo do comportamento desejado aos alunos, cometa erros deliberadamente e pense em voz alta. Desse modo, eles poderão ver como você reconhece e retoma seus erros.

11. Incentive os colegas a se ajudarem. Abandone parte do controle sobre o monitoramento do desempenho dos alunos. Incentive os alunos a pedirem comentários a seus colegas. Isso possibilita que não dependam sempre de você. Também mostra aos alunos que você espera que eles ofereçam comentários construtivos uns aos outros.

12. Geralmente, o melhor ensino envolve mais assessoramento ou orientação do que simplesmente falar. O assessoramento inclui uma análise colaborativa do desempenho dos alunos com relação aos objetivos combinados mutuamente.

PRINCÍPIOS DO ENSINO CRÍTICO E REFLEXIVO

Dois aspectos fundamentais do ensino crítico e reflexivo são enfatizados neste livro. Um aspecto trata de seus processos de gestão; o outro trata de seu conhecimento.

Três práticas de gestão estão associadas a um ensino de sucesso: planejamento, monitoramento e avaliação. Estas podem ser interpretadas como considerações feitas antes, durante e depois do ensino. Elas envolvem a reflexão sobre a ação e a reflexão na ação. As informações a seguir podem ser utilizadas como um guia para aprimorar seu ensino por meio do aumento da *conscientização e controle* sobre ele.

O planejamento: antes da aula – a hora da tomada de decisão

Pesquisas mostraram que, além de gerar benefícios para os alunos, a preparação para o ensino também aumenta o aprendizado e a motivação dos professores. O planejamento pode ajudar a garantir o uso de técnicas eficazes, como alternar entre ouvir e resumir, as quais provavelmente melhorarão o aprendizado e a motivação. O planejamento exige que você reflita e avalie criticamente aquilo que ensina e como isso é ensinado. É um aspecto da reflexão sobre a ação. Pode ajudar a ampliar e aprofundar seu conhecimento e sua compreensão de como suprir melhor as necessidades de seus alunos, principalmente os professores novos, que devem planejar com o máximo de cuidado. Os professores experientes não precisam planejar tanto quanto os novos, pois podem se basear mais em sua intuição. Em qualquer caso, o plano deve ser um mapa geral experimental em vez de um programa rigoroso gravado na pedra. Seja flexível e esteja preparado para adaptar seus planos a fim de suprir melhor as necessidades dos alunos.

O planejamento é o processo de decidir o que você pretende fazer, bem como quando, por que e como irá fazê-lo. Deve ajudá-lo a encontrar a forma mais eficaz de suprir as necessidades dos alunos. Nem todas as dimensões do planejamento serão aplicadas em todas as situações. Reflita sobre as cinco sugestões indicadas aqui; adapte/selecione aquelas que se aplicam a você.

1. Considere o que os alunos já sabem e o que a aula pretende alcançar. Avalie a aula anterior, assim como suas anotações referentes à última vez em que ministrou essa aula para refrescar sua memória. Reflita e avalie criticamente aquilo que deu certo e como você poderia ser ainda mais eficaz desta vez.

2. Reflita acerca dos conhecimentos prévios, capacidades e erros anteriores dos alunos em relação ao tema. Considere quais conhecimentos prévios válidos e inválidos seus alunos poderão ter sobre o tema, como você se baseará nos conhecimentos prévios válidos e como ajudará os alunos a reconhecer e substituir os conhecimentos inválidos. Divida em partes a tarefa, o conteúdo e/ou as habilidades que serão aprendidas. Determine qual poderá ser a melhor sequência para abordá-los. Além disso, pense sobre as posturas dos alunos e se é necessário/como melhorá-las. Alguns temas são famosos por gerar ansiedade ou tédio. Reflita sobre eles e crie novas abordagens para ajudar a desenvolver posturas melhores.

3. Defina um número limitado de objetivos específicos. Evite a sobrecarga. Não é possível fazer tudo de uma vez; nem tudo pode ser alcançado em apenas uma aula. Descubra como ensinar de acordo com objetivos imediatos e de longo prazo. Determine as prioridades e prepare-se para discuti-las com os alunos. Decida qual lição de casa contribuirá mais para aquilo que foi ensinado na aula em questão.

4. Considere materiais e técnicas de ensino para utilizar na aula, incluindo o uso de vários métodos e várias modalidades (p. ex., imagens, além de materiais escritos e orais). Esteja preparado com técnicas de apoio no caso de a abordagem inicial não funcionar.

5. Descreva os resultados desejados da aula em termos de comportamento dos alunos. O que você gostaria que os alunos conseguissem fazer ao final da aula e que não conseguiam fazer no início? Pense a respeito da aula pelo ponto de vista do aluno para imaginar como ela será recebida. Faça perguntas sobre planejamento a si mesmo, tais como as contidas na Tabela 2.1.

Tabela 2.1 Autoquestionamento dos professores para gerenciar a instrução

Planejamento (antes da aula)	Monitoramento (durante a aula)	Avaliação (depois da aula)
• Quais são os objetivos de conteúdo para esta aula? • Como posso evocar os conhecimentos prévios dos alunos em relação a este tema? • Quais métodos foram mais eficazes no passado? • Quais são as diferentes maneiras de representar a matéria que deve ser aprendida? • Como posso mostrar melhor e estimular o pensamento reflexivo e crítico? • Qual sequência de atividades devo utilizar para atingir esses objetivos? • Quanto tempo devo reservar para cada atividade? • Qual lição de casa devo atribuir para reforçar o que foi aprendido hoje? • Como posso ajudar os alunos a relacionar aquilo que aprenderam em outras disciplinas e na vida cotidiana?	• Os alunos entenderam bem essa matéria? • As relações com conhecimentos prévios estão auxiliando o aprendizado ou inibindo-o? • Os alunos estão fazendo aquilo que deveriam fazer? • Esses métodos estão ajudando os alunos a aprenderem ou devo tentar algo diferente? • O que parece estar funcionando melhor? E pior? Por quê? • Como está o ritmo? Devo desacelerar ou acelerar? • Estou usando a lição de casa da forma mais eficaz? • Até que ponto os alunos estão pensando de forma reflexiva e crítica? • Os alunos entendem as relações entre aquilo que estão aprendendo e outras disciplinas? E em relação à vida cotidiana?	• Até que ponto os objetivos do conteúdo foram atingidos? • O que foi mais difícil entender? Por quê? • Até que ponto os alunos superaram os preconceitos que prejudicavam o aprendizado? • Quais métodos tiveram mais/menos sucesso e por quê? • Preciso ensinar alguma coisa novamente? • Como posso ensinar isso de forma mais eficaz na próxima vez? • Até que ponto os alunos entenderam quando, por que e como utilizar aquilo que aprenderam? • Como posso ser mais eficaz em termos de ajudar os alunos a pensar de forma reflexiva e crítica? • Até que ponto os alunos conseguiram aplicar aquilo que aprenderam a outras disciplinas e à vida cotidiana?

O monitoramento: durante a aula

O monitoramento é o processo de analisar seus alunos e a si mesmo enquanto você está ensinando. Trata-se de reflexão na ação. Para determinar se a aula está indo bem, reflita e avalie criticamente a compreensão dos alunos em relação àquilo que você está ensinando e até que ponto você está atingindo seus objetivos. Se a aula não estiver ocorrendo conforme o planejado, decida como fazer mudanças e faça algo a mais ou algo diferente. O monitoramento pode levar ao planejamento *in loco* e é um componente fundamental de um ensino eficaz.

O que você pode fazer com alunos que são capazes, mas não têm sucesso? As pesquisas ressaltaram alguns comportamentos que podem estimular o aprendizado. Comportamentos não verbais como olhar mais para os alunos e se inclinar em sua direção incentivam a participação. O fornecimento de informações em diversas modalidades – oralmente, por escrito e utilizando imagens ou representações gráficas – oferece mais maneiras de absorvê-las. Ofereça dicas, pistas, atalhos, regras e várias abordagens/estratégias aos alunos. As sugestões adicionais incluem:

1. Revise seu plano. Mesmo se você tiver feito um plano muito cuidadoso e detalhado, lembre-se de que é um esquema e não é um mandato. Utilize os comentários e o desempenho de seus alunos para orientar as mudanças.

2. Observe a linguagem corporal dos alunos e ouça o que eles dizem como pistas referentes aos seus conhecimentos, compreensão e sentimentos. Utilize essas pistas para ajudar a detectar problemas e oriente os alunos no sentido de aprender a matéria, realizar tarefas e corrigir erros.

3. Verifique seu próprio desempenho e reações. Controle todas as tendências no sentido de ser impulsivo e emotivo. Mantenha seu lugar na sequência de atividades de aprendizado. Reconheça quando um objetivo secundário foi atingido e informe isso aos alunos. Considere a necessidade de ajuste (altere o foco ou prioridades, mude a abordagem, adie o tema).

4. Olhe para frente. Reflita sobre a sequência de etapas. Pense criticamente sobre a aula e preveja as áreas com probabilidade de problemas ou erros. Considere as abordagens capazes de evitar ou permitir que os alunos se recuperem de dificuldades de aprendizado. Identifique os diferentes tipos de *feedback* que você poderia fazer em vários momentos e avalie a possível utilidade de cada um.

5. Olhe para trás. Reflita sobre os erros cometidos anteriormente por seus alunos atuais ou antigos. Examine os tipos de erros e procure padrões. Ajude os alunos a utilizar a consciência de padrões de erro para autoavaliação e autocorreção. Anote o que foi feito e o que deve ocorrer em seguida.

6. Observe a linguagem corporal (braços, pernas, olhos e boca) para monitorar a compreensão e o progresso dos alunos. Faça um teste informal, pedindo aos alunos para fazer rascunho. Peça para pensarem em voz alta ou ouça enquanto trabalham uns com os outros para identificar áreas de pontos fortes e fracos. Faça perguntas de monitoramento, apresentadas na Tabela 2.1.

Avaliação: depois da aula – hora da avaliação

A avaliação é o processo de julgar aquilo que você e seus alunos fizeram em uma aula e como isso foi feito. Seu objetivo é ajudar a determinar o que deu certo, o que poderia ter sido melhor e como seria possível melhorar seu ensino na próxima vez. Quando tiver decidido sobre isso, elabore um plano de ação. Para obter comentários relevantes dos alunos, peça-lhes que tragam duas ou três perguntas próprias sobre a matéria na próxima aula.

A orientação de professores novos por professores experientes pode ser uma estratégia extremamente eficaz. Os professores novos talvez queiram que um professor mais experiente observe uma aula para lhes fornecer *feedback* construtivo. Além disso, é bom que professores novos assistam a aulas ministradas por "mestres" reconhecidos. Isso permite que o professor novo realmente veja e escute aquilo que é considerado um "ensino reflexivo". Sua escola ou Secretaria de Educação têm fitas de vídeo/DVDs com exemplos de ensino reflexivo ou eficaz? Em caso afirmativo, estão disponíveis para serem assistidos por professores?

A maioria dos professores é avaliada por seus supervisores de ensino em algum momento. Talvez você ache útil saber com antecedência quais serão os critérios da avaliação e que método(s) será(ão) utilizado(s). Que tal filmar sua própria aula para fins de autoavaliação? Dê um questionário aos seus alunos para avaliarem seu desempenho como professor e o valor geral de uma aula específica. A avaliação de uma aula gera benefícios para o professor e para os alunos. Seu aprendizado é aprimorado quando você avalia seu próprio discurso e suas próprias ações, seu uso de técnicas de ensino e sua capacidade de gestão da sala de aula. Considere os itens a seguir como exemplos do que deve ser avaliado em uma aula:

1. Compare o resultado real da aula com o resultado desejado.
2. Avalie a qualidade de seu planejamento.
3. Avalie a qualidade de seu automonitoramento e do monitoramento de seus alunos.
4. Determine qual foi o nível de efetividade da comunicação entre você e seus alunos.
5. Avalie a eficácia das técnicas de ensino e dos materiais utilizados.
6. Reflita sobre as posturas demonstradas por você e seus alunos durante a aula.
7. Determine se ou até que ponto você integrou o pensamento reflexivo e crítico no ensino de conteúdo.
8. Utilize os comentários para preparar um plano de ação para ensinar no futuro.
9. Aceite a responsabilidade pelos resultados da aula.
10. Faça perguntas de autoquestionamento, como as contidas na Tabela 2.1.

CONHECIMENTOS PARA REFLETIR SOBRE A GESTÃO DE ESTRATÉGIAS DE ENSINO

É provável que muitos professores tenham conhecimentos inertes ou inativos sobre ensino (e aprendizado). Normalmente, a formação de professores fornece vários métodos de gestão de sala de aula, mas nem sempre garante que você entenda quando, por que e como utilizá-los. Consequentemente, grande parte daquilo que foi aprendido poderá permanecer inerte ou inativo devido à falta de conhecimento dos contextos e procedimentos para a utilização de tais métodos. São necessárias três categorias de conhecimento para você refletir, avaliar criticamente, e lembrar e usar de forma eficaz os princípios e técnicas de ensino que já fazem parte do seu repertório.

O *conhecimento declarativo* inclui fatos, definições ou conceitos em uma disciplina. As informações declarativas podem ser extraídas por uma pergunta do tipo "O quê" – por exemplo: O que é o *scaffolding*[*] como uma estratégia de ensino?

O *conhecimento contextual ou condicional* inclui informações sobre o motivo e/ou situação em que os conhecimentos ou estratégias são aplicados. Muitas vezes, informações contextuais ou condicionais são buscadas por meio de uma pergunta do tipo "Quando?" ou "Por quê?". Esse tipo de conhecimento permite identificar condições e situações em que é adequado utilizar técnicas e princípios pedagógicos específicos. Por exemplo, você deve saber quando é adequado utilizar o *scaffolding* e por que seu uso é benéfico.

O *conhecimento procedimental* permite aplicar as informações ou estratégias que você aprendeu; inclui procedimentos e técnicas. Esse tipo de informação é necessário para ajudá-lo a definir quais técnicas devem ser utilizadas em contextos específicos, bem como ajudá-lo a refletir sobre os métodos necessários para implementá-las em seu ensino. Por exemplo, você deve saber como usar o *scaffolding* para ajudar um aluno específico em uma situação específica.

A Tabela 2.2 exemplifica esses três tipos de conhecimento sobre o uso de *scaffolding* para mostrar como podem ajudá-lo a refletir e avaliar criticamente o uso de *scaffolding* em sala de aula. Informações semelhantes sobre outros métodos de instrução estão disponíveis no Capítulo 8 – O ensino de estratégias para promover a reflexão.

---

[*] N. de R.T.: No inglês significa suporte/andaime. No contexto educacional refere-se a estratégias de ensino para auxiliar o aluno a alcançar um nível de aprendizagem mais sofisticado (dominar uma tarefa ou um conceito). O aluno recebe suporte durante seu processo de aprendizagem (mediação, assessoramento, questionamento). É desejável que o *scaffolding*/suporte vá gradualmente diminuindo, à medida que o aluno se torne mais autônomo e desenvolva estratégias de aprendizagem mais eficientes.

Tabela 2.2 Conhecimentos para auxiliar na reflexão sobre o uso de *scaffolding* como uma estratégia de ensino

O que é o uso de *scaffolding* no ensino?	Ajudar os alunos a ter um desempenho superior por meio do fornecimento de apoio temporário. Baseia-se no conceito de zona de desenvolvimento proximal. A zona de desenvolvimento proximal (ZDP) "é a distância entre o nível real de desenvolvimento, determinado pela resolução independente de problemas, e o nível de desenvolvimento em potencial, determinado pela resolução de problemas sob a orientação de adultos ou em colaboração com colegas mais capazes". A ZDP se refere às potencialidades que ainda não foram totalmente desenvolvidas, mas estão em processo de desenvolvimento e podem ser aprimoradas por meio do recebimento de informações ou do apoio temporário de pessoas mais competentes (por exemplo, professores, pais, irmãos ou colegas).
Por que usar *scaffolding* no ensino?	Para aprimorar o desempenho acadêmico dos alunos por meio do fornecimento de informações e do apoio temporário, que pode ser reduzido de forma gradual conforme aumenta a competência dos alunos. O uso de *scaffolding* pode ajudar os alunos a se tornar pensadores independentes e com autocontrole, sendo mais autossuficientes e dependendo menos do professor. Como acontece em um prédio durante a construção, os suportes são removidos gradualmente à medida que a estrutura consegue sustentar o próprio peso. Como as rodinhas laterais para bicicletas, que oferecem apoio temporário enquanto os ciclistas aprendem a manter o equilíbrio. Depois que o ciclista se sente seguro, as rodinhas laterais são removidas e ele consegue se equilibrar sozinho. Por meio do suporte de terceiros, os alunos conseguem apresentar um desempenho superior do que apresentariam se estivessem completamente sozinhos, sem receber ajuda de pessoas mais competentes. À medida que aprendem, porém, o controle do outro passa, aos poucos, para o autocontrole, possibilitando um desempenho independente.
Como posso usar *scaffolding* no ensino?	Para ocupar o vazio entre aquilo que os alunos conseguem fazer sozinhos e o que conseguem fazer com a orientação de terceiros, forneça modelos, pistas, sugestões, dicas ou soluções parciais. No início, talvez seja necessário dar exemplos ou orientar de perto a atividade do aluno. O aluno observa você ou segue suas instruções e produz pouco pensamento independente. Em seguida, ele tenta fazer a tarefa enquanto você fornece sugestões de apoio, assistência ou exemplos adicionais, conforme necessário. Intervenha se for preciso. Aos poucos, o aluno desempenha um papel maior e assume mais responsabilidade pela autoensino e pelo ensino de seus colegas. Seu apoio diminui gradualmente à medida que a competência do aluno aumenta. Depois de uma internalização completa, o aluno pode aplicar os conhecimentos ou as estratégias de forma independente. Diretrizes para o uso de *scaffolding* baseadas em pesquisas: 1. apresentar as novas estratégias cognitivas; 2. controlar as dificuldades durante uma prática orientada; 3. fornecer diferentes contextos para a prática do aluno; 4. fornecer *feedback*; 5. aumentar a responsabilidade dos alunos; 6. proporcionar uma prática independente.

Fonte: Adaptada de Hartman (2001), com permissão de Springer.

O ENSINO VOLTADO À TRANSFERÊNCIA

A transferência acontece quando o aprendizado anterior afeta o aprendizado ou o desempenho posterior. Ela envolve a aplicação dos conhecimentos prévios de uma pessoa. Poderá ser positiva, negativa ou nula. Na transferência positiva, o aprendizado anterior contribui para o desempenho em uma nova tarefa. É como a prática: ajuda os alunos a aprender a aprender. Trata-se de uma das características do desempenho inteligente. As informações aprendidas em uma situação são transferidas e utilizadas em outra situação. Por conseguinte, o aprendizado tem um efeito secundário[*] –

---
[*] N. de R.T.: No sentido de ser um efeito que não havia sido pensado/planejado inicialmente.

ajuda a aprender outras coisas. Por exemplo, saber escrever uma redação em inglês facilita no momento de aprender a escrever um texto sobre história.

Na transferência negativa, o aprendizado anterior interfere no aprendizado posterior. Por exemplo, saber a pronúncia de vogais em espanhol pode confundir o aluno no momento de aprender a pronunciar as mesmas vogais em inglês. A transferência nula acontece quando o aprendizado anterior não afeta o aprendizado posterior. Por exemplo, saber a história da Segunda Guerra Mundial dificilmente afetará o aprendizado de cálculo. Em geral, quando falam sobre transferência, os educadores estão se referindo à transferência positiva, que facilita o aprendizado no futuro.

Tipos de transferência positiva

A transferência pode ser lateral ou vertical. A transferência lateral consiste em aplicar o aprendizado anterior a uma tarefa cujo nível de dificuldade é o mesmo. Por exemplo, quando um professor ajuda um aluno a montar um cronograma para a leitura de um texto em uma disciplina, o aluno pode transferir essa estratégia de montagem de cronograma para ler um texto em uma disciplina comparável. A transferência vertical acontece quando o aprendizado anterior ajuda a aprender algo mais complicado. Por exemplo, quando um professor ajuda um aluno a aprender a adicionar polinômios, o aluno pode aplicar ou transferir esse conhecimento no momento de aprender a fatorar polinômios.

A transferência pode ocorrer "pela via principal" ou "pela via secundária". A transferência pela via principal envolve a aplicação consciente de informações aprendidas em uma situação à outra situação. Isso requer um pensamento reflexivo. Por exemplo, um aluno pode *determinar conscientemente* como aplicar a todas disciplinas diferentes as estratégias para fazer testes que foram aprendidas. A transferência pela via secundária é a aplicação espontânea e automática de capacidades muito praticadas. Por exemplo, depois de aprender a somar, um aluno pode adicionar muitas combinações diferentes de números. Isso não requer um pensamento reflexivo. Quando vê números e um sinal de mais, o aluno sabe automaticamente o que fazer.

A transferência também pode ser "próxima" ou "distante". A transferência próxima ocorre quando a situação de transferência é idêntica ou muito semelhante à situação de aprendizado inicial. O aprendiz pode aplicar aquilo que foi aprendido da mesma maneira que foi utilizado durante o aprendizado inicial. No caso da transferência distante, a nova tarefa é substancialmente diferente da situação de aprendizado original. Aquilo que foi aprendido precisa ser adaptado para uso na nova situação.

Para resumir os pontos principais, a transferência lateral e vertical se refere ao nível de dificuldade da nova situação em comparação com a situação de aprendizado original. A transferência pela via principal e pela via secundária se refere ao grau de consciência necessário para aplicar aquilo que foi aprendido na nova situação. A transferência próxima e distante se refere ao grau de semelhança entre o aprendizado original e a nova situação.

Motivos para a falta de transferência

Qual conteúdo e quais estratégias precisam ser transferidos pelos seus alunos? Por que, às vezes, seus alunos não conseguem transferir aquilo que aprenderam? A Tabela 2.3 resume os motivos da falta de transferência segundo as pesquisas. Alguns aspectos se sobrepõem e poderiam entrar em diversas categorias.

Quais desses motivos se aplicam aos seus alunos? Como você poderia ajudar seus alunos a transferir aquilo que aprenderam?

Tabela 2.3 Motivos pelos quais os alunos não transferem aquilo que aprendem

Categoria dos motivos	Aspectos específicos dos motivos
Aprendizado inicial inadequado	1. Grau de domínio limitado. 2. Muito conteúdo foi coberto de forma demasiadamente rápida. 3. Os alunos não entenderam os princípios organizacionais por causa da escassez de informações significativas. 4. Os alunos não tiveram tempo suficiente para aprender fora da sala de aula.
Falta de conhecimento sobre a transferência	1. Os alunos não veem as possíveis implicações da transferência daquilo que estão aprendendo, ou seja, que isso pode ser utilizado por eles no futuro em outras situações. 2. Eles não estão certos de como a situação de aprendizado original está relacionada à situação de transferência.
Aprendizado adquirido mecanicamente *versus* aprendizado significativo	1. Os alunos memorizaram a matéria, mas não a entenderam. 2. O conhecimento foi composto por fatos isolados ao invés de informações conectadas e organizadas. 3. Os alunos aprenderam a realizar os procedimentos em situações específicas em vez de entender os princípios que permitiriam um uso mais geral.
Concepções equivocadas	1. Os alunos entram na sala de aula com uma compreensão incorreta da matéria (conhecimentos prévios imperfeitos, como concepções equivocadas), que inibe o aprendizado e a transferência. 2. Os alunos não entendem que a transferência é um processo dinâmico e em constante mudança; tendem a vê-la como algo mais rígido, limitado e estático.
Pensamento reflexivo inadequado	1. Conhecimento inadequado de quando, onde, por que e como utilizar aquilo que aprenderam. 2. Os alunos não refletem sobre seu próprio pensamento e aprendizado. 3. Têm um discernimento insuficiente em relação ao próprio aprendizado. 4. O professor não oferece apoio adequado para ajudar os alunos a refletir sobre seu próprio pensamento e para ajudá-los a aplicar aquilo que aprenderam.
Contexto de aprendizado limitado	1. A matéria que precisava ser aprendida foi associada a um contexto específico ou único ao invés de a diversos contextos. 2. Os alunos podem aplicar aquilo que aprenderam a tarefas que são idênticas ou semelhantes à situação de aprendizado inicial (transferência próxima), mas não a tarefas que diferem substancialmente da situação de aprendizado inicial (transferência distante).
Pedagogia desatualizada	As tarefas acadêmicas utilizadas no aprendizado são artificiais ao invés de autênticas.
Falta de motivação	1. A motivação dos alunos é conduzida pela preocupação em obter as respostas certas e pela forma como serão vistos pelos outros (orientação ao desempenho), mas não pelo desejo de adquirir, entender e usar a matéria (orientação ao aprendizado). 2. Os alunos têm oportunidades inadequadas para aplicar aquilo que aprenderam, o que limita sua motivação em relação ao uso.
Fatores culturais	A transferência pode ser afetada por conhecimentos culturais, tais como funções sociais, *status* socioeconômico, estilos de linguagem e estereótipos associados ao sexo, raça ou etnia.

Diretrizes para o ensino da transferência

Enquanto lê as diretrizes a seguir sobre o ensino da transferência, pense sobre como elas estão relacionadas aos motivos pelos quais os alunos não conseguem transferir. Assim, você poderá combinar os problemas e as possíveis soluções. Lembre-se de não cometer o erro comum de confundir a própria *diretriz* com o *exemplo*!

Quais desses métodos você utiliza para promover a transferência? Quais têm mais/menos sucesso? De que depende sua eficácia? Qual você poderia usar com mais frequência?

O Rich Instruction Model (apresentado no início deste capítulo), o método 6PQ de descoberta do aprendizado (discutido no capítulo sobre estratégias de ensino) e o modelo de ciclo de aprendizado (discutido no Capítulo 11) trazem a transferência como etapa final da abordagem de ensino. No 6PQ, a etapa do "processo" exige que o aluno transfira aquilo que aprendeu durante a sessão. Por exemplo, um aluno que está aprendendo a calcular a média para uma aula de matemática pode usar essa capacidade para determinar quanto dinheiro ele gasta por semana ou quantas páginas precisa ler por noite para conseguir terminar um capítulo em uma semana. Um aluno que está aprendendo a ter ideias para incluir em uma redação pode utilizar o método de *brainstorming** para encontrar possíveis ideias para um presente de aniversário para dar a um amigo. Um aluno que aprende a criar imagens mentais enquanto lê um romance pode transferir o uso das imagens mentais para memorizar regras e fórmulas de química. Muitos métodos de ensino incluem a transferência ou a aplicação como etapa final do modelo.

Tabela 2.4 Diretrizes de ensino voltado à transferência

Conceito	Diretriz	Exemplo
Semelhança	Torne a situação de aprendizado a mais parecida possível com a situação de transferência.	Se você estiver usando um teste prático para ensinar estratégias de como fazer testes aos alunos, certifique-se de que o teste prático seja semelhante ao teste que será fornecido em aula. Assim, os alunos farão a conexão e poderão aplicar as estratégias com facilidade.
Prática: semelhante	Desenvolva atividades que exijam que os alunos obtenham uma prática extensiva em problemas ou tarefas semelhantes.	Se você estiver ensinando os alunos a utilizar imagens mentais enquanto leem, peça que descrevam suas imagens de vários trechos do mesmo capítulo ou livro e de vários tipos semelhantes de leituras.
Prática: variada	Proporcione uma prática extensiva aos alunos em relação a diferentes tipos de problemas ou tarefas.	Faça os alunos praticarem o autoquestionamento enquanto leem literatura e estudos sociais, solucionam problemas de ciências e matemática e escrevem redações.

(continua)

---

* N. de R.T.: Técnica de ensino muito utilizada para iniciar um novo conteúdo/projeto em que os alunos são incentivados a relatar todas as ideias que lhes vêm à mente com relação àquele assunto específico. Utilizando esta técnica, o professor está ativando o conhecimento prévio dos alunos, assim como observando suas dúvidas e as questões que merecem esclarecimentos.

Tabela 2.4 *Continuação*

Conceito	Diretriz	Exemplo
Transferência negativa	Fique alerta à possibilidade de transferência negativa e ajude seus alunos a percebê-la. O aprendizado anterior pode interferir no aprendizado de uma nova matéria quando há sobreposição de informações.	A vogal "i" em inglês também ocorre em espanhol, mas a pronúncia é diferente. Em espanhol, pronuncia-se como "î", enquanto em inglês ela costuma ser pronunciada como "î" ou "ai". Devido à interferência da transferência negativa no aprendizado do novo idioma, um falante nativo de espanhol pode ter a tendência de pronunciar incorretamente a letra inglesa, ao passo que um falante nativo de inglês pode ter a tendência de pronunciar incorretamente a letra espanhola.
Conhecimentos prévios	Certifique-se de que seus alunos tenham as habilidades e os conhecimentos prévios antes de pedir que concluam uma tarefa complexa.	Eles precisam saber o que é um "corretor ortográfico" e como utilizá-lo para poder verificar a ortografia de um trabalho antes de entregá-lo.
Modelo	Ofereça aos alunos um modelo daquilo que precisa ser aprendido.	Para estudar literatura, ensine um modelo gramatical de história no qual possam identificar as principais características de um romance, peça ou conto. Demonstre como procurar os personagens principais, o cenário, o enredo, a crise e o desfecho. Tais modelos contribuem para a compreensão e a memória.
Generalizações	A transferência é facilitada quando os alunos são convidados a apresentar as muitas ilustrações diferentes de uma generalização.	Se você disser aos alunos que, geralmente, em inglês, uma frase não deve terminar em preposição, forneça-lhes vários exemplos diferentes de frases que devem ser alteradas porque terminam incorretamente em preposição.
Conhecimento estratégico	Quando sabem quando, onde, por que e como utilizar seus conhecimentos e habilidades, os alunos têm mais facilidade para transferir aquilo que aprenderam. Entender o contexto adequado para usar os conhecimentos e as habilidades os ajuda a reconhecer quando as situações são adequadas para utilizar aquilo que já sabem.	Se quiser que os alunos resumam algo que leram, explique que, depois de uma leitura, o resumo os ajudará a entender e lembrar aquilo que foi lido. O procedimento envolve selecionar os pontos mais importantes e reescrevê-los de modo conciso em suas próprias palavras.
Aprendizado excessivo	Incentive os alunos a "aprender excessivamente" conceitos e habilidades importantes, ou seja, aprendê-los a ponto de internalizá-los como parte de suas mentes. Assim, é mais provável que as habilidades e os conhecimentos sejam utilizados automaticamente quando necessário.	Em geral, as tabelas de multiplicação são ensinadas dessa forma, pois se sabe que esses fatos matemáticos precisam ser recuperados com fluência para solucionar vários problemas.
Induzir familiaridade	Ajude os alunos a aprender a converter o desconhecido em conhecido. Ensine-os a procurar por uma parte da nova matéria que tenha alguma relação com algo que já conheçam. Pode ser uma semelhança baseada na estrutura, na função, na forma, no som, no tamanho, na cor ou em qualquer outro atributo que seja significativo. A conexão de informações novas e aparentemente desconhecidas com conhecimentos prévios pode tornar a nova matéria mais significativa para os alunos e ajudá-los a aplicar seu conhecimento prévio a novas situações.	É possível relacionar o ato de aprender os acordes do piano à matemática simples.

PASSAR LIÇÃO DE CASA

Com que frequência você passa lição de casa? Por que você passa lição de casa? Quais são os tipos de tarefas que você cria? Quando e como você informa suas expectativas em relação à conclusão das tarefas de casa? Quais fatores você leva em consideração ao criar tarefas de casa?

A lição de casa é um tema relativamente controverso. Cada vez mais, fazem-se críticas à qualidade e à quantidade de tarefas de casa, além de perguntas acerca de sua influência no desempenho acadêmico. A frequência com a qual os professores passam lição de casa varia muito; alguns nunca passam lições, enquanto outros o fazem todos os dias, inclusive durante os finais de semana. Algumas escolas têm políticas referentes à lição de casa. Isso acontece na sua escola? Você coordena suas tarefas com as de outros professores para não sobrecarregar os alunos?

Pesquisas a respeito de lição de casa mostram que os benefícios variam conforme o ano escolar. Não existem muitos benefícios para os alunos dos anos iniciais em termos de desempenho acadêmico. Há benefícios para os alunos dos anos finais do ensino fundamental, mas são os alunos do ensino médio que mais aproveitam: foi verificado o dobro de benefícios em relação aos alunos do ensino fundamental. Para os alunos do ensino fundamental, a quantia ideal de lição de casa é de 1 a 2 horas por noite. Para os alunos de ensino médio, em geral, quanto mais lição de casa, melhor. O conteúdo parece não importar.

Qual é o tempo certo que os alunos devem dedicar à lição de casa todas as noites? Embora haja variações em relação aos períodos recomendados, a National Education Association (Associação Nacional de Educação) e a National Parent-Teachers Association (Associação Nacional de Pais e Professores) dos Estados Unidos geralmente apoiam a "regra dos 10 minutos". Nela, atribuem-se 10 minutos a cada ano; assim, um aluno da 1ª série do ensino médio receberia 90 minutos de lição de casa por noite. É possível aumentar a regra para 15 minutos, se incluir leitura.

A lição de casa tem pelo menos quatro funções diferentes:
1. Prática, que se destina a reforçar aquilo que foi aprendido na aula.
2. Preparação, para que os alunos aproveitem mais uma próxima aula.
3. Criatividade, na qual os alunos se envolvem em um projeto que os faz sintetizar aquilo que aprenderam.
4. Transferência, na qual os alunos aplicam aquilo que aprenderam em aula a uma nova situação.

Qual dessas funções das tarefas de casa você usa com mais frequência? Deveria usar outras mais vezes? Como essas funções se relacionam com seus objetivos de instrução? As primeiras duas funções costumam ser as mais comuns. A última pode ser a mais importante, apesar de ser menos frequente. Quais tipos de tarefas de casa você cria ou poderia criar para fazer os alunos ampliarem seus conhecimentos ou habilidades em tarefas ou contextos diferentes dos encontrados em aula?

As tarefas de casa geram outros benefícios que podem ser especialmente benéficos para alunos de ensino médio que se preparam para entrar na universidade: elas são capazes de ajudar a desenvolver habilidades de estudo eficazes, gestão de tempo e aprendizado independente. Além disso, pesquisas mostram que a lição de casa melhora a memória, a compreensão, a curiosidade, o pensamento crítico, a autodisciplina, o aprendizado durante o tempo de lazer e a postura dos alunos em relação à escola. As tarefas de casa devem ser desenvolvidas especificamente para beneficiar o aprendizado dos alunos, não apenas como uma questão de política.

Até que ponto seus alunos estão cientes de suas finalidades e dos possíveis benefícios de concluir as tarefas de casa? Um recurso na internet para os professores aumentarem a eficácia das tarefas de casa está disponível em Archived Information (1998). É um folheto de 40 páginas organizado com 18 dicas de professores.

É comum que os alunos reclamem da lição de casa, mas, ocasionalmente, os pais também se queixam, porque ela entra em conflito com planos familiares, atividades extracurriculares ou responsabilidades dos alunos em casa. Como você lida com essas reclamações? Como pode ajudar os pais a ver a lição de casa como uma oportunidade em vez de uma ameaça? Um guia na internet para os pais em relação à importância da lição de casa está disponível em ERIC (c2014).

Quando seus alunos precisam de ajuda com a lição de casa, de quem ela é recebida? Quanta ajuda eles recebem? Há muita variabilidade entre os pais: alguns não ajudam nem um pouco, enquanto outros fazem a tarefa inteira para os filhos. Até mesmo pais sem instrução formal podem ajudar seus filhos com a lição de casa.

Diferentemente do passado, quando os alunos dependiam principalmente dos pais ou irmãos mais velhos para receber ajuda para a lição de casa, agora existem números de telefone e locais na internet onde é possível obter assistência. Um deles é o *site* Homework Spot (c2014), que inclui recursos para alunos, professores e pais na educação infantil e no ensino fundamental e médio para praticamente todas as disciplinas, tais como estudos sociais, ciências, matemática, leitura, escrita, línguas estrangeiras e belas artes.

Como seus alunos se sentem em relação às tarefas de casa? Até que ponto as veem como algo desafiador ou que dá trabalho? Até que ponto a lição de casa ajuda os alunos a conectar o trabalho escolar com suas próprias necessidades e interesses? Os alunos se sentem frustrados porque sua família não tem computador ou acesso à internet, o que atrapalha sua capacidade de concluir as tarefas? Até que ponto os alunos se sentem sobrecarregados pelo tempo que precisam dedicar às tarefas de casa?

Até que ponto seus alunos concluem suas tarefas de casa? Quais estratégias são utilizadas para incentivá-los a fazer isso? Algumas estratégias enfatizam recompensas tangíveis, como uma ida à pizzaria ou pontos no conceito final; outras estratégias, como contratos ou listas de verificação, enfatizam a responsabilidade dos alunos.

O que você faz com as tarefas de casa dos alunos? Você sempre as coleta? Dá conceitos a elas? Em caso afirmativo, como? O conceito obtido na lição de casa afeta as notas ou conceitos do período letivo? Até que ponto e como você faz comentários aos alunos sobre a lição de casa deles?

Com base em pesquisas, foram identificadas quatro diretrizes para a lição de casa, conforme segue:

1. A lição de casa deve ter uma finalidade legítima, como praticar uma habilidade, explorar um tópico por conta própria e elaborar um tema discutido em aula.
2. Você deve criar tarefas de casa que os alunos estejam propensos a concluir. Isso significa que não são longas ou difíceis demais, mas desafiadoras e interessantes.
3. Tente promover o envolvimento dos pais com a lição de casa, mas não como disciplinadores ou professores.
4. Certifique-se de que a lição de casa não seja excessiva a ponto de interferir em outras atividades domésticas nem seja inadequada para a idade do aluno.

Até que ponto suas tarefas de casa seguem essas diretrizes?

TECNOLOGIAS

Para auxiliar você a planejar aulas empolgantes e eficazes, existem diversos recursos na internet, tais como o Homework Spot (c2014), mencionado anteriormente. Os recursos incluem atividades como projetos para feiras de ciências e visitas virtuais a Machu Picchu, Instituto de Artes de Chicago, Museu do Louvre, Casa Branca, Palácio de Buckingham e jogos interativos na Floresta Amazônica. O InTime [c2002] contém um enorme banco de dados de planos de aula e vídeos de sua implementação; é baseado em um modelo pedagógico abrangente, consistente e rico em tecnologias para todas as séries e disciplinas.

Ideias para o planejamento de aulas, incluindo o modelo de Madeline Hunter, e de como formular objetivos comportamentais estão disponíveis em ADPRIMA (c2014). Para ajudá-lo a pensar de forma reflexiva sobre as aulas que está planejando, consulte o material desse *site* sobre os erros comuns cometidos por professores ao elaborar planos de aula e como evitá-los. O *site* também inclui informações sobre recursos impressos para o planejamento de aulas, além de vários *links* para outros *sites* excelentes de planejamento de aulas na internet.

O *site* Charles Dennis Hale (c2014) fornece ideias para avaliar as aulas e diretrizes sobre o uso de várias tecnologias no ensino. O projeto VISIT tem um capítulo sobre avaliar aulas utilizando a tecnologia (VISIT, 2002).

RESUMO

Para ensinar de forma reflexiva e crítica, é importante gerenciar o ensino e usar as técnicas estrategicamente. A gestão inclui planejar, monitorar e avaliar seu ensino. As perguntas que o professor faz para si próprio podem ajudá-lo nesse sentido. Nem mesmo a técnica de ensino mais eficaz funciona em todas as situações; é preciso variar para evitar o tédio. É útil ter um repertório de estratégias de ensino e conhecimento abrangente de cada uma delas para que você possa diferenciar o ensino e ser flexível na sala de aula, mudando de abordagens conforme a situação exigir. Essas informações estratégicas incluem saber qual é a técnica, quando e por que usá-la e como usá-la. Tal conhecimento permite que você selecione a melhor técnica para um contexto específico e considere estratégias alternativas se achar que uma mudança é necessária. As tarefas de casa devem cumprir funções específicas que sejam consistentes com seus objetivos de ensino.

REFERÊNCIAS

ADPRIMA. [*Site*]. [S.l: s.n], c2014. Disponível em: < http://www.adprima.com/lesson.htm>. Acesso em: 20 out. 2014.
ARCHIVED INFORMATION. *Helping your students with homework*: a guide for teachers. Washington: EDHome, 1998. Disponível em: <http://www2.ed.gov/pubs/HelpingStudents/index.html>. Acesso em: 14 ago. 2014.
BRANSFORD, J. D. et al. (Orgs.). *How people learn*: brain, mind, experience and school. Washington: National Academy, 2000.
CHARLES DENNIS HALE. *Active teaching, learning, and assessment*. [S.l: s.n], c2014. Disponível em: < http://www.charlesdennishale.com/>. Acesso em: 10 set. 2014.
CRAWFORD, G.B. *Differentiation for the adolescent learner*. Thousand Oaks: Corwin, 2008.
ERIC. [*Site*]. [Washington]: Education Resources Information Center, [c2014]. Disponível em: <http://eric.ed.gov/?q=homework>. Acesso em: 14 ago. 2014.
HARTMAN, H. J.; STERNBERG, R. J. A broad BACEIS for improving thinking. *Instructional Science*, v. 21, n. 5, p. 401–425, 1993.
HARTMAN, H. J. Teaching metacognitively. In: HARTMAN, H.J. *Metacognition in learning and instruction*: theory, research & practice. Dordrecht: Springer, 2001.
HOMEWORK SPOT. [*Site*]. Evanston: StartSpot Mediaworks, c2014. Disponível em: <http://www.homeworkspot.com>. Acesso em: 14 ago. 2014.
IN TIME. [*Site*]. Iowa: INTIME, [c2002]. Disponível em: <http://www.intime.uni.edu> Acesso em: 14 ago. 2014.
McKEACHIE, W. *Teaching Tips*. 10th ed. Boston: Houghton Mifflin, 1999.
VISIT. *VISIT Rubric*. Ypsilanti: Eastern Michigan University, 2002. Disponível em: < http://igre.emich.edu/visit/>. Acesso em: 14 ago. 2014.

Leituras sugeridas

CAROLAN, J.; GUINN, A. Differentiation: lessons from master teachers. *Educational Leadership*, p. 44–47, fev. 2007.
CHAIKA, G. *Help! Homework is wrecking my home life*. Colchester: Education World, 2005. Disponível em: <http://www.educationworld.com/a_admin/admin/admin182.shtml>. Acesso em: 14 ago. 2014.
CLARK, R.C.; MAYER, R. E. *E-learning and the science of instruction*. San Francisco: John Wiley & Sons, 2003.
COOPER, H. *The battle over homework: common ground for administrators, teachers and parents*. 2th ed. Thousand Oaks: Corwin, 2001a.

COOPER, H. Homework for all: in moderation. *Educational Leadership*, v. 58, n. 7, p. 34-38, 2001b.

CRIE, M. *The great homework debate*: making the most of home study. Columbus: Teaching Today, 2005. Disponível em: <http://www.glencoe.com/sec/teachingtoday/educationupclose.phtml/45>. Acesso em: 14 ago. 2014.

EDDY, Y. *Developing homework policies*. Grandville: ERIC Digest, 1984. Disponível em: < http://www.ericdigests.org/pre-921/homework.htm>. Acesso em: 14 ago. 2014.

GLAZER, N.; WILLIAMS, S. Averting the homework crisis. *Educational Leadership*, v. 58, n. 7, p. 43-45, abr. 2001.

HALL, T. *Differentiated instruction*. Wakefield: National Center on Accessing the General Curriculum, 2002. Disponível em: < http://aim.cast.org/sites/aim.cast.org/files/DifInstruc1.14.11.pdf >. Acesso em: 14 ago. 2014.

KARPLUS, R. *The science curriculum improvement study* (SCIS). Berkeley: Lawrence Hall of Science; University of California, 1974.

MARZANO, R. J.; PICKERING, D. J. The case for and against homework. *Educational Leadership*, v. 64, n. 6, p. 74-79, mar. 2007.

MILBOURNE, L. A.; HAURY, D. L. *Helping students with homework in science and math*. Grandville: ERIC Digest, 1999. Disponível em: <http://www.ericdigests.org/2000-1/homework.html>. Acesso em: 14 ago. 2014.

ROSENSHINE, B.; MEISTER, C. The use of scaffolds for teaching higher-level cognitive strategies. *Educational Leadership*, v. 49, n. 7, p. 26–33, 1992.

SALOMON, G.; PERKINS, D. Are cognitive skills context-bound? *Educational Researcher*, v. 18, n. 1, p. 16-25, 1989.

TOMLINSON, D. A. *The differentiated classroom*: responding to the needs of all learners. Alexandria: Association for Supervision and Curriculum Development, 1999.

VAIL, K. Homework problems: how much is too much? *American School Board Journal*, v. 188, n. 4, p. 24-29, 2001.

VYGOTSKY, L. *Mind in society*: the development of higher psychological processes. Cambridge: Harvard University, 1978.

3
A comunicação reflexiva na sala de aula

O ensino é uma interação social, independentemente de você estar ensinando turmas ou alunos individualmente. A comunicação é um dos aspectos mais básicos do relacionamento entre professor e aluno. Capacidades refinadas no sentido de ouvir, falar e dar feedback são essenciais para "alcançar" os alunos de maneira eficaz. Este capítulo aborda temas como preconcepções, comunicação eficaz, ouvir, falar, fazer comentários, comunicação não verbal, questões culturais na comunicação, falhas e reparos na comunicação e seguir instruções.

Devido à natureza social do ensino, uma comunicação eficaz é crucial. Como professor, você precisa entender seus alunos e garantir que eles o entendam. Às vezes, o melhor professor é o melhor ouvinte, não o melhor falante! Às vezes, a comunicação se torna difícil por causa dos diferentes idiomas nativos de professores e alunos. Em algumas turmas, é possível encontrar quatro ou cinco idiomas nativos diferentes em um pequeno grupo de alunos. Quais idiomas nativos são comuns em sua escola e sala de aula? Até que ponto os alunos que você ensina terão um idioma nativo diferente do seu?

A comunicação também pode ser impedida pelo fato de os alunos não terem conhecimentos prévios suficientes do conteúdo para se comunicar de maneira eficaz acerca daquilo que estão aprendendo. A falta de vocabulário pode causar falta de compreensão. Por exemplo, se um aluno precisar de ajuda com senos e cossenos ou com mitose e meiose, mas não souber esses termos, poderá ter dificuldades para explicar quais são os problemas que está tendo. Em quais exemplos você consegue pensar?

Muitas vezes, as capacidades de comunicação relacionadas a falar e ouvir são dadas como certas porque realizamos essas ações o tempo todo. No ensino, porém, é essencial que sejam feitas de forma cuidadosa e eficaz. Falar e ouvir de forma produtiva são ações mais complicadas do que frequentemente percebemos, uma vez que os falantes e ouvintes precisam ser cuidadosos e eficazes em relação àquilo que dizem e ouvem, mas também precisam estar atentos à maneira de se comunicar e àquilo que NÃO dizem e NÃO ouvem, ou seja, às informações verbais e não verbais.

AS PRECONCEPÇÕES SOBRE A COMUNICAÇÃO

Quais são suas opiniões sobre a comunicação? Elas são válidas? Um especialista identifica cinco mitos comuns acerca da comunicação. Estes são explicados na Tabela 3.1.

Tabela 3.1 Mitos sobre a comunicação

Mito	Realidade
As palavras contêm significado.	Sem conhecimentos prévios ou experiências para nos conectarmos com as palavras, elas não têm significado. O significado deve ser construído pela pessoa que vê ou ouve as palavras.
Comunicação e informação são sinônimos.	Comunicação é o processo de transmitir conteúdo ou informações e receber comentários em relação à transmissão. Sem comentários, não há uma comunicação verdadeira.
A comunicação não requer muito esforço.	Para obter uma comunicação eficaz, é preciso investir tempo, esforço, atenção e se colocar no lugar do outro a fim de considerar os pontos de vista das pessoas que recebem a comunicação.
A comunicação é um produto.	A comunicação é um processo, não uma mercadoria. Pensar nela como um produto é um grande obstáculo para uma comunicação eficaz, porque o fato de que algo foi produzido costuma ser confundido com uma prova de que foi processado pelo destinatário. Você ensinou uma coisa, mas isso não significa que os alunos a aprenderam!
Bons falantes são bons comunicadores.	Para ser um bom comunicador, você precisa ser um bom ouvinte; afinal, ouvir promove a compreensão e cria relacionamentos positivos.

Fonte: Adaptada de Robertson (2005).

Você concordava com algum desses mitos antes de ler a Tabela 3.1? Quais podem ser as implicações de acreditar em tais mitos sobre a comunicação?

A COMUNICAÇÃO EFICAZ

A comunicação será mais eficaz se ocorrer de forma consistente com a maneira na qual o aluno aprende melhor. Por exemplo, alguns alunos aprendem melhor ouvindo; outros aprendem melhor observando imagens ou diagramas; outros lendo e escrevendo sobre aquilo que precisam saber.

A teoria das inteligências múltiplas sugere que todas as pessoas têm pelo menos nove tipos diferentes de inteligências independentes, além de pontos fortes em inteligências específicas. As nove inteligências são: verbal-linguística, lógico-matemática, visual-espacial, musical-rítmica, corporal-cinestésica, naturalista, interpessoal, intrapessoal e existencial. Tente determinar os pontos fortes de cada aluno e comunique as informações de acordo, ao máximo possível. Se o ponto forte de um aluno for inteligência linguística, enfatize as palavras (orais e escritas); se o ponto forte de um aluno for espacial, utilize imagens ou diagramas; se o ponto forte for corporal-cinestésico, utilize movimentos físicos para representar (dramatizar) ou dramatize o conceito.

Algumas pessoas são boas em se comunicar com outras (interpessoal), mas não são boas em se comunicar com si próprias (intrapessoal), enquanto outras têm pontos fortes e fracos opostos na comunicação. Quais são os seus?

Tabela 3.2 Minha autoavaliação de comunicação

Meus pontos fortes como comunicador	Meus pontos fracos como comunicador

Uma vez que falar e ouvir fazem parte da experiência de vida cotidiana, é provável que todos nós tenhamos falado e ouvido de forma eficaz e ineficaz. Reflita sobre suas próprias experiências prévias em relação às situações a seguir:
1. Nas ocasiões em que você ouviu um falante muito eficaz, quais foram as características do discurso dessa pessoa?
2. Nas ocasiões em que você falou de forma eficaz, o que tornou seu discurso tão eficaz?
3. Nas ocasiões em que foi um bom ouvinte, o que tornou sua capacidade de ouvir tão boa?
4. Nas ocasiões em que alguém foi um bom ouvinte para você, o que tornou a capacidade de ouvir dessa pessoa tão boa?
5. Nas ocasiões em que você foi eficaz ao fazer comentários sobre o desempenho de alguém, o que tornou seus comentários tão eficazes?
6. Nas ocasiões em que alguém fez comentários eficazes sobre seu desempenho, o que tornou os comentários tão eficazes?
7. Se você tiver uma boa ideia daquilo que o falante dirá quando falar com você, é bom terminar a frase por ele? Por que sim ou por que não?

Utilize as sete perguntas acima para estimular seu pensamento e avalie seus pontos fortes e fracos como comunicador na Tabela 3.2. Inclua suas próprias ideias sobre as características de uma comunicação eficaz.

HABILIDADES DE OUVIR

Em termos de desenvolvimento, nossa primeira habilidade de comunicação é ouvir; portanto, ela costuma ser dada como certa. Às vezes, ouvir bem é trabalhoso. Em sua opinião, quais podem ser as diferenças para um aluno que tem um ouvinte passivo e superficial como professor em comparação com um aluno que é ensinado por um ouvinte ativo e analítico?

Estratégias eficazes e ineficazes para ouvir

Sua capacidade de ouvir é boa? Ser um bom ouvinte pode gerar benefícios para quase todas as pessoas. Avalie suas próprias estratégias para ouvir utilizando ou adaptando a lista de verificação da Tabela 3.3 para avaliar seu comportamento típico como ouvinte.

Tabela 3.3 Lista de verificação para a autoavaliação da capacidade de ouvir

Classifique sua própria capacidade de ouvir considerando se cada comportamento é típico para você.		
Comportamento relacionado à capacidade de ouvir	**Típico**	**Atípico**
Fazer interpretações literais em vez de ouvir em busca de implicações e/ou interpretações simbólicas.		
Concentrar-se em palavras e frases isoladas em vez de no macrocenário das relações entre as ideias.		
Concentrar-se naquilo que está ouvindo e ignorar as distrações.		
Escutar de forma seletiva em busca de informações importantes.		
Reunir as ideias em um todo (sintetizar) e tirar conclusões.		
Avaliar objetivamente aquilo que você escuta, ter a mente aberta e não ter preconceitos.		
Não fazer julgamento até ouvir a mensagem por completo.		
Avaliar se as provas corroboram as declarações.		
Considerar quais informações poderiam ser omitidas.		
Avaliar a fonte das ideias apresentadas.		
Assimilar informações passivamente em vez de pensar sobre elas de forma ativa.		
Relacionar aquilo que ouviu aos seus próprios conhecimentos prévios e experiências.		
Criar seus próprios exemplos de ideias sobre as quais ouviu falar.		
Reconhecer quando não entende alguma coisa.		
Solicitar informações esclarecedoras quando você não entende algo que parece importante.		
Repetir aquilo que foi ouvido em suas próprias palavras.		
Ouvir cuidadosamente apenas quando você está interessado no assunto.		
Tentar criar um interesse por um assunto que não o interessou anteriormente.		
Persistir em ouvir mesmo quando a matéria é difícil de entender.		
Tentar conscientemente se lembrar de informações importantes ou úteis.		

O autoquestionamento a respeito de sua capacidade de ouvir é uma boa maneira de monitorar ou verificar sua capacidade de ouvinte para poder melhorá-la. Você pode se fazer perguntas como as seguintes (sobre quão bem você ouve) e/ou adaptar ideias da lista de verificação para autoavaliação.

Autoquestionamento sobre a capacidade de ouvir

1. Eu sou realmente um bom ouvinte?
2. Em quais situações eu ouço melhor?
3. Em quais situações eu tenho dificuldade para ouvir?

4. Até que ponto minhas habilidades de ouvir são diferentes em horários diferentes durante o dia?
5. Até que ponto minhas habilidades de ouvir variam em relação a assuntos específicos?
6. Como são minhas habilidades de ouvir quando estou ouvindo uma pessoa em comparação com ouvir uma música, um vídeo ou um filme?
7. Como são minhas habilidades de ouvir dentro da escola em comparação com minhas habilidades de ouvir fora da escola?
8. Quais estratégias eu poderia usar para melhorar minhas habilidades de ouvir?

Ensine seus alunos a autoavaliarem a capacidade que eles têm de ouvir professores, outros alunos, família e amigos.

Fatores que interferem na capacidade de ouvir

Por que às vezes é difícil ser um bom ouvinte, mesmo se você tem boas intenções? Muitas vezes, nossas mentes se distraem e não conseguimos nos concentrar. Quais são alguns dos fatores que afetam sua capacidade de ser um bom ouvinte? Foram identificados vários fatores externos e internos que interferem na capacidade de ouvir. Eles são resumidos em organizadores gráficos nas Figuras 3.1 e 3.2.

Refletindo sobre suas respostas à lista de verificação para a autoavaliação da capacidade de ouvir na Tabela 3.3 e considerando as interferências externas e internas na capacidade de ouvir em sua sala de aula, como você e seus alunos poderiam se tornar ouvintes melhores?

O que pode ser feito para melhorar a capacidade de ouvir?

Você e seus alunos podem utilizar os resultados da autoavaliação para planejar a aplicação de estratégias para ouvir de forma mais eficaz. É possível filmar aulas reais em andamento para examinar cuidadosamente os comportamentos relacionados à capacidade de ouvir e para que os alunos reflitam e avaliem criticamente sua própria habilidade de ouvir e outras habilidades de pensamento/aprendizado.

Duas estratégias eficazes para ouvir são "refletir o sentimento" e "parafrasear" (ver Tab. 3.4). Ao se comunicar, muitas vezes é importante considerar os estados emocionais de seus alunos. Em algumas ocasiões, um aluno está tão chateado que é preciso lidar com suas preocupações pessoais antes de continuar ensinando. Depois de lidar com emoções perturbadoras, a mente do aluno fica livre para se ocupar em aprender. O mesmo princípio se aplica a uma turma inteira que poderia estar chateada com alguma coisa.

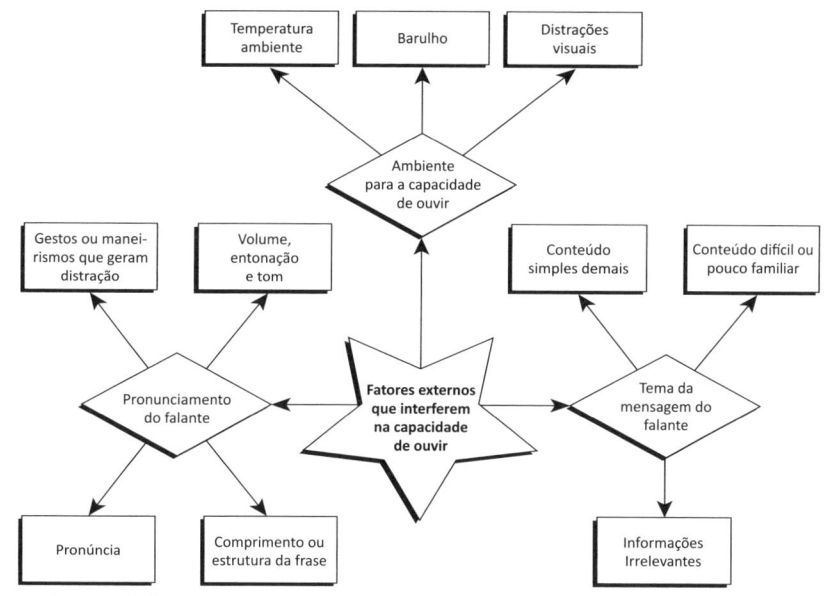

Figura 3.1 Interferências externas na capacidade de ouvir.

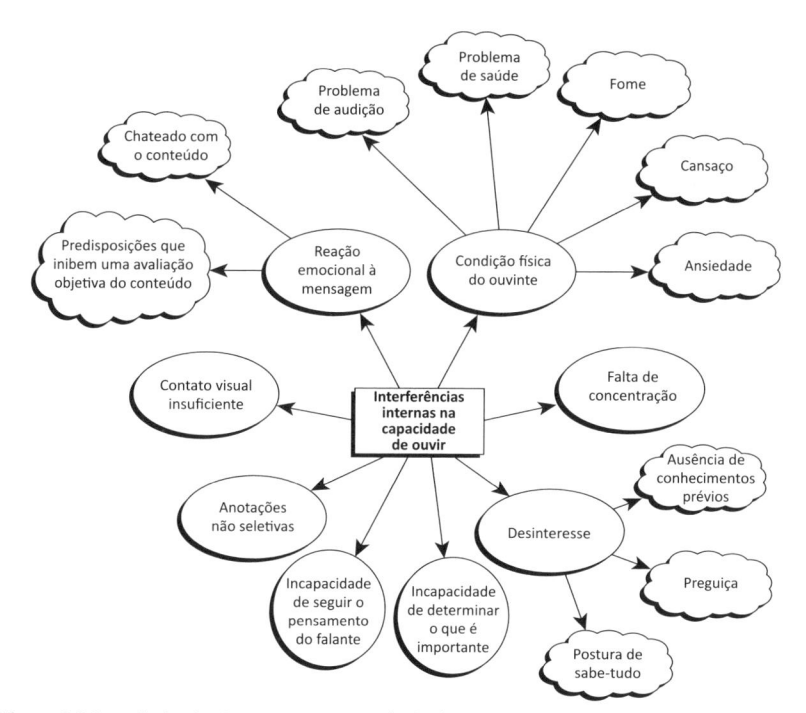

Figura 3.2 Interferências internas na capacidade de ouvir.

As estratégias "refletir o sentimento" e "parafrasear" envolvem verificar a compreensão. Para isso, deve-se reafirmar e testar sua interpretação daquilo que foi comunicado por alguém para determinar se ela está certa ou errada.

Tabela 3.4 Conhecimento estratégico sobre duas estratégias para ouvir

Tipo de conhecimento	Refletir o sentimento	Parafrasear
O que é?	O ouvinte reflete as emoções do falante de modo verbal.	O ouvinte reapresenta aquilo que foi dito pelo falante em suas próprias palavras, concentrando-se nas ideias, não nas emoções.
Por que utilizar?	Transmite compreensão e empatia para o falante e promove uma consciência de suas reações emocionais e de como elas podem afetar o aprendizado. Muitas vezes, ao reconhecer os sentimentos do aluno e refletir, o professor pode se concentrar no conteúdo acadêmico desejado para a aula ou adiar a instrução até que o aluno esteja mais receptivo ao aprendizado.	Mostra que você prestou atenção e entendeu o que foi dito. Ajuda a permanecer envolvido de forma ativa, o que incentiva os alunos a continuarem trabalhando. Possibilita verificar sua compreensão e esclarecer ou verificar aquilo que foi dito. Permite que você encoraje os alunos e contribua para seu desenvolvimento de conhecimentos e compreensão.
Como utilizar?	Para reconhecer os sentimentos do aluno, verifique sua impressão acerca do que o aluno está sentindo e incentive-o a falar sobre isso. "Então, você tem medo de ficar tão ansioso durante um teste a ponto de esquecer tudo o que sabe, é isso?" ou "Você parece preocupado, qual é o problema?".	Traduza aquilo que os alunos dizem em suas próprias palavras para verificar a compreensão. Você e/ou seus alunos podem parafrasear o que foi abordado durante uma aula na forma de revisão durante a aula ou resumo no fim da aula. Aluno: "Acho que aquilo que escrevi no terceiro parágrafo parece ser o oposto do que escrevi no segundo parágrafo". Professor: "Então, você acha que existe uma inconsistência naquilo que você escreveu em diferentes pontos da redação?".

O MODELO OCEAN

Esse modelo tem sido usado para resumir alguns aspectos importantes da capacidade de ouvir. A abordagem do modelo OCEAN foi criada para ajudar a reduzir as interferências internas e externas no processo de ouvir. Apesar de ter sido desenvolvido no Chemeketa Community College, pode ser aplicado em todas as séries. A Tabela 3.5 explica e ilustra essa abordagem destinada a melhorar a capacidade de ouvir.

Como você poderia utilizar as informações disponíveis e suas próprias ideias para melhorar a capacidade de ouvir no seu ensino em geral e lidar com interferências específicas na capacidade de ouvir em sua sala de aula?

Tabela 3.5 Modelo OCEAN para melhorar a capacidade de ouvir

Componente do modelo	O que representa	Exemplo
O	Os canais abertos (*open channels*) de comunicação podem ser expressos de forma verbal e não verbal.	Sorria e diga entusiasticamente: "Bom dia, turma!"
C	Postura solidária (*caring attitude*). Mostre aos alunos que está interessado em seu desempenho e progresso.	"Como foi seu desempenho na lição de casa de ontem?"
E	Empatia (*empathy*). Tente perceber e entender como os alunos podem reagir de forma diferente de você e uns dos outros. Mostre que entende como seus alunos se sentem em determinadas situações.	Depois de se sentir particularmente feliz porque seu aluno recebeu um "B", sendo que você temia que ele pudesse receber um "C", é possível franzir as sobrancelhas e dizer: "Vejo que você está decepcionado por não ter recebido um A, sinto muito", ao perceber que ele esperava ter um resultado melhor.
A	Peça (*ask*) sugestões sobre como reduzir as interferências.	"O que vocês acham que poderíamos fazer para conseguir mais silêncio?"
N	Postura neutra (*nonjudgmental attitude*). Ter uma mente aberta ajuda a ouvir, enquanto fazer avaliações precoces interfere na capacidade de ouvir.	Antes de concluir que um aluno está seguindo na direção errada em uma pesquisa, guarde seu julgamento até ouvir o plano inteiro. O aluno pode estar seguindo na direção certa, mas precisa de tempo para explicar isso por completo.

HABILIDADES DE FALAR

Sobre quais tipos de coisas você fala com sua turma? Que tipos de coisas os alunos dizem na aula? Você deve ficar atento a muitos aspectos do seu discurso e tentar ajustá-los enquanto estiver falando com eles. Com frequência, os professores estão cientes da importância do conteúdo ou *daquilo* que falam, mas não costumam perceber a importância dos aspectos relacionados ao estilo ou *como* se comunicam. As questões de conteúdo incluem a seleção de informações relevantes *versus* irrelevantes, a quantidade e o grau de completude e especificidade das informações que serão transmitidas e como a matéria é organizada. As questões de estilo incluem a escolha das palavras do vocabulário, a velocidade da fala, o tom de voz, a clareza da pronúncia, o volume da fala, o contato visual, o entusiasmo e a comunicação não verbal.

Ouça mais do que fale. Ensinar não deve equivaler a dizer ou palestrar para os alunos acerca da matéria que deve ser aprendida. Com frequência, a capacidade de falar de forma eficaz em um contexto de sala de aula é caracterizada pelo professor que age como um treinador e orienta o aprendizado do aluno – não apenas como um palestrante que enche as cabeças dos alunos com as informações necessárias. Para ser eficaz, adapte seu discurso às necessidades dos indivíduos e da situação específicos. Consulte a seção "Questões culturais na comunicação não verbal" para obter sugestões sobre a interação eficaz com alunos de diferentes origens culturais.

Para melhorar o ensino, grave o áudio (ou vídeo) de algumas aulas para poder ouvir como você fala. Quando estiver escutando-os, faça perguntas como "Até que ponto permiti que os alunos falassem sem que eu os interrompesse? Proporcionei um 'tempo de espera' suficiente para os alunos refletirem em silêncio sobre suas respostas antes de eu pedir uma resposta ou continuei com outra pergunta?".

A comunicação pode afetar o relacionamento entre professor e alunos. Os alunos não têm como desenvolver a confiança e a autoconfiança se você não ouve de maneira ativa e cuidadosa. Eles não têm como entender o que o professor está tentando lhes ensinar se não falar com clareza, utilizando um tom e ritmo adequado.

Um aspecto social do ensino consiste em considerar quem fala mais e quem ouve mais. O professor pode cair na tentação de falar em quantidade significativa porque os alunos normalmente esperam obter informações e habilidades do professor por meio de observação e audição. Muitas vezes, os professores esperam fornecer esse conhecimento por meio da fala. Entretanto, o melhor padrão é exatamente o oposto! Lembre-se de que o objetivo final do ensino é preparar o aluno para atuar de modo eficaz sem o professor. Quando você incentiva os alunos a falar mais, eles trabalham mais com o conteúdo na direção dos objetivos de ensino desejados.

Os alunos aprendem com seus comentários sobre seu desempenho a respeito de como abordar (ou não) a matéria e pensar sobre ela. Se ouvir como um aluno trabalha com a matéria, você poderá orientá-lo para trabalhar com mais eficácia. Quando você é o ouvinte e os alunos são os falantes, eles são forçados a analisar as ideias e obtêm independência e autoconfiança em relação à matéria que deve ser aprendida. Os alunos podem se sentir diminuídos pelo seu domínio da matéria quando você fala demais. Escolha suas palavras com cuidado. Fale de forma clara, simples e respeitosa. Não faça seus alunos se calarem.

FEEDBACK

Discussões em sala de aula são úteis para aprofundar o aprendizado dos alunos e ajudar você a avaliar a compreensão e o progresso dos alunos em relação ao aprendizado de conhecimentos e habilidades importantes. Outras dimensões importantes da comunicação em sala de aula são o conforto dos alunos no momento de fazer perguntas e as respostas do professor às perguntas feitas por eles. Até que ponto seu ambiente de sala de aula comunica que o questionamento é adequado e até mesmo desejável?

Como as discussões, as perguntas dos alunos podem ajudá-lo a avaliar a compreensão e o progresso destes em relação ao aprendizado de conhecimentos e habilidades importantes, além de ajudá-lo a avaliar sua compreensão de como deve ser seu desempenho nas atividades de sala de aula. As salas de aula que desencorajam as discussões e o questionamento costumam inibir o aprendizado.

Outra técnica de *feedback* é evocar um resumo dos alunos acerca daquilo que foi abordado na metade e/ou no fim de uma unidade de aprendizado. Você pode pedir que um aluno faça um resumo oral ou pedir que todos os alunos escrevam um resumo. É possível fornecer esse resumo, mas pedir para que os alunos resumam é melhor para ajudá-los a refletir sobre o que estão aprendendo. Uma terceira abordagem consiste em solicitar um resumo e, em seguida, fornecer seu próprio resumo para que os alunos possam avaliar os próprios em relação a um padrão específico. Esse método pode ser melhor, porque exige que alunos e professores sejam pensadores reflexivos.

Seus comentários podem ajudar os alunos a "se apropriarem" de seu progresso e motivá-los a continuar trabalhando. Priorize e concentre-se em seus objetivos; não critique fatores irrelevantes. Se seu objetivo for melhorar a habilidade do aluno de organizar ideias em uma redação, não concentre sua atenção em todos os erros de ortografia ou pontuação. Seja específico em seu *feedback* para que os alunos tenham uma ideia clara sobre as melhorias que fizeram e as áreas que ainda precisam melhorar.

Como diz o velho ditado: "Elogie o bom comportamento". Elogiar os alunos por fazer um progresso genuíno em questões acadêmicas ou comportamentais pode ajudá-los a reconhecer suas vitórias e incentivá-los a continuar tentando. Elogios indiscriminados ou por progressos mínimos podem desvalorizar seu *feedback* e prejudicar os esforços dos alunos no sentido de melhorar.

A forma e a oportunidade do *feedback* são considerações importantes. As recomendações a seguir baseiam-se no clássico livro de Bruner (1966) intitulado *Toward a theory of instruction*:

- Dê *feedback* de uma maneira que seja útil para seus alunos.
- Escolha o momento do *feedback* com cuidado para ter o máximo de impacto – faça comentários aos alunos quando eles puderem utilizá-los para corrigir seus erros ou então melhorar seu desempenho.
- Certifique-se de que os alunos estão no estado de espírito adequado para receber *feedback* – não faça comentários enquanto eles estiverem em um estado de "extrema excitação" ou ansiedade.
- Traduza o *feedback* no modo ou estilo de pensar do aprendiz em relação à matéria ou à resolução de um problema para maximizar seu uso em potencial.
- Evite sobrecarregar os alunos com críticas. Todos nós temos habilidades limitadas para absorver informações, especialmente críticas. Por isso, seja seletivo e concentre-se nos pontos mais importantes em vez de fazer um relato abrangente de todos os erros de uma só vez.
- Estruture o *feedback* de uma maneira que incentive o aprendizado independente. Assim, os alunos não passam a depender de seu *feedback*. Por exemplo, em vez de dizer a resposta certa, faça uma pergunta que os leve a pensar na direção correta e encontrar a resposta por conta própria.

O Capítulo 2 – A gestão reflexiva do ensino contém informações adicionais sobre *feedback*. Quais são seus pontos fortes e fracos em relação à implementação desses princípios?

A COMUNICAÇÃO NÃO VERBAL

A comunicação não verbal ou "linguagem corporal" pode ser descrita como a ideia de que a essência da comunicação não verbal não é capturada por aquilo que é dito, mas por aquilo que é mostrado por meio de mensagens físicas sutis e, muitas vezes, inconscientes. Os movimentos corporais – expressões faciais, braços, pernas, postura e até mesmo estilos de penteado e vestimenta – enviam pistas aos outros que refletem as reações emocionais do comunicador em situações sociais.

Pesquisas mostram que a comunicação não verbal é frequentemente afetada pelo gênero e pelo *status* das pessoas envolvidas na comunicação. Em geral, indivíduos de *status* superior (como os professores) revelam mais assertividade em sua comunicação não verbal do que indivíduos de *status* inferior (como os alunos), que revelam mais passividade e submissão. Um padrão semelhante ocorre dependendo do gênero – os homens normalmente refletem mais assertividade, enquanto as mulheres costumam refletir passividade e submissão. Contudo, esses padrões são generalizações e não consideram fatores culturais e individuais que afetam a comunicação não verbal.

As estratégias para o uso bem-sucedido da comunicação não verbal na sala de aula incluem manter contato visual com seus alunos, ter uma expressão facial aberta e uma linguagem corporal relaxada, usar gestos para acompanhar a linguagem falada e mover-se pela sala de aula para mantê-los interessados e alertas.

Até que ponto seus comportamentos não verbais correspondem a essas características?

Questões culturais na comunicação não verbal

Pesquisas sugerem que existe uma consistência notável em muitas mensagens transmitidas de forma não verbal por pessoas de diferentes origens culturais. Há exemplos na Tabela 3.6.

Tente captar as mensagens não verbais transmitidas pelos alunos. Certifique-se de que percebe e controla os sinais não verbais emitidos a eles. Um professor de composição literária observou:

> Embora eu tenha aprendido a morder minha língua e controlar meu entusiasmo em relação às minhas próprias ideias, nunca consigo controlar meus sentimentos por completo. Na verdade, minhas posturas ficam muito evidentes: tenho sobressaltos involuntários com ideias das quais não gosto; balanço a cabeça fortemente quando o aluno lê uma frase que me agrada.

Você sabe como e o que comunica de forma não verbal? É sensível em relação à comunicação não verbal de outras pessoas? Quais tipos de pistas não verbais costuma captar? Como você usa essas informações? Como os sorrisos e risinhos de satisfação do professor podem ser utilizados de forma eficaz durante o trabalho com os alunos? Como podem interferir no ensino? O que você geralmente pensa quando vê alguém bocejar? Como você acha que seus alunos poderiam se sentir se você bocejasse?

Tabela 3.6 Comunicação não verbal intercultural de emoções

Emoção representada	Tristeza	Entusiasmo genuíno	Raiva	Aversão	Medo	Surpresa	Determinação
Como a emoção é expressa de forma não verbal	Cantos dos lábios ficam para baixo. Sobrancelhas erguidas.	Sorriso. Lábios para cima. Cantos externos dos olhos enrugados.	Queixo para frente. Lábios apertados.	Nariz enrugado.	Pálpebras superiores erguidas.	Olhos bem abertos. Sobrancelhas erguidas.	Lábios apertados.

As pesquisas também mostram que as pessoas nem sempre percebem os sinais não verbais que enviam. Às vezes, as pessoas pretendem enviar uma mensagem, mas acabam transmitindo algo diferente. Por exemplo, mostrar dois dedos em forma de V é um sinal de paz nos Estados Unidos; no Reino Unido, o mesmo gesto, mas com a palma da mão voltada para você, é o equivalente a mostrar o dedo do meio a alguém.

DIFERENÇAS CULTURAIS NA COMUNICAÇÃO

Em muitas situações de ensino, o professor e os alunos trazem consigo um conjunto de hábitos, valores e perspectivas de comunicação que são influenciados por suas origens culturais. Os alunos que nasceram e cresceram com valores da cultura "predominante", branca e de classe média dos Estados Unidos, estão mais acostumados a fazer perguntas e, muitas vezes, assumem um papel ativo no aprendizado. Muitos alunos de outras origens culturais são criados com um conjunto de tradições diferentes. Alunos de outras origens culturais estão mais acostumados com um papel passivo no aprendizado e não se sentem à vontade para questionar seus instrutores.

Evite supor que seus alunos têm os mesmos hábitos, valores e perspectivas de comunicação que você. Da mesma forma, evite supor que todos os alunos de uma origem cultural/étnica específica terão os mesmos valores, hábitos e perspectivas. Tente ver e entender cada aluno como um indivíduo único. Às vezes, a habilidade limitada de falar inglês e sotaques fortes podem interferir no ensino e no aprendizado. Os professores que trabalham com alunos de inglês como segunda língua precisam estar especialmente atentos a questões culturais na comunicação; o mesmo se aplica aos professores cujo idioma nativo não é o inglês.

Os professores precisam falar e ouvir com muito cuidado ao trabalhar com alunos de origens culturalmente diferentes. Além da influência nas interações verbais, a origem cultural também pode afetar a comunicação não verbal. Até mesmo a proximidade física de um aluno e um professor ao trabalhar juntos e os gestos físicos (como um tapinha nas costas) podem ser afetados pela origem cultural. Algumas culturas estão acostumadas a trabalhar com proximidade física e a usar o toque na comunicação. Em alguns casos, as pessoas de outras culturas se sentem mais confortáveis com maior espaço físico entre elas e ficam incomodadas com o toque.

Mais uma vez, não faça suposições. Tente ficar atento aos seus próprios padrões de comunicação, assim como às reações de cada indivíduo que você ensina. Tente usar uma linguagem "politicamente correta" com os alunos para não ofender aqueles que têm origens diferentes. Exemplos de diferenças culturais na comunicação estão disponíveis na Tabela 3.7.

Tabela 3.7 Exemplos de contrastes na comunicação verbal e não verbal entre alguns afro-americanos e alguns anglo-americanos, no contexto norte-americano

Alguns afro-americanos	Alguns anglo-americanos
Bonés e óculos de sol podem ser vistos como enfeites pelos homens (como se fossem joias) e podem ser usados em ambientes internos.	Bonés e óculos de sol são considerados utilitários pelos homens e devem ser removidos em ambientes internos.
Em geral, tocar o cabelo de outra pessoa é considerado ofensivo.	Tocar o cabelo de outra pessoa é um sinal de afeto.
Fazer perguntas pessoais a uma pessoa no primeiro encontro pode ser considerado inadequado e intrusivo.	Fazer perguntas sobre trabalho, família, etc., de alguém no primeiro encontro é considerado simpático.
Às vezes, o uso de perguntas diretas é considerado assédio. Por exemplo, perguntar quando algo será concluído é semelhante a apressar a pessoa para terminar.	O uso de perguntas diretas para obter informações pessoais é permissível.
Geralmente, interromper quem está falando durante uma conversa é tolerado. Vence a pessoa que for mais assertiva.	As regras referentes ao revezamento na conversa determinam que uma pessoa fala de cada vez até terminar seu raciocínio.
As conversas são consideradas particulares entre os participantes reconhecidos; "se meter" pode ser visto como bisbilhotar e não é tolerado.	Adicionar informações ou percepções a uma conversa da qual você não está participando pode ser considerado útil.
Normalmente, o termo "you people" ("a tua gente") é considerado pejorativo e racista.	O termo "you people" ("a tua gente") é tolerado.
Espera-se que os ouvintes desviem o olhar para indicar respeito e atenção.	Espera-se que os ouvintes olhem diretamente para o falante para indicar respeito e atenção.
Os falantes devem olhar os ouvintes diretamente nos olhos.	Os falantes devem desviar o olhar, especialmente em situações informais de fala.
Bandeiras dos Estados Confederados da América e estatuetas de jóqueis negros usadas nos gramados dos jardins frontais são consideradas ofensivas e racistas.	Símbolos do Velho Sul, como bandeiras dos Estados Confederados da América e estatuetas de jóqueis negros usadas nos gramados dos jardins frontais, são considerados aceitáveis por muitas pessoas.

(continua)

Tabela 3.7 *Continuação*

Alguns afro-americanos	Alguns anglo-americanos
A inclusão proposital de uma pessoa minoritária em atividades em grupo é vista como populismo.	A inclusão de uma pessoa minoritária em atividades em grupo é vista como democrática.
A adoção de padrões de dança ou músicas de outro grupo cultural é suspeita ou considerada ofensiva.	A adoção de padrões de dança ou músicas de outro grupo cultural é vista como uma troca livre e desejável.
O uso da "linguagem dos negros" por pessoas de fora sem autorização é um insulto.	O empréstimo de formas de linguagem de outro grupo é permissível e incentivado.
Mostrar as emoções durante um conflito é percebido como honestidade; é a primeira etapa para a resolução de um problema.	Mostrar as emoções durante um conflito é percebido como o início de uma "briga" e interfere na resolução do mesmo.

Fonte: Extraída de Exemples... [20--].

As diferenças culturais na comunicação podem afetar diretamente a compreensão do conteúdo no ensino. Por exemplo, ao ouvir um aluno de origem cultural diferente ler um poema de Langston Hughes em voz alta, uma professora percebeu que os ritmos e as entonações do aluno eram completamente distintos dos seus. Diferenças sutis podem obscurecer aspectos importantes do significado. Como consequência das diferenças culturais, os professores e os alunos podem encontrar uma lacuna na comunicação entre os estilos de ensino e os estilos de aprendizado naturais dos alunos. Alguns professores que observam essas diferenças as interpretam incorretamente como deficiências. Tome cuidado para não cometer esse erro!

Tente gravar uma aula em vídeo ou áudio para analisar seus próprios padrões de comunicação (verbal e não verbal), bem como os dos seus alunos. Obviamente, os vídeos são melhores para examinar a comunicação não verbal. Quais são seus pontos fortes e fracos? Você se surpreendeu com alguma coisa em relação à sua forma de se comunicar? Como sua comunicação é consistente e inconsistente com seus alunos? Como você poderia melhorar sua comunicação para estar mais de acordo com seus alunos?

A FALHA NA COMUNICAÇÃO E O REPARO

No exemplo a seguir, uma professora de ensino médio questiona um aluno a respeito de uma palestra extracurricular sobre consumo de drogas e álcool que aconteceu no auditório da escola. A professora não estava na escola no dia em questão e não assistiu à palestra, mas queria saber o que tinha perdido.

Professora: Você foi à palestra sobre consumo de drogas depois da aula de ontem?
Aluno: Sim, fui a uma parte dela.
Professora: Por que você assistiu somente a uma parte da palestra?
Aluno: Era muito chato de ouvir, por isso, saí mais cedo.
Professora: Estou decepcionada com você. Informações muito importantes foram fornecidas. Você não deveria deixar que suas predisposições pessoais contra o palestrante interferissem no aprendizado de coisas que realmente precisa saber.

Aluno, parecendo irritado: O que você está dizendo?
Professora: Você não vai gostar de todos os palestrantes de todas as palestras das quais vai participar. Precisa aprender a ser mais tolerante para seu próprio bem. Ele por acaso foi grosseiro com você? Tinha um sotaque forte?
Aluno: O problema não foi o homem que deu a palestra. Foi o alto-falante elétrico na parede do auditório. Um fio estava quebrado, e o som ficou ruim. Eu não conseguia entender o que estava sendo dito! Como todas as cadeiras da frente estavam ocupadas, fui embora. À noite, telefonei para um amigo que estava sentado na frente e perguntei o que tinha perdido.

O que aconteceu no cenário descrito acima? Quais foram as causas da falha na comunicação? Esse tipo de experiência de comunicação já aconteceu com você? Como você e seus alunos podem ficar sabendo que houve uma falha na comunicação? Quais são os perigos da falta de comunicação? A falta de comunicação pode ser uma grande interferência no aprendizado. Para se comunicar de forma eficaz, uma pessoa precisa estar ciente de seus próprios pontos fortes e fracos em relação às capacidades de falar e ouvir.

O reconhecimento dos problemas de comunicação

O maior problema da falta de comunicação é não saber que ela ocorreu. As pessoas nem sempre percebem quando há uma falta de comunicação. Frequentemente, acreditam que transmitiram eficazmente a mensagem que desejam passar, quando, na verdade, a mensagem não chegou conforme o esperado. Às vezes, escutam o que esperavam ouvir, apesar do que realmente foi dito.

A falta de compreensão pode ocorrer como resultado de informações incompletas; palavras e conceitos ambíguos, vagos ou confusos; informações inconsistentes e conflitantes; e informações incorretas. Os professores e os alunos devem aprender a monitorar ou verificar as comunicações que enviam e recebem a fim de identificar os problemas de comunicação quando ocorrerem. Fica mais fácil esclarecer a compreensão se um problema tiver sido detectado! O reconhecimento da falha no entendimento é a primeira etapa; ela abre o caminho para a segunda etapa, que é corrigir o entendimento por meio do esclarecimento.

Quais foram as causas da falha na comunicação no exemplo anterior? O que os professores podem fazer para se ajudar e ajudar seus alunos a perceberem quando houve uma falha na compreensão? Existem pelo menos três estratégias para reconhecer problemas de significado.

1. *Reconhecimento independente.* Verifique seu próprio entendimento e fique atento às possibilidades de falta de entendimento. Sem o benefício de comentários de uma fonte externa, o reconhecimento de uma falha na compreensão pode surgir quando se utiliza o próprio conhecimento e o raciocínio para examinar informações em seu contexto. No diálogo acima, a professora poderia ter utilizado seu conhecimento prévio acerca das palestras realizadas no auditório, imaginando que talvez o problema fosse técnico (com os alto-falantes ou a acústica da sala), e não com o orador ou o conteúdo da palestra.

2. *Desconfirmação*. Analise informações de outras fontes e procure *feedback* capaz de invalidar ou validar especificamente a interpretação de alguém. O objetivo é estimular o reconhecimento da falta de entendimento. No exemplo acima, quando a professora comunicou a interpretação de que o aluno saiu porque estava incomodado com o palestrante, essa interpretação foi invalidada, mostrando que havia ocorrido uma falta de entendimento.

3. *Reconhecimento relacional*. Considere as informações como uma rede de relações em vez de peças separadas. Utilize o conhecimento de unidades de informações relacionadas para elaborar e esclarecer o entendimento. Por exemplo, se a professora soubesse que o aluno estava no fundo do auditório e precisava de amplificação de som para ouvir o palestrante, talvez percebesse que o problema não era com o palestrante ou com o assunto. Esse reconhecimento implica entender informações em seu contexto específico.

O esclarecimento

Para que haja esclarecimento, você pode descobrir algo sozinho usando seus próprios recursos **internos** ou solicitar informações de recursos **externos**. Se estiver sozinho ou em uma situação na qual não pode se comunicar com ninguém ou acessar informações complementares, você dependerá de sua capacidade de esclarecer internamente.

As estratégias para descobrir o significado de alguma coisa por conta própria, com esclarecimento interno, incluem examinar o contexto da comunicação em busca de pistas relevantes. É possível testar as implicações de possíveis interpretações utilizando afirmações em potencial, tais como "Se ela quer dizer..., então..., mas se ela quer dizer..., então...". Você também pode utilizar conhecimentos prévios que talvez sejam úteis em geral ou em uma situação específica, além de combinar seletivamente tais informações para aplicá-las a uma situação específica.

No cenário acima, por exemplo, se a professora houvesse se lembrado de sua própria experiência no auditório, talvez se recordasse de que, em algumas ocasiões, teve dificuldades semelhantes para escutar o palestrante. Poderia ter se apressado menos para chegar à conclusão de que o aluno deixou que predisposições pessoais interferissem no aprendizado. Poderia ter feito uma pergunta esclarecedora, como "Qual foi o problema? Você não estava entendendo a palestra ou o som estava ruim?".

O esclarecimento interno é importante para o pensamento e o aprendizado independentes. As pesquisas sugerem que alunos com alto desempenho preferem tentar esclarecer sua confusão internamente antes de recorrer a uma fonte externa, enquanto alunos com baixo desempenho solicitam o esclarecimento de uma fonte externa imediatamente, fazendo perguntas irrestritivas ou restritivas. Existem diferentes tipos de estratégias de esclarecimento externo. Fazer uma pergunta a alguém é um exemplo de uso de fonte externa de informações para esclarecer o entendimento, assim como usar um dicionário.

As pesquisas sugerem que, ao fazer uma pergunta esclarecedora a alguém, geralmente é melhor fazer perguntas **irrestritivas**, que exigem elaboração e maximizam a quantidade de informações suscitadas, em vez de perguntas **restritivas**, que requerem respostas do tipo **sim/não** e minimizam a quantidade de informações suscitadas.

Segue um exemplo de esclarecimento externo por meio de uma pergunta restritiva.

> **Professor:** Você quer dizer que teve dificuldades com a conclusão da dissertação porque se esqueceu de incluir uma conclusão em sua dissertação?
> **Aluno:** Não.

Compare esse exemplo de pergunta restritiva com o esclarecimento externo a seguir, que inclui uma pergunta irrestritiva.

> **Professor:** Você disse que teve dificuldades com a conclusão de sua dissertação. O que isso quer dizer?
> **Aluno:** Quer dizer que esqueci o que eu deveria incluir na conclusão. Escrevi uma conclusão, mas não inseri as coisas certas. Escrevi a conclusão com base naquilo que lembrava sobre a tarefa, mas não verifiquei as instruções nem o exemplo na folha. Por isso, deixei de fora muitos dos pontos que deveria incluir.

Quais tipos de estratégias de esclarecimento são geralmente utilizados pelos alunos? Você pode lhes fazer perguntas como os exemplos a seguir para descobrir e discutir quando e como esclarecer informações, incluindo diferenças entre esclarecimento interno e externo.

1. Shakira estava confusa em relação àquilo que lia em seu livro de estudos sociais para a lição de casa sobre o movimento de direitos civis na década de 1960. Ela não entendia se as pessoas estavam protestando porque não queriam mais se sentar na parte de trás dos ônibus ou se era porque estavam cansadas de ser tratadas injustamente de várias maneiras diferentes. Se você fosse a Shakira, o que provavelmente faria?
    a. Decidiria que o motivo do protesto não importa. O importante é saber que as pessoas estavam protestando por causa dos direitos civis. (falta de esclarecimento)
    b. Releria o capítulo e procuraria pistas para tentar entender o motivo dos protestos. (esclarecimento interno)
    c. Pediria à sua mãe para ler o capítulo e perguntaria a ela por que as pessoas estavam protestando com base naquilo que foi dito no livro. (esclarecimento externo por meio de pergunta irrestritiva)
    d. Mostraria à sua mãe a parte do capítulo que lhe confundiu e perguntaria: "As pessoas estavam protestando por que não queriam mais se sentar na parte de trás dos ônibus?" (esclarecimento externo por meio de perguntas restritivas)

2. O professor de Tony devolveu uma prova de matemática com um comentário escrito na parte inferior da página dizendo "fórmula incorreta". Ele não sabia exatamente a quais problemas o comentário se referia, porque pontos haviam sido descontados de muitos deles. Se você fosse o Tony, o que provavelmente faria?
   a. Concluiria que se refere a todos os problemas nos quais perdeu pontos. (falta de esclarecimento)
   b. Perguntaria ao professor: "Quais fórmulas estavam erradas?" (esclarecimento externo por meio de pergunta irrestritiva)
   c. Perguntaria ao professor: "As fórmulas estavam incorretas apenas nos dois últimos problemas, perto do seu comentário, certo?" (esclarecimento externo por meio de pergunta restritiva)
   d. Examinaria cuidadosamente os problemas em que pontos foram descontados para ver se cometeu erros bobos que poderiam explicar a perda de pontos ou se provavelmente se trata de um caso em que a fórmula estava errada. (esclarecimento interno)

Fale com seus alunos a respeito das vantagens e desvantagens de diferentes abordagens para esclarecer o entendimento e sobre como a situação específica pode afetar o tipo de estratégia de esclarecimento que é melhor em determinado contexto.

SEGUIR INSTRUÇÕES

Você e seus alunos são bons em seguir instruções? Um dos problemas de comunicação mais comuns em situações acadêmicas é a falha em seguir instruções. Muitas vezes, se você examinar a resposta errada de um aluno, perceberá que é a resposta "certa" para a pergunta "errada". Os alunos tendem a interpretar mal as comunicações como se dissessem aquilo que esperavam que seria perguntado, em vez de se concentrar no que realmente foi pedido. Esse problema de comunicação acontece em muitas tarefas: provas objetivas, provas dissertativas, perguntas e atividades de aprendizado em sala de aula, projetos de pesquisa e tarefas de casa.

Entregue aos seus alunos uma folha com as 10 etapas abaixo e tente fazer a atividade a seguir com eles. Ela foi desenvolvida para testar as capacidades de seguir instruções. Peça-lhes para pegar uma folha para fazer esta atividade.
1. Leia todas as instruções antes de fazer qualquer outra coisa.
2. Escreva seu nome no canto esquerdo superior do papel.
3. Dobre o papel ao meio, ao comprido.
4. Escreva seu nome na parte externa do papel dobrado.
5. Escreva as letras do alfabeto sob seu nome.
6. Some estes números e escreva o resultado sob o alfabeto: 3, 35, 9, 95, 308.

7. Abra o papel e escreva o nome do professor no canto direito superior.
8. Escreva a data de hoje sob o nome do professor.
9. Coloque o papel no chão.
10. Não faça nada do que foi pedido entre o item dois e o item nove. Não diga nada para os outros. Apenas erga suas mãos e sorria.

EXERCÍCIOS DE ATENÇÃO PARA OS ALUNOS

Para ajudar seus alunos a perceberem seus pontos fortes e fracos em relação a prestar atenção durante a aula, organize-os em pares e peça para monitorarem a atenção uns dos outros. Eles devem observar e registrar os nove comportamentos de falta de atenção a seguir (ver Tab. 3.8) durante a aula.

Tabela 3.8 Lista de verificação de atenção

Comportamento de falta de atenção	Presente (registre o horário)	Ausente
Bocejando		
Rabiscando		
Inquieto		
Reagindo a distrações		
Afastando os olhos da aula		
Virando a cabeça para o lado oposto à aula		
Conversando com outro aluno		
Lendo ou escrevendo algo não relacionado à aula		
Dormindo ou cochilando		

Peça aos observadores para registrarem o número de incidências de cada comportamento. Antes de entregar os resultados das observações aos alunos, peça para se avaliarem em relação aos mesmos comportamentos, fornecendo seus próprios registros do número de casos durante o mesmo período. Em seguida, peça aos alunos para compararem as classificações que deram para si próprios com as observações objetivas feitas pelos outros alunos. Os alunos devem trocar de papéis para que todos observem e sejam observados. Depois que todos tiverem observado e feito uma autoavaliação, discuta questões como estas:

1. Em quais temas você consegue se concentrar por um longo período? Por quê?
2. Em quais temas e atividades você tem dificuldade para se concentrar por um longo período?
3. Quais são as diferenças entre os temas e as atividades nos quais você consegue se concentrar relativamente bem e entre aqueles nos quais tem dificuldade para se concentrar?
4. Quais tipos de situações ou eventos interferem em sua concentração?
5. O que você costuma fazer quando para de se concentrar? Por quê?
6. Como poderia melhorar sua concentração?

TECNOLOGIAS

O *site* "Fact Monster" Homework Center tem recursos para muitas disciplinas, incluindo geografia, história, matemática, ciências e idiomas. Também contém *links* para materiais destinados a melhorar as capacidades de falar e ouvir dos alunos. Inclui uma lista útil de palavras que costumam ser pronunciadas incorretamente e sugestões para fazer um relato oral. Além disso, inclui materiais sobre as habilidades de leitura, escrita e estudo (FACT MONSTER, c2014).

Um relatório de pesquisa de Harvard (disponível na internet) sugere que, ao contrário de algumas crenças, o envolvimento dos pais é importante para o desempenho dos alunos no ensino médio e no ensino superior. Recursos *on-line* para os professores se comunicarem de maneira eficaz com os pais podem ser acessados em Scholastic (c2014).

Estratégias para avaliar as habilidades de falar e ouvir dos alunos estão disponíveis na internet em um resumo de pesquisas disponibilizado pelo Educational Resources Information Clearinghouse on Reading and Communication Skills (ERIC, 1990).

RESUMO

O ensino é uma interação social que depende de uma comunicação eficaz. Reconheça seus próprios pontos fortes e fracos nas capacidades de falar, ouvir e dar *feedback*, bem como aquilo que você comunica de maneira não verbal, especialmente ao trabalhar com alunos de origens culturalmente diferentes. Aprenda e ensine seus alunos sobre os obstáculos para uma comunicação eficaz, estratégias para identificar falhas na comunicação e técnicas para melhorar todos os aspectos da comunicação. Estão disponíveis vários recursos na internet para melhorar e avaliar as habilidades de falar e ouvir dos alunos, além de ajudar professores e pais a se comunicarem uns com os outros.

REFERÊNCIAS

BRUNER, J. *Toward a theory of instruction*. New York: W.W. Norton, 1966.

CAL POLY POMONA. [*Site*]. Pomona: California State Polytechnic University, c2014. Disponível em: <http://www.csupomona.edu/>. Acesso em: 14 ago. 2014.

ERIC. *Clearinghouse on Reading and Communications Skills*. [S.l: s.n], 1990. Disponível em: < http://files.eric.ed.gov/fulltext/ED316838.pdf>. Acesso em: 10 set. 2014.

EXAMPLES of verbal and nonverbal communication contrasts among some african americans and some anglo americans. [S.l: s.n, 20--]. Disponível em: < http://www.maec.org/cross/table4.html>. Acesso em: 10 set. 2014.

FACT MONSTER. *Homework center*. Boston: Pearson Education, c2014. Disponível em: <http://www.factmonster.com/homework/speaklisten.html>. Acesso em: 14 ago. 2014.

ROBERTSON, E. *The five myths of managers*. [S.l.: s. n.], 2005. Disponível em: <http://medicomm.blogspot.com.br/2005/11/five-myths-of-managers.html>. Acesso em: 14 ago. 2014.

SCHOLASTIC. *Building strong relationship parents*. [S.l]: Scholastic, c2014. Disponível em: <http://www.scholastic.com/teachers/collection/building-strong-relationships-parents>. Acesso em: 14 ago. 2014.

Leituras sugeridas

EXPLORING NONVERBAL COMMUNICATION. [*Site*]. Berkeley: University of California, [200-]. Disponível em: <http://nonverbal.ucsc.edu/>. Acesso em: 14 ago. 2014.

FAST, J. *Body language*. New York: Pocket Book, 1974.

GARDNER, H. *Multiple intelligences*: new horizons. NewYork: Basic Books, 2006.

IMAI, G. *Gestures*: body language and nonverbal communication. [S.l.: s.n, 199-]. Disponível em: <http://webcache.googleusercontent.com/search?q=cache:_JHpqtou3yIJ:https://www.santarosa.k12.fl.us/esol79new/gestures.doc+&cd=4&hl=pt-BR&ct=clnk&gl=br>. Acesso em: 14 ago. 2014.

LeBARON, M. Cross-cultural communication. Boulder: University of Colorado, 2003. Disponível em: <http://www.beyondintractability.org/essay/cross-cultural_communication/>. Acesso em: 14 ago. 2014.

MEAD, N. A.; RUBIN, D. L. *Assessing listening and speaking skills*. Grandville: ERIC Digest, 1985. Disponível em: <http://www.ericdigests.org/pre-923/speaking.htm>. Acesso em: 14 ago. 2014.

NATIONAL COMMUNICATION ASSOCIATION. [*Site*]. Washington: National Communication Association, c2014. Disponível em: <http://www.natcom.org>. Acesso em: 14 ago. 2014.

PATRIKAKOU, E. N. *Adolescents*: are parents relevant for high school students achievement and postsecondary attainment? Cambrigde: Harvard Family Research Project, 2004. Disponível em: <http://www.hfrp.org/publications-resources/browse-our-publications/adolescence-are-parents-relevant-to-students-high-school-achievement-and-post-secondary-attainment>. Acesso em: 14 ago. 2014.

TAYLOR, O. L. *Culture, communication and language*. Chevy Chase: Mid-Atlantic Center, c1987. Disponível em: <http://www.maec.org/cross/4.html>. Acesso em: 14 ago. 2014.

WILLIAMS, G. L. Self-evaluation in speaking and listening. *English Journal*, v. 61, n. 1, p. 68–70, 1972.

4

Aspectos emocionais do pensamento e da aprendizagem

Para ter sucesso como professor, é importante abordar mais do que os conhecimentos e as capacidades dos alunos no momento de ajudá-los a pensar e aprender. As emoções dos alunos são um elemento que, muitas vezes, é omitido ou negligenciado. Os alunos precisam estar emocionalmente preparados para pensar e aprender a usar aquilo que foi aprendido. Uma parte essencial do trabalho do professor é ajudar a desenvolver, nos alunos, as emoções que auxiliam o aprendizado. Para pensar e aprender de modo eficaz, os alunos precisam estar motivados, ter posturas positivas e saber controlar seus estados de espírito emocionais. Como você classificaria seus alunos em relação a essas características?

Em algumas ocasiões, até mesmo os alunos que você sabe que são inteligentes não têm um bom desempenho. Por quê? Pelo menos 20 entraves emocionais ao desempenho inteligente foram identificados em diversas pesquisas sobre a inteligência. Um deles é a falta de perseverança, ou seja, desistir cedo demais. Outro é a perseveração, isto é, recusar-se a parar mesmo quando é óbvio que nada de construtivo está ocorrendo. Um terceiro obstáculo emocional é a motivação por fatores externos, que costuma ter um impacto no curto prazo, ao contrário da motivação por fatores internos, que costuma ter um impacto no longo prazo. Diversas teorias sobre a inteligência afirmam que todos nós temos algum grau de autoconhecimento ou "inteligência intrapessoal", que inclui a autoconsciência de nossos sentimentos e como são expressos. Por conseguinte, como professor, você tem uma oportunidade e responsabilidade para com seus alunos.

A MOTIVAÇÃO

Para examinar a importância da motivação pessoal no pensamento e no aprendizado, considere os itens a seguir. Crie uma imagem mental de um aluno que está motivado a aprender. Quais são as características desse aluno? Como esse aluno aprende em aula em comparação com um aluno que está desmotivado? O que motiva você a aprender? O que diminui sua motivação? Como você definiria o conceito de motivação em suas próprias palavras? A reflexão sobre os fatores que influenciam sua própria motivação pode gerar uma percepção acerca de suas emoções que afetam o pensamento e o aprendizado. A motivação é definida como um conjunto de condições que iniciam, direcionam e sustentam o comportamento. Por exemplo, a família de Janine comprou um piano, o que gerou nela o desejo de começar a ter aulas de piano (iniciar o comportamento). Ela gostou especialmente de tocar *jazz* e se dedicou a isso (direcionar o comportamento). O amor de Janine pelo piano cresceu e ela continuou tendo aulas de piano (sustentar o comportamento). Esse exemplo é de motivação intrínseca ou interna, cujas características são mostradas na Figura 4.1.

O aprendiz tem um interesse pessoal, um desejo ou uma necessidade de aprender.

O aprendiz tenta obter benefícios em todas as tarefas acadêmicas, independentemente dos resultados esperados, das características da tarefa ou do estado de espírito.

Motivação intrínseca

O aprendiz adquire um senso de independência.

O aprendiz é tranquilo, persistente e envolvido com a tarefa a fim de aumentar o conhecimento, a compreensão e a competência.

O aprendiz aplica ou transfere aquilo que foi aprendido a uma tarefa ou situação diferente.

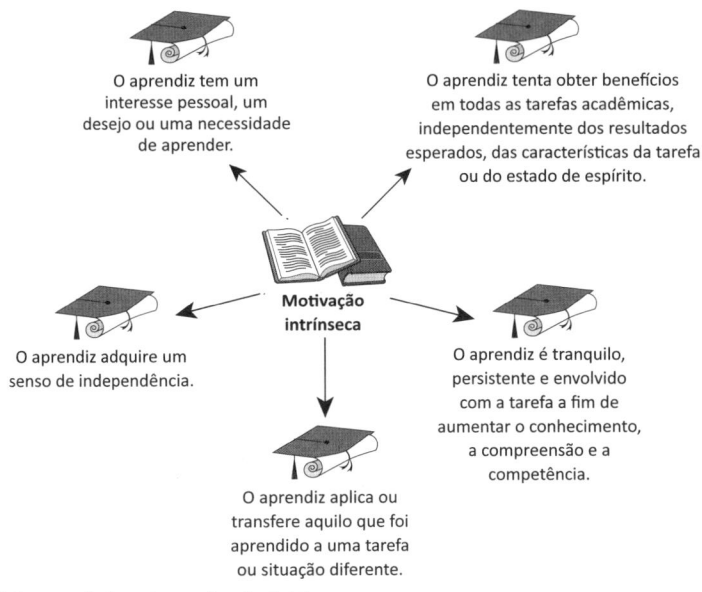

Figura 4.1 Características da motivação intrínseca.

Por outro lado, a motivação extrínseca ou externa é caracterizada por um aluno que enfatiza seu desejo por recompensas, como conceitos, elogios e/ou privilégios. Com frequência, os professores tentam motivar os alunos atribuindo-lhes tarefas fáceis com alta probabilidade de sucesso. A recompensa é um bom conceito e, talvez, um elogio. Ao trabalhar com alunos muito fracos ou inseguros, esta pode ser uma boa abordagem para começar, mas deve ser temporária.

Pesquisas sobre motivação concluíram que os alunos realmente precisam de tarefas desafiadoras nas quais tenham uma probabilidade moderada de sucesso, que é definida como cerca de 50% de chance de êxito. As tarefas devem ser um pouco mais difíceis do que o atual nível de habilidade dos alunos. No entanto, mesmo quando as tarefas são desenvolvidas para envolver os aprendizes, os alunos precisam ter as capacidades organizacionais e a motivação necessárias para fazer o trabalho. Às vezes, começam a trabalhar em uma tarefa desafiadora, mas não persistem até conclui-la. Tornar o trabalho dos alunos algo público pode ajudar a motivá-los a continuar, inclusive quando a tarefa se torna difícil ou frustrante. Incentivar os alunos a trabalharem juntos também pode ajudar a motivá-los a persistir em tarefas desafiadoras.

Incentive seus alunos a assumirem riscos intelectuais. Ajude-os a entender que cometer erros e fracassar são partes importantes e benéficas do processo de aprendizado. Os aprendizes experientes não estão livres de cometer erros. Eles aprendem com seus erros, pois pensam de forma reflexiva, analisam o motivo pelo qual os cometeram e planejam como melhorar seu desempenho no futuro.

Ajude os alunos a examinarem e discutirem sua persistência em tarefas difíceis/entediantes e determine se dedicaram tempo e energia adequados. Ajude-os a identificar e avaliar as abordagens que usaram e, conforme o caso, ofereça alternativas. Discuta o escopo da motivação. Enfatize que se trata de um processo contínuo, porque inicia, direciona e sustenta o comportamento. Questione seus alunos. Descubra o que "mexe com eles" e utilize essa informação para aumentar sua motivação quando necessário.

Apesar de alguns fatores comuns geralmente afetarem muitos alunos, tais como conceitos e o desejo de ter um padrão de vida decente, nem todos são motivados pelas mesmas influências. Determine quais fatores motivacionais influenciam cada um de seus alunos individualmente. Como você poderia ajudar um aluno a ampliar as fontes de motivação? Como você avaliaria esses vários fatores motivacionais? Quais deles você deve se dedicar a desenvolver em seus alunos? Por quê? Como faria isso?

Seus alunos devem achar que as aulas são envolventes, agradáveis e significativas. Neste capítulo, falamos sobre estratégias para promover tais sentimentos. Avaliaremos estratégias que são melhores para trabalhar com alunos multiculturais.

O ensino reflexivo inclui pensar sobre suas próprias experiências de aprendizado e ter revelações com elas. Quando estava na escola, quais disciplinas e atividades de aprendizado você achava mais interessantes? Pense sobre o motivo pelo qual elas interessavam você. Como poderia utilizar essa reflexão para motivar os alunos?

As pesquisas mostram que a motivação intrínseca (que vem de dentro do aprendiz) é melhor do que a motivação extrínseca (que vem de fora do aprendiz) em termos de promover e sustentar um aprendizado significativo no longo prazo. Apesar de ser multidimensional, a motivação intrínseca é normalmente associada ao desenvolvimento das necessidades, dos interesses e das experiências dos aprendizes.

Uma estrutura motivacional intrínseca para um ensino culturalmente sensível

Uma estrutura para um ensino culturalmente sensível foi desenvolvida para a utilização durante o ensino de alunos multiculturais. Baseia-se em entender o valor da motivação intrínseca. Essa estrutura pode ser aplicada de forma ampla, independentemente de gênero, classe socioeconômica, raça, etnia, religião, região, origem familiar e disciplina sendo ensinada. A lógica por trás dessa estrutura é que as emoções são afetadas pela cultura e influenciam a motivação, que, por sua vez, afeta o desempenho escolar. De acordo com ela, algumas fontes de motivação intrínseca transcendem a cultura. Estas incluem curiosidade, construir um significado a partir da experiência, ser ativo e iniciar o pensamento e o comportamento. Se você consegue motivar seus alunos de maneira eficaz, seu ensino é culturalmente sensível.

A estrutura motivacional intrínseca para um ensino culturalmente sensível tem quatro componentes.
1. Estabelecer a inclusão: assim, os alunos e o professor se sentem conectados uns com os outros e desfrutam de respeito mútuo.
2. Desenvolver a postura: por meio de relevância pessoal e escolhas que criam disposições favoráveis.
3. Aprimorar o significado: criar experiências de aprendizado bem pensadas que desafiem os alunos e incluam seus valores e perspectivas.
4. Produzir competência: criar experiências de aprendizado nas quais os alunos tenham sucesso e reconheçam sua eficácia em relação a aprender algo que consideram que valha a pena.

Esses princípios de motivação devem ser incorporados ao seu ensino. Você tem atividades e/ou estratégias para cada um deles? Como poderia complementar suas aulas para aumentar ainda mais a inclusão de tais princípios?

O discernimento social

Um ensino culturalmente sensível está relacionado ao conceito de "discernimento cultural", que é uma das características que diferenciam os professores experientes dos novatos. O discernimento social envolve sintonizar-se com a cultura dos alunos e com seu comportamento dentro e fora da sala de aula. Sintonizando-se com a cultura dos alunos, os professores experientes conseguem entender seus pensamentos e comportamentos. Também têm consciência da comunicação verbal e não verbal, dos valores, da cultura e da identificação étnica, assim como das características gerais da cultura, tais como estilos de música e vestimenta, visão de mundo, tipo de comportamento e métodos de raciocínio. Ao trabalhar com alunos multiculturais, os professores experientes constroem vários padrões para eventos, suas percepções e suas interpretações.

O discernimento social é muito importante no ensino de adolescentes. Eles tendem a desprezar e desrespeitar os professores que não "entendem" e, consequentemente, se comportam mal durante a aula, o que diminui a eficácia do ensino. Até que ponto você está sintonizado com seus alunos? Como eles percebem seu grau de discernimento social? Quais estratégias você usa para se informar sobre suas crenças, posturas e preferências? O que poderia fazer para aumentar seu discernimento social?

Uma área específica que exige entendimento é o *bullying*. Você tem um bom discernimento em relação ao *bullying* na sua sala de aula e envolvendo seus alunos fora da sala de aula? O *bullying* é um problema sério durante a adolescência.

Sua consciência acerca dele e sua capacidade de abordá-lo de modo construtivo podem afetar o comportamento, as posturas e o desempenho acadêmico de seus alunos. Ele pode ser físico, como dar rasteiras, empurrar ou cometer abuso sexual. Também pode ser psicológico, como ameaçar, xingar ou implicar com alguém. Não é raro que alunos se recusem a ir à escola para evitar sofrer *bullying*. As vítimas de *bullying* podem apresentar problemas de saúde mental, incluindo depressão, ansiedade e até mesmo tentativas de suicídio. Como uma das principais causas do *bullying* é o fato de um aluno ser percebido como diferente, tente fazer seus alunos aceitarem pessoas que são diferentes deles em termos de raça, cultura, *status* socioeconômico e características físicas, tais como ser gordo ou ter manchas pronunciadas na pele. Promover uma reflexão sobre o *bullying* pela perspectiva da pessoa que é alvo desse comportamento pode aumentar a empatia e incentivar os alunos a se preocupar mais com seus colegas.

Você exerce seu poder sendo autoritário e intimidando seus alunos? O *bullying* cria sentimentos de intimidação e ressentimento, além de enfraquecer o respeito. Por isso, uma vantagem no curto prazo muitas vezes é seguida por uma desvantagem no longo prazo.

Os professores reflexivos têm discernimento social acerca das emoções e das interações de seus alunos e de si próprios. A consciência e o controle de padrões de comportamento negativos como o *bullying* podem melhorar as relações sociais e aumentar os níveis de desempenho acadêmico.

Algumas áreas de motivação são particularmente relevantes para os professores. Incluem motivar os alunos a utilizar aquilo que aprenderam, incentivá-los a ser responsáveis por seus próprios resultados educacionais, motivá-los a chegar preparados à sala de aula e a assumir um papel ativo em seu próprio aprendizado, tanto dentro como fora da sala de aula.

Princípios de motivação

O que influencia a motivação? É provável que os alunos desistam de uma atividade se ela não suprir suas necessidades, se não fizer sentido de modo específico, se for realizada em um nível que é incompreensível ou se for apresentada de maneira humilhante ou insultante. A tensão entre seu estilo de ensino e o estilo de aprendizado de um aluno também pode diminuir a motivação. O que você pode fazer para aumentar a motivação do aluno? (Ver Tab. 4.1.) É possível ajudar o aluno a identificar o valor pessoal da atividade, desenvolver um forte senso de confiança no sentido de que será capaz de dominar a matéria e prever o sucesso (ao invés da falha) nas experiências de aprendizado.

O que pode ser feito para aumentar o impacto motivacional de uma apresentação? Apresente as instruções claramente e de maneira simples de entender e fácil de seguir; evite provocar emoções negativas nos alunos e tente provocar emoções positivas; demonstre empatia com as reações dos alunos e reconheça a impressão que o aluno tem acerca da matéria. Para fazer isso, você precisa ter um entendimento realista das necessidades e do ponto de vista de cada aluno, adaptando as instruções conforme o nível de experiência e capacidade dos alunos. Determine continuamente de onde o aluno está vindo e, a fim de promover o entusiasmo, demonstre um interesse genuíno pela disciplina.

O que é possível fazer para fornecer recompensas capazes de aumentar a motivação do aluno? Dê *feedback* (imediato) sobre o trabalho dos alunos para aumentar a retenção no longo prazo e forneça elogios realistas e adequados para trabalhos bem-feitos ou esforços contínuos no sentido de dominar a matéria. Não exagere nos elogios para evitar que os alunos dependam deles. Elogie os alunos de modo seletivo – somente quando achar que eles realmente precisam de apoio externo ou quando fizerem algo verdadeiramente admirável.

Tabela 4.1 Estratégias para aumentar a motivação do aluno

Princípios motivacionais	Motivos e estratégias	Exemplos
Ajudar os alunos a superar sentimentos de desamparo.	O sucesso, sozinho, não funciona. Ele é necessário, mas não é suficiente. Os alunos precisam ser capazes de interpretar o sucesso como resultado das estratégias utilizadas. O modelo Vínculos para o Sucesso, descrito neste capítulo, é uma abordagem de sucesso para eliminar os sentimentos de desamparo dos alunos. Ajude os alunos a se concentrarem em estratégias (em vez de resultados) com o objetivo de atribuir o sucesso dos resultados às suas próprias ações.	Este foi um bom diagrama para organizar e solucionar o problema número 3.
O elogio tem um efeito positivo nos alunos apenas quando o professor elogia um aspecto do desempenho que é relevante para a tarefa.	Se for utilizado de forma indiscriminada, o elogio pode enfraquecer a confiança dos alunos em suas capacidades. *Não* elogie algo como a caligrafia a menos que uma boa caligrafia seja a tarefa específica.	Gostei de ver que você revisou sua redação antes de entregá-la. Suas correções aumentarão a qualidade da redação!
Ajudar os alunos a desenvolver autopercepções positivas.	Utilize o contínuo de autopercepção (Fig. 4.2), que vai do geral ao específico, para identificar em qual autopercepção um aluno deverá se concentrar em um momento específico. A autoestima é um sentimento de autoaceitação. O autoconceito acadêmico geral é a forma como um aluno se sente em relação a si próprio como aprendiz. O autoconceito específico para a disciplina é um sentimento acerca do potencial de aprendizado em uma disciplina específica. A autoeficácia é um sentimento específico da tarefa a respeito do sucesso em potencial.	Autoestima: sou um bom membro da minha comunidade. Autoconceito acadêmico geral: sou um bom aluno. Autoconceito específico para a disciplina: sou bom em inglês, mas não em matemática. Autoeficácia: sou bom em resolver equações em álgebra, mas não em fazer verificações em geometria.
Embora possam ser eficazes, as recompensas extrínsecas geralmente são empregadas excessivamente e podem ter um custo oculto.	Incentivar os alunos a serem controlados por fatores externos a eles próprios, tais como recompensas ou elogios, pode enfraquecer a motivação intrínseca e causar dependência de forças externas. Elimine gradualmente as recompensas extrínsecas e enfatize os benefícios internos.	Se você obtiver um bom conceito neste teste, não precisará fazer as duas próximas provas.

(continua)

Tabela 4.1 *Continuação*

Princípios motivacionais	Motivos e estratégias	Exemplos
Pesquisas sobre a motivação intrínseca mostram os benefícios de proporcionar opções aos alunos, além de sentimentos de controle pessoal sobre o aprendizado.	Em conjunto com um senso de controle, as escolhas aumentam o interesse e o envolvimento no aprendizado.	Qual tema você gostaria de abordar em sua redação? Quando você gostaria de começar a escrevê-la? Durante a aula de hoje ou à noite como lição de casa?
Dizer aos alunos que eles não trabalharam com afinco suficiente pode acabar diminuindo seus sentimentos de autoeficácia.	Diga aos alunos que o esforço é importante, mas que, às vezes, a quantidade de esforço não é tão importante quanto o tipo de esforço feito por eles. Se passarem mais tempo (além de fazer mais esforço) utilizando as mesmas estratégias de aprendizado ineficazes, seus esforços extras não serão muito produtivos e se sentirão ainda mais frustrados. Em algumas ocasiões, os alunos podem trabalhar com menos intensidade se utilizarem estratégias de aprendizado mais eficazes. Trabalhar com mais inteligência melhora a gratificação obtida com o esforço.	Não fique chateado porque não recebeu um "A" naquele teste. O mais importante é que você começou a usar as estratégias de relaxamento e de como fazer testes que repassamos. Você se saiu muito melhor do que no último teste. Não trabalhe com mais intensidade ou por mais tempo, trabalhe de forma mais inteligente.

Pesquisas mostram que os alunos precisam sentir que têm algum controle sobre seu ambiente e que podem influenciá-lo ou moldá-lo para aumentar sua habilidade de aprender com as instruções. Os alunos precisam entender que seus sucessos e fracassos se devem aos próprios esforços, que podem controlar. Quando percebem que têm algum controle, seu desempenho melhora. O desempenho acadêmico pode melhorar quando se aprende a atribuí-lo ao esforço e ao uso de determinadas estratégias, em vez de habilidade nativa ou influências externas.

geral _____ específico
  autoestima   autoconceito   autoconceito específico   autoeficácia
                acadêmico geral   para a disciplina

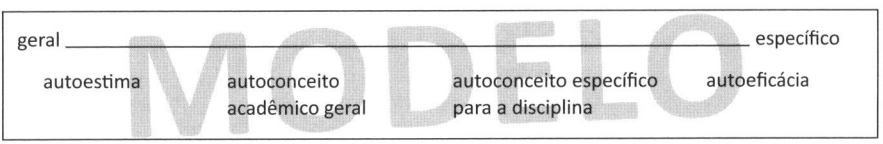

Figura 4.2 Contínuo de autopercepção.

Motivar os alunos a serem responsáveis e a chegarem preparados

Os alunos estão mais propensos a chegarem preparados à aula quando esperam que esta seja interessante, relevante para suas necessidades pessoais e algo em que possam ter sucesso, além de acreditar que os resultados atenderão às expectativas.

O esforço e a persistência dos alunos são afetados por:
1. Acreditarem que desenvolvem a competência em tarefas específicas com assistência do professor.
2. Saberem o que se espera deles no curto e longo prazo e conhecer seus próprios pontos fortes e fracos.
3. Terem padrões pessoais para avaliar o próprio desempenho.

4. A capacidade de julgar se o desempenho correspondeu aos seus padrões.
5. Serem capazem de autodirecionamento e autocorreção ("fracasso construtivo") analisando seus erros e seus próprios estados de espírito (aspectos intelectuais e emocionais).

Você pode seguir cinco etapas básicas para ajudar os alunos a se esforçarem ao máximo.
1. Identifique um objetivo específico.
2. Identifique os benefícios pessoais de atingir esse objetivo.
3. Revise o *status* atual em relação ao alcance do objetivo.
4. Especifique estratégias para atingir o objetivo.
5. Identifique critérios específicos para atingir o objetivo.

Motivar os alunos a usar aquilo que aprenderam

Até que ponto seus alunos utilizam as estratégias de pensamento e aprendizado eficazes e reflexivas quando precisam? Pesquisas recentes sobre o aprendizado enfatizam a importância de estar atento ao pensamento superior e aos aspectos emocionais do aprendizado, além do enfoque tradicional no conteúdo e nas capacidades básicas. O aprendizado é melhor quando é ativo, significativo, retido com o passar do tempo e transferido para vários contextos. Um aspecto com frequência negligenciado, mas fundamentalmente importante, do aprendizado é que, muitas vezes, os alunos têm os conhecimentos e as habilidades necessárias para realizar tarefas complexas, mas não os utilizam. As habilidades permanecem inertes. Às vezes, isso acontece porque os alunos não estão motivados ou confiantes o bastante para aplicá-los. Além disso, alguns alunos simplesmente não percebem quando as situações exigem o uso de habilidades e conhecimentos específicos que eles já têm. (Veja a seção "Transferência" no Capítulo 2.)

Alguns indivíduos não conseguem usar as estratégias e os conhecimentos que já têm por causa de:
1. Motivação mínima.
2. Transferência mínima.
3. Atribuição de seus sucessos e fracassos a fatores externos que estão fora de seu controle.
4. Práticas de sala de aula que não apoiam o uso de estratégias.

Com frequência, os professores não apresentam as estratégias em contextos diferentes suficientes para os alunos generalizarem o uso de forma eficaz. Além de aprender a eliminar as distrações, concentrar sua atenção e desacelerar enquanto estão aplicando aquilo que aprenderam, os alunos impulsivos também precisam de instruções específicas sobre como planejar, monitorar e avaliar o próprio desempenho. Os professores podem mostrar como pensar em voz alta para externar pensamentos óbvios e ocultos de modo sistemático.

Para ajudar a motivar os alunos a utilizarem aquilo que aprenderam, você pode orientá-los especificamente a pensar sobre o que aprenderam em termos de memória, contexto, procedimentos e valor.

- *Memória* – os alunos precisam se lembrar do que aprenderam. Devem planejar conscientemente o uso de estratégias específicas para ajudá-los a se lembrar de informações importantes. Quais estratégias de memória são mais eficazes? A memória fica mais fácil quando o aprendizado é significativo e os alunos conseguem conectar seu conhecimento. Organizadores gráficos são excelentes ferramentas para ajudar os alunos a entenderem e visualizarem relações entre ideias para que possam ser lembradas quando necessário. Escrever resumos também é uma boa estratégia de memória.
- *Contexto* – os alunos precisam saber **quando e por que** usar aquilo que foi aprendido. Todos os conhecimentos e as habilidades do mundo não ajudarão os alunos se estes não souberem o momento certo de usá-los. Quais indicações podem usar para determinar se a situação é adequada para utilizar determinados conhecimentos/habilidades?
- *Procedimentos* – os alunos precisam saber **como** usar/fazer aquilo que foi ensinado. Os professores devem enfatizar abordagens para guardar informações na memória e recuperá-las da memória. Como podem descobrir ou recordar as etapas, estratégias e sequências necessárias?
- *Valor* – os alunos precisam reconhecer o significado e os benefícios pessoais daquilo que aprenderam. Por exemplo, peça aos alunos para criarem um organizador gráfico (e, talvez, escrever uma redação) sobre como um melhor domínio da língua inglesa os ajudará a conseguir um emprego ou como a matemática contribuirá para uma carreira de cientista.

A tabela de progresso motivacional

Uma tabela de progresso pode ser útil para motivar os alunos a chegarem preparados para o aprendizado e participarem dele ativamente. A tabela pode se concentrar em apenas um aluno ou em um grupo. Ela pode informar o objetivo específico, por que é almejado como um objetivo, quando e como o objetivo será atingido e o *status* corrente de cada componente. É possível usar símbolos, como os da Tabela 4.2, para registrar o progresso em planos específicos.

Além de avaliarem o *status* de seu objetivo no sentido de atingir os objetivos de aprendizado almejados, os alunos podem se beneficiar aprendendo a fazer julgamentos mais subjetivos e qualitativos acerca do próprio progresso. Por exemplo, em vez de ver a escrita de uma pesquisa como algo inacabado por seis longas semanas, a tabela revela avanços significativos a cada semana, tais como concluir um esboço ou iniciar uma versão preliminar.

Às vezes, subdividir os objetivos superiores (como escrever uma pesquisa) em uma série de objetivos inferiores (como preparar um esboço, escrever uma versão preliminar, receber comentários, etc.) pode ser mais motivador para o aluno. É possível acompanhar o progresso nesses objetivos inferiores para ajudar o aluno a perceber o progresso em períodos curtos. Muitas vezes, os alunos precisam de sentimentos constantes de progresso para se sentirem motivados a continuar trabalhando.

Tabela 4.2 Exemplo de tabela de progresso

Objetivo de aprendizado específico	Por que	Como	Data	Status: − não concluído / parcialmente concluído + concluído
Escrever uma pesquisa.	É obrigatório e representa 30% do conceito. Será necessário na faculdade.	Escolher um tema interessante. Desenvolver um cronograma.	16/2	+
		Pesquisar diários e livros na biblioteca e na internet.	23/2	+
		Fazer um esboço.	14/3	+
		Fazer uma seção de cada vez.	21/3	/
		Receber comentários sobre as versões preliminares e revisar.	12/4	/
		Revisar a versão final antes de entregar o trabalho.	26/4	−

É possível ensinar várias estratégias aos alunos, como as contidas na lista a seguir, para avaliar seu progresso ou desempenho. Leia mais sobre a autoavaliação no Capítulo 7.

1. Refletir sobre se e como a tarefa foi realizada com sucesso.
2. Observar outra pessoa realizando a tarefa com sucesso.
3. Ouvir alguém falar sobre um aluno que realizou uma tarefa com sucesso.
4. Comparar o desempenho de uma pessoa com o de outra pessoa.
5. Obter um bom conceito para o desempenho na tarefa.
6. Sentir uma sensação de realização por executar uma tarefa.
7. Obter comentários sobre o desempenho na tarefa.
8. Ver uma conexão entre esforços específicos e seus resultados.
9. Usar um padrão pessoal para avaliar seu próprio desempenho.
10. Identificar seu próprio estado fisiológico ou psicológico – atenção, cansaço, estresse, confiança.

POSTURAS QUE INFLUENCIAM O PENSAMENTO REFLEXIVO E CRÍTICO

Os fatores emocionais que afetam o ensino e o aprendizado são numerosos e variados. Incluem motivação, posturas e valores. Uma postura é um sentimento a favor ou contra alguma coisa, resultando em uma tendência relativamente duradoura no sentido de reagir de forma favorável ou desfavorável a uma ideia, pessoa ou situação. As posturas relacionadas à escola, a si mesmo, ao mundo, às tarefas acadêmicas e aos testes podem ter um impacto direto no modo de pensar e aprender do aluno, bem como em seu desempenho na escola. Cada uma é diferente das outras, mas está relacionada a elas. Seguem algumas posturas que afetam o pensamento e o desempenho acadêmico dos alunos. Certifique-se de entender bem as diferenças em termos de o que são e como são desenvolvidas.

Predisposições

Os alunos entram nas salas de aula com posturas pessoais e culturais em relação às figuras de autoridade, ao seu papel como alunos, à importância do aprendizado e ao valor e utilidade de conhecimentos e habilidades. Todos esses são fatores que afetam a disposição dos alunos a participarem de uma aula, perseverarem nas tarefas acadêmicas e a assumirem riscos intelectuais.

As predisposições afetam as percepções dos alunos acerca da relação entre a educação e as futuras necessidades/objetivos, assim como sua disposição a cursar um próximo nível de educação. Um aluno que entra na sala de aula com a predisposição de aprender e usar aquilo que é apresentado pelo professor está propenso a ter uma experiência de aprendizado muito diferente em comparação com um aluno que vê a escola como um rito de passagem ou um simples lugar de encontro social. Frequentemente, os alunos estão predispostos a ser ansiosos em relação a aprender e fazer testes em disciplinas específicas por causa da dificuldade percebida da matéria. A ansiedade pode ocorrer devido à pressão dos pais e às expectativas sobre o desempenho escolar de seus filhos, sobre a autopercepção dos próprios alunos e sobre os estereótipos de gênero.

As sugestões voltadas à melhoria incluem:
- Discutir os benefícios no curto e longo prazo previstos para cada tema/tarefa.
- Cultivar o autocontrole do aluno em relação ao aprendizado e ao desempenho (p. ex., gestão de tempo).
- Incentivar os alunos a contestar e questionar a autoridade.
- Relacionar sistematicamente o trabalho escolar com a vida cotidiana e com os objetivos futuros.
- Mostrar, incentivar e recompensar a persistência, o ato de assumir riscos intelectuais, a tolerância de ambiguidades, a motivação intrínseca e a gratificação tardia.

A curiosidade

Os alunos têm interesse pelo mundo e vontade de conhecê-lo. A curiosidade envolve interesse e atenção aos problemas, aos eventos, às ideias e aos indivíduos e vem acompanhada por uma postura de questionamento e por um sentimento inquisitivo por meio dos quais os alunos podem saciar a sede por saber o que, por que e como. Pesquisas mostram que alunos com alto grau de curiosidade estão mais propensos a se interessarem, apreciarem e aproveitarem o processo de educação do que alunos pouco curiosos.

Os alunos gostam de ser desafiados. Pesquisas indicam que, para eles, tarefas que envolvem uma probabilidade moderada de sucesso (definida como 50%) são mais satisfatórias. Essa probabilidade moderada de sucesso também está associada à motivação intrínseca. Não procure ambientes "livres de erros". Os alunos podem aprender muito com os próprios erros, especialmente se você der *feedback* que sejam sugestivos, específicos e informativos. As teorias e pesquisas indicam três condições necessárias para que o ato de assumir riscos produza resultados de sucesso. São elas:

1. Os alunos precisam ter opções de matérias e atividades que tenham diferentes níveis de dificuldade e graus de sucesso provável variados.
2. As recompensas referentes ao sucesso devem aumentar conforme a dificuldade da tarefa.
3. Precisa existir um ambiente que aceite erros e auxilie a corrigi-los. (Consulte "análise de erros" no capítulo sobre avaliações.)

As sugestões para aumentar a curiosidade dos alunos incluem:
- Criar um ambiente acolhedor e de aceitação no qual os alunos se sintam à vontade para assumir riscos intelectuais.
- Promover discussões nas quais os alunos brinquem com suas próprias ideias, desenvolvam as ideias de terceiros, examinem dilemas e confrontem ideias ou informações conflitantes.
- Mostrar e incentivar uma postura interessada, cética e questionadora.
- Ensinar estratégias de questionamento e autoquestionamento aos alunos.
- Fazer os "cérebros dos alunos coçarem", ou seja, apresentar perguntas/problemas provocadores que os alunos não esperam ou com os quais não estão acostumados; usar a novidade, a surpresa ou perguntas sem uma única resposta clara e imediata (p. ex., "O que aconteceria se as pessoas não morressem?"); não lhes fornecer as respostas a perguntas/problemas selecionados para incentivar a descoberta por parte do aluno.
- Incentivar a resolução criativa de problemas em vez de uma resposta "correta".
- Fazer conexões interdisciplinares e multiculturais.
- Dar tarefas de aprendizado que exijam que se faça algo em vez de apenas lembrar.

O estilo reflexivo

Os alunos demonstram tendências gerais a serem reflexivos ou impulsivos em questão de tempo e tarefas. O estilo reflexivo está associado a um tempo de pensamento mais longo, cuidado com o desempenho e menos erros. O estilo impulsivo é caracterizado por um tempo de pensamento mais curto, falta de cuidado com o desempenho e mais erros. A adoção de um estilo reflexivo pode ajudar a assegurar um "processamento preciso", que, para algumas pessoas, é o segredo para um pensamento de alto nível. Dewey (1993) caracterizou o pensamento reflexivo como remoer intencionalmente as ideias e lhes conferir uma consideração ativa, séria e sistemática. O autor via o pensamento reflexivo como um dos objetivos da educação, uma vez que ele transforma a ação cega, rotineira e impulsiva em ação inteligente, o que possibilita a invenção, a resolução de problemas e a criação de um significado mais rico.

As sugestões para desenvolver a reflexão incluem:
- Mostrar pensamento reflexivo, paciência, detalhismo e cuidado.
- Fazer perguntas que exijam reflexão (p. ex.: Por que e como você acha que a roda foi inventada?).
- Mostrar e exigir um "tempo de espera" de pelo menos alguns segundos para pensar antes de erguer a mão para responder a perguntas selecionadas.
- Mostrar e incentivar o pensamento em voz alta.
- Informar aos alunos que contar nos dedos e mover os lábios enquanto leem são estratégias aceitáveis. Ambos são sinais de cuidado.

Atribuições

As atribuições são os motivos concedidos pelas pessoas aos seus sucessos e fracassos. Podem ser divididas em duas dimensões: estável-instável e interna-externa. A dimensão estável-instável refere-se à consistência das atribuições com o passar do tempo. Estável refere-se a uma pessoa que usa os mesmos tipos de motivos para explicar o sucesso ou o fracasso repetidas vezes. Instável se refere a apresentar um tipo de motivo em uma ocasião e outro tipo de motivo em outra ocasião. Por exemplo, Phil diz que, para ele, equações são sempre difíceis de resolver (estável), mas que alguns problemas de divisão são fáceis e outros são difíceis (instável).

A dimensão interna-externa se refere ao local em que a pessoa atribui responsabilidade por seus sucessos e fracassos – dentro ou fora dela. Por exemplo, Teres diz que não foi bem em seu teste de história porque não estudou o suficiente (interna). Susan diz que não foi bem em seu teste de psicologia porque a família interferiu em seu tempo de estudo (externa). Alan diz que obteve um bom conceito em seu primeiro teste de matemática porque teve sorte, mas foi mal em seu segundo teste de matemática porque teve azar (externa).

As explicações dos alunos para seus sucessos e fracassos têm consequências importantes para o desempenho futuro em tarefas acadêmicas. Pesquisas mostram que os alunos explicam seus sucessos e fracassos de quatro maneiras comuns:

Esforço – "Eu poderia fazer se realmente tentasse".
Habilidade – "Simplesmente não sou um bom escritor".
Sorte – "Adivinhei".
Dificuldade da tarefa – "O teste estava difícil demais".

As atribuições estão relacionadas a:
1. Expectativas sobre sua probabilidade de sucesso.
2. Julgamentos sobre sua habilidade.
3. Reações emocionais, como orgulho, inutilidade e impotência.
4. Vontade de trabalhar intensamente e autocontrolar seus esforços.

Os sentimentos de impotência são criados durante um período pela crença de que o fracasso se deve à falta de habilidade. Os alunos que enxergam uma relação entre seu próprio esforço e seu próprio sucesso estão mais propensos a utilizar estratégias de aprendizado, tais como organização, planejamento, estabelecimento de metas, autoverificação e autoensino.

O modelo Vínculos para o Sucesso foi criado para ajudar alunos "em situação de risco" a desenvolverem atribuições capazes de motivá-los a ter sucesso. Contudo, essa abordagem pode gerar benefícios para uma grande variedade de alunos. Os quatro vínculos para o sucesso são:

1. Objetivos proximais. São objetivos no curto prazo ao invés de longo prazo; específicos ao invés de gerais; e desafiadores (mas viáveis) ao invés de fáceis. (Por exemplo, esta semana gerenciarei meu tempo para ter 3 horas a mais para estudar.) Ensine os alunos a preverem e superarem obstáculos, monitorarem seu próprio progresso enquanto os objetivos estão sendo buscados e avaliarem se tais objetivos foram atingidos ao final do período especificado. "Para saber que atingi esse objetivo, escreverei quanto tempo estudei e compararei com a quantidade de horas de estudo da semana passada. Os possíveis obstáculos para atingir esse objetivo são... Para superar esses obstáculos, eu irei...". Quando não atingirem seus objetivos, ensine os alunos a determinarem por que isso ocorreu e o que poderiam fazer de modo diferente na próxima vez.

2. Estratégias de aprendizado. Ensine os alunos a aplicarem estratégias eficazes, tais como resumir e esclarecer, que enfatizem um aprendizado significativo e possam ser utilizadas entre diferentes disciplinas e situações. Elas substituem abordagens ineficazes, como repetir, que costumam enfatizar a memorização mecânica.

3. Experiências de sucesso. Desenvolva tarefas de dificuldade moderada para os alunos, mas garanta que eles tenham condições de obter sucesso. O objetivo é que os alunos avaliem seu sucesso no sentido de atingir os objetivos proximais, enfatizando o **aprendizado** ("Quanto eu progredi?") ao invés do **desempenho** ("Qual foi o conceito que recebi?").

4. Atribuições para o sucesso. Incentive os alunos a explicarem seus sucessos em termos de esforços pessoais, estratégias e habilidades. Aqui, a função do professor é dar *feedback* aos alunos acerca dos motivos de seus sucessos ou fracassos, além de ajudá-los a fornecer a explicação adequada. Uma resposta estava incorreta ou incompleta? Foi cometido um erro por falta de atenção? Certifique-se de que os alunos entendam por que uma resposta está incorreta. Faça perguntas como: "O que você fez quando tentou responder a essa pergunta/solucionar esse problema?".

A receptividade

Como as atitudes mentais mentais abertas ou fechadas dos alunos afetam a maneira de processar informações. Muitas vezes, ser receptivo é associado a estar livre de predisposições ou preconceitos, que são fatores que inibem a consideração de novas ideias. A receptividade costuma ser vista como uma das principais posturas que embasam o pensamento crítico. Ela permite que uma pessoa determine mais objetivamente se informações devem ser aceitas ou rejeitadas.

Pesquisas mostram que alunos receptivos estão mais propensos a encontrar conexões entre crenças diferentes, enquanto os alunos pouco receptivos costumam tratar as crenças como itens isolados. Consequentemente, os alunos receptivos podem estar mais propensos do que os alunos pouco receptivos a enxergar relações entre conceitos de diferentes disciplinas, bem como conexões entre conhecimentos e habilidades aprendidos na escola e em aplicações não escolares. Isso promove a transferência.

As sugestões para aumentar a receptividade incluem:
- Ajudar os alunos a ver o mundo de modo relativo (em termos de graus e alternativas) em vez de absoluto (tudo ou nada e uma resposta ou forma correta).
- Mostrar e incentivar os alunos a não fazer um julgamento até que existam provas e motivos suficientes.
- Mostrar e incentivar o respeito pelo direito dos outros a terem crenças e valores diferentes dos seus.
- Pedir aos alunos para argumentar a partir de posições diferentes das suas; mostrar a eles como usar pontos de vista opostos como ferramentas para avaliar linhas de raciocínio de forma crítica.
- Ajudar os alunos a evitarem a generalização excessiva das implicações de ideias e eventos.
- Aceitar as respostas e os métodos válidos dos alunos, mesmo se não forem iguais aos seus ou aos do livro.
- Identificar relações entre ideias em vez de tratá-las isoladamente.
- Cultivar o hábito de diferenciar fatos e opiniões.

Peça aos alunos para refletirem e avaliarem criticamente o próprio comportamento em relação a essas posturas, além de desenvolver planos individuais para a automelhoria em determinada área. Um diário é uma boa estratégia para registrar os planos, sua implementação e monitorar o progresso. Também é uma maneira interessante para avaliar suas abordagens e dar *feedback* destinado à melhoria; para isso, colete os diários periodicamente e comente-os.

EMOÇÕES ESPECÍFICAS DA DISCIPLINA

Além dos fatores emocionais que afetam o desempenho acadêmico em geral, também existem respostas emocionais a disciplinas específicas.

Considere estas perguntas: Como as emoções dos alunos afetam seu desempenho em disciplinas específicas? Por exemplo, quais disciplinas costumam causar mais ansiedade nos alunos? Em quais disciplinas os alunos sentem mais ansiedade relacionada aos testes? Quais fatores afetam a ansiedade específica da disciplina? Até que ponto a ansiedade relacionada aos testes varia conforme a disciplina? Como as emoções dos alunos influenciam seu desempenho em sua(s) disciplina(s)?

Para falantes nativos de inglês nos Estados Unidos, a ansiedade específica da disciplina é mais comum em matemática e, depois, em ciências. Entretanto, existem algumas provas de que a ansiedade relacionada aos testes é maior na ciência física. Para muitos falantes não nativos de inglês nos Estados Unidos, o inglês costuma causar mais ansiedade. Por conseguinte, um ensino reflexivo inclui considerar como as atividades acadêmicas (testes) e fatores culturais (idioma nativo) podem afetar a ansiedade de seus alunos em determinadas disciplinas.

Muitas pesquisas mostram diferenças específicas da disciplina nos autoconceitos acadêmicos dos alunos. Alguns alunos se sentem confiantes em relação a seu desempenho em tarefas verbais, mas são pessimistas em relação a seu desempenho em matemática. Para outros alunos, acontece exatamente o contrário.

Qual tipo de estrutura de referência é usado por seus alunos no momento de pensar sobre suas habilidades de aprendizado específicas da disciplina? Pesquisas revelam que os alunos que fazem autocomparações têm posturas mais positivas do que aqueles que se comparam com outros alunos. Ajude seus alunos a se concentrarem em seu próprio progresso no aprendizado de uma disciplina específica em vez de se concentrarem em sua comparação com os colegas.

Algumas respostas emocionais a disciplinas específicas são desejáveis. Por exemplo, ao ensinar literatura por uma perspectiva estética, as respostas emocionais dos alunos ao texto são importantes, pois facilitam seu envolvimento com a leitura e suas conexões com os personagens e eventos. Com frequência, os professores escolhem deliberadamente uma literatura capaz de estimular e provocar seus alunos com o intuito de criar respostas emocionais ao texto. As emoções também influenciam a leitura de textos orientados à informação.

O AUTOCONTROLE DAS EMOÇÕES

Esta seção mostra como é possível ajudar os alunos a ter mais controle de suas posturas e motivações. Um "monólogo interno" positivo é importante para aprender em todas as disciplinas. Os aprendizes reflexivos estão cientes e no controle das mensagens que transmitem para si próprios. Eles "sintonizam" com aquilo que estão pensando e sentindo silenciosamente e usam um "monólogo interno" silencioso para modificar tais pensamentos e sentimentos em uma direção mais desejável. Isso elimina o "monólogo interno" negativo, seja neutralizando-o ou convertendo-o em "monólogo interno" positivo. Autoafirmações de enfrentamento e autorreforçadores podem ajudar os alunos a gerenciarem seus estados emocionais em situações acadêmicas. O segredo para controlar um estado mental indesejável é, em primeiro lugar, perceber que ele existe. Cada uma dessas estratégias requer um pensamento reflexivo.

As autoafirmações de enfrentamento são técnicas de "monólogo interno" que podem ajudar o aprendiz a preparar o terreno para uma experiência de aprendizado positiva, assim como ajudar a motivar um aluno a fazer seu melhor. Os autorreforçadores podem recompensar um aluno por fazer seu melhor. A Tabela 4.3 contém três exemplos específicos de disciplinas.

Tabela 4.3 Técnicas de "monólogo interno" para desenvolver posturas que promovam o pensamento

Disciplina	Autoafirmações de enfrentamento	Autorreforçadores
Leitura	Ler me ajudará a ter um melhor desempenho em todas as disciplinas.	Agora que estou usando melhores estratégias de leitura, entendo mais da leitura de meus livros de história e ciências.
Escrita	Preciso escrever bem para me tornar um jornalista.	Depois de encontrar aqueles erros, fiquei feliz por ter revisado minha dissertação. Agora, estou me preparando para ser um escritor profissional!
Matemática	Se eu me preparar bem para todas as provas de matemática, me sairei muito melhor no teste final.	Meu tempo extra de estudo valeu a pena. Este foi o melhor resultado que já tive no teste final.

TECNOLOGIAS

O *bullying* é um problema sério nas escolas, especialmente para alunos do 7º ano do ensino fundamental até a 2ª série do ensino médio. Vários vídeos sobre esse problema estão disponíveis. Eles incluem estratégias para abordar o problema dos *bullies*, bem como entrevistas com alunos que foram alvo de *bullying* e outros que o praticavam. O TeachSafeSchools [20--] possui muitos recursos sobre o assunto. O *bullying* e a prevenção de violência são abordados pela Safe Youth (CENTER FOR SAFE YOUTH, c2010).

Vídeos que tratam do problema da violência em escolas e com adolescentes, em particular, oferecem sugestões para ajudar os alunos a não serem violentos. Tais vídeos exploram as causas da violência com adolescentes e recomendam estratégias que os professores e pais podem utilizar para combatê-la.

A internet tem vários recursos para ajudá-lo a promover o desenvolvimento de emoções positivas em seus alunos. Como parte de seus Padrões de Aprendizado formais, o estado de Illinois identifica três padrões de aprendizado social/emocional para a educaçao infantil e o ensino fundamental e o ensino médio.

1. Autocontrole. Desenvolver capacidades de autoconsciência e gestão para ter sucesso na escola e na vida.
2. Interações sociais. Utilizar a consciência social e as habilidades interpessoais para estabelecer e manter relacionamentos positivos.
3. Padrões. Demonstrar habilidades de tomada de decisões e comportamentos responsáveis em contextos pessoais, escolares e comunitários.

O *site* do estado disponibiliza cinco níveis de referências para cada um desses padrões, descrevendo o que os alunos devem saber e ser capazes de fazer nos diferentes anos escolares.

O Kidsource (WEBB, 2000) contém um excelente artigo na internet sobre estratégias para estimular o desenvolvimento emocional e social de crianças superdotadas. Ele também oferece sugestões que podem ser adaptadas ou utilizadas com muitas outras crianças. Além de identificar os pontos fortes de alunos superdotados, mostra problemas correspondentes que podem ocorrer devido a eles. Por exemplo, o ponto forte da motivação intrínseca pode vir acompanhado de resistência a seguir instruções e se esforçar.

O *site* Advocates for Youth (c2008) tem mais de 30 planos de aula sobre várias questões relevantes ao desenvolvimento emocional de adolescentes. Os exemplos incluem funções e responsabilidades de gênero, imagem corporal e lidar com a discriminação.

RESUMO

O ensino reflexivo reconhece que o lado emocional do aprendizado é tão importante quanto o lado intelectual. As emoções que ajudam a melhorar o pensamento e o aprendizado incluem motivação e posturas. Algumas facilitam o pensamento e o aprendizado, enquanto outras os inibem. Algumas são gerais e se aplicam entre disciplinas; outras são específicas da disciplina. Além de desenvolver emoções positivas nos alunos, os professores reflexivos os ajudam a se tornarem aprendizes reflexivos que estão cientes de suas emoções e as controlam a fim de melhorar o pensamento e o aprendizado. Vídeos e recursos de internet podem ajudá-lo a lidar com as necessidades emocionais e sociais de seus alunos.

REFERÊNCIAS

ADVOCATES FOR YOUTH. [*Site*]. Washington: Advocates for Youth, c2008. Disponível em: <http://www.advocatesforyouth.org/lessonplans/index.htm>. Acesso em: 14 ago. 2014.

CENTER FOR SAFE YOUTH. [*Site*]. [S. l.]: Center for Safe Youth, c2010. Disponível em: <http://www.safeyouth.com>. Acesso em: 14 ago. 2014.

DEWEY, J. *How we think*. Chicago: Henry Regnery, Gateway Edition, 1933.

TEACHSAFESCHOOLS.ORG. *Improving school safety*. Coral Glabes: The Melissa Institute for Violence Prevention and Treatment, [200-]. Disponível em: <http://teachsafeschools.org/bully_menu6-2.html>. Acesso em: 14 ago. 2014.

WEBB, J. T. *Nurturing social-emotional development of gifted children*. Califórnia: KidSource, 2000. Disponível em: <http://www.kidsource.com/kidsource/content2/social_development_gifted.html>. Acesso em: 14 ago. 2014.

Leituras sugeridas

ALDERMAN, M. K. Motivation for at-risk students. *Educational Leadership*, v. 48, n. 1, p. 27–30, 1990.
AMES, C. Motivation: what teachers need to know. *Teachers College Record*, v. 91, p. 409–421, 1990.
BLUM, R. W. A case for school connectedness. *Educational Leadership*, v. 62, n. 7, p. 16–19, 2005.
BRUNER, J. *Toward a theory of instruction*. Cambridge: Belknap, Harvard University, 1966.
CLIFFORD, M. M. Students need challenge, not easy success. *Educational Leadership*, v. 48, n. 1, p. 22–26, 1990.
DARLING-HAMMOND, L.; IFILL-LYNCH, O. If they'd only do their work! *Educational Leadership*, v. 63, n. 5, p. 8–13, 2006.
EISON, J.; BONWELL, C. Active learning: creating excitement in the classroom. Grandville: ERIC Digest, 1991. Disponível em: <http://www.ericdigests.org/1992-4/active.htm>. Acesso em: 14 ago. 2014.
EVERSON, H. E. et al. Test anxiety in the curriculum: the subject matters. *Anxiety, Stress and Coping*, v. 6, p. 1–8, 1993.
FELDER, R. M.; SOLOMON, B. A. *Learning styles and strategies*. Raleigh: Richard Felder's Home Page, [200-]. Disponível em: <http://www4.ncsu.edu/unity/lockers/users/f/felder/public/ILSdir/styles.htm>. Acesso em: 14 ago. 2014.
GARDNER, H. *Frames of mind*: the theory of multiple intelligences. New York: Basic Books, 1985.
GORDON, R. L. How novice teachers can succeed with adolescents. *Educational Leadership*, v. 54, n. 7, p. 56–58, 1997.
HALL, E. T. *The silent language*. Garden City: Anchor, 1981.
KAGAN, J.; KOGAN, N. Individuality and cognitive performance. In: MUSSEN, P. *Carmichael's manual of child psychology*. New York: Wiley, 1970. p. 1273–1365. v. 1.
KAROLIDES, N. Teaching literature as a reflective practitioner: script and spontaneity. *The Wisconsin English Journal*, v. 32, n. 2, p. 16–19, 2001.
KOHN, A. *Punished by rewards*: the trouble with gold stars, incentive plans, a's, praise, and other bribes. Boston: Houghton Mifflin, 1999.
MARSH, H. Verbal and math self concepts: an internal/external frame or reference model. *American Educational Research Journal*, v. 23, n. 1, p. 129–149, 1986.
STERNBERG, R. J. *Intelligence applied*: understanding and increasing your intellectual skills. Orlando: Harcourt Brace Jovanovich, 1986.
WIGFIELD, A.; ECCLES, J. S. Test Anxiety in Elementary and Secondary School Students. *Educational Psychologist*, v. 24, n. 2, p. 159–183, 1989.
WILLIAMS, B.; WOODS, M. Building on urban learners experiences. *Educational Leadership*, v. 54, n. 7, p. 29–32, 1997.
WLODKOWSKI, R. J.; GINSBERG, M. B. A framework for culturally responsive teaching. *Educational Leadership*, v. 6, n. 4, p. 17–21, 1995.

5
A gestão reflexiva da sala de aula

O foco deste capítulo é refletir sobre a estrutura do ambiente de sala de aula. Sua finalidade é ajudá-lo a criar estratégias eficazes para a gestão da sala de aula, reconhecer problemas ou desafios que podem ocorrer (incluindo questões culturais) e desenvolver estratégias para gerenciá-los. Você deve se fazer algumas perguntas: Como é seu desempenho como gestor de sala de aula? Sua aula se desenrola sem problemas? Quais tipos de problemas costumam surgir? Como você lida com eles? Quais são seus pontos fortes e fracos como gestor de sala de aula? Como seus alunos classificariam suas habilidades de gestão? Embora não existam correções rápidas ou soluções mágicas, geralmente é melhor ser proativo do que reativo na gestão da sala de aula.

O AMBIENTE CONSTRUTIVO EM SALA DE AULA

Um preconceito referente à gestão de sala de aula é que gestores eficazes usam estratégias diferentes ou reagem de forma diferente em relação aos gestores ineficazes no momento de lidar com problemas ou conflitos em sala de aula. Entretanto, pesquisas mostram que a principal diferença é que os gestores eficazes utilizam estratégias proativas para impedir os problemas de acontecer ou sair de controle. Um professor reflexivo deve avaliar seu conhecimento acerca das características pessoais, culturais e sociais dos alunos, além de considerar como elas poderiam afetar o comportamento em sala de aula. Esse conhecimento pode ajudá-lo a criar e manter um ambiente de aprendizado adequado.

A gestão proativa da sala de aula inclui envolver os aprendizes, minimizar as interrupções e promover relações construtivas entre os alunos. É improvável que um único método de ensino consiga fazer isso de forma rotineira. Quais métodos são mais bem-sucedidos em sua opinião? Parte do ensino reflexivo consiste em testar várias abordagens e avaliar a eficácia das mesmas em sua sala de aula. Utilize os comentários recebidos em sua experiência para ajudá-lo a aplicar métodos ainda mais eficazes no futuro.

Para criar um ambiente de sala de aula positivo, certifique-se de que suas expectativas, instruções, exigências, prazos e métodos de avaliação sejam claros. Assim, os alunos se sentem seguros para participar de atividades acadêmicas. Estabeleça limites e forneça uma estrutura. Crie um ambiente usando diversas modalidades – por exemplo, oral e escrita – para acomodar alunos com diferentes estilos ou preferências de aprendizado.

Se você espera comportamentos e posturas específicos em sala de aula, dê exemplos aos seus alunos. Diga explicitamente que você deseja que estes sejam refletidos por eles. A seguir, monitore o desempenho e dê *feedback* específico. As sugestões destinadas a melhorar o *feedback* são discutidas no Capítulo 3.

Quatro fatores críticos foram identificados por uma abordagem de gestão de sala de aula baseada em pesquisas e derivada da avaliação e combinação de diversos estudos:

1. Regras e procedimentos de sala de aula: sua concepção e implementação.
2. Intervenções disciplinares: o professor como "primeira linha de defesa".
3. Relacionamentos entre professor e aluno: como a qualidade influencia o comportamento do aluno.
4. Ajuste mental: consciência e controle do ambiente de sala de aula pelo professor.

Esses quatro fatores exigem que você pense sobre possíveis problemas que poderiam ocorrer na sala de aula e como seria possível impedi-los ou resolvê-los; todavia, o "ajuste mental" é a essência do pensamento reflexivo e crítico.

Pesquisas revelam que há menos problemas de comportamento quando os alunos estão ativamente envolvidos nas aulas. Há menos problemas de gestão quando o tempo de ensino é usado de maneira eficaz. Se você oferecer opções aos alunos a respeito das atividades ou como atingir as metas que lhes foram estabelecidas, eles estarão mais propensos a se comprometer com seu trabalho e concluirão as tarefas com mais entusiasmo e menos interrupções.

Para serem proativos, os professores precisam prever problemas de gestão em potencial. Pesquisas sobre gestores eficazes de sala de aula mostram o uso de várias abordagens, incluindo *withitness*, sobreposição, suavidade e força, além de evitar o efeito de ondulação.

Withitness, um termo criado por Kounin (1970) em sua pesquisa sobre gestores eficazes de sala de aula, se refere a uma sintonia acentuada e geral com o que está acontecendo na sala de aula, inclusive quando os alunos acham que você não está prestando atenção. Uma boa *withitness* pode lhe dar a reputação de ter olhos na parte de trás da cabeça. Para obter *withitness*, monitore o comportamento dos alunos e comunique sua consciência corrente acerca daquilo que está acontecendo na sala de aula. Essa prática permite que você acompanhe o comportamento dos alunos e intervenha imediatamente para impedir que problemas saiam de controle.

Até que ponto você tem *withitness* em sua sala de aula? Você ignora o mau comportamento na esperança de que ele terminará sem que precise intervir? Recomendava-se ignorar o mau comportamento como uma maneira de extinguir comportamentos indesejáveis por meio da falta de reforço. No entanto, pesquisas recentes demonstraram que, em geral, é mais eficaz lidar com os problemas quando eles surgem.

Seus alunos costumam se comportar mal quando há uma calmaria nas atividades? Uma segunda técnica de gestão, chamada de **sobreposição**, exige que mais de uma coisa seja feita ao mesmo tempo, como fornecer instruções enquanto entrega os trabalhos corrigidos. Professores experientes usam essa estratégia para maximizar a eficiência, manter os alunos envolvidos e eliminar momentos de lentidão ou parada que possam contribuir para o tédio e as interrupções.

Você tem momentos perdidos em suas aulas? Até que ponto você utiliza a sobreposição? Como poderia usá-la mais? Demonstre *suavidade* e *força* ao iniciar e interromper atividades. Evite momentos de lentidão e atrasos entre as atividades. Como é possível conseguir suavidade e força entre uma e outra atividade?

Os gestores eficazes de sala de aula também estão cientes do **efeito de ondulação** – trata-se do alastramento contagioso de posturas ou comportamentos por meio de processos de aprendizado social, como observação e imitação de outros alunos. Por exemplo, se um aluno se comportar mal, mas não for repreendido, outros podem segui-lo em breve. Se você demonstrar hostilidade enquanto dá limite a um aluno na frente da turma inteira, os demais alunos provavelmente também sentirão sua hostilidade, apesar de esta não ter sido sua intenção.

Os gestores de sala de aula experientes evitam problemas em vez de reagir a eles. Eles planejam as aulas com cuidado a fim de maximizar a tranquilidade, a força e o envolvimento. Além disso, monitoram cuidadosamente o comportamento (verbal e não verbal) em sala de aula para que estejam cientes e possam controlar os problemas antes que estes se intensifiquem e saiam de controle. Com frequência, chegar a esse nível de gestão de sala de aula é a maior fonte de receio para professores novatos.

Quais técnicas você utiliza para assegurar que não ocorram problemas em sua sala de aula? Você mantém os alunos ativamente envolvidos no aprendizado, com pouco tempo perdido e poucas interrupções? Quais tipos de problemas de comportamento e gestão tendem a ocorrer com mais frequência em suas aulas?

O DISCERNIMENTO E A INTELIGÊNCIA SOCIAL

Outra dimensão da gestão bem-sucedida da sala de aula envolve o discernimento social e o ensino culturalmente sensível. Ambos os fatores estão relacionados ao conceito de inteligência social. Também são discutidos no Capítulo 4 sobre as emoções. Uma das teorias de inteligências múltiplas tem uma categoria chamada de inteligência social (ou inteligência interpessoal), que envolve a capacidade de identificar e responder às motivações, aos humores, aos desejos e aos temperamentos de outras pessoas. Todas as pessoas têm esse tipo de inteligência, mas em diferentes graus. Para algumas, a inteligência social é um ponto forte; para outras, é uma fraqueza.

Como você classificaria sua própria inteligência social? Até que ponto ela depende da situação em que você está? Como você avaliaria sua habilidade de identificar as motivações, os humores e os desejos de seus alunos? Como classificaria sua habilidade de responder a esses sentimentos em seus alunos? Para aumentar as chances de ter uma relação de sucesso com seus alunos, transmita o sentimento de que está genuinamente interessado em seus êxitos, e não passando o tempo ou apenas recebendo um pagamento. Quando se ausenta ou se atrasa com frequência, os alunos sentirão que o ensino e eles próprios não são muito importantes para você.

Pesquisas comprovaram que o discernimento social é muito importante no ensino de adolescentes. O discernimento social em relação aos adolescentes é um tipo de conhecimento que representa um segundo tipo de *withitness*. Envolve um conhecimento da cultura do adolescente e como ela afeta o comportamento em sala de aula. O discernimento social também inclui o respeito pelos sentimentos dos outros, sem tratá-los como inferiores por meio de discurso, comportamentos ou posturas condescendentes. Além disso, implica estar em sintonia com as características dos interesses, do valor cultural e das práticas dos alunos. Um aluno poderia se comportar mal na aula porque deseja impressionar outra pessoa que está no local, mas não por causa de um momento de lentidão ou de uma atividade entediante. Uma aluna poderia não participar da aula porque sente vergonha de seu sotaque ou de suas limitações ao falar inglês. Talvez estivesse intelectualmente envolvida, mas socialmente insegura. Geralmente, os professores novatos precisam trabalhar no sentido de desenvolver esse tipo de discernimento social, especialmente quando seus alunos têm origens culturais diferentes das suas.

Outra teoria de inteligências múltiplas tem uma categoria chamada "inteligência prática", ou seja, um tipo de inteligência social que se concentra em como as pessoas interagem de modo eficaz e lidam com seus ambientes. Esse tipo de inteligência social costuma ser chamado de "sagacidade". Exige **conhecimento tácito** – conhecimento de coisas que você deve conhecer e saber fazer, mas que não são ensinadas de forma explícita, devendo ser descobertas por conta própria. As pessoas utilizam três estratégias para interagir de modo inteligente com seu ambiente. Parte da inteligência é saber qual dessas estratégias deve ser usada em determinada situação.

Considere o problema de ter dificuldade para progredir durante uma aula e se comunicar de modo eficaz por causa de um ambiente barulhento. Os barulhos feitos por um guindaste ou trator em uma construção podem se intrometer na sala de aula. Uma estratégia é *se adaptar* ao ambiente ou modificar seu comportamento para se ajustar às demandas de uma situação. Por exemplo, para se adaptar, você pode falar mais alto e pedir que os alunos se esforcem para ouvir.

Apesar de às vezes ser considerada uma marca de inteligência, a adaptação nem sempre é a melhor abordagem. Ocasionalmente, *selecionar* um novo ambiente é a melhor maneira de satisfazer as necessidades e os interesses das pessoas. Você pode, por exemplo, levar seus alunos a uma sala da biblioteca, que está localizada no outro lado da escola, para ter silêncio.

Outra maneira de responder ao ambiente é *modificá-lo*, ou seja, alterá-lo para suprir melhor as necessidades das pessoas. Por exemplo, é possível fechar uma janela para impedir a passagem dos sons do guindaste ou trator. Ao lidar com problemas que surgem na sala de aula, é inteligente considerar e avaliar estratégias com base nesses três tipos gerais de abordagens no contexto da situação específica.

A inteligência social inclui cultivar boas relações entre o professor e os alunos, assim como adotar abordagens proativas. Novamente, o objetivo é impedir que problemas comecem em vez de precisar reagir a eles mais tarde. É muito importante que você esteja ciente e controle suas emoções e interações sociais. Todavia, mesmo quando o professor faz todas as "coisas certas", podem surgir conflitos ou problemas na relação. O ensino pode ser uma relação delicada, porque frequentemente mistura relações profissionais e pessoais.

Lembre-se de que existe um desequilíbrio natural na situação de ensino; você é a pessoa mais forte e mais experiente, enquanto o aluno é a pessoa mais fraca e menos experiente. Fique atento aos sentimentos de cada aluno e proteja a autoestima dele. Insultar e humilhar alunos – mesmo que seja com a nobre finalidade de tentar motivá-los a mudar – é inaceitável. Você e outros alunos podem achar que o sarcasmo é engraçado; porém, o aluno que é alvo de um comentário sarcástico provavelmente se sentirá envergonhado, defensivo e amargurado. Tais posturas dificilmente promoverão uma mudança de comportamento positiva.

Espere que todos os seus alunos tenham sucesso. Eles geralmente alcançam níveis mais elevados quando você espera que aprendam do que nas ocasiões em que não espera que aprendam. As expectativas do professor costumam ser profecias que se cumprem por si sós. Além disso, os alunos que acham que você não espera que aprendam estão mais propensos a se sentirem academicamente inadequados e a praticarem comportamentos negativos para chamar sua atenção e a atenção dos colegas.

Também é importante ser paciente; afinal, nem todos aprendem no mesmo ritmo. Apressar os alunos pode inibir seu pensamento e fazê-los se sentirem inadequados. Também transmite uma mensagem errada sobre a importância do tempo de silêncio para o pensamento reflexivo em vez de responder de maneira impulsiva. Os sinais não verbais de impaciência podem se comunicar com o mesmo volume que as palavras!

CONTROLE EXTERNO

Um objetivo da gestão de sala de aula é abandonar os controles externos com regras e punições rigorosas, nos quais os alunos se comportam quando o professor está presente por medo de serem punidos, em favor de controles internos, nos quais os alunos se comportam porque valorizam o comportamento adequado, já que sabem que é a coisa certa a fazer. O controle externo gera mudanças de comportamento no curto prazo e capacita o professor em detrimento da autonomia e do autocontrole dos alunos. No longo prazo, promover a responsabilidade e o autocontrole do aluno resultará em mudanças de comportamento mais duradouras e mais positivas.

Na melhor das hipóteses, a punição ensina aos alunos o que NÃO devem fazer; não ensina a um aluno o que ele deve fazer. Ao trabalhar sob controles externos, os alunos concentram suas energias em se comportar mal sem que sejam punidos em vez de fazer a coisa certa. Não têm incentivo para internalizar o controle e a responsabilidade. Para enfatizar a responsabilidade no lugar da obediência, informe os alunos sobre padrões de comportamento aceitáveis; certifique-se de que entendam as regras, diretrizes e consequências de violá-los; respeite a dignidade dos alunos; e lide com problemas de disciplina de forma particular. Celebre um contrato social com um aluno que se comporta mal a fim de desenvolver diretrizes para o comportamento futuro. É possível renegociar o contrato social conforme necessário.

Quando surgem problemas, utilize sua intuição e confie em seus instintos. Esteja preparado para lidar com problemas inesperados. Aborde problemas de disciplina específicos de maneira discreta e confidencial. Mantenha uma voz suave e a cabeça fria durante um conflito ou interrupção. Aplique uma abordagem prática de resolução de problemas que use bom senso, motive os alunos a se responsabilizarem pelo próprio comportamento e os incentive a se importarem uns com os outros. Essa abordagem é holística e envolve cooperação, responsabilidade, carinho e respeito.

Não dependa de recompensas. Evite transformar seus alunos em "viciados em recompensas". Crie uma comunidade de sala de aula carinhosa e interativa. Respeite o orgulho e a dignidade de seus alunos. Se as necessidades emocionais de seus alunos não estiverem sendo supridas ou se aquilo que estão aprendendo não fizer sentido para eles, deixando-os desamparados, provavelmente tentarão conseguir atenção, poder, vingança ou qualquer outra coisa de que precisarem para se sentirem satisfeitos. Podem até mesmo recorrer à violência contra si próprios ou contra outras pessoas. Todo mundo deseja se sentir, capacitado e respeitado, além de ter opções, experiências significativas e o senso de pertencer a um grupo ou comunidade.

A CONEXÃO NA ESCOLA

Você se sentia conectado com sua escola quando era adolescente? Por quê? Como você se sentia devido à conexão com a escola ou falta dela? Por quê? Como isso afetava seu comportamento na aula? Fora da aula? Considere por que isso tinha tais efeitos em seu comportamento.

A conexão com a escola é especialmente importante para os adolescentes. Um professor reflexivo pode usar discernimentos de suas próprias experiências para ajudá-lo a entender como seus alunos poderiam se sentir em relação às suas conexões com a aula em particular e com a escola em geral. Apesar de ser importante, essa autoanálise não é suficiente. Observe e faça perguntas sobre os sentimentos de seus alunos acerca da conexão com a escola e com a sala de aula. Tente descobrir como poderia aprimorar seus sentimentos de conexão e como isso poderia gerar benefícios.

Você se sente conectado com seus alunos? Por quê? Às vezes, os professores novatos se sentem conectados demais com seus alunos, especialmente quando não há muita diferença de idade. Sentir-se conectado demais com seus alunos pode ser tão problemático quanto não se sentir conectado o suficiente! Quais seriam alguns problemas de se sentir conectado demais com seus alunos? Quais seriam algumas consequências de não se sentir conectado o bastante?

Pesquisas mostram que a conexão com a escola tem dois benefícios principais. Ela aumenta as chances de sucesso acadêmico dos alunos por meio de mais motivação, melhor frequência, aumento do envolvimento no aprendizado e níveis superiores de desempenho. Diminui a probabilidade de os alunos praticarem comportamentos destrutivos, incluindo *bullying*, vandalismo, abuso de substâncias, gravidez, violência e suicídio. Quais desses benefícios são particularmente adequados para direcionar para seus alunos? Por exemplo, se eles têm problemas com abuso de substâncias, já existem recursos e estratégias na sua escola? A prevenção e o tratamento do abuso de substâncias já fazem parte do currículo? Como seus alunos aprendem a lidar com as diferentes pressões que confrontam os adolescentes quase que universalmente? Além daquilo que aprendem na escola, quais mensagens recebem de suas casas e comunidades maiores (incluindo local de culto) sobre atividades de risco, como sexo na adolescência, fumar e beber? Até que ponto você está ciente das normas, das expectativas e dos valores das casas, culturas e comunidades de seus alunos? Como poderia aprender mais sobre eles?

De acordo com as pesquisas, três características das escolas promovem sentimentos de conexão e, ao mesmo tempo, contribuem para o desempenho:

1. Relações positivas e respeitosas entre o adulto e o aluno.
2. Altos padrões acadêmicos acompanhados por forte apoio dos professores.
3. Um ambiente emocional e fisicamente seguro.

Como você classificaria sua sala de aula em particular e sua escola em geral em relação a essas três características? Qual seria o maior ponto forte, em sua opinião? Por quê? O que você acha que precisa de mais melhoria? Por quê? Houve alguma atividade de desenvolvimento profissional direcionada a atingir esses objetivos?

Muitas vezes, as atividades extracurriculares patrocinadas pelas escolas ajudam a promover sentimentos de conexão enquanto aprimoram as habilidades e ampliam a experiência dos alunos. No entanto, em muitos centros urbanos, como na cidade de Nova York, várias escolas de ensino fundamental e médio eliminaram essas atividades por causa de limitações orçamentárias. Sua escola promove atividades como esportes, banda, grêmio estudantil, xadrez, equipe de debates e teatro? Nos casos em que tais atividades são promovidas pela escola, até que ponto seus alunos participam delas? Muitas escolas urbanas não têm instalações para atividades como futebol ou voleibol. Se sua escola não promove tais atividades, há outras organizações na comunidade que preenchem ou poderiam ajudar a preencher esse vazio? Você participou dessas atividades quando era aluno? Como tal participação (ou falta de participação) afetou você?

As pesquisas indicam que existem três ameaças principais à conexão com a escola: isolamento social, má gestão de sala de aula e falta de segurança. Seus alunos precisam se preocupar com sofrer *bullying*, receber ameaças físicas ou ser assaltados enquanto estão na escola ou indo e voltando dela? Precisam se preocupar com a possibilidade de ser provocados por grupos sociais dominantes? Todos os seus alunos têm pelo menos um amigo na sala de aula? Eles têm outros amigos na escola? Se você não souber as respostas para essas perguntas, estabeleça como objetivo descobri-las!

DINÂMICA CULTURAL

Um tema contínuo neste livro é a importância de pensar de modo reflexivo e responder às diferenças individuais de seus alunos. Você costuma pensar em termos de estereótipos culturais? Nos Estados Unidos, a maioria das escolas e a sociedade estão se tornando cada vez mais multiculturais. A diversidade étnica cria ricas oportunidades de desenvolvimento pessoal e social. Também gera desafios para os professores que trabalham com alunos de diferentes origens culturais, com valores e costumes diferentes.

Considere este exemplo. Imagine que você é o professor de Sarana, que nunca lhe olhou diretamente nos olhos ao se comunicar e que nunca fez perguntas. Como você interpretaria esse padrão de comportamento? Pode parecer que há um problema de timidez ou desinteresse, mas, na verdade, trata-se de um comportamento respeitoso. Algumas origens culturais ensinam que é desrespeitoso quando um aluno faz contato visual com um professor e que é desrespeitoso quando um aluno faz perguntas, mesmo se ele não tiver entendido algo importante. Os alunos de algumas culturas estão acostumados a ouvir, observar e escrever de forma passiva durante a aula, sentindo-se muito desconfortáveis quando são convidados a falar, inclusive para responder a uma pergunta relativamente simples.

Como você deve lidar com tais situações? Deve se adaptar às necessidades do aluno e ignorar o contato visual e o questionamento? Os professores e alunos devem ser combinados conforme a origem cultural para que haja menos conflito nos valores e nas expectativas? Você deve modificar o comportamento e as atitudes de seus alunos para que sejam consistentes com suas expectativas?

Um importante aspecto do ensino reflexivo é decidir a melhor forma de responder a situações diferentes que surgem no ambiente de ensino – decidir quando adaptar, quando selecionar e quando modificar. Não existe uma maneira certa de reagir em todas as situações. Tentar se adaptar a todas as origens culturais diferentes que podem estar representadas em sua sala de aula é algo irrealista. Os alunos precisam aprender a "troca de código", ou seja, que os comportamentos e as posturas adequados em casa e em sua comunidade podem ser diferentes dos comportamentos e das posturas que são adequados na escola e na sociedade em geral; é necessário que aprendam a fazer um ajuste.

Ensinar alunos de várias origens culturais tornou um professor consciente das questões relacionadas à assimilação de alunos de minorias na educação e a lidar com os problemas da cultura dominante, que impõe seus valores e suas normas. Ele descobriu que os alunos multiculturais precisam aprender a cultura, bem como o currículo. Muitos alunos também precisam aprender o idioma. Um discernimento importante foi reconhecer as perspectivas empobrecidas e as barreiras culturais impostas por origens e expectativas uniculturais. Com frequência, os alunos uniculturais veem sua própria cultura como dominante; seus pressupostos e predisposições se refletem em suas relações pessoais e sociais, assim como nas instituições sociais. Isso costuma criar rigidez e uma visão limitada, o que gera desvantagens significativas em comparação com os alunos cujas origens são multiculturais. Estes têm uma perspectiva mais ampla, mais rica e mais relativa que auxilia a apreciar pontos de vista alternativos e a capacidade de lidar com novas situações.

Até que ponto você faz pressupostos sobre seus alunos por causa de sua raça, etnia, origem familiar, gênero, *status* socioeconômico ou local onde moram? É comum fazer pressupostos implícitos ou explícitos com base em tais fatores. Por isso, os professores reflexivos tentam estar cientes deles e impedir que influenciem suas posturas e expectativas em relação aos alunos. Às vezes, por exemplo, os professores pressupõem que, como os alunos vivem em uma comunidade rural ou em um gueto urbano, não estão propensos a entrar para a universidade ou trabalhar como médicos, advogados, empresários ou professores universitários.

Com o intuito de neutralizar os possíveis limites que tais expectativas poderiam impor ao desempenho escolar dos alunos, os professores reflexivos tentam tratar cada aluno como um indivíduo com motivação, capacidades, flexibilidade e pontos fortes culturais. Uma recente estrutura para aprendizes urbanos contrasta essa visão com a antiga visão desses alunos como pessoas desmotivadas, sem habilidades, em situação de risco e culturalmente prejudicadas. A *Urban Learners' Framework* enfatiza a atenção às experiências dos alunos, incluindo casa, comunidade e escola, que influenciam o desenvolvimento de suas crenças, seus valores, sua linguagem, seu conhecimento e comportamento. Incluem experiências de dentro da escola, tais como currículo, suas normas, suas regras e sua cultura escolar, bem como experiências de fora da escola, como responsabilidades, uso do tempo livre e atividades regulares em casa e na comunidade. Você pensa sistematicamente sobre como as experiências de dentro e fora da escola de cada um dos seus alunos poderiam afetar seu desempenho acadêmico?

A eficácia dos professores com os aprendizes urbanos depende muito de sua habilidade de conectar o trabalho escolar com os pontos fortes e as experiências dos alunos. O objetivo é ajudar os alunos a se tornarem aprendizes independentes com consciência e controle de seu próprio destino, além de auxiliá-los a se tornarem bons cidadãos. O modelo de ensino desenvolvido a partir dessa perspectiva sobre os aprendizes urbanos é um processo de reflexão em quatro etapas. Enfatiza usar o tempo para pensar cuidadosamente sobre como o currículo pode ser ensinado de forma mais eficaz. As etapas de reflexão são:

1. Tornar o aprendizado significativo por meio da revisão das matérias da disciplina. Faça perguntas como: "Quais matérias da disciplina realmente importam para eles?", "O que os alunos já sabem sobre esse assunto?", "Como esse assunto poderia ser usado em suas comunidades?".

2. Conectar o conteúdo curricular com os interesses e as experiências dos alunos. Faça perguntas como: "Como os alunos se relacionarão com aquilo que devem aprender?", "Quais experiências de dentro e fora da escola poderiam afetar seu aprendizado e seu desempenho na sala de aula?", "Como posso saber mais sobre a vida dos alunos fora da escola?".

3. Começar as aulas com atividades que aproveitem os pontos fortes dos alunos para fazê-los se sentirem parte do currículo. Pergunte: "Como posso aproveitar as experiências de dentro e fora da escola dos alunos para ajudá-los a se conectar com esta parte do currículo?", "O que meus alunos fazem bem fora da escola?", "O que interessa a meus alunos quando eles não estão na escola?".

4. Refletir sobre o que acontece na classe para ter novos discernimentos e considerar mudanças que podem melhorar as aulas. Faça perguntas como: "Esta aula foi consistente com a visão dos alunos como pessoas motivadas, capazes, flexíveis e com pontos fortes culturais?", "Como posso modificar a aula para ter uma conexão melhor com as experiências de dentro e fora da escola dos alunos?", "Até que ponto a aula ajudou a desenvolver as habilidades dos alunos no sentido de se tornarem aprendizes independentes?", "Como eu poderia modificar a aula para focar mais nas funções dos alunos na sociedade em geral?".

Em alguns casos, podem surgir questões de gênero. Os homens de algumas culturas podem se sentir desconfortáveis quando uma mulher ensina algumas matérias, o que poderia criar um "choque cultural acadêmico" e afetar o aprendizado. Pense sobre como é possível lidar com uma situação assim. De que maneiras os professores podem cultivar relações positivas com alunos de origens diferentes das suas? De que maneiras os professores podem cultivar relações positivas com alunos do sexo oposto ou de orientação sexual diferente?

HABILIDADES SOCIAIS

A Figura 5.1 resume algumas habilidades sociais que são ingredientes importantes para o sucesso da relação entre professor e aluno. Em sua opinião, quais são seus pontos fortes? Quais são seus pontos fracos? Pense sobre seus próprios exemplos para cada capacidade social listada. Por exemplo, é possível demonstrar apoio e carinho dizendo: "Você pode usar este tempo da aula para terminar sua lição de casa por causa da emergência familiar que teve ontem à noite".

REGRAS E PROCEDIMENTOS DE SALA DE AULA

Envolva os alunos na criação das regras, dos procedimentos e das consequências de sala de aula. Isso promove comprometimento e aumenta a probabilidade de que sejam entendidos e seguidos pelos alunos, como também possibilitará que sintam que eles são justos.

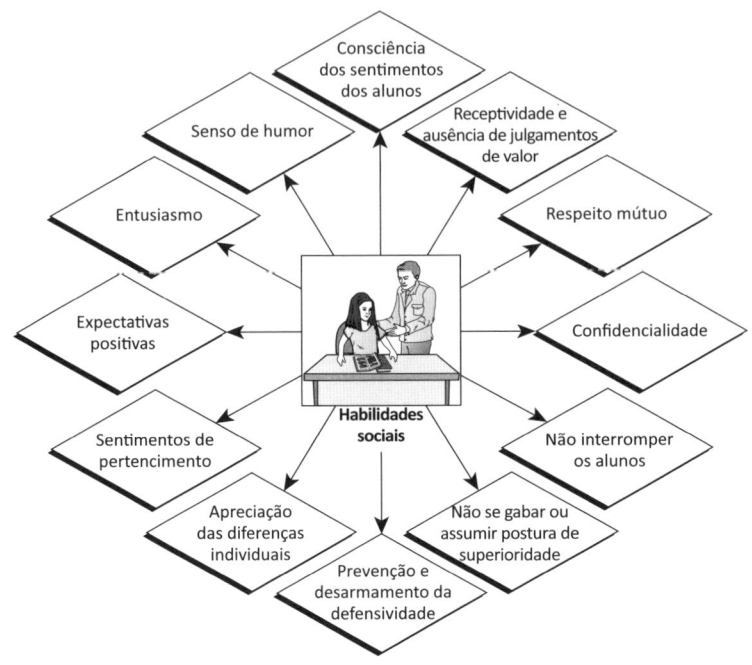

```
                    Consciência
                   dos sentimentos
                    dos alunos
                              Receptividade e
         Senso de humor      ausência de julgamentos
                                  de valor

    Entusiasmo                          Respeito mútuo


  Expectativas                              Confidencialidade
   positivas
                        Habilidades
                          sociais
   Sentimentos de                         Não interromper
    pertencimento                           os alunos

         Apreciação           Não se gabar ou
        das diferenças       assumir postura de
         individuais           superioridade
                     Prevenção e
                   desarmamento da
                     defensividade
```

Figura 5.1 Capacidades sociais específicas.

Certifique-se de que as regras de sala de aula são realistas, consistentes com seus próprios valores e não infringem as regras da escola. Seja consistente na maneira de aplicá-las para que os alunos não se sintam excluídos ou tratados de forma diferente. Se você afixá-las na parede, os alunos não terão desculpa para dizer que se esqueceram da regra.

Os "procedimentos de sala de aula" se referem aos métodos para fazer as coisas. Quando os métodos são escritos e padronizados, a aula pode funcionar sem problemas. É possível poupar tempo, e os alunos sentirão que a aula tem continuidade e é previsível. Quando há uma rotina, os alunos se sentem seguros, porque sabem o que é esperado. Podem ser desenvolvidos procedimentos de sala de aula para atividades, como recolher e devolver lição de casa, fazer testes, pedir para se retirar da sala, distribuir polígrafos, mover as cadeiras para formar grupos, sair para participar de uma reunião e praticamente todas as outras tarefas regulares de sala de aula.

Quando estabelecer um procedimento, descreva claramente o comportamento esperado e explique o motivo ou a lógica. Solicite a opinião dos alunos e utilize-a sempre que isso for viável. Ofereça uma demonstração passo a passo e monitore a compreensão dos alunos, bem como a memória dos métodos e a sequência. Dê a eles a oportunidade de praticar o procedimento e dê *feedback*. Assim como as regras de sala de aula, os procedimentos podem ser afixados a uma parede para que todos estejam cientes de suas expectativas. A consistência é muito importante, seja para trabalhar com apenas um aluno, seja para trabalhar com vários alunos. Se uma regra ou procedimento forem necessários, exija-os. Se não estiver funcionando, discuta e altere-os.

As consequências devem ser decididas assim que as regras e os procedimentos forem formulados. Elas devem ser explícitas. Assim como nas regras e nos procedimentos, a opinião do aluno sobre as consequências de violar as regras e os procedimentos promoverá comprometimento e aceitação. Depois que a regra foi quebrada ou que o procedimento não foi seguido, é tarde demais para tomar uma decisão referente às consequências. Responda à situação assim que for possível para que ela não saia de controle. Os comportamentos negativos podem sair de controle se não forem tratados imediatamente.

COMPORTAMENTOS NEGATIVOS DO PROFESSOR

Ao lidar com violações de regras, é importante manter seu próprio autocontrole. Evite agir se estiver se sentindo hostil ou chateado, pois você pode apresentar um tom de voz ou linguagem corporal negativo. Transmita sua reação ao mau comportamento dos alunos de forma calma e particular. Você pode ir a um canto da sala de aula, ir ao corredor ou esperar até que a aula termine. A privacidade e a confidencialidade são importantes para preservar a relação entre professor e aluno.

Evite estratégias e comunicações que coloquem os alunos na defensiva. Utilize uma abordagem não ameaçadora, como a Minha Mensagem (discutida mais adiante neste capítulo). Isso se concentra em seus sentimentos de decepção ou preocupação e incentiva os alunos a refletirem sobre seu comportamento sem colocá-los na defensiva ou humilhá-los. Por conseguinte, os alunos ficam mais propensos a modificar o próprio comportamento em vez de se fechar.

Desenvolva as penalidades para o mau comportamento do aluno antes que um caso de mau comportamento ocorra. Uma recomendação é criar uma lista gradual de penalidades que sejam adequadas para muitas ocasiões. Pode ser criada com a colaboração dos alunos a fim de garantir seu comprometimento em relação à justiça das consequências. Afixe-a na parede ou, caso contrário, disponibilize-a aos alunos para que todos saibam as consequências do mau comportamento. Refletir sobre possíveis penalidades pode impedir que os alunos pratiquem comportamentos negativos. Se não tiver uma lista gradual de penalidades, considere abordagens alternativas para lidar com a situação. Estas podem incluir detenção; retirada de privilégios; uso de uma abordagem de resolução de problemas como o Método Sem Perdas ou Mediação dos Colegas (serão discutidas neste capítulo); pedir uma reflexão por escrito sobre o problema na forma de um pedido de desculpas, redação, artigo de diário ou contrato social; ou envolver um recurso externo, como um orientador da escola, o diretor ou os pais. Deixe o contato com os pais como último recurso. Fale com eles a respeito de um problema apenas se já tiver telefonado para falar de algo positivo a respeito de seu filho. Assim, eles não ficarão na defensiva quando você entrar em contato.

Depois que a consequência for decidida, restabeleça uma relação positiva com o(s) aluno(s) para que não tenha um efeito negativo no longo prazo na relação entre professor e aluno. A seguir, monitore o comportamento do aluno para dar *feedback* específico, seja positivo ou negativo.

É melhor "pegá-los se comportando", isto é, elogiar e incentivar os alunos quando eles têm um bom desempenho. O monitoramento pode ser feito por meio de observações formais ou informais, mediante o uso de uma lista de verificação do comportamento.

Segue uma lista de 12 comportamentos do professor que podem prejudicar as relações entre professor e aluno e produzir um ambiente de sala de aula que impede o pensamento e o aprendizado. Você pratica algum desses comportamentos? Em caso afirmativo, com que frequência? Em quais circunstâncias?

Os "doze problemas" de Burke (1992) nos comportamentos do professor que podem estragar o clima na sala de aula[1]

1. **Sarcasmo** – Os sentimentos dos alunos podem ser feridos por depreciações sarcásticas levemente disfarçadas de "humor".
2. **Tom de voz negativo** – Os alunos podem "ler entre as linhas" e perceber um tom de voz sarcástico, negativo ou condescendente.
3. **Linguagem corporal negativa** – Punhos serrados, maxilar apertado, um olhar zombeteiro ou aproximar-se de um aluno de maneira ameaçadora pode ter mais significado do que muitas palavras.
4. **Inconsistência** – Nada escapa à atenção dos alunos. Eles serão os primeiros a perceber que o professor não está exigindo o cumprimento das regras de modo consistente.
5. **Favoritismo** – "Puxar o saco" é uma arte. Qualquer aluno em qualquer sala de aula sabe dizer quem é o "queridinho do professor", ou seja, aquele que recebe um tratamento especial. Não existem segredos dentro de uma sala de aula!
6. **Depreciações** – Às vezes, os professores não percebem que estão envergonhando um aluno com depreciações sutis. Se você espera que os alunos incentivem os outros em vez de depreciá-los, dê um exemplo de comportamento positivo.
7. **Explosões** – Às vezes, o professor é provocado pelos alunos e "perde a cabeça". Essas explosões do professor dão um mau exemplo aos alunos, criam um clima negativo e podem causar problemas mais sérios.
8. **Repreensões públicas** – Ninguém quer ser corrigido ou humilhado na frente de seus colegas. Uma maneira de transformar um aluno em inimigo é fazê-lo passar vergonha na frente dos outros alunos.
9. **Injustiças** – Cancelar privilégios ou recompensas prometidos, marcar um teste-surpresa, "implicar" durante a correção da lição de casa ou dos testes, ou passar lição de casa como punição podem ser percebidos como ações injustas pelos alunos.
10. **Apatia** – Os alunos querem que os professores os escutem, mostrem-lhes que são importantes e demonstrem empatia. Se os professores transmitirem a pos-

tura de que ensinar é apenas um trabalho e os alunos são inconvenientes com os quais precisam lidar, os alunos responderão de acordo.

11. **Inflexibilidade** – Alguns alunos podem precisar de ajuda extra ou tratamento especial para ter sucesso. O professor deve ser flexível o suficiente para "relativizar as regras" ou ajustar as normas a fim de estarem de acordo com as necessidades específicas dos alunos.
12. **Falta de senso de humor** – Os professores que não conseguem rir de si mesmos geralmente têm problemas na hora de motivar os alunos a aprender. Em geral, suas aulas são entediantes.

Como todas as profissões, o ensino tem seus altos e baixos. Você pode ajudar a impedir que problemas ocorram, além de resolver os problemas que surgirem prevendo-os e tendo um repertório de estratégias para lidar com eles. Parece natural responsabilizar os alunos pelos problemas que acontecem, mas é útil que o professor reflita sobre seu próprio comportamento e suas posturas para determinar se estão contribuindo acidentalmente para os problemas. Muitas vezes, os problemas sociais têm dois lados. Os problemas e as soluções descritos abaixo podem ajudar a conscientizá-lo sobre alguns tipos de problemas que podem ocorrer e mostram que você não é o único a enfrentá-los. Também podem estimular seu pensamento em relação a possíveis abordagens para a resolução de problemas.

A RESOLUÇÃO DE PROBLEMAS E AS SOLUÇÕES EM POTENCIAL

Segundo seus próprios conhecimentos ou experiências, quais são os tipos e exemplos de problemas e soluções? Para você, quais problemas são mais comuns, mais importantes ou mais difíceis de lidar? Como poderia lidar com cada uma das situações contidas na Tabela 5.1?

Os problemas podem se basear no aluno e/ou no professor. Quais são os outros problemas que poderiam ocorrer?

Alguns alunos se recusam a participar da aula ou dar respostas ou dão respostas muito breves e superficiais às perguntas dos professores. Esse problema pode ocorrer porque não estão preparados, não estão prestando atenção ou estão entediados ou frustrados porque a matéria é fácil ou difícil demais. Alguns alunos vêm de escolas ou culturas em que a norma em uma situação de aprendizado é a passividade. Por isso, precisam realmente se esforçar para se tornar aprendizes mais ativos.

Desde o primeiro dia de aula, deixe claro que você espera que os alunos participem ativamente e contribuam para seu próprio aprendizado, inclusive fazendo perguntas se estiverem em dúvida em relação a um ponto, gostariam de saber mais sobre um tema ou têm um ponto de vista diferente. Quando entendem por que uma participação ativa é esperada, assim como os valores do aprendizado ativo e do pensamento reflexivo e crítico, os alunos ficam mais propensos a aceitá-los. Para tentar cultivar relacionamentos e mobilizar os alunos a se envolverem de forma ativa, os professores podem demonstrar empatia e dizer algo como: "Eu também tinha dificuldades para trabalhar em grupo" ou "Demorei muito tempo para me sentir confortável para fazer perguntas na aula; lembro-me muito bem!".

Tabela 5.1 Meus problemas e soluções na sala de aula

Problema: um aluno que	Em sua sala de aula?	Possível estratégia de solução
Está despreparado para a aula		
Não leva o ensino a sério		
Está irritado ou chateado demais para estudar		
Está pronto para desistir		
É passivo		
Recusa-se a raciocinar		
É agressivo		
Não gosta da disciplina		
Tenta competir por poder com você		
Vê você mais como amigo do que como professor		
Paquera		
Usa drogas ilícitas ou álcool		
Atrasa-se ou ausenta-se com frequência		
Entra em conflito com os outros		
Chama atenção de modo constante		
Não faz os temas		
Não presta atenção		

Às vezes, a passividade é causada pelo medo de passar vergonha. Os alunos têm medo de expressar suas ideias porque não querem errar ou parecer burros. Nesse caso, é importante ajudá-los a entender que todo mundo comete erros. Durante as discussões em sala de aula, quando não há penalidade pelos erros cometidos (como acontece em um teste, trabalho ou projeto que vale nota), os erros podem ser ótimas oportunidades de aprendizado. Crie um ambiente de sala de aula que incentive a assumir riscos intelectuais. Ajude os alunos a perceberem que sua sala de aula é um ambiente "seguro" para cometer erros.

A passividade é frequentemente causada pela timidez. Conhecer melhor um aluno tímido costuma ajudar. Envolver um aluno em uma área de conhecimento ou interesse especial pode ajudar a quebrar o gelo. Quando o aluno contribuir, sorria ou ajude-o a se sentir bem por ter participado da aula.

Muitas vezes, os alunos acreditam que o professor é responsável por lhes fornecer informações e corrigir seus erros em vez de orientá-los para que façam o trabalho por conta própria. A aula expositiva é o modelo tradicional de ensino; porém, pesquisas recentes mostram que ela é muito menos eficaz em comparação com abordagens em que o professor age mais como orientador do que como transmissor de informações. Muitos professores se sentem mais confortáveis com o método tradicional, frequentemente porque foram ensinados dessa forma. Acreditam que seu trabalho é dar aulas expositivas e corrigir os erros dos alunos. Essa expectativa é resultado de preconcepções ou concepções errôneas a respeito da essência de um bom ensino e qual deve ser o papel do professor.

Durante o primeiro dia de aula, deixe claro que seu trabalho é ajudar os alunos a se tornarem aprendizes eficazes e independentes que não precisam ter um professor ao seu redor para que consigam se autocorrigir e aprender. Ajude os alunos a desenvolver o hábito de assumir a responsabilidade e controlar seus próprios pensamentos, aprendizado, posturas e comportamento. Use suas habilidades de liderança e força pessoal para impedir os alunos de manipulá-lo a fazer mais do que deveria.

Os alunos que não estão acostumados a assumir a responsabilidade às vezes têm pouca habilidade de lidar com a frustração. Em muitas ocasiões, esses alunos se sentem sem esperança, se comportam mal durante a aula e prejudicam o aprendizado dos outros alunos, bem como o próprio. Em seguida, eles perdem a coragem, se sentem imobilizados e congelam ou são bloqueados. Fazem afirmações como "Não consigo aprender", "Nunca vou lembrar", "Não consigo ir adiante", "Simplesmente não sei o que fazer", "Não sei o que você quer", "Estudei para o teste, mas recebi um 'D'". Para lidar com esse problema, determine o que o aluno sabe e fale a respeito. Isso ajuda a validar os aspectos positivos de seu conhecimento. Utilize os conhecimentos prévios dos alunos como base. Parta dos conhecimentos existentes em etapas simples, movendo-se progressivamente na direção de uma matéria mais complexa.

Ofereça apoio contínuo e reforce o sucesso de maneira consistente. Ajude os alunos a aprenderem a organizar seu trabalho, como tomar notas em aula e fazer temas de casa. Forneça-lhes estratégias para ajudá-los a sentir que controlam seu próprio destino e perceber que seus resultados são causados por suas próprias ações, que podem ser corrigidas. Quando se sentem academicamente capacitados, é menos provável que sejam agressivos durante a aula.

Ocasionalmente, os alunos não gostam de professores e/ou disciplinas específicos. Em vez de negar ou defender-se dos sentimentos negativos, normalmente é mais construtivo deixar que o aluno expresse todas as suas posturas e críticas negativas. Usando um tom de voz neutro, peça ao aluno para lhe dizer especificamente o que não gosta. Demonstre um interesse genuíno em descobrir o que está incomodando o aluno e deixe claro que deseja fazer o que estiver ao seu alcance para melhorar essa postura. Obtenha uma lista completa de reclamações, resuma-as para ter certeza de que ouviu e entendeu tudo, agradeça o aluno pelos comentários e peça futuras contribuições dessa natureza. Depois, considere a implementação de uma das abordagens discutidas para a resolução de problemas na próxima seção.

Abordagens para a resolução de problemas

Reconhecer de quem é o problema

Reconhecer de quem é o problema se refere a identificar quem é o principal responsável por um problema. O reconhecimento pode ser um importante componente da identificação e definição do problema; muitas vezes, é necessário para identificar uma solução adequada. A finalidade de determinar de quem é o problema não é mostrar o culpado, mas sim desenvolver uma melhor compreensão do problema, das pessoas envolvidas e do contexto. Frequentemente, existe uma tendência a culpar outra pessoa por um problema, sem assumir a responsabilidade pessoal. No entanto, a pessoa que é responsável pelo problema geralmente sente o conflito ou a dor diretamente e sabe mais a seu respeito.

Uma etapa importante é levar o aluno a reconhecer a existência de um problema. Havendo **consciência** do problema, é possível adotar medidas para controlá-lo. Peça ao aluno para explicar o problema. Faça perguntas como: "Quem é afetado mais diretamente pelo problema? Por quê?". Tente identificar o "problema real" e o que os participantes do conflito sentem. Repita-o em outras palavras e verifique sua interpretação para ter certeza de que entende aquilo que o aluno está dizendo. Quando os problemas são dos alunos, estes apresentam incômodos ou dificuldades que os impedem de aprender. No caso de problemas com o professor, este tem problemas com o comportamento aceitável do aluno e é impedido de ensinar.

Aceitar a responsabilidade pelo problema ajuda os participantes do conflito a se entenderem e se comunicarem acerca dele de forma mais eficaz. Também ajuda a orientar o processo de solução, uma vez que o responsável pelo problema assume a responsabilidade de ajudar a resolvê-lo. Reconhecer de quem é o problema promove uma sensação de independência e melhora a gestão da sala de aula por meio do autocontrole do aluno, em vez de recompensas ou punições extrínsecas. Depois que a responsabilidade for estabelecida e aceita, utilize um modelo de resolução de problemas em que todos saem ganhando, como o Método Sem Perdas.

Método Sem Perdas

O Método Sem Perdas tenta criar resultados para os problemas em que todos saem ganhando. Os professores devem tentar identificar o "problema real", utilizar um modelo de resolução de problemas e anotar as etapas para tentar solucioná-lo. Diz-se que todos saem ganhando no processo de resolução de problemas porque busca garantir que ninguém se sinta humilhado. O Método Sem Perdas consiste nas seis etapas a seguir

1. Definir o problema. Determine o que cada pessoa deseja e especifique os comportamentos envolvidos. Ouvir de forma ativa e analítica, além de refletir o sentimento (ou seja, quando o professor periodicamente repete em outras palavras aquilo que foi dito pelos alunos), pode ajudar a esclarecer o problema.

2. Gerar muitas soluções possíveis. Sugira possíveis soluções. Lembre-se de que, no *brainstorming, ideias são geradas, mas não são avaliadas*.
3. Avaliar soluções. Discuta as vantagens e desvantagens de cada solução em potencial.
4. Tomar uma decisão. Coloque as três soluções principais em ordem e explique por que a primeira é a melhor. Nenhuma solução pode ser selecionada a menos que todos concordem com ela. Se nenhuma for aceitável, faça um *brainstorming* novamente.
5. Planejar a implementação da solução. Especifique o que será necessário, atribua responsabilidades e estabeleça prazos.
6. Avaliar o sucesso da solução. Julgue até que ponto a solução está dando certo e se mudanças são necessárias.

Mediação dos Colegas

A Mediação dos Colegas é uma maneira popular de ajudar os alunos a resolverem conflitos. É melhor que outros alunos sejam os mediadores dos colegas, pois não impõem soluções; pelo contrário, ajudam os "disputantes" a descobrirem sua **própria** solução para o conflito. Os mediadores trabalham sozinhos ou em pares. Em programas de Mediação dos Colegas, um grupo de alunos é treinado para ajudar seus colegas a resolverem disputas.

Pesquisas sugerem que acordos mediados por colegas funcionam em 80 a 89% das vezes e são mais bem-sucedidos do que as soluções impostas pelo diretor. O sucesso maior se deve ao fato de que *os disputantes se responsabilizam pela solução*, já que eles mesmos a formularam. A Mediação dos Colegas é semelhante ao Método Sem Perdas, mas acrescenta duas características importantes. Os disputantes se comprometem a respeitar a solução escolhida. Em alguns casos, a solução é registrada por escrito, como um contrato, e os disputantes a assinam. Um princípio básico da Mediação dos Colegas é que, quando os disputantes concordam com uma solução, todos devem respeitá-la, mesmo se não a considerarem a melhor solução possível. O mediador verifica com os disputantes se o acordo está sendo cumprido. É possível utilizar listas de verificação do comportamento para registrar a frequência de comportamentos visados no contrato mediado por colegas.

A mediação é adequada para alguns conflitos entre alunos, mas não para todos. Ela NÃO se destina a conflitos que envolvem armas, drogas, violência, atividades ilegais ou injustiça evidente. Esses problemas precisam ser resolvidos pela administração.

As etapas abaixo são *básicas* para a Mediação dos Colegas:
1. Os disputantes e mediadores se reúnem, o que pode acontecer de várias maneiras.
2. Os disputantes concordam em participar do processo.
3. O mediador estabelece as regras básicas.
4. Cada disputante relata seu lado da história e expressa seus sentimentos, falando apenas com o mediador.

5. O mediador repete em outras palavras, resume e faz perguntas esclarecedoras.
6. O mediador tenta ajudar os disputantes a verem o conflito como um problema que devem resolver juntos, em vez de uma situação competitiva com um vencedor e um perdedor.
7. Os disputantes sugerem formas de resolver o conflito.
8. Os disputantes concordam com a melhor solução.
9. Os disputantes se comprometem a respeitar a solução selecionada; às vezes, ela é registrada por escrito e assinada.
10. O mediador verifica com os disputantes se o acordo está sendo cumprido.

Para selecionar os mediadores dos colegas, a administração da escola geralmente entrevista os alunos para identificar em quem confiar e com quem se sentiria à vontade para conversar. A administração seleciona alguns mediadores para que haja um equilíbrio de gênero e grupos étnicos. Depois da seleção, os mediadores precisam desenvolver várias capacidades. Recomenda-se que os mediadores recebam um treinamento avançado com duração de 15 a 20 horas, com acompanhamento a cada duas semanas. As capacidades incluem se comunicar, ouvir, parafrasear, esclarecer, resumir e fazer perguntas neutras, detectar as causas que estão por trás dos conflitos (como diferentes percepções ou pressupostos), como difundir a raiva e desenvolver empatia entre os disputantes, além de autocontrole para manter a mediação em sigilo.

Estratégias adicionais de resolução de problemas

Minhas Mensagens

Se está incomodado com alguma coisa que um dos seus alunos está fazendo, envie Minhas Mensagens para informar ao aluno como se sente e como o comportamento dele afeta você. Por exemplo, "Fico chateado quando vejo você discutindo com os membros do seu grupo porque acho que você não terá tempo para concluir sua tarefa". Por que enviar Minhas Mensagens? Porque elas evitam avaliações negativas dos alunos, protegem a relação entre professor e aluno e têm maior probabilidade de tornar o aluno receptivo ao lidar com o problema. As Minhas Mensagens são estratégias eficazes quando há necessidade de confronto. Permitem que você expresse seus sentimentos de maneira assertiva e direta, sem fazer julgamentos.

Em geral, a abordagem Minhas Mensagens contém três partes: descreve o comportamento que está causando o problema, as consequências de tal comportamento e seus sentimentos. Por exemplo, a afirmação "Fico chateado quando você chega atrasado porque interrompe a aula" inclui todos esses componentes. As Minhas Mensagens são mais indicadas do que as "Suas Mensagens", tais como "Você deve chegar à aula na hora", porque fazem os alunos se sentirem menos defensivos. Na verdade, ninguém gosta que lhe digam o que fazer. As Minhas Mensagens transmitem seus sentimentos sem dar ordens a alguém.

Refletir o sentimento

Refletir o sentimento é uma capacidade de ouvir que transmite compreensão e empatia ao falante. A reflexão do sentimento envolve "segurar um espelho" para o falante. Assim, ele pode perceber melhor como suas reações emocionais estão afetando o processo de aprendizado. Muitas vezes, ao reconhecer os sentimentos do aluno refletindo-os novamente, o professor pode se concentrar no conteúdo acadêmico almejado para a aula. Essa estratégia foi discutida em mais detalhes no Capítulo 3 – A comunicação reflexiva na sala de aula.

Você já usa estratégias como essas? Como poderia adaptar ou utilizar algumas dessas abordagens para as necessidades da sua sala de aula?

TECNOLOGIAS

Um guia prático para a gestão reflexiva da sala de aula está disponível gratuitamente na internet. Baseia-se em pesquisas escolares sobre gestão de sala de aula e disciplina. Ele enfatiza a importância do pensamento reflexivo e crítico por parte dos professores.

Para ajudar os alunos a refletirem sobre seu próprio comportamento em sala de aula, existe um vídeo/DVD/áudio chamado *Teaching Self-Discipline* (KNAPCZYC, 2004). Ele é disponibilizado pela National Professional Resources dos Estados Unidos e enfatiza o automonitoramento do comportamento pelos alunos. Esse vídeo mostra que os alunos devem definir suas próprias metas, dedicar-se, conduzir seu próprio comportamento, tomar decisões a respeito de suas ações e moderá-las de acordo com os colegas.

O *site The Teacher's Guide* (c2013) contém vários recursos de gestão de sala de aula, tais como artigos e *links* para outras informações na internet. Os temas incluem estágios de disciplina, técnicas de disciplina, técnicas que "saem pela culatra", o sistema de honra, gestão de comportamento inadequado e trabalhar com alunos tímidos ou reservados. O *site Teachernet* (c2014) também contém *links* para temas sobre a gestão da sala de aula, incluindo colas, conversas fiadas durante a aula, intervalos para ir ao banheiro, contratos e submeter os "infratores" à "justiça". No entanto, o maior recurso de todos parece ser o *The really big list of classroom management resources*, que contém mais de 420 *links* para recursos (MARTIN, 2006) O *site* adverte que alguns dos *links* não funcionam mais e outros foram vendidos e podem levar você a lugares sem graça na internet!

Uma série de vídeos sobre a gestão da sala de aula foi disponibilizada pelo Irving Independent School District [20--], Texas, Estados Unidos. Ela é descrita brevemente no *site*.

RESUMO

Os gestores eficazes refletem sobre as dificuldades que podem surgir na sala de aula e planejam instruções e abordagens proativas capazes de minimizar problemas. A ênfase está na responsabilidade do aluno, não em obedecer às suas regras. Quando problemas ocorrerem, avalie criticamente as situações e aborde-as de forma imediata usando estratégias que preservam a dignidade do aluno, bem como a relação entre professor e aluno e o funcionamento tranquilo do restante da sala de aula. A internet e os recursos em vídeo/DVD podem ajudar os professores a desenvolver um repertório de técnicas de gestão além de ajudar a promover uma gestão reflexiva da sala de aula em si próprios e em seus alunos.

NOTA

1 Burke, K. *What to Do with the Kid Who... Developing Cooperation*, Self Discipline and Responsibility in the Classroom. Palatine, IL: Skylight Publishing Co., 1992.

REFERÊNCIAS

BURKE, K. *What to do with the kid who... developing cooperation, self-discipline, and responsibility in the classroom*. Palatine: Skylight Publishing, 1992.

IRVING INDEPENDENT SCHOOL DISTRICT. *Classroom management video series*. Irving, TE: Irving Independent School District, [200-]. Disponível em: < http://www.irvingisd.net/one2one/classroom_management/cm_video_series.htm>. Acesso em: 14 ago. 2014.

KNAPCZYK, D. *Teaching self-discipline*. [S.l.]: National Professional Resources, 2004.

KOUNIN, J. *Discipline and group management in classrooms*. New York: Holt; Rinehart & Winston, 1970.

MARTIN, W. *The really best list of classroom management resources*. [S.l.: s.n.], 2006. Disponível em: <http://drwilliampmartin.tripod.com/reallybest.htm>. Acesso em: 14 ago. 2014

TEACHNET. [*Site*]. Kansas: Sing It Out, c2014. Disponível em: <http://teachnet.com/>. Acesso em: 14 ago. 2014.

THE TEACHER'S GUIDE. [*Site*]. [S.l.]: Teacher Created Resources, c2013. Disponível em: <http://www.theteachersguide.com>. Acesso em: 14 ago. 2014.

Leituras sugeridas

ARONSON, E. et al. *The jigsaw classroom*. Beverly Hills: Sage, 1978.

BLUM, R. W. The case for school connectedness. *Educational Leadership*, v. 62, p. 16–20, 2005.

COHEN, R. *Students resolving conflict*: peer mediation in schools. 2th ed. Tucson: Good Year Books, 2005.

COHEN, R. *The school mediator's field guide*: prejudice, sexual harassment, large groups and other daily challenges. Watertown: School Mediation Associates, 1999.

CURWIN, R. L.; MENDLER, A. N. *Discipline with dignity*. Alexandria: Association for Supervision and Curriculum Development, 1988.

EVERTSON, C. M; HARRIS, A. N. *COMP*: creating conditions for learning. Nashville: Vanderbilt University, 2003.

GARDNER, H.; HATCH, T. Multiple intelligences go to school: educational implications of the theory of multiple intelligences. *Educational Researcher*, v. 18, n. 8, p. 4–9, 1989.

GORDON, T. *Teacher effectiveness training*. New York: Peter H. Wyden, 1977.

KOUNIN, J. *Discipline and group management in classrooms*. New York: Holt; Rinehart & Winston, 1970.

MARZANO, R. J.; MARZANO, J. S.; PICKERING, D. J. *Classroom management that works*: research-based strategies for every teacher. Alexandria: Association for Supervision and Curriculum Development, 2003.

McKEACHIE, W. *Teaching tips*. 10th ed. Boston: Houghton-Mifflin, 1999.

SINGH, A. *Toward a comprehensive practical guide for reflective classroom management*. St. John's: University of Newfoundland, [200-]. Disponível em: <http://www.mun.ca/educ/faculty/mwatch/win97/introsin.htm>. Acesso em 14 ago. 2014.

STERNBERG, R. J. *The triarchic mind*: a new theory of human intelligence. New York: Viking, 1988.

WILLIAMS, B.; WOODS, M. Building on urban learners experiences. *Educational Leadership*, v. 54, n. 7, p. 29-32, 1997.

WLODKOWSKI, R. J.; GINSBERG, M. B. A framework for culturally responsive teaching. *Educational Leadership*, v. 6, n. 4, p. 17-21, 1995.

WOOLFOLK, A. *Educational psychology*. 7th ed. Needham Heights: Allyn & Bacon, 1998.

6

O pensamento reflexivo e crítico dos alunos

Até que ponto seus alunos pensam sobre seu próprio pensamento e aprendizado? Quais são suas habilidades de avaliação de conhecimentos, pensamentos e ações? Quais são seus pontos fortes e fracos em relação ao pensamento reflexivo e crítico? Quais estratégias aprimoram esse pensamento? Pense sobre suas próprias capacidades de pensamento reflexivo e crítico, além de quando, por que e como você as utiliza em atividades acadêmicas e da vida cotidiana. Como elas foram adquiridas?

Muitos professores experientes adquiriram suas habilidades reflexivas e críticas mais importantes sem ter consciência de sua existência e sem perceber que alguns alunos não têm tais habilidades. No clássico livro How We Think, Dewey (1933) definiu o pensamento reflexivo como "consideração ativa, persistente e cuidadosa de qualquer crença ou suposta forma de conhecimento, tendo em vista os fundamentos que o apoiam e as outras conclusões às quais ele tende". Os experientes são diferentes dos novatos na forma de pensar e nas estratégias usadas.

O pensamento reflexivo e crítico envolve a reflexão sobre a ação e a reflexão na ação, conforme foi descrito por Schon em seu trabalho clássico sobre a prática reflexiva. Diversas estratégias podem ajudar os alunos a se tornar pensadores e aprendizes mais reflexivos e críticos. Algumas das capacidades de pensamento importantes discutidas neste capítulo incluem pensamento crítico, estratégias de memória, ser um aprendiz autônomo, habilidades cognitivas de nível alto e baixo, gestão de tempo e habilidades de fazer testes.

Em geral, os alunos aprendem e apreciam melhor essas técnicas quando são aplicadas a um conteúdo específico em disciplinas específicas e tarefas acadêmicas. A segunda metade deste livro trata do pensamento reflexivo e crítico em disciplinas específicas. Este capítulo é dedicado às características gerais do pensamento crítico e reflexivo que transcendem o conteúdo acadêmico específico. O Capítulo 7 (sobre avaliação) tem uma seção dedicada à avaliação do pensamento crítico. Também discute um procedimento de análise de erros para ajudar os alunos a avaliarem criticamente seu próprio desempenho acadêmico no passado, dominarem a matéria que perderam ou à qual não se dedicaram de forma eficaz e planejarem melhorias futuras.

O PENSAMENTO CRÍTICO

O pensamento crítico tem componentes cognitivos e emocionais. Os componentes cognitivos incluem a análise e o julgamento de pressupostos, provas e argumentos. Os componentes emocionais incluem ter a mente aberta, ser crítico e buscar a verdade. O ensino voltado ao pensamento crítico envolve ajudar os alunos a refletirem, analisarem e avaliarem seu pensamento antes, durante e depois do aprendizado. Esses tipos de pensamento podem ajudar os alunos a determinarem seu progresso e decidirem em que acreditar ou o que fazer. A reflexão na ação ajuda os alunos a analisarem e avaliarem seus comportamentos, assim como a conectá-los com seus sentimentos enquanto estão trabalhando. A finalidade é aumentar a compreensão e usar essa compreensão maior para influenciar suas ações, que, desse modo, podem ser executadas com mais eficácia em uma situação corrente. A reflexão sobre a ação ajuda os alunos a aprenderem com o próprio desempenho no passado para que possam pensar e aprender com mais eficácia, melhorando o planejamento de como enfrentar as tarefas no futuro.

Os pensadores críticos novatos costumam ter preconcepções acerca da natureza do conhecimento e o veem em termos de quantidade de informações em vez de qualidade. Para eles, a avaliação de sua eficácia vem de fontes externas, especialmente figuras de autoridade, mas não de si próprios. Ajude seus alunos a aprenderem a pensar de forma crítica antes de entrarem na faculdade. Assim, terão mais sucesso em seus cursos universitários. Muitos alunos de faculdade principiantes tendem a pensar "de modo dualista", ou seja, dicotomizam o mundo em duas esferas, como bom ou mau, certo ou errado, nós ou eles, sucesso ou fracasso. Acreditam que existe uma resposta certa para cada problema e que as autoridades sabem essas respostas. Eles acreditam que devem memorizar tais respostas por meio de trabalho duro. Também acreditam que existe apenas uma maneira de enfrentar uma tarefa ou problema corretamente e não percebem que, muitas vezes, há várias abordagens alternativas aceitáveis. (Para saber mais sobre a teoria que está por trás dessas ideias, acesse a Perry Network, 2013.)

No momento em que saem da faculdade, os alunos estão mais propensos a pensar de forma crítica, pois pensam mais em termos de "multiplicidade" e "relatividade". A multiplicidade se refere a reconhecer que existem diversas opiniões e valores legítimos nos casos em que ainda não se sabem as respostas certas. Todo mundo tem o direito de ter sua própria opinião e ninguém pode afirmar que tal opinião está errada. A relatividade se refere ao fato de que o conhecimento é qualitativo e depende do contexto em que ocorre. As análises e as comparações se tornam possíveis por meio do reconhecimento de opiniões, valores e julgamentos diversos, que são derivados de provas, lógica e fontes confiáveis e coerentes.

Como você pode ajudar seus alunos a se tornarem melhores pensadores críticos? As estratégias incluem incentivá-los a pensar em voz alta e fazer representações gráficas de seu trabalho, como as redações que estão escrevendo ou os problemas que estão resolvendo. Essas estratégias são eficazes porque externam os processos de pensamento dos alunos, o que os auxilia a avaliar seu próprio pensamento de maneira objetiva. Novamente, a consciência facilita o controle sobre o pensamento.

O autoquestionamento é outra técnica importante que promove o pensamento crítico. Ao perguntar e responder perguntas como: "Como posso dizer isto em minhas próprias palavras?" ou "Isto faz sentido?", os alunos são levados a refletir e avaliar criticamente o que foi entendido, o que não está claro e o que é e não é conhecido. No processo de responder a tais perguntas, eles às vezes descobrem que seu entendimento inicial estava incompleto ou incorreto. Essa descoberta pode revelar algumas preconcepções importantes que interferem no aprendizado.

Algumas pessoas preferem listas de verificação ao autoquestionamento. Alunos e professores podem usar listas de verificação para avaliar a aplicação das habilidades de pensamento crítico. Ajude os alunos a desenvolverem seus próprios gráficos de progresso ou listas de verificação. Um exemplo de lista de verificação do pensamento crítico pode incluir os comportamentos indicados na Tabela 6.1; o progresso pode ser classificado em uma escala de 1 a 5, que vai de nenhum a extensivo.

Tabela 6.1 Lista de verificação do pensamento crítico

Comportamento de pensamento crítico	Classificação do progresso	Comportamento de pensamento crítico	Classificação do progresso
Entender a questão/tarefa		Diferenciar fatos e opiniões	
Saber como abordar a questão/tarefa		Diferenciar as ideias principais das secundárias	
Expressar as ideias com clareza		Julgar as ideias pela qualidade	
Explicar as ideias adequadamente		Julgar a qualidade da fonte	
Organizar as ideias de maneira lógica		Fazer deduções lógicas	
Garantir que a resposta esteja completa		Interpretar as informações corretamente	
Verificar se a resposta está de acordo com a pergunta		Fazer inferências adequadas	
Certificar-se de que a resposta não contém erros		Garantir que as provas embasam a conclusão	
Lembrar-se de conceitos importantes		Considerar diferentes pontos de vista	
Manter a mente aberta		Refletir sobre a ação antes e depois de as ações ocorrerem	
Perceber as predisposições		Refletir na ação enquanto as ações ocorrem	
Reconhecer os pressupostos		Analisar a qualidade dos argumentos	

Essa é uma abordagem analítica para avaliar o pensamento crítico, porque classifica cada comportamento separadamente. Uma seção dedicada à avaliação holística do pensamento crítico está disponível no Capítulo 7.

LEMBRAR-SE DE MANEIRA REFLEXIVA

"Na semana passada, ensinei meus alunos a fatorar polinômios. No final da semana, a maioria dos alunos conseguiu fazer isso por conta própria e perfeitamente. No início desta semana, estávamos quase de volta à estaca zero."

O que aconteceu em um período tão curto? Você já ensinou alguma coisa e depois percebeu que ela havia sido totalmente esquecida antes da próxima aula? Apesar de parecer que os alunos estão acompanhando a aula, isso não significa que poderão lembrar, entender e/ou aplicar aquilo que foi "aprendido". Uma circunstância frustrante para muitos alunos é o fato de que "estudam muito", mas, com frequência, não conseguem recordar ou aplicar a matéria. Frequentemente, esses alunos tentam "estudar muito mais" para superar o problema; porém, como continuam estudando de formas ineficazes, a matéria ainda não é lembrada ou usada com eficácia. Como resultado, podem acreditar que têm uma deficiência de aprendizado ou simplesmente não são capazes de aprender aquilo que estão estudando. Em geral, a solução é estudar *de forma mais inteligente* em vez de estudar *mais*.

Experimente a atividade de aprendizado a seguir, que foi criada para ajudá-lo a trabalhar com alunos que têm dificuldade para lembrar.

Atividade de aprendizado: Estude a lista de palavras abaixo por apenas um minuto. Tente lembrar-se de todas as palavras da lista. A ordem não é importante.

1. Lista: piano, cadeira, saxofone, mesa, violão, bateria, pasta de dente, cama, abajur, escrivaninha.
2. Cubra a lista e escreva todas as palavras que conseguir lembrar em qualquer ordem.
3. Compare a lista de palavras da etapa 1 com a lista que escreveu na etapa 2.

Como tentou se lembrar dessas palavras? Qual(is) método(s) você usou?

Existem muitas maneiras diferentes de lembrar informações. Algumas maneiras são geralmente melhores do que outras, mas dependem muito de fatores, como o indivíduo, o conteúdo e a finalidade. A estratégia de memória mais simples é a repetição – repetir a matéria várias vezes – exatamente como foi apresentada. Essa estratégia é chamada de aprendizado adquirido mecanicamente, caracterizado pela memorização de informações isoladas e/ou sem entender. Ele funciona muito bem se você consultar um número de telefone e repeti-lo várias vezes enquanto estiver discando. Pode funcionar bem para lembrar o número da previdência social ou o endereço de casa, mas é uma das estratégias menos eficazes para a maioria dos trabalhos acadêmicos. Infelizmente, é uma abordagem muito usada por vários alunos que acham que têm problemas de memória. O problema não é a memória. É o método de se lembrar.

Quando professores foram convidados a definir "aprendizado eficaz", duas categorias surgiram de suas respostas: retenção no longo prazo e aplicação, incluindo transferir para novas situações. Um aprendizado significativo exige que os alunos façam conexões entre novas informações e informações que eles já têm. No aprendizado significativo, o aprendiz tenta entender todas as informações, mesmo quando parece que há muitos dados desconectados, separados e distintos. Os alunos que usam o aprendizado significativo normalmente tentam organizar ou agrupar informações de acordo com um tema comum, que permite separar as informações em grupos em vez de muitos pedaços. Quando informações separadas podem ser lembradas como um grupo, a tarefa de recordar se torna muito mais simples. Por exemplo, na atividade de aprendizado acima, todos os termos (à exceção de um) podiam ser organizados em dois grupos: instrumentos musicais e móveis. A pasta de dente se destaca porque não se encaixa em nenhum dos grupos. As informações que se destacam costumam ser lembradas com mais facilidade.

A organização específica da matéria às vezes depende do indivíduo. Frequentemente, uma organização útil para um aprendiz tem valor limitado para outro. Ao mesmo tempo, um pouco de organização sempre é melhor do que nada. Devido à nossa capacidade limitada de reter informações em nossas memórias de curto prazo (de trabalho), precisamos encontrar formas econômicas e potentes de organizá-las e representá-las. Estratégias eficazes de organização e representação podem ajudar os aprendizes a utilizar melhor suas capacidades de memória. As estratégias de memória comuns que são formas de ensaio incluem reler a matéria; usar cartões; repetir nomes, conceitos ou definições; e sublinhar/destacar. Outras abordagens comuns envolvem técnicas mnemônicas de ações simples, como letras iniciais, locais e imagens.

Peça aos alunos para refletirem e avaliarem criticamente as próprias estratégias de memória. As melhores técnicas de memória costumam ser aquelas que enfatizam o uso dos conhecimentos prévios do aprendiz, que aumenta o significado por meio da construção ativa e pessoal de ideias e suas relações. Técnicas efetivas de memória são aquelas que enfatizam o discernimento de conceitos e relações em vez de memorizá-los. Quanto mais os conceitos e suas relações são entendidos, menos é exigido da memória.

O objetivo também é importante quando se trata de memória. Muitas vezes, os alunos desejam lembrar da matéria por tempo suficiente para usá-la em um teste. Quando o objetivo de lembrar é este, os alunos geralmente tratam a matéria que será aprendida de modo muito superficial. Em geral, esse objetivo é deficiente. Em muitos casos, os alunos precisam de memória de longo prazo das informações porque ela provavelmente será um bloco de construção para o aprendizado posterior. É mais eficiente aprendê-la bem inicialmente e poupar tempo, sem precisar reaprendê-la no futuro. Para que as informações permaneçam na memória, os alunos precisam usá-las e pensar mais a seu respeito. Ajude-os a pensar em maneiras de armazenar ou registrar a matéria que será lembrada, além de estratégias de recuperar ou recordar aquilo que foi armazenado. Escrever resumos promove a compreensão e pode auxiliar no armazenamento e na recuperação.

É possível demonstrar uma variedade de exemplos de memorização eficaz. Por exemplo, o que acontece quando você precisa ir a um lugar pela primeira vez? Normalmente, no início, você precisa pedir instruções e segui-las cuidadosamente para não se perder. Se for até lá com frequência, acabará chegando automaticamente sem precisar pensar sobre o local para o qual está indo. Pode ir no "piloto automático". Você praticou tanto que a memória do local e como chegar até ele está arraigada em sua mente. Foi internalizada, tornou-se um hábito arraigado e faz parte de você.

Esse é o significado de automatismo ou "superaprendizado". O automatismo é outro princípio para melhorar a memória. Alguns conceitos ou habilidades são tão básicos que os aprendizes precisam ser capazes de usá-los automaticamente. Por exemplo, como seria a experiência de ler um livro se, sempre que lesse, você precisasse se lembrar do significado de todas as letras e palavras? Esse princípio explica por que alunos de inglês como língua estrangeira precisam passar muito mais tempo lendo seus textos do que os alunos cujo idioma nativo é o inglês. As tabelas de multiplicação são um exemplo de conteúdo matemático que precisa estar no "piloto automático", já que tais fatos matemáticos são tão fundamentais. Uma prática extensiva e variada pode ajudar os alunos a aprenderem informações ou habilidades ao ponto de automatizá-las. O automatismo contribui para o desempenho, especialmente em tarefas ou problemas complexos. Afinal, quanto mais conhecimentos e habilidades estiverem no "piloto automático", mais energia mental pode ser dedicada a outros aspectos de um problema ou tarefa. Como é possível ajudar os alunos a obterem a prática de que precisam para colocar conceitos e/ou habilidades importantes no "piloto automático"?

Um dos conceitos mais importantes é que a memória eficaz frequentemente depende de **planejamento** para lembrar **no início** do processo de estudo. Muitas vezes, é extremamente difícil recuperar informações no momento necessário se uma dica ou técnica de memória não tiver feito parte do processo de aprendizado inicial. Ensine os alunos a pensarem e desenvolverem estratégias relacionadas à forma de armazenar e recordar as informações que serão aprendidas enquanto estão estudando. Por exemplo, para se lembrar de alguns acordes importantes na música, use a estratégia de pensar sobre a primeira nota do acorde como se começasse com o polegar (como dó para o acorde dó). Depois, adicione os outros dedos e observe que são o terceiro e o quinto; nesse caso, mi e sol para o acorde dó.

Organizadores gráficos, como na Figura 6.1, podem ser ferramentas excelentes para integrar o aprendizado, melhorar a compreensão e promover a memória de longo prazo. Decidir o que incluir em representações gráficas e como organizá-las, bem como realmente desenhá-las, ajuda os alunos a armazenar informações importantes. Os organizadores gráficos são ferramentas eficazes para tomar notas, revisar, se testar e recordar. Durante um teste, visualizar mentalmente os organizadores gráficos preenchidos pode ajudar os alunos a se lembrarem de ideias importantes e das relações entre elas. Consulte o Capítulo 7 (sobre avaliação) e o Capítulo 9 (sobre leitura reflexiva e crítica) para saber mais sobre os organizadores gráficos.

Incentive os alunos a experimentar várias estratégias de memória em todas as disciplinas. Eles não devem pressupor que a mesma técnica de memória é adequada para todas as disciplinas ou para todas as tarefas em uma disciplina. Contudo, a regra básica é, sempre que possível, enfatizar a memória com compreensão em vez da memorização mecânica. As técnicas de memória (como resumos) que enfatizam as ideias principais e as relações significativas entre unidades de informações geralmente são superiores às técnicas que enfatizam relações arbitrárias ou informações fragmentadas.

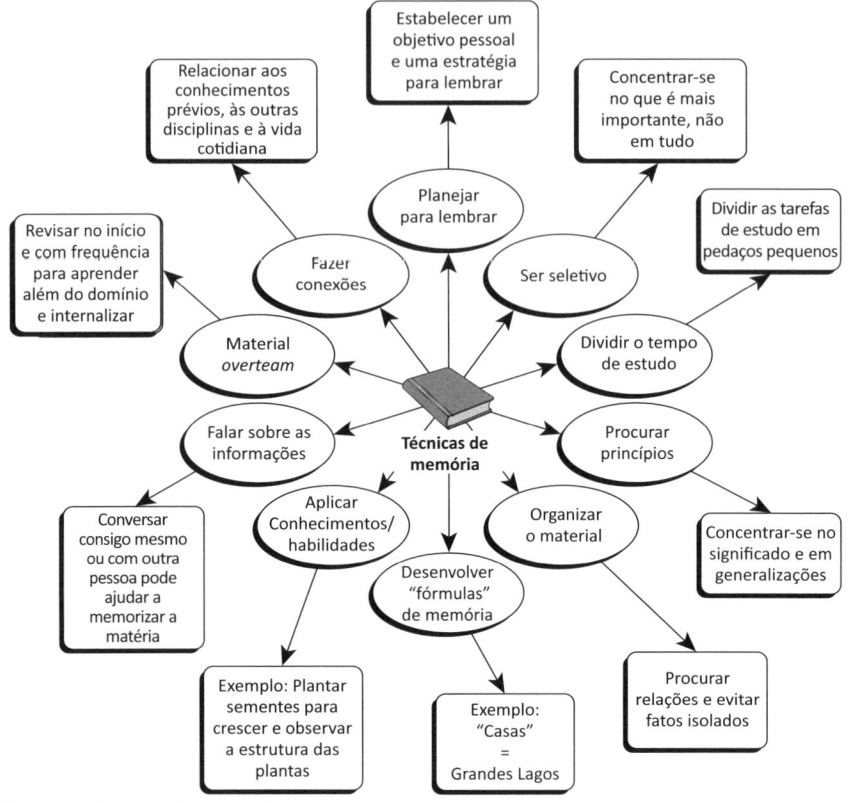

Figura 6.1 Técnicas de memorização.

A compreensão das informações está diretamente relacionada à memória. Quanto mais os alunos entendem sobre as informações que devem conhecer, menor é o fardo para sua memória. Se entenderem um conceito, os alunos poderão reconstrui-lo mais facilmente e não precisarão depender da memorização mecânica. Enfatize o significado e as conexões enquanto os alunos estiverem aprendendo.

EXPERIENTES *VERSUS* NOVATOS

Seja flexível em relação a aceitar a forma como os alunos organizam seu conhecimento inicialmente. Pesquisas mostram que o conhecimento superior dos experientes não está apenas na quantidade de informações, mas também na organização destas. Por conseguinte, você e seus alunos poderão lidar com informações exatamente iguais de maneiras substancialmente diferentes. A organização das informações melhora com o tempo, à medida que o aprendiz adquire mais experiência e conhecimento. Por exemplo, depois de aprender músicas individuais, é possível agrupá-las em categorias, como clássica, *rock* ou *jazz*. Uma familiarização adicional pode dividir os grupos e as subcategorias, como *bebop, boogie woogie, swing, ragtime,* a *dixieland* e improvisação no *jazz*.

Você tem experiência na disciplina, enquanto seus alunos são novatos nela. Comunique claramente suas maneiras de pensar sobre a organização da matéria em uma disciplina. Quando você faz conexões dentro dos temas e entre eles, essas conexões podem ser ainda mais importantes do que os temas individuais, porque revelam relações importantes e mostram como uma disciplina é organizada.

É possível comparar essa situação com duas pessoas que observam uma imagem tridimensional oculta. Os experientes veem uma estrutura subjacente profunda que cria uma nova imagem tridimensional contendo objetivamente as mesmas informações. Sabem como devem observar e organizar as informações. Os novatos veem apenas as imagens bidimensionais imediatamente aparentes na superfície; há uma organização mais simples e menos conexões. Se você ensinar aos alunos como a disciplina é organizada por pessoas experientes, eles poderão usar tal conhecimento ao tomar notas, revisar notas ou um texto e se preparar para um teste. A Tabela 6.2 mostra três diferenças principais entre pensadores experientes e novatos.

Tabela 6.2 Diferenças entre pensadores experientes e novatos

Experientes	Novatos
Constroem uma base de conhecimento hierárquica e com muitas referências cruzadas.	Constroem uma base de conhecimento incompleta, amorfa e com poucas referências cruzadas.
Concentram-se nas estruturas profundas.	Concentram-se nas estruturas superficiais.
Criam estratégias antes de solucionar um problema.	Começam a solucionar um problema sem criar estratégias.

APRENDIZES AUTÔNOMOS E REFLEXIVOS

Um dos principais objetivos do ensino é criar alunos que não precisem mais da ajuda do professor para aprender. Essa finalidade pode ser descrita como a criação de um aprendiz autônomo, com autocontrole ou independente para a vida toda e que apresente as sete características a seguir:

1. Automotivado, autoconfiante. A automotivação significa que o aluno está motivado a aprender por aprender. A autoconfiança significa que o aluno acha que é capaz de ter sucesso. Isso inclui sentir que domina seu próprio destino educacional, sabendo que esforços e estratégias individuais podem afetar o desempenho e os resultados acadêmicos. (Leia a respeito do contínuo de autopercepção no Capítulo 4, que trata de emoções.)

2. Planeja o trabalho. Sabe quando, por que e como utilizar os conhecimentos e as habilidades. Os alunos autônomos planejam seu trabalho em tarefas acadêmicas, como lição de casa, redações e estudar para testes. Tal planejamento inclui saber qual matéria deve ser aprendida e quais conhecimentos e habilidades são necessários para ter sucesso em determinada matéria ou tarefa. Saber quando, por que e como usar o que foi aprendido é fundamental para aplicar e transferir os conhecimentos aprendidos. No entanto, muitos professores apenas ensinam "o quê" ou informações factuais. O que você costuma ensinar aos seus alunos?

A. Saber O QUÊ: conhecimento de fatos, definições e conceitos em uma disciplina. As informações declarativas são extraídas por meio de uma pergunta do tipo "O quê". Cada uma das perguntas abaixo busca um conhecimento declarativo:
- O que você quer dizer por relação simbiótica?
- Qual é o significado do 2 pequeno localizado no canto direito superior do x em x^2?
- O que é elucidação?

B. Saber QUANDO e POR QUÊ: conhecimento referente à situação em que e/ou motivos pelos quais o aluno deve aplicar alguma informação ou habilidade. Frequentemente, tais informações contextuais ou condicionais são solicitadas por meio de uma pergunta do tipo "quando" ou "por quê". Esse tipo de conhecimento permite que os alunos identifiquem condições e situações em que é adequado usar informações e habilidades específicas. Cada uma das perguntas abaixo busca uma informação contextual:
- Por que a economia da Polônia é mais volátil do que a da Finlândia?
- Por que o governo de Herbert Hoover foi acusado de causar a Depressão?
- Quando você elucida algo?
- Quando a equação quadrática é utilizada?

C. Saber COMO: conhecimento de como aplicar as informações ou habilidades que os alunos aprenderam. Isso inclui métodos, procedimentos e técnicas. Uma pergunta do tipo "como" costuma ativar informações processuais. Cada uma das perguntas abaixo busca uma informação processual:
- Como o ácido carbônico é armazenado em climas tropicais?
- Como a equação $x^2 + 5x + 6 = 0$ é resolvida?
- Como você elucida algo?

Os alunos de sucesso pensam sobre esses três tipos de conhecimento de maneiras diferentes. Os professores de sucesso entendem que os conhecimentos factuais e processuais não são suficientes. Os alunos também precisam saber quando e por que usar seus conhecimentos e habilidades. Por exemplo, mesmo que Denny soubesse todas as fórmulas que seriam abordadas no teste (conhecimento factual) e como aplicá-las (conhecimento procedimental), ele poderia ter um desempenho ruim se não soubesse quais fórmulas deve usar com quais tipos de problemas (conhecimento contextual/condicional).

3. Monitora o trabalho em progresso: compreensão, abordagem e memória. O próprio aluno confere a compreensão, refletindo se realmente entende a matéria ou uma tarefa (e até que ponto consegue fazê-lo) e se há necessidade de elucidação. Enquanto está trabalhando, o aluno verifica se/até que ponto uma abordagem ou estratégia está funcionando e decide se continuará com ela ou mudará. Ele avalia se deve recuperar informações armazenadas na memória para uma tarefa ou se existe alguma informação nova e útil/importante que deve ser inserida na memória para referência ou uso no futuro.

4. Controla as automensagens e persiste. Os alunos autônomos mantêm a consciência e controlam as automensagens para eliminar pensamentos e sentimentos negativos, que, caso contrário, podem prejudicar um desempenho eficaz. Tais aprendizes persistem mesmo quando enfrentam tarefas difíceis, chatas ou entediantes. (Veja o Capítulo 4 sobre os aspectos emocionais do pensamento e do aprendizado.)

5. Avalia o trabalho, usando comentários internos e externos para melhorar o desempenho. Para avaliar o trabalho escolar, os aprendizes autônomos não examinam apenas os conceitos recebidos, mas também seus comentários. Eles solicitam avaliações de seu desempenho a fontes externas, como você, outros professores, seus colegas e eles próprios. Além disso, examinam as respostas erradas e as utilizam como oportunidades de aprendizado, pois identificam padrões de erro e usam as análises de erros para desenvolver um plano de ação destinado a transformar os erros em sucessos futuros.

A pior situação acontece quando alguém está errado, comete um erro ou fracassa, mas não aprende com a experiência. Nesses casos, o fracasso provavelmente se repetirá! A autocorreção é uma parte essencial do aprendizado autônomo e um componente importante do monitoramento e da avaliação do desempenho. Veja no Capítulo 7, sobre Avaliação, detalhes sobre a análise de erros.

6. Autorrecompensas. Os aprendizes autônomos não precisam da aprovação de seus professores, colegas ou pais. Suas recompensas vêm de dentro, como a satisfação pessoal de atingir seus próprios objetivos, e podem incluir fazer algo especial devido a um trabalho bem-feito. Veja o Capítulo 4 sobre emoções para encontrar uma discussão detalhada da motivação.

7. Transfere conhecimentos e habilidades. Isso inclui a aplicação das habilidades e dos conhecimentos aprendidos a outras disciplinas, outras situações na mesma disciplina e à vida cotidiana. Ser capaz de reconhecer semelhanças ou fazer conexões pode ajudar o aprendiz a saber que é adequado usar ou adaptar suas habilidades ou conhecimentos existentes a novas situações. (Consulte o Capítulo 2 sobre a gestão do ensino para saber mais sobre o ensino voltado à transferência.)

Níveis de capacidade de pensamento

Muitos alunos têm dificuldades acadêmicas porque se concentram constantemente em reter o conteúdo da disciplina sem antes aprender as habilidades intelectuais necessárias para apoiar tal esforço. Para que os alunos funcionem de forma inteligente, o ensino precisa desenvolver habilidades cognitivas de baixo e alto nível, bem como emoções positivas (posturas e motivação).

As habilidades cognitivas de baixo nível do "trabalhador" executam as tarefas intelectuais decididas pelas habilidades de alto nível do "chefe" (gestão). Os exemplos de habilidades de baixo nível incluem registro de informações (codificação), descoberta do significado (decodificação), inferência, comparação e combinação. As habilidades cognitivas de alto nível incluem as habilidades de pensamento reflexivo e crítico necessárias para processos de gestão executiva, como planejamento, monitoramento e avaliação. A cognição de alto nível envolve "pensar sobre o pensamento", por exemplo, decidir como abordar uma tarefa. Pesquisas mostram que, muitas vezes, as habilidades cognitivas de alto nível que envolvem reflexão e pensamento crítico precisam ser ensinadas pelos seguintes motivos:

1. O ensino de estratégias específicas, como a ordem em que se deve executar determinada tarefa, não dará aos alunos as habilidades que precisam no longo prazo. Os alunos precisam aprender princípios gerais como, planejamento, além da maneira de aplicá-los a várias tarefas e domínios.

2. Os benefícios no longo prazo de treinar habilidades cognitivas de baixo nível e a habilidade de aplicá-las a novas tarefas parecem depender, pelo menos em parte, do treinamento no nível cognitivo superior, bem como do nível cognitivo inferior. Os dois níveis são necessários para um desempenho cognitivo eficaz.

3. Em geral, os alunos têm um histórico de seguir instruções cegamente. Não adquiriram o hábito de se questionar a fim de alcançar um desempenho eficaz em tarefas intelectuais.

4. Os alunos que apresentam as maiores deficiências de habilidades reflexivas parecem não ter ideia do que estão fazendo quando executam uma tarefa.

5. Muitas vezes, os alunos têm problemas no momento de:
A. Determinar a dificuldade de uma tarefa.
B. Monitorar sua compreensão de forma eficaz (não percebem quando não entendem algo na totalidade, como as instruções de uma tarefa, informações em livros didáticos).
C. Planejar com antecedência (o que precisam fazer e quanto tempo cada parte deve levar).
D. Monitorar o sucesso de seu desempenho ou determinar quando estudaram o suficiente para dominar a matéria que será aprendida.
E. Usar todas as informações relevantes.
F. Usar uma abordagem passo a passo sistemática.
G. Tirar conclusões.
H. Usar representações inadequadas ou incorretas.

6. Apesar de importantes, essas habilidades de pensamento reflexivo e crítico e de conhecimentos não são ensinadas na escola com frequência.

Para obter mais informações acerca dos níveis de habilidades de pensamento, consulte as categorias de perguntas de nível inferior, intermediário e alto, assim como a taxonomia de Bloom, no Capítulo 8, sobre estratégias de ensino.

Estratégias para o desenvolvimento de aprendizes autônomos e reflexivos

Além de ensinar sua disciplina, ensine seus alunos a refletir sistematicamente sobre como pensam, aprendem, lembram e fazem tarefas acadêmicas antes, durante e depois de seu trabalho. Os alunos podem gerenciar seu próprio aprendizado por meio da reflexão, promovendo a autoconsciência e o autocontrole. Tal reflexão deve enfatizar o planejamento, o monitoramento e a avaliação.

- Planejar. Antes de começar, pense a respeito daquilo que deve ser feito e quando executar cada etapa; decida como será executado; considere estratégias alternativas; e determine por que certa maneira precisa ser escolhida. Exemplo: Quais etapas eu devo executar para escrever este trabalho? O que devo fazer primeiro? O que devo esperar até mais tarde para fazer? Onde posso encontrar as informações de que preciso para responder a esta pergunta? Como devo realizar este experimento?
- Monitorar. Enquanto está trabalhando, verifique o progresso para determinar até que ponto você entendeu o que está fazendo, se o que está fazendo realmente o levará aonde deseja ir e se está se esquecendo de algo importante. Exemplos: Tenho certeza de que entendi o que o professor espera para esta pergunta? Minha resposta está seguindo na direção certa? Incluí todas as causas principais da guerra em minha resposta? Estou esquecendo-me de algo importante? O que me recordo de minhas anotações que poderia me ajudar a solucionar este problema?
- Avaliar. Depois de executar a tarefa, avalie o que você fez e como foi feito. Determine o que poderia ter feito melhor e o que é possível fazer para melhorar o desempenho na próxima vez. Desenvolva um plano de ação específico para melhorar o desempenho. Exemplos: Fui bem no teste? Como poderia ter me saído melhor? Cometi erros por falta de atenção? Vou me lembrar de estudar minhas anotações enquanto estiver revisando o livro de texto para ver se coincidem. Isso me ajudará a ter uma ideia melhor em relação ao que será coberto no teste. Da próxima vez, vou verificar com mais cuidado antes de entregar meu trabalho. Os modelos "I DREAM of A" encontrados nos Capítulos 10 e 12 sobre matemática e inglês, respectivamente, são aplicações específicas dessas ideias em uma disciplina. Tais modelos enfatizam o uso de duas estratégias de reflexão: autoquestionamento e pensar em voz alta.

Outra estratégia para ajudar seus alunos a se tornarem aprendizes autônomos é ser um modelo e demonstrar exemplos de aprendizado reflexivo e autônomo. Pense em voz alta, deixe os alunos ver e ouvir enquanto você planeja, monitora e avalia seu trabalho e como abordaria tarefas como as deles. Cometer erros intencionalmente é uma boa ideia; assim, os alunos podem observar como você os descobre e corrige por conta própria.

As estratégias de questionamento e autoquestionamento são maneiras eficazes de promover aprendizes autônomos. Discuta e exemplifique o uso do pensamento reflexivo e crítico na escola e em situações da vida cotidiana. Faça perguntas aos alunos como: "Como você planejaria, monitoraria e avaliaria uma festa surpresa?" e "Como você se prepara para um teste?". Dê exemplos de autoquestionamento a eles. Peça aos alunos para gerarem e usarem perguntas de autoquestionamento. O autoquestionamento habitual pode ser a melhor maneira de melhorar as habilidades de pensamento reflexivo e crítico.

Pesquisas sobre autoquestionamento mostram que as perguntas criadas pelo aluno são muito mais eficazes do que as perguntas feitas pelo professor ao aluno. É preferível pedir que cada aluno gere suas próprias perguntas de autoquestionamento ou que faça isso com um parceiro ou em um grupo pequeno. Para estimular e orientar o pensamento dos alunos, forneça exemplos de perguntas que os alunos possam usar como modelos. Perguntas de autoquestionamento como: "Eu me esqueci de algo importante" podem ajudar um aluno a se tornar autônomo na identificação da omissão de pontos ou exemplos importantes. Ouça enquanto os alunos usam as próprias perguntas de autoquestionamento para executar tarefas; faça comentários sobre as perguntas e respostas. Incentive-os a manter uma lista acessível de suas próprias perguntas de autoquestionamento para usar ou adaptar a uma determinada situação. É importante pedir aos alunos para regularmente adaptar suas perguntas de autoquestionamento às necessidades da disciplina específica e da situação específica, usando-as para orientar o desempenho antes, durante e depois de uma tarefa. O autoquestionamento pode ter estes benefícios:

- Maior consciência e controle do pensamento e, consequentemente, melhor desempenho.
- Melhor retenção no longo prazo de conhecimentos e habilidades.
- Maior competência para usar conhecimentos e habilidades.
- Posturas e motivações melhores.

A prática é necessária, mas não é suficiente. Certifique-se de que os alunos entendam quando, por que e como usar estratégias como o autoquestionamento. Ajude-os a reconhecer contextos para seu uso e desenvolver critérios para avaliar sua eficácia.

Por fim (e o que é o mais importante de tudo), enfatize repetidamente, além de demonstrar, por meio de suas comunicações e ações, que os alunos são responsáveis e podem controlar seus próprios resultados educacionais. O professor não deve ser culpado pelo desempenho do aluno. Os alunos conquistam os conceitos; você não "dá" conceitos a eles.

Ajude seus alunos a se tornarem pensadores e aprendizes eficazes trabalhando com eles para desenvolver habilidades importantes que contribuam para o desempenho intelectual deles. A gestão do tempo é outro fator que pode maximizar o envolvimento dos alunos com o trabalho acadêmico fora da sala de aula.

A GESTÃO DO TEMPO

Como você organiza seu tempo enquanto prepara e implementa uma lição? Em sua opinião, você é um bom gestor de tempo? Por que ou por que não? Quais são seus pontos fortes e fracos como gestor de tempo? Uma das reclamações mais comuns dos alunos é não ter tempo suficiente para todas as leituras, estudo e outros trabalhos acadêmicos que lhes são atribuídos. Até mesmo alunos excelentes costumam ter dificuldades para gerenciar seu tempo.

Com muita frequência, os alunos estudam às pressas uma matéria que deveriam ter aprendido durante um período prolongado. Muitos alunos têm responsabilidades sociais, extracurriculares e/ou familiares concorrentes para equilibrar com o trabalho acadêmico. As prioridades se confundem às vezes, porque as necessidades de curto prazo entram em conflito com os objetivos de longo prazo. Pesquisas sugerem que os quatro fatores a seguir podem afetar a gestão de tempo dos alunos:
1. Estabelecer objetivos e prioridades: terminar com os conflitos entre objetivos de curto e longo prazo.
2. Mecânica, incluindo planejamento e programação.
3. Controle de tempo percebido.
4. Uma preferência geral por organizar seu próprio espaço de trabalho e abordagem a projetos.

Um desses quatro fatores – o controle percebido – é o melhor indicador de média de conceito. O controle da forma como o tempo é utilizado também está relacionado às medidas de estresse e autoavaliação do desempenho. Os alunos que consideram que têm controle do tempo também relataram maior satisfação com seus papéis no trabalho e na vida.

Dicas para gestão de tempo

Determine se os alunos estão gerenciando seu tempo adequadamente e ajude-os a desenvolver e implementar boas estratégias de gestão de tempo. Peça-lhes para refletir sobre como usam o tempo a fim de determinar se está de acordo com suas prioridades. As recomendações a seguir podem ajudar seus alunos a melhorar suas habilidades de gestão de tempo.
1. Crie objetivos de curto prazo e estabeleça prioridades. Às vezes, os alunos precisam da ajuda do professor para esclarecer seus objetivos de curto e longo prazo. Um exemplo de objetivo de curto prazo é ler um capítulo de história em determinada semana. Um exemplo de objetivo de longo prazo é entrar para uma boa faculdade. Um exemplo de atividade de baixa prioridade pode ser esperar na fila para assistir a um novo filme. Um exemplo de atividade de alta prioridade é se preparar para um teste importante. Os alunos têm prioridades que entram em conflito? Em caso afirmativo, como lidam com elas?
2. Mantenha uma planilha de 24 horas das atividades diárias por pelo menos uma semana. As planilhas devem incluir tudo, desde a hora de acordar até a hora de dormir, para que os alunos possam entender exatamente como estão usando seu tempo. Isso serve de referência para planos de gestão de tempo no futuro. Também ajudará a determinar se existe algum tempo perdido que poderia ser usado de forma mais eficaz, como esperar na fila no mercado, andar de ônibus ou metrô ou lavar roupas.
3. Use a planilha para comparar a utilização do tempo com as prioridades e os objetivos declarados. Quanto tempo é gasto com objetivos de baixa prioridade

em comparação com objetivos de alta prioridade? Objetivos de baixa prioridade estão consumindo tempo demais? Os objetivos de alta prioridade estão consumindo tempo suficiente?

Tabela 6.3 Diretrizes de gestão de tempo

Diretrizes para programar a gestão de tempo	Explicações
As coisas geralmente demoram mais do que pensamos.	As pesquisas dizem para prever com exatidão quanto tempo uma tarefa provavelmente levará, estimar esse tempo e, a seguir, multiplicá-lo por 3!
Adapte-se ao indivíduo.	A maioria das pessoas está mais alerta e trabalha de forma mais eficiente durante certa parte do dia ou da noite. Programe as atividades de acordo com isso.
Seja específico.	Quais atividades serão realizadas? Quanto tempo é dedicado a cada uma?
Economize tempo.	Organize o cronograma para criar o máximo de tempo disponível que for possível. Use os tempos perdidos.
Seja flexível.	Modifique os cronogramas conforme necessário. Espere o inesperado, como emergências e demandas imprevistas.
Reserve tempo para diversão e relaxamento.	Uma pessoa feliz e saudável geralmente é um trabalhador mais eficiente.

4. Desenvolva um plano de gestão de tempo (cronograma) que esteja mais de acordo com seus próprios objetivos e prioridades. Ajude os alunos a identificar os pontos fortes e fracos de seu cronograma atual. Tente identificar hábitos organizacionais ruins, como deslocamentos repetidos entre a área de estudo e a cozinha, sendo que um planejamento melhor poderia levar a menos deslocamentos e mais tempo disponível. Determine se interrupções ou a procrastinação são fatores que influenciam a gestão de tempo; em caso afirmativo, identifique estratégias que possam resolver esses problemas. Preste muita atenção ao tempo dedicado a tarefas de alta prioridade, como acompanhar a lição de casa para que os alunos possam atingir seus objetivos profissionais de longo prazo. As diretrizes contidas na Tabela 6.3 podem auxiliar na programação.

5. Monitore regularmente como o tempo é utilizado em relação às prioridades. Deve ser um processo contínuo. Verifique se/como o plano de gestão de tempo está sendo seguido e como está funcionando. Para examinar se e como o cronograma está funcionando, você e seus alunos podem avaliar as planilhas de tempo. Os alunos podem ter benefícios depois de encontrar maneiras mais construtivas de usar o "tempo perdido" ou "de parada". Mesmo enquanto estão indo para a escola ou voltando dela ou parados em uma fila no mercado, eles podem revisar conceitos importantes mentalmente. Pense sobre como seus alunos se sentem em relação aos novos cronogramas. Se não gostarem dos cronogramas, provavelmente não se sentirão motivados a segui-los.

Dê continuidade a essa lista de atividades sugeridas com atividades ou discussões adequadas. Incentive discussões entre os alunos a respeito de ideias criativas para que possam aproveitar o tempo ao máximo. *Brainstorming*, revisão, reflexão e críticas a cronogramas e outras estratégias de gestão de tempo podem ajudar os alunos a fazer mudanças, conforme necessário.

A Tabela 6.4 é um exemplo de plano de gestão de tempo para um aluno do ensino médio.

Tabela 6.4 Exemplo de plano de gestão de tempo para o horário não escolar

Dia da semana	Horário do dia	Atividade*	Resultados e mudanças
Segunda-feira	15:00–17:30	aula de música	
Terça-feira e quinta-feira	15:00–17:30	esportes/*hobbies*	
Quarta-feira e sexta-feira	15:00–17:30	flexível, dependendo dos objetivos e prioridades**	
Segunda-feira a sexta-feira	18:00–19:00	jantar/família, tarefas domésticas	
Sábado	9:00–12:00	tarefas escolares (lição de casa, projetos, estudar para provas)	
	12:30–16:00	esportes/*hobbies*	
	17:00–19:00	jantar/família, tarefas domésticas	
Sexta-feira e sábado	19:00–24:00	amigos/namorado(a)	
Domingo	9:00–12:00	compromissos espirituais/com a família	
	12:00–18:00	flexível	
Domingo e quinta-feira	19:00–21:00	tarefas escolares	
Domingo e quinta-feira	21:00–22:30	telefone, TV e computador	
Domingo e quinta-feira	22:30–6:30	dormir	
Sexta-feira e sábado	24:00–9:00	dormir	

Estratégias de economia:
1. Leve a lição de casa quando estiver viajando e para o tempo de parada durante atividades.
2. Preveja o tempo com base nas necessidades, nos objetivos e nas prioridades.
3. Certifique-se de dormir o suficiente para estar alerta quando necessário.

**Objetivos e prioridades:*
1. Entrar em uma boa faculdade.
2. Ter uma boa vida social e hobbies.
3. Continuar tendo uma boa vida familiar.
4. Permanecer saudável.

HABILIDADES PARA FAZER PROVAS

Como seus alunos se preparam para as provas? Como eles pensam enquanto estão fazendo as provas? Aprender a melhorar as habilidades para se preparar e fazer testes é outra necessidade muito comum entre os alunos. Muitas vezes, os alunos participam de atividades acadêmicas importantes sem refletir ou avaliar criticamente suas abordagens e considerar alternativas.

As estratégias de preparação para provas e para fazer provas devem ser adaptadas ao tipo de prova específico. As estratégias para testes de múltipla escolha são diferentes das estratégias para testes dissertativos. Alguns alunos não tiveram muita experiência com provas dissertativas, enquanto outros (especialmente aqueles que estudaram no exterior) não tiveram muita experiência com testes de múltipla escolha. Até mesmo alunos que têm experiência com os dois tipos de provas frequentemente nunca receberam ensino explícito sobre estratégias de preparação para provas e fazer provas.

Quais são algumas das estratégias que você utilizava quando estava se preparando e fazendo testes de múltipla escolha e dissertativos? Quais estratégias funcionaram melhor para você e por quê?

Vários fatores devem ser considerados ao fazer provas: o estado psicológico do aprendiz, sua condição fisiológica, o conhecimento do conteúdo e as habilidades básicas para fazer testes. O estado psicológico envolve principalmente o nível de confiança e o grau de relaxamento/ansiedade do aluno. Para obter autoconfiança, o aluno precisa:

1. Ter os conhecimentos e as habilidades necessárias para o conteúdo e as perguntas do teste.
2. De um autoconceito acadêmico positivo em determinada disciplina, além de autoeficácia positiva para tarefas ou problemas específicos.
3. De estratégias para perceber e controlar a falta de autoconfiança.
4. De técnicas de relaxamento.

Outro estado psicológico importante nos testes é evitar a impulsividade. Às vezes, os alunos encontram a resposta errada porque chegam a um resultado próximo da resposta certa rapidamente demais e param de pensar antes de chegar à resposta correta. Para a resposta estar correta e completa, é necessário um pensamento cuidadoso e deliberado, paciência e ser reflexivo em vez de chegar impulsivamente à conclusão errada. Pesquisas recentes sobre o desenvolvimento do cérebro de adolescentes mostram que seus cérebros não estão completamente maduros nas áreas responsáveis pelo controle de impulsos antes de chegar aos 20 anos. Consequentemente, os adolescentes muitas vezes precisam de orientação de adultos para ajudá-los a evitar ações impulsivas.

O estado fisiológico do aluno inclui a saúde em geral, o fato de ele ter se alimentado adequadamente – sem comer demais ou de menos – e se dormiu o suficiente. A falta de sono é um problema comum entre os alunos. Se não conseguirem controlar sua falta de sono, os alunos deverão tomar muito cuidado em relação a outros aspectos, como preparação e estratégia ao fazer um teste. Pesquisas recentes sobre o desenvolvimento cerebral mostram que deficiências nutricionais e falta de sono são comuns em adolescentes.

O cérebro é o único órgão do corpo que não armazena energia; por isso, o café da manhã é especialmente importante. Além disso, os adolescentes liberam substâncias químicas que os deixam com fome. Como resultado, costumam comer carboidratos, o que causa sonolência.

Como seus cérebros estão cheios de melatonina de manhã, os adolescentes podem ficar mal-humorados e precisam de adrenalina para se animar. Ademais, poucos adolescentes desfrutam regularmente das 9 horas e 15 minutos de sono de que precisam, segundo as pesquisas.

Dicas para fazer provas

Forneça provas práticas aos alunos para que possam tentar utilizar algumas das estratégias sugeridas a seguir. A prática orientada com comentários pode ajudá-los a dominarem várias técnicas; assim, conseguem usá-las com facilidade durante uma situação de teste. As dicas incluem:

1. Saber e entender o conteúdo do teste e as expectativas do professor. Os alunos devem saber toda a matéria pela qual são responsáveis em uma prova específica. Peça aos alunos para prever ou desenvolver perguntas de teste e respondê-las ou identificar áreas para estudo extra. Até que ponto seus alunos sabem o que você espera deles? No caso de uma redação, por exemplo, ela deve ter um tamanho específico? Como será avaliada? O conceito considerará as habilidades de escrita, como ortografia, gramática e organização? Algumas perguntas são mais importantes do que outras? O teste apresentará informações exatamente como foram apresentadas na aula ou nos livros? Ou os alunos deverão transferir aquilo que aprenderam a novas situações? Diga aos seus alunos por que é importante, em sua opinião, que eles saibam a matéria e como isso pode gerar benefícios.

2. Entender e seguir instruções. Incentive seus alunos a monitorar a compreensão das instruções e a fazer perguntas quando estiverem em dúvida sobre alguma coisa. Às vezes, a ansiedade interfere na habilidade dos alunos de entender calmamente o que fazer. Enfatize a importância de ler as instruções com cuidado e garantir que todos os itens do teste sejam respondidos da forma mais completa e correta possível, dentro do prazo previsto.

3. Entender e responder à pergunta específica que foi feita. Identificar e definir a pergunta ou problema talvez seja a mais importante habilidade de fazer testes. Se examinar os erros cometidos pelos alunos nos testes, você frequentemente constatará que eles forneceram a "resposta certa à pergunta errada". Ou seja, os alunos costumam interpretar mal o verdadeiro significado da pergunta e desenvolver ou selecionar uma resposta para uma pergunta relacionada, mas não para a pergunta real. Dividir a pergunta em partes ajuda às vezes.

Os alunos podem usar outras questões da prova para encontrar pistas que possam ajudá-los a entender os significados de termos ou conceitos confusos, além de tentar pensar no livro didático e em aulas expositivas onde foram encontrados. Recordar informações relacionadas aos termos/conceitos pode ajudar a elucidar seu significado. Os alunos podem tentar repetir a pergunta em suas próprias palavras ou diagramá-la.

4. Utilizar o tempo com inteligência. Ajude os alunos a desenvolverem estratégias e hábitos eficazes para gerenciar o tempo quando se preparam e fazem testes. Eles devem aprender a revisar a prova inteira em primeiro lugar e, depois, responder às perguntas sobre as quais têm certeza antes de passar para as mais difíceis. Advirta-os para não ficarem presos em questões difíceis/demoradas, a menos que tais questões sejam extremamente importantes para a avaliação. Incentive-os a marcar as questões que deixaram para trás; assim, conseguirão identificá-las

facilmente quando o tempo permitir que voltem a prestar atenção nelas. Faça testes destinados à prática em condições parecidas com a do teste real, incluindo perguntas semelhantes, formatos das questões e condicionantes de tempo.

5. Marcar as respostas adequadamente. No caso de questões de testes objetivos, os alunos devem se certificar de que não marcaram mais do que uma resposta. As respostas da folha de respostas devem corresponder corretamente aos números das perguntas do teste. Quando pular uma questão em um teste objetivo com folha de respostas, o aluno deve tomar muito cuidado para não preencher acidentalmente o espaço que deve ficar em branco com a resposta de outro item. Isso afetaria todas as questões posteriores e poderia ter um efeito devastador no conceito do aluno. Os alunos precisam determinar quando as respostas devem se basear no conteúdo da disciplina ou no material fornecido, como é o caso de provas de compreensão de leitura, ou quando elas devem se basear em seus próprios conhecimentos prévios e experiências. Às vezes, as "respostas certas" dos alunos não são aquilo que o professor está procurando. Lembre os alunos de pensar de modo crítico e reflexivo, além de evitar responder às perguntas de forma impulsiva.

6. Adivinhar com inteligência. Em testes de múltipla escolha, verdadeiro ou falso e correspondência, os alunos devem tentar adivinhar somente depois de fazer um esforço concentrado para descobrir a resposta certa. Antes de adivinhar, é necessário usar um processo de eliminação para excluir as opções que estão claramente erradas, tais como opções ultrajantes, vagas ou ilógicas. Ensine os alunos a usarem o conteúdo do próprio teste como pistas sobre as respostas que não conseguem recordar ou sobre as quais estão em dúvida. Lembre-os de que não devem deixar respostas de múltipla escolha em branco ao entregar um teste, a menos que exista uma penalidade para adivinhações.

7. Planejar as redações. Pesquisas que examinam as notas dos alunos em testes mostram que aqueles que planejam suas respostas obtêm os conceitos mais altos. Organizadores gráficos, como redes ou mapas conceituais, podem ser melhores para o planejamento do que esboços, uma vez que estes podem ser lineares demais para os alunos pensarem de forma flexível sobre os pontos principais, os detalhes de apoio e a organização das informações que serão incluídas na redação. Os alunos precisam saber se organização, gramática, ortografia e pontuação serão consideradas no conceito, além de reservar um tempo para editar tais fatores nas redações, conforme necessário. Precisam ter tempo suficiente para reler e revisar uma redação antes de entregá-la.

8. Usar estratégias de memorização para recordar informações importantes. A construção ou recordação de imagens mentais de cenas de aulas expositivas, anotações, textos e organizadores gráficos podem contribuir para a memória de ideias e suas conexões. Se não conseguirem encontrar as informações exatas quando procurarem dessa forma em suas memórias, os alunos poderão procurar informações relacionadas. Precisam tentar obter um macrocenário do contexto total em que a matéria foi aprendida. Estratégias de autoquestionamento podem orientar os alunos durante várias buscas. Por exemplo, "O que havia no diagrama que ela colocou no quadro?" ou "Onde isso está nas minhas anotações?". Pistas de outras questões do teste e opções de resposta podem ajudá-los a lembrar.

9. Ritmo pessoal. Ajude os alunos a aprender a controlar o tempo durante o teste e a organizar seu tempo de maneira inteligente com base na forma como ele será avaliado. Os alunos devem ficar atentos aos horários de início e fim do teste, bem como monitorar o tempo restante em relação à quantidade e ao valor do trabalho que precisa ser feito. O tempo previsto deve incluir tempo para responder às perguntas, verificar as respostas e fazer alterações.

10. Verificar as respostas. Para verificar as respostas no final do teste, é preciso refletir e avaliar sua correção e adequação de modo crítico. Com frequência, os alunos sabem a matéria, mas cometem erros bobos por causa de ansiedade, pressa ou uma pergunta/problema que parece ser fácil ou difícil demais. Se uma resposta tiver sido alterada, certifique-se de que o avaliador pode determinar com clareza qual é a resposta desejada. Se um aluno decidir alterar sua resposta depois de revisar todas as respostas, ele deve ter muita certeza de que existe um bom motivo para fazer isso (o conteúdo do teste acionou a memória da resposta correta). Muitas vezes, as primeiras impressões dos alunos estão corretas, mas as respostas corretas são alteradas para incorretas!

No caso de testes com resolução de problemas de matemática/ciências, os alunos devem tentar verificar suas respostas. Uma possibilidade é fazer a operação ao contrário, experimentar uma abordagem diferente e determinar se suas respostas fazem sentido. Em testes baseados em leitura/linguagem, incentive os alunos a lerem a pergunta e a resposta em conjunto, como uma unidade, a fim de avaliar a lógica e a coerência. Os argumentos foram desenvolvidos de forma suficiente? São apoiados por evidências e motivos válidos e relevantes?

11. Conhecer a si próprio. Os alunos refletem sobre seu desempenho no teste – considerando a reflexão sobre a ação e a reflexão na ação? Benefícios são gerados ao refletir e avaliar de modo crítico seus próprios pontos fortes e fracos no conteúdo específico do teste, em suas posturas e em suas práticas de fazer testes, antes de fazer um teste, durante e depois. A consciência de seus pontos fortes e fracos é a primeira etapa para controlá-los. As estratégias de controle incluem fazer uma análise de erros (discutida no capítulo sobre avaliação), monitorar o "monólogo interno" para impedir que profecias negativas se cumpram e usar técnicas de relaxamento, tais como respirar fundo, relaxamento progressivo, tensão/relaxamento muscular, imagens e meditação.

A consciência de suas posturas durante o teste e manter um estado de espírito positivo podem impedir que uma energia mental e um tempo importante sejam desperdiçados em pensamentos negativos, inseguranças e preocupações.

TECNOLOGIAS

Uma revisão do pensamento reflexivo e crítico feita pela Educational Resources Information Clearinghouse (ERIC) está disponível em Shermis (1999). Ela recomenda que o questionamento e a geração de problemas sejam usados como estratégias para ajudar seus alunos a pensarem de modo crítico; além disso, oferece uma lista abrangente de habilidades de pensamento reflexivo.

A Critical Thinking Community (c2013) está na internet. Essa comunidade tem uma área de desenvolvimento profissional para professores do ensino fundamental e médio, assim como recursos, incluindo fitas de vídeo, DVDs, artigos e uma série de materiais curriculares chamada de The Thinker's Guide. Os temas dos vídeos incluem o ensino de acordo com as normas, o ensino da escrita, o raciocínio, a criatividade, a resolução de problemas, o ensino de conteúdo e o questionamento socrático. Os tópicos dos artigos disponíveis gratuitamente no *site* incluem: Uma teoria de estágios do pensamento crítico; Pensamento crítico: perguntas e respostas básicas; Uma mente crítica é uma mente questionadora; e Pensamento crítico: imperativo hispânico.

Os recursos na internet sobre pensamento crítico incluem um tutorial sobre argumentação e pensamento crítico, que foi desenvolvido para estudantes universitários, mas também pode ser útil para professores e alunos do ensino médio. Inclui testes e informações sobre falácias, validade e estrutura lógica formal (HUMBOLDT STATE UNIVERSITY, 20--).

RESUMO

Embora alguns alunos desenvolvam habilidades de pensamento crítico e reflexivo de forma independente, muitos precisam de instruções para adquiri-las e utilizá-las com eficácia. As pessoas experientes diferem dos novatos na forma de pensar e aprender, pois os experientes são mais reflexivos e críticos. Autoquestionamento, listas de verificação e outras abordagens podem ser utilizados para desenvolver a memória, o pensamento crítico, a habilidade de fazer testes e as habilidades de gestão de tempo, além de ajudar os alunos a se tornarem aprendizes independentes e autônomos. A internet e vídeos/DVDs fornecem recursos tecnológicos para desenvolver as habilidades de pensamento reflexivo e crítico.

REFERÊNCIAS

CRITICAL THINKING COMMUNITY. [*Site*]. Tomales: The Critical Thinking Community, c2013. Disponível em: <http://www.criticalthinking.org>. Acesso em: 14 ago. 2014.

DEWEY, J. *How we think*. Chicago: Henry Regnery, Gateway Edition, 1933.

HUMBOLDT STATE UNIVERSITY. *Argumentation and critical thinking tutorial*. Arcata: Humboldt State University, [20--]. Disponível em: <http://www.humboldt.edu/~act/HTML/>. Acesso em: 14 ago. 2014.

PERRY NETWORK. [*Site*]. [S. l.: s. n.], 2013. Disponível em: <http://perrynetwork.org>. Acesso em: 14 ago. 2014.

SHERMIS, S. S. *Reflective thought, critical thinking*. Grandville: ERIC Digest, 1999. Disponível em:<http://www.ericdigests.org/2000-3/thought.htm>. Acesso em: 14 ago. 2014.

Leituras sugeridas

ANDERSON, L. W.; KRATHWOHL, D. R. (Eds.). *A taxonomy for learning, teaching, and assessing*: a revision of Bloom's taxonomy of educational objectives. New York: Longman, 2001.

BRANSFORD, J. D.; et al. (Orgs.). *How people learn*: brain, mind, experience and school. Ed. amp. Washington: National Academy, 2000.

DENNIS, R. *Critical thinking*: what is it? Philosophy of Education, 1992. Disponível em: <http://www.jarwan-center.com/download/english_books/english_research_studies/Ennis%20Critical%20Thinking%20Assessment.pdf>. Acesso em: 14 ago. 2014.

HARTMAN, H. J. Developing students' metacognitive knowledge and skills. In: HARTMAN, H. J. *Metacognition in learning and instruction:* theory, research & practice. Dordrecht: Springer, 2001.

MEMORY Improvement Tools. London: Mind Tools, c2014. Disponível em: <http://www.mindtools.com/>. Acesso em: 14 ago. 2014.

MESTRE, J. Using learning spaces to encourage deeper learning. In: EDUCAUSE CONFERENCE, 2004, Denver. *Anais eletrônicos…* [S. l.]: EDUCAUSE, 2004. Disponível em: <www.educause.edu/ir/library/powerpoint/NLI0441.pps>. Acesso em: 14 ago. 2014.

PERRY, W. G. *Forms of ethical and intellectual development in the college years*. San Francisco: Jossey-Bass, 1999.

PRICE, L. The biology of risk taking. *Educational Leadership*, v. 62, n. 7, p. 22–26, abr. 2005.

SCHON, D. *Educating the reflective practitioner*. San Francisco: Jossey-Bass, 1987.

SPRENGER, M. Inside Amy's brain. *Educational Leadership*, v. 62, n. 7, p. 27–29, 2005.

TEST taking tips and study skills. [*Site*]. [S.l.: s.n.], 2006. Disponível em: <www.testtakingtips.com/>. Acesso em: 14 ago. 2014.

VIRTUAL pamphlet collection: time management. Chicago: University of Chicago, c2014. Disponível em: <http://counseling.uchicago.edu/page/virtual-pamphlet-collection-time-management>. Acesso em: 14 ago. 2014.

WAGNER, R; R. J. STERNBERG, R. J. Alternative conceptions of intelligence and their implications for education. *Review of Educational Research*, v. 54, n.4, p. 597–654, 1984.

7
Práticas de avaliação reflexiva

A reflexão é a essência da avaliação, porque requer uma análise cuidadosa e crítica do progresso dos seus alunos. Ela está relacionada, em última análise, aos seus pressupostos, métodos de ensino, materiais e atividades e, portanto, determina sua própria autoavaliação. Os dois tipos principais de avaliação são formativa e somativa. Como você as utiliza para julgar a eficácia de suas aulas e o progresso dos alunos no alcance dos objetivos curriculares?

AVALIAÇÕES FORMATIVAS E SOMATIVAS

As avaliações formativas são medições informais e contínuas do aprendizado que geram comentários sobre a compreensão e o progresso dos alunos. Servem para refinar o ensino a fim de suprir melhor as necessidades dos alunos. A avaliação formativa pode ser descrita como uma reflexão na ação, já que ocorre enquanto o aprendizado está em progresso. Pode ser quantitativa ou qualitativa. Os exemplos incluem lições de casa, provas, resultados de atividades cooperativas de aprendizado e discussões em sala de aula.

As avaliações somativas ocorrem no final de uma unidade de aprendizado, sequência ou período de tempo. Servem para julgar a eficácia do processo geral de ensino-aprendizagem. A avaliação somativa pode ser descrita como uma reflexão sobre a ação, pois ocorre depois do aprendizado. Os exemplos incluem projetos finais, exames de fim de unidade feitos pelo professor, boletins e testes padronizados.

Muitas pessoas têm a preconcepção de que a avaliação se resume à avaliação somativa, posterior ao aprendizado, em vez de perceber que ela é crucial para o próprio processo de aprendizado. É um erro considerar a avaliação somente como reflexão sobre a ação e ignorar sua importância como uma ferramenta para reflexão na ação, que permite que o processo de ensino-aprendizagem seja melhorado enquanto está em andamento. Até que ponto e como você utiliza a avaliação formativa? Até que ponto suas avaliações somativas produzem uma visão realista daquilo que os alunos aprenderam de forma suficiente para lembrar no longo prazo e aplicar a novas situações?

Outro preconceito comum é que as avaliações devem ser quantitativas, gerando um conceito ou nota. Entretanto, as avaliações qualitativas (como os tipos de erros ou confusões que caracterizam o desempenho dos alunos) podem conter informações vitalmente importantes para melhorar o aprendizado e o ensino. Você utiliza avaliações qualitativas e quantitativas? Como os resultados de cada uma são usados?

O clássico moderno sobre avaliação intitulado *Knowing What Students Know* apresenta recomendações baseadas em pesquisas de muitos especialistas que realizaram um estudo de três anos patrocinado pelo National Research Council (Conselho de Pesquisa Nacional) norte-americano (NATIONAL RESEARCH COUNCIL, 2001). Um de seus princípios é que os resultados das avaliações devem ser usados para melhorar o ensino e o aprendizado, o que exige pensar de modo reflexivo sobre os métodos de avaliação e os resultados.

A AVALIAÇÃO AUTÊNTICA

Pesquisas recentes sugerem que as estratégias de medição devem ser autênticas com o intuito de produzir avaliações significativas daquilo que foi aprendido. A avaliação autêntica é definida como métodos de avaliação que refletem aplicações reais das habilidades ou dos conhecimentos que estão sendo avaliados. Se você estiver avaliando o pensamento reflexivo, então, para serem autênticas, as avaliações devem exigir aplicações cotidianas do pensamento reflexivo, como decidir quais métodos são melhores para concluir determinadas tarefas.

Alguns professores começam a planejar suas aulas tendo as avaliações autênticas como o resultado desejado. Eles trabalham em sentido inverso, com base naquilo que desejam que os alunos façam durante a avaliação, e elaboram aulas que preparam os alunos para um desempenho de sucesso em tarefas de avaliação autênticas. Esse planejamento inverso exige uma reflexão sobre os resultados esperados, além de escolher os materiais de ensino e as atividades mais eficazes. O TeacherVision (c2014) cita os itens abaixo como exemplos de tarefas de avaliação autêntica:

- Fazer experiências científicas.
- Realizar uma pesquisa de ciências sociais.
- Escrever histórias e relatórios.
- Ler obras de literatura e interpretá-las.
- Solucionar problemas matemáticos que têm aplicações no mundo real.

Um processo em quatro etapas para criar avaliações autênticas e uma "caixa de ferramentas" para tal estão disponíveis na internet em Mueller (c2014). O *site* contém detalhes e orienta os professores durante a implementação destas quatro etapas:

1. Identificar os padrões.
2. Selecionar uma tarefa autêntica.
3. Identificar os critérios da tarefa.
4. Criar uma rubrica.

Além dos muitos recursos na internet para avaliação autêntica em geral, existem *sites* dedicados a avaliações *on-line* específicas para uma disciplina; um deles se concentra em matemática (AUTHENTIC..., 1994).

TÉCNICAS DE AVALIAÇÃO EM SALA DE AULA

O clássico moderno *Classroom Assessment Techniques* é um excelente recurso sobre métodos de avaliação (ANGELO; CROSS, 1993). Ele inclui ferramentas para avaliações formativas e somativas. O pensamento reflexivo orientou a seleção de instrumentos de avaliação pelos autores, que se basearam em critérios como: se a avaliação os ajudaria a determinar o que os alunos estavam aprendendo em salas de aula específicas; se havia implicações para como os professores poderiam alterar seu comportamento para melhorar o aprendizado do aluno; se as técnicas eram relativamente fáceis de desenvolver; e se os resultados eram fáceis de analisar e usar.

Uma categoria de avaliações se concentra no aprendizado da disciplina e inclui estas cinco técnicas: Listagem Focada, Matriz da Memória, Sondagem de Conhecimentos Prévios, Paráfrase Direcionada e Soluções Documentadas para Problemas. O procedimento de Listagem Focada depende do pensamento crítico, pois os alunos listam ideias que são cruciais para um tema importante. Essa técnica ajuda o professor a avaliar até que ponto os alunos reconhecem os itens mais importantes de uma aula ou um tema específico.

Muitos alunos têm dificuldades para diferenciar ideias importantes de detalhes; essa técnica ajuda os professores a determinarem se os alunos estão enxergando a floresta ou se estão presos nas árvores. A Listagem Focada pode ser implementada com indivíduos, pares ou grupos. É possível aplicá-la a uma aula expositiva, a um vídeo assistido pelos alunos, a informações de um *site* na internet ou a algo que foi lido nos livros de texto.

A Matriz da Memória é uma tabela bidimensional formada por linhas e colunas. É usada para avaliar rapidamente aquilo que os alunos lembram sobre o conteúdo importante de uma disciplina, bem como julgar sua habilidade de organizar tais informações em categorias significativas. A Sondagem de Conhecimentos Prévios são perguntas feitas aos alunos antes de tratar da matéria. O objetivo é determinar o que eles já sabem sobre o tema. Elas ajudam os professores a planejar a forma mais eficaz de começar a ensinar o conteúdo.

A Paráfrase Direcionada pede que os alunos usem suas próprias palavras para explicar a determinado público aquilo que aprenderam. Ajuda os professores a avaliarem a compreensão e a memória dos alunos em relação a informações importantes. As Soluções Documentadas para Problemas pedem que os alunos escrevam e expliquem as etapas executadas na resolução de problemas. Assim, eles percebem que, para resolver problemas de forma eficaz, é preciso mais do que encontrar a resposta certa, pois isso inclui reflexão e compreensão do processo de resolução de problemas.

Outra categoria de avaliação, que se concentra no pensamento crítico, inclui Matriz de Características Definidoras, Grade de Prós e Contras, Grade de Avaliação e

Memorandos Analíticos. Na Matriz de Características Definidoras, os alunos identificam os atributos de determinados conceitos. Por exemplo, a pesquisa referente a um relatório sobre poluição ambiental deve ser realizada utilizando artigos da biblioteca ou da internet? Quais são as características definidoras do material da biblioteca? Quais são as características definidoras da internet? Ambas são opções viáveis para a pesquisa, mas, usando essa técnica, os alunos (e professores) são capazes de avaliar as vantagens e desvantagens de cada uma. Entender as características definidoras das informações da biblioteca em relação às informações da internet ajuda os alunos e professores a refletirem sobre o valor relativo de diferentes fontes de informação e avaliá-lo de modo crítico.

CARACTERÍSTICAS DAS AVALIAÇÕES EFICAZES

Para ser eficaz, a avaliação deve incluir objetivos mensuráveis, padrões e critérios específicos em relação aos quais o desempenho será avaliado, com *feedback* descritivo honesto que pode ser utilizado para orientar melhor o ensino e o aprendizado. As oito etapas abaixo, sobre "Avaliação como *Feedback*" do *site New Horizons for Learning* (c2012), resumem os princípios fundamentais de um bom *feedback*, identificados anteriormente por Thomas Gilbert em *Human Competence*.

1. Identificar as conquistas esperadas.
2. Informar as exigências de cada conquista. Se houver alguma dúvida sobre as pessoas entenderem o motivo pelo qual uma conquista e seus requisitos são importantes, explique.
3. Descrever como o desempenho será avaliado e por quê.
4. Estabelecer padrões exemplares, de preferência em termos mensuráveis.
5. Identificar pessoas com um desempenho exemplar e todos os recursos disponíveis que as pessoas podem usar para obter um desempenho exemplar.
6. Dar *feedback* frequente e claro sobre como está o desempenho de cada pessoa. Essa confirmação deve ser expressa como uma comparação com um padrão exemplar. As consequências do bom e do mau desempenho também devem estar claras.
7. Fornecer todas as informações de segurança necessárias para ajudar as pessoas a solucionarem os problemas de seu próprio desempenho.
8. Relacionar os vários aspectos do baixo desempenho para tomar ações terapêuticas específicas.

Nesse *site*, é indicado que os alunos precisam de *feedback* e orientação dos professores. *Feedback* é definido como "informação sobre o que aconteceu, o resultado ou efeito de nossas ações". Por outro lado, a orientação é definida como fornecer instruções para o futuro: o que fazer à luz do que acabou de acontecer. Se você fizer um comentário como "Bom trabalho" na tarefa de um aluno, certifique-se de explicar especificamente o que foi bom. Assim, os alunos poderão usar essa informação para orientar seu desempenho no futuro. Quais estratégias são usadas para dar *feedback* e fornecer orientação aos alunos? Quais tipos de comentários você faz? Até que ponto seus comentários são acompanhados por exemplos específicos?

Para que a avaliação seja efetiva, deve haver um processo contínuo de desempenho e avaliação que forme um "ciclo de *feedback*". Um desempenho de sucesso depende de ter um "sistema deliberado de ciclos de *feedback*" para que haja repetidas oportunidades de melhorar com base no conhecimento de resultados e estratégias destinadas a revisar e aprimorar as ações da pessoa. Até que ponto suas práticas de avaliação envolvem tais ciclos de *feedback*?

Para as avaliações serem mais efetivas no sentido de melhorar o desempenho, os alunos devem receber o *feedback* enquanto estão participando das atividades de aprendizado. O *feedback* mais útil é feito simultaneamente com o desempenho (reflexão na ação), não depois que ele foi concluído (reflexão sobre a ação). Em situações que exigem reflexão sobre a ação, como depois de um teste, o *feedback* deve ser feito assim que possível. Desse modo, é mais útil para os alunos. Quando você dá *feedback* sobre o desempenho dos alunos?

Todo o *feedback* e a orientação fornecida devem estar ligados aos objetivos de ensino que você comunicou anteriormente aos alunos, de forma explícita e clara. Também devem estar relacionados às estratégias e habilidades que você recomendou para atingir tais objetivos. Caso contrário, os alunos provavelmente não se responsabilizarão por ajustar os conhecimentos e suas estratégias de estudo/habilidades, a fim de melhorar o próprio desempenho com base nos seus comentários. Até que ponto o *feedback* dado e a orientação fornecida se relacionam diretamente com os objetivos e as estratégias comunicados aos seus alunos?

Até que ponto você pensa a respeito de suas técnicas de avaliação e como elas avaliam aquilo que você identificou como objetivos de ensino importantes? Pesquisas sobre a avaliação de ciências práticas sugerem que, para obter uma visão abrangente do desempenho do aluno, deve existir uma simetria entre o currículo e a avaliação, que a avaliação deve ser contínua e que medidas de desempenho são necessárias para complementar as tradicionais avaliações do tipo múltipla escolha. As medidas de desempenho devem enfatizar as habilidades processuais de ciências, tais como a observação e a inferência, em vez de apenas encontrar a resposta certa.

As quatro avaliações que podem ser utilizadas para avaliar o desempenho em ciências são:
1. Cadernos de laboratório que registram os procedimentos e as conclusões dos alunos.
2. Simulações de investigações práticas em computador.
3. Problemas com respostas curtas escritas referentes ao planejamento, à análise e/ou à interpretação de experimento.
4. Questões de múltipla escolha desenvolvidas a partir de observações dos alunos que estão realizando investigações práticas.

Uma avaliação eficaz do desempenho requer várias iterações para revisar o desempenho com base nas experiências e no *feedback* dos alunos. Pesquisas sugerem que a abreviação desse processo costuma resultar em uma avaliação ruim e um ensino de sala de aula de baixa qualidade. O *feedback* é importante para os alunos de diversas maneiras: ajuda a avaliar seu domínio em relação à matéria da disciplina, ajuda a avaliar o uso de estratégias de pensamento e aprendizado e ajuda a relacionar seus esforços e suas estratégias com os resultados acadêmicos. O principal benefício do *feedback* é a identificação de erros de conhecimento e compreensão, assim como a assistência para corrigi-los. Em geral, o *feedback* melhora o desempenho posterior em questões semelhantes. Pesquisas sugerem que o *feedback* pode orientar os alunos acerca do uso de estratégias de aprendizado.

Pesquisas sobre as diferenças entre professores experientes e novatos em uma disciplina podem ser úteis para pensar sobre o que será incluído em suas avaliações, uma vez que os experientes organizam as informações e as utilizam de forma diferente em comparação aos novatos. A maioria dos capítulos deste livro aborda a distinção experiente/novato e, portanto, pode fornecer informações específicas da disciplina para orientar suas avaliações. Como professor, seu objetivo é ajudar os alunos (novatos na disciplina) a aprenderem a pensar mais como você (uma pessoa experiente na disciplina) sobre o conteúdo que está sendo ensinado. O clássico moderno *How People Learn*, tem um capítulo dedicado a esse assunto (BRANSFORD et al., 2000). Além disso, seu capítulo sobre o planejamento de um ambiente de aprendizado fala sobre as características de um ambiente de aprendizado centrado na avaliação, o que pode ajudá-lo a usar avaliações para refletir na ação e refletir sobre a ação.

RUBRICAS

Para promover o pensamento reflexivo, é possível utilizar rubricas para avaliações. Uma rubrica é um conjunto de critérios ou padrões usados para avaliar o desempenho. Ao fornecer uma rubrica para explicar aos alunos como seu trabalho será avaliado, você poderá ajudá-los a refletir e avaliar de modo crítico se e até que ponto estão atingindo seus objetivos. Porém, também é possível ensinar os alunos a criarem suas próprias rubricas em cooperação com você. Se você lhes der uma oportunidade de participar da definição de seus próprios critérios, eles poderão se sentir responsáveis, capacitados e motivados a observar os padrões de avaliação. A geração de rubricas de avaliação pelos alunos tem sido realizada com sucesso junto a alunos dos anos finais do ensino fundamental.

Um *link* para informações sobre esse esforço está disponível naquele que provavelmente é o melhor recurso de avaliação disponível gratuitamente na internet: a página de Kathy Schrock (c2014), intitulada *Assessment and Rubric Information*. Inclui uma grande variedade de rubricas, desde a avaliação de WebQuests até a avaliação do aprendizado cooperativo e *links* para rubricas específicas de uma disciplina, como avaliação de laboratórios de física. O *site* inclui um tutorial para criar rubricas, artigos sobre rubricas e informações a respeito de muitas outras técnicas de avaliação, incluindo portfólios, organizadores gráficos, boletins, avaliações alternativas e avaliações baseadas no desempenho.

As rubricas podem ser analíticas ou holísticas. As analíticas examinam um componente do desempenho de cada vez; as holísticas examinam um grupo de componentes do desempenho. Muitos recursos de rubrica diferentes estão disponíveis em University of Wisconsin (c2014).

O material da Tabela 7.1 é um excelente exemplo de rubrica analítica para avaliar a resolução de problemas para uso com problemas matemáticos. Possui uma escala de quatro pontos, que é aplicada aos cinco componentes da resolução de um problema.

A seguir, temos a Holistic Critical Thinking Rubric, uma excelente ferramenta (amplamente difundida) destinada à avaliação do pensamento crítico (FACIONE; FACIONE, 1994). É possível utilizar tal rubrica para avaliar o pensamento crítico aplicado à elaboração de um argumento histórico. O pensamento crítico por parte de historiadores ou qualquer outra pessoa requer o desenvolvimento de argumentos com base em evidências sólidas. Por sua vez, a opinião, a falta de receptividade e a irracionalidade refletem a ausência de pensamento crítico. Nesses casos, as pessoas simplesmente expressam preconceitos e predisposições que não se baseiam em evidências de apoio válidas. Na escala abaixo, o 4 representa o mais alto nível de pensamento crítico, enquanto o 1 representa o nível mais baixo. É considerado um conjunto de características, em vez de cada característica individualmente, o que faz com que seja holística, não analítica.

4: Apresenta todos ou quase todos os comportamentos a seguir de modo consistente:
1. Interpreta evidências, declarações, gráficos, perguntas, entre outros, com precisão.
2. dentifica os prós e os contras (motivos e afirmações) notáveis dos argumentos.
3. Analisa e avalia os principais pontos de vista alternativos com cuidado.
4. Tira conclusões fundamentadas, sensatas, não falaciosas.

Tabela 7.1 Rubrica para resolução de problemas matemáticos

Frente a um problema, o aluno utilizará a estratégia adequada para encontrar a solução, bem como gráficos e/ou tabelas para ilustrar e explicar.				
	Mínimo (1)	**Básico (2)**	**Proficiente (3)**	**Avançado (4)**
Entende o problema	O aluno não consegue ler o problema – não sabe o que fazer.	O aluno consegue ler o problema – consegue obter os números, mas não sabe o que fazer.	O aluno consegue ler o problema e obtém os números, mas a operação pode estar correta ou não.	O aluno lê o problema, obtém os números e utiliza a operação correta.
Cálculo	Obtém números que podem estar corretos ou não.	Obtém números, a operação e a resposta podem estar corretas ou não.	Obtém números, a operação está correta e a resposta pode estar correta ou não.	Obtém números e a operação e a resposta estão corretas.

(continua)

Tabela 7.1 *Continuação*

	Mínimo (1)	Básico (2)	Proficiente (3)	Avançado (4)
Uso de tabelas/ gráficos	Não tem certeza sobre os números envolvidos, mas não consegue demonstrar o uso na tabela/gráfico.	Conhece os números envolvidos, mas não sabe qual tabela/ gráfico deve usar.	Conhece os números envolvidos e sabe qual tabela/gráfico deve usar, mas pode ter preenchido corretamente ou não.	Conhece os números envolvidos, mas os insere na tabela/gráfico corretamente.
Explicação	Não consegue explicar por que fez o que fez.	Obscura, não concisa ou incompleta.	Clara, com alguns termos matemáticos adequados, não concisa.	Clara, concisa e utiliza a linguagem matemática adequada.
Cumpre todos os requisitos	Não cumpre os requisitos do problema.	Cumpre todos os requisitos do problema e a resposta pode estar correta ou não.	Cumpre todos os requisitos do problema e a resposta parcialmente correta.	Cumpre todos os requisitos do problema com a resposta correta.
PONTUAÇÃO TOTAL				
	Processo de Pontuação **Avançado:** 19-20 **Proficiente:** 15-18 Nenhuma pontuação igual a 2 em qualquer área.		**Básico:** 10–14, no máximo uma área com pontuação igual a 1. **Mínimo:** pontuação <10	

   5. Justifica os principais resultados e procedimentos e explica os pressupostos e os motivos.
   6. Segue honestamente o caminho indicado pelas evidências e pelos motivos.

3: Apresenta a maioria ou muitos dos comportamentos a seguir:
   1. Interpreta evidências, declarações, gráficos, perguntas, entre outros, com precisão.
   2. Identifica os prós e os contras (motivos e afirmações) relevantes dos argumentos.
   3. Oferece análises e avaliações de pontos de vista alternativos evidentes.
   4. Tira conclusões fundamentadas, não falaciosas.
   5. Justifica alguns dos resultados ou procedimentos e explica os motivos.
   6. Segue honestamente o caminho indicado pelas evidências e pelos motivos.

2: Apresenta a maioria ou muitos dos comportamentos a seguir:
   1. Interpreta evidências, declarações, gráficos, perguntas, entre outros, incorretamente.
   2. Não consegue identificar argumentos contrários fortes e relevantes.
   3. Ignora ou avalia superficialmente os pontos de vista alternativos evidentes.
   4. Tira conclusões não fundamentadas ou falaciosas.
   5. Justifica poucos resultados ou procedimentos e raramente explica os motivos. Independentemente da evidência ou dos motivos, mantém ou defende opiniões baseadas no interesse próprio ou em preconcepções.

1: Apresenta todos ou quase todos os comportamentos a seguir de modo consistente:
1. Oferece interpretações tendenciosas de evidências, declarações, gráficos, perguntas, informações ou pontos de vista de terceiros.
2. Não consegue identificar ou descarta rapidamente argumentos contrários fortes e relevantes.
3. Ignora ou avalia superficialmente os pontos de vista alternativos evidentes.
4. Argumenta utilizando motivos falaciosos ou irrelevantes, além de afirmações não fundamentadas.
5. Não justifica os resultados ou procedimentos e não explica os motivos.
6. Independentemente da evidência ou dos motivos, mantém ou defende opiniões baseadas no interesse próprio ou em preconceitos.
7. Demonstra falta de receptividade ou hostilidade em relação à razão.

O que você prefere: rubricas analíticas ou holísticas? Apesar de serem mais eficientes para a avaliação, as rubricas holísticas são menos capazes de fornecer detalhes específicos sobre pontos fortes e fracos. O indicado é usar rubricas analíticas e holísticas dependendo da situação em questão.

AVALIAÇÕES DE PROGRESSO

Listas de verificação e gráficos de progresso

As listas de verificação e os gráficos de progresso são estratégias adicionais de avaliação que professores e alunos podem usar para refletir e avaliar o desempenho de modo crítico. Em geral, as listas de verificação indicam a presença ou a ausência de uma habilidade. Por sua vez, os gráficos de progresso mostram nuances do desenvolvimento de habilidades. Um exemplo de gráfico de progresso do pensamento crítico que os alunos podem usar inclui habilidades de pensamento crítico, como na Tabela 7.2, que classifica o progresso em uma escala de 1 a 5, indo da falta de progresso (1) ao domínio (5).

Tabela 7.2 Gráfico de progresso do pensamento crítico

Capacidade de pensamento crítico	Classificação do progresso (1–5, falta de progresso ao domínio)
Entender a pergunta.	
Saber como lidar com ela.	
Diferenciar os pontos principais e os menores.	
Lembrar-se de conceitos importantes.	
Considerar abordagens alternativas.	
Julgar a validade das fontes.	
Julgar a qualidade das ideias.	
Considerar as vantagens e as desvantagens.	

(continua)

Tabela 7.2 *Continuação*

Capacidade de pensamento crítico	Classificação do progresso (1–5, falta de progresso ao domínio)
Selecionar as melhores ideias e utilizá-las.	
Desenvolver um plano para a abordagem.	
Usar uma abordagem sistemática passo a passo.	
Expressar as ideias com clareza.	
Fornecer evidências para apoiar a conclusão.	
Organizar a resposta de forma lógica.	
Conferir a implementação do plano.	
Conferir os erros cometidos por falta de atenção.	
Usar o *feedback* para melhorar o desempenho.	
Menos erros do que na última vez.	
Erros diferentes em relação à última vez.	

Portfólios

O pensamento reflexivo dos professores e alunos pode ser promovido e avaliado por meio do uso de diários e/ou portfólios para avaliações formativas ou somativas. Os diários funcionam como *blogs*, porque são registros de experiências e opiniões pessoais. Os portfólios são registros sistemáticos de amostras do trabalho durante um período, que documentam o desenvolvimento. São coletâneas seletivas e representativas do trabalho, mas não exaustivas. Ambos podem ser utilizados como ferramentas de autoavaliação, assim como para avaliar outras pessoas. Trata-se de maneiras de identificar os pontos fortes e fracos, além de documentar o progresso com o passar do tempo.

Os portfólios de ensino auxiliam na prática reflexiva, pois ajudam você a conceituar sua filosofia de ensino, coordenando-a com suas atividades e técnicas de ensino. Além de planos de aula e comentários reflexivos sobre sua implementação, também incluem amostras do trabalho dos alunos destinadas à análise e à avaliação. Um portfólio de ensino pode ajudá-lo a refletir sobre seus objetivos e sua filosofia de ensino, além de como o ensino e o aprendizado em sua sala de aula estão em sintonia com eles. Eles podem orientá-lo para fazer alterações adequadas em seus objetivos, em sua filosofia, em sua implementação e em suas estratégias de avaliação.

Nos Estados Unidos, a certificação Master Teachers do National Board for Professional Teaching Standards (Conselho Nacional para Padrões de Ensino Profissional, NBPTS) estabeleceu padrões elevados e rigorosos para aquilo que os professores devem saber e ser capazes de fazer a fim de melhorar o aprendizado dos alunos. O NBPTS (c2014) desenvolveu cinco afirmações que servem de base para a certificação Master Teachers. São elas:

1. Os professores estão comprometidos com os alunos e seu aprendizado.
2. Os professores conhecem as disciplinas que ensinam e sabem ensiná-las aos seus alunos.
3. Os professores são responsáveis por gerenciar e monitorar o aprendizado dos alunos.

4. Os professores pensam sistematicamente sobre a prática e aprendem com a experiência.
5. Os professores são membros de comunidades de aprendizado.

Até que ponto você tem um bom desempenho nessas áreas? É possível utilizar um portfólio de ensino para refletir sobre seu desenvolvimento nessas dimensões importantes do domínio, não importa se você deseja ou não obter uma certificação nacional de Master Teacher.

Os portfólios são ferramentas úteis de avaliação para professores e alunos. Podem ajudá-lo a refletir e avaliar de modo crítico como e até que ponto você e seus alunos estão alcançando padrões acadêmicos específicos. Algumas escolas usam a avaliação do portfólio como uma alternativa, em vez de avaliar o desempenho do aluno com base nos tradicionais testes padronizados feitos pelo professor.

Embora costumassem ser registros em papel dos produtos do trabalho, cada vez mais os portfólios são desenvolvidos em formato eletrônico. Agora, muitas escolas exigem que os alunos desenvolvam e mantenham portfólios eletrônicos ou digitais para documentar seu crescimento e o progresso no aprendizado. Um artigo publicado na *Educational Leadership*, intitulado *Assessment to Promote Learning*, examina o uso de portfólios digitais por alunos do ensino médio para documentar seu aprendizado (ASSESSMENT..., 2005). Além de documentos baseados em texto, os portfólios também contêm artefatos multimídia. Os alunos precisam refletir e avaliar seu trabalho, identificar (no fim do ano) as tarefas nas quais tiveram o melhor desempenho, contar o quanto cresceram como aprendizes e planejar objetivos acadêmicos para o ano seguinte.

ORGANIZADORES GRÁFICOS

Como os mapas conceituais, os organizadores gráficos são ferramentas reflexivas pouco utilizadas para avaliar o pensamento dos professores e o aprendizado dos alunos. Se você fizer um organizador gráfico da matéria ou de uma habilidade que deseja ensinar, ele pode ajudar a criar um macrocenário de suas metas e expectativas, além de ajudá-lo a avaliar onde você e seus alunos podem precisar de tempo ou esforço extra para atingir seus objetivos. Também pode ajudá-lo a identificar e avaliar os conhecimentos prévios dos alunos, além de auxiliar na preparação para avaliar e abordar preconceitos comuns.

Ao fornecer um fluxograma, mapa conceitual ou diagrama de Venn parcialmente preenchido para os alunos inserirem as informações que faltam, é possível avaliar não apenas o conhecimento do conteúdo, mas também a compreensão de como as ideias se relacionam umas com as outras e com o macrocenário do conteúdo que está sendo trabalhado. Um fluxograma parcialmente preenchido pode ajudá-lo a avaliar a compreensão de uma sequência de atividades, etapas ou processos. Por exemplo, para avaliar se os alunos entenderam como a seca pode causar a morte de um esquilo, utilize o fluxograma mostrado na Figura 7.1. Nesta figura, os alunos veem a situação do problema: um esquilo, seca e morte. Os alunos precisam preencher os eventos induzidos pela seca que causam a morte do esquilo, tais como sede, procura por água e indisponibilidade de água.

A seca causa morte

Teste de Fluxograma

Preencha os quadrados em branco com conceitos que mostrem a causalidade na sequência correta.

Esquilo → Seca → Morte

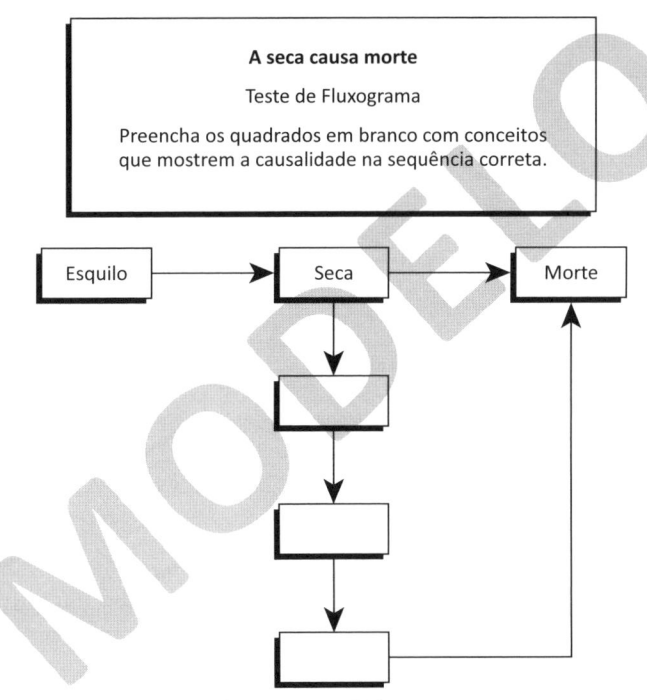

Figura 7.1 Teste de fluxograma parcialmente preenchido.

Um mapa conceitual parcialmente preenchido pode ajudá-lo a avaliar a compreensão de conceitos pelo aluno, assim como as relações entre eles conforme identificado pelas palavras de ligação. Para testar se os alunos entenderam o papel da temperatura no processo de transformação do gelo em vapor d'água, forneça-lhes um mapa conceitual parcialmente preenchido, como o da Figura 7.2. Outras informações podem ser ignoradas para diferentes metas de avaliação. Nessa figura, a maioria dos processos é identificada, e os alunos devem inserir as temperaturas corretas, além de alguns dos processos, nas etapas adequadas da transformação do gelo em vapor d'água.

Um diagrama de Venn parcialmente desenvolvido pode ajudá-lo a avaliar se os alunos entenderam as relações entre as partes e o todo. Por exemplo, para testar como os alunos representariam o conceito de que alguns animais vivem no mar, forneça-lhes um diagrama de Venn parcialmente preenchido, como o da Figura 7.3. Nessa figura, o diagrama de Venn já foi construído para os alunos. Eles precisam preencher o círculo esquerdo com "coisas que vivem no mar", o círculo direito com "animais" e, em seguida, preencher a inserção central com "alguns animais vivem no mar".

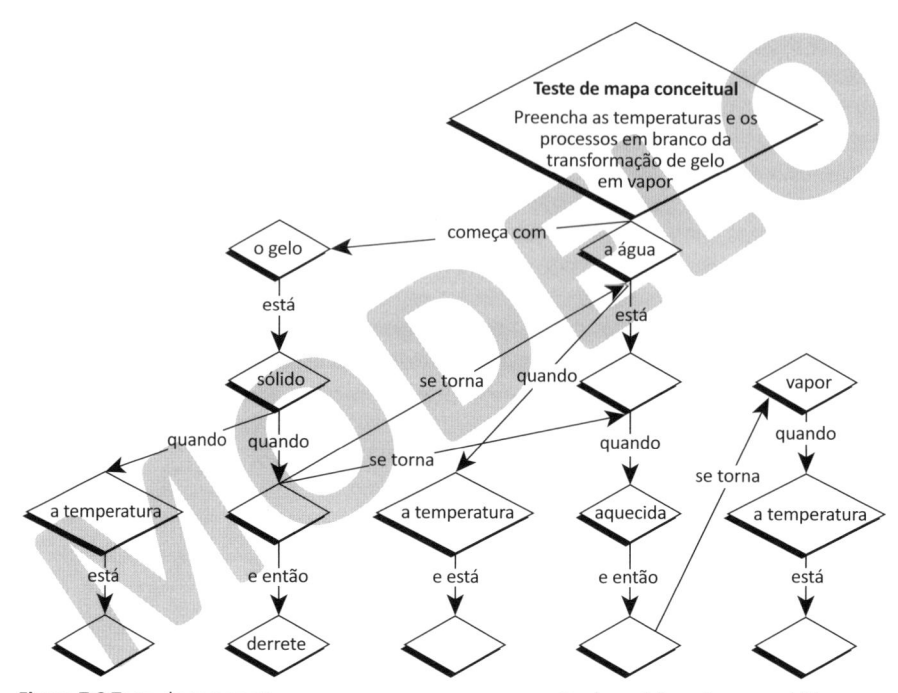

Figura 7.2 Teste de temperatura e processo com mapa conceitual parcialmente preenchido.

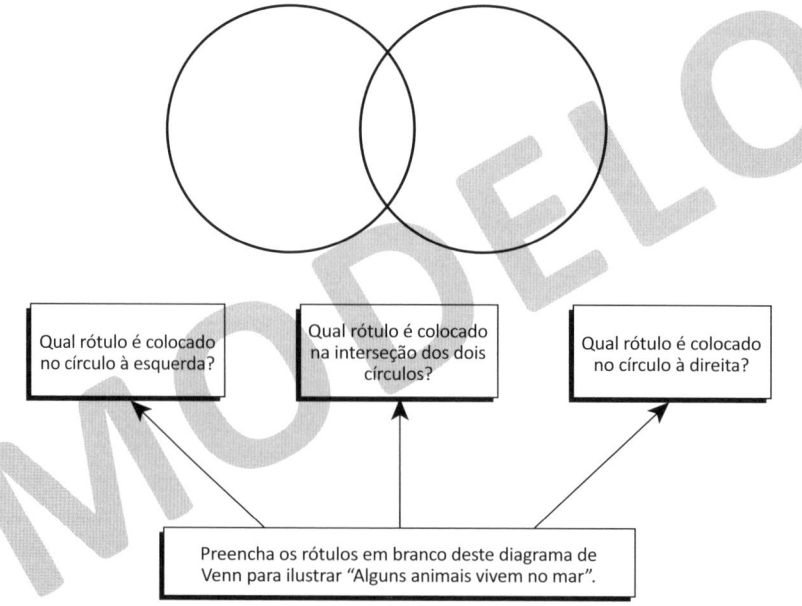

Figura 7.3 Teste de representação de "alguns animais vivem no mar" no diagrama de Venn.

ESTRATÉGIAS ADICIONAIS DE AVALIAÇÃO

A apresentação de um problema, quando seguida por uma entrevista, é uma excelente estratégia para avaliar o desenvolvimento e a compreensão de conceitos. Pesquisas sugerem que bons alunos conseguem apresentar problemas adequados e solucionáveis quando estão lidando com a situação de um problema ou o cenário de um conceito, mas cometem sérios erros na compreensão conceitual. Os erros sugeriram que a organização dos conhecimentos na memória dos alunos era deficiente, assim como sua conexão com os procedimentos e os problemas. A maioria dos professores precisa de algumas informações sobre avaliação e *feedback*, além de usá-los de forma reflexiva para melhorar suas práticas de ensino e avaliação, bem como o desempenho dos alunos.

O manual *Classroom Assessment Techniques* contém exercícios que se concentram nas autoavaliações dos alunos, incluindo Estudos Próprios de Tempo de Aprendizado Participativo; Aulas Expositivas Pontuadas: Ouvir, Parar, Refletir, Escrever e Dar *feedback*; Autoanálise do Processo; e Registros de Aprendizado para Autodiagnóstico (ANGELO; CROSS, 1993). Embora esse manual tenha sido elaborado para o ensino universitário, as técnicas podem ser aplicadas ou adaptadas para uso no ensino fundamental e médio.

A Tabela 7.3 – Exemplos de ferramentas de avaliação construtivista (copiada da internet), resume algumas abordagens recentes de avaliação.

Tabela 7.3 Exemplos de ferramentas de avaliação construtivista

Exemplo	Fonte	Explicação
Registros de aprendizado ou estudos próprios de tempo de aprendizado participativo	Jonassen, 1996	Os alunos acompanham quanto tempo foi dedicado ao aprendizado. Antes de começar, estimam quanto tempo será dedicado a isso. Depois, em intervalos regulares de 10 a 15 minutos, registram quanto tempo realmente passaram aprendendo.
Classificação dos objetivos da disciplina feita pelos alunos	Jonassen, 1996	Alunos e professores comparam suas classificações dos objetivos do curso. Os professores podem utilizar essas informações para facilitar o aprendizado para o aluno.
Pensar em voz alta	Jonassen, 1996	Enquanto tenta resolver um problema, o aluno descreve aquilo que está pensando para os colegas na sala de aula. O grupo usa as informações para definir um procedimento para solucionar o problema.
Soluções típicas documentadas para os problemas	Jonassen, 1996	Como no procedimento de pensar em voz alta, os alunos descrevem aquilo que fazem para solucionar problemas – desta vez, no papel.
Esboços autobiográficos concentrados dos alunos como aprendizes	Jonassen, 1996	Antes de começar um novo tema, os alunos escrevem uma redação de 2 a 3 páginas sobre uma experiência de aprendizado anterior sobre o mesmo assunto. A redação deve incluir o sucesso alcançado pelos alunos, até que ponto eles acham que compreenderam a matéria e como se sentem em relação a ela agora.

(continua)

Tabela 7.3 *Continuação*

Exemplo	Fonte	Explicação
Deixar o professor perplexo	Jonassen, 1996	Os alunos elaboram perguntas que acham que o professor não conseguirá responder. Enquanto tenta solucionar os problemas, o professor pensa em voz alta para que os alunos possam acompanhar o processo.
Entrevista cognitiva	Jonassen, 1996	Os alunos precisam redefinir o contexto em torno de um evento de aprendizado. O entrevistador pode pedir ao aluno para redefini-lo em ordem diferente ou redefini-lo a partir de uma perspectiva diversa.
Redações	Jonassen, 1996	Os alunos escrevem uma redação sobre um problema real pela perspectiva de um profissional da área. O público-alvo da redação deve estar comumente associado ao problema.
Paráfrase direta	Jonassen, 1996	Os alunos leem uma seleção e, depois, a repetem em suas próprias palavras. Isso é parecido com o resumo executivo que acompanha muitos documentos de negócios.
Memorandos analíticos	Jonassen, 1996	Os alunos elaboram um argumento em uma redação curta. Esses memorandos podem ser usados como forma de diálogo entre o professor, os alunos e os colegas.
Matriz de classificações/ decisões	Jonassen, 1996	Os alunos listam todas as questões que serão classificadas no domínio do conteúdo. Indicam as características do domínio do conteúdo. Depois, combinam os exemplos com as características. Isso é semelhante a criar um banco de dados em papel.
Diários e jornais	Jonassen, 1996	Os alunos refletem sobre o que sabem e aquilo que aprenderam. O professor e o aluno iniciam um diálogo no contexto do jornal.
Exposições	Jonassen, 1996	Os alunos fazem uma demonstração ou apresentação ao vivo para a turma ou para outros públicos.
Experiências	Jonassen, 1996	Os alunos realizam trabalho prático de laboratório, não se limitando às aulas de ciências.
Mapas conceituais	Jonassen, 1996	Os alunos criam uma imagem de como o próprio conhecimento é organizado.
Debates orais	Jonassen, 1996	Os alunos apresentam suas opiniões e as defendem. Precisam ser capazes de pensar na hora.
Apresentações conceituais ou musicais	Jonassen, 1996	Os alunos se apresentam em frente a uma plateia.
Diálogo inventado	Jonassen, 1996	Os alunos criam um diálogo entre personagens históricos para ilustrar lados diferentes de uma questão.
Criação de jogos	Rieber, 1996	Os alunos criam jogos na área do conteúdo. Precisam organizar e sintetizar seus conhecimentos sobre o domínio do conteúdo para fazer o jogo funcionar.
Criação de uma realidade virtual	Cronin, 1997	Os alunos criam mundos virtuais para representar seu conhecimento.
Portfólios	McLellan, 1993	Os portfólios podem incluir a gravação das melhores redações dos aprendizes, dos desempenhos em jogos, dos projetos multimídia, dos trabalhos artísticos ou das soluções de problemas. Podem ser gravados em CDs ou fitas de vídeo e/ou colocados na TV a cabo com acesso local.

Novas tendências de avaliação (que são experiências de aprendizado reais) podem ajudar professores e alunos a discernir acerca de seus sucessos e suas dificuldades na aprendizagem, além de ajudá-los a desenvolver os pontos fortes e a superar deficiências. Tais avaliações pedem aos professores e alunos para refletirem e avaliarem de modo crítico seus processos e resultados de pensamento e aprendizado.

Outro bom recurso sobre uma variedade de avaliações que podem promover o pensamento reflexivo e crítico é uma edição especial do *Educational Leadership* intitulada *Assessment to Promote Learning*. O artigo principal, Seven Practices for Effective Learning, contém uma seção para a avaliação das exibições gráficas de dados por parte dos alunos (McTIGHE; O'CONNOR, 2005). Inclui uma escala de três pontos na qual um representa baixo desempenho e três indica um nível elevado. Quatro categorias são avaliadas: título, rótulos, exatidão dos dados exibidos e capricho/legibilidade do gráfico. A escala e as categorias são representadas em um gráfico. Sob ele, há um espaço para os professores inserirem comentários e identificarem objetivos/ações. Essa combinação de *feedbacks* quantitativos e qualitativos pode ajudar os alunos a refletirem e avaliarem seu progresso de modo crítico, além de planejar melhorias para o futuro.

Outro artigo dessa edição tratou das avaliações de referência. Seus alunos são obrigados a prestar testes de referência patrocinados pelo governo? Você administra seus próprios testes de referência em suas aulas? As avaliações de referência são formativas (atualmente exigidas por muitos estados), e servem para monitorar o progresso do aluno em termos de atingir os padrões antes que os alunos precisem prestar testes importantes, ou seja, avaliações somativas que podem ser obrigatórias para concluir o ensino médio.

As referências podem ser ferramentas úteis para ajudar professores e alunos a refletir e avaliar o progresso de modo crítico em relação a atingir os padrões municipais, estaduais e/ou nacionais. O artigo sobre referências enfatiza o alinhamento do teste com os padrões e o currículo, utilizando os resultados para fins de diagnóstico e tornando-os fáceis de usar. Assim, fica claro como é possível ajudar os alunos a alcançarem níveis superiores.

O PENSAMENTO REFLEXIVO SOBRE TESTES

Quando seus alunos assinalam a resposta incorreta em um teste objetivo (como múltipla escolha), isso realmente significa que não sabem a matéria na qual estavam sendo testados? Quando assinalam a resposta certa, isso significa que os alunos sabem a matéria? Você tem uma noção do pensamento dos alunos em um teste de múltipla escolha (ou verdadeiro/falso ou correspondência) quando pede para explicarem suas respostas. Peça-lhes para fazer "relatórios de pensamento" explicando as respostas escolhidas. Você provavelmente descobrirá que, às vezes, "O certo está errado e o errado está certo"! Em alguns casos, os alunos encontram a resposta correta pelo motivo errado; em outros casos, encontram a resposta errada, mas seu raciocínio mostra que sabem a matéria que estava sendo testada, apesar de terem se confundido com a pergunta.

Pesquisas indicam que pedir aos alunos para explicar suas respostas às perguntas do teste pode ser algo surpreendente e esclarecedor, pois revela que, às vezes, eles sabem mais do que você pensa e, em outras ocasiões, sabem menos! É melhor preparar os alunos com antecedência para esse tipo de teste (questões de múltipla escolha, conforme a descrição abaixo) e dar-lhes orientações de como são constituídos relatórios de pensamento bons e ruins.

Ter essas orientações é especialmente benéfico quando você **atribui meio ponto para a resposta** selecionada e **meio ponto para a explicação**. Saber que serão avaliados pelas explicações costuma motivá-los a estudar de forma diferente para esse tipo de teste de múltipla escolha. Eles estudam com o intuito de entender melhor a matéria em vez de obter o reconhecimento superficial da resposta certa. A análise das respostas erradas pode ajudá-lo a refletir sobre por que e como eles entenderam a matéria incorretamente e avaliar suas estratégias de ensino de forma crítica, assim como ajudá-lo a planejar para ensinar com mais eficácia no futuro.

Explicações "ruins" são caracterizadas por preconcepções sobre a matéria, compreensão, atribuição e aplicação incorretas, confusão acerca de conceitos relacionados, problemas com vocabulário, confusão nas relações entre as partes e o todo, omissão, raciocínio ilógico e dar opiniões pessoais em vez de abordar aquilo que foi ensinado. Às vezes, os alunos encontram a resposta certa porque tiveram um palpite de sorte; em outras ocasiões, seu pensamento está totalmente equivocado, mas conseguem acertar assim mesmo. Por meio da análise e avaliação do pensamento dos alunos, você pode evitar a perpetuação da falsa impressão de que eles sabem a matéria apenas porque escolheram a resposta certa.

Explicações "boas" são caracterizadas pelo uso dos conhecimentos para eliminar as alternativas que sabem que estão erradas, pela elaboração do conceito de acordo com a questão, pelo raciocínio lógico e por dar seu próprio exemplo do conceito que foi questionado. Às vezes, os alunos usam boas informações e um bom raciocínio, mas ainda escolhem uma resposta diferente da esperada. Analisando seu pensamento, é possível evitar a penalização por uma resposta a uma pergunta que, na verdade, pode ser criativa!

Tal abordagem à avaliação vai além do produto (ou resposta) e considera o processo ou pensamento que resultou na seleção de determinada resposta. Ajuda os alunos a pensarem sobre seu próprio raciocínio – transformando-os em pensadores mais reflexivos e mais críticos enquanto se preparam e prestam testes, bem como quando recebem seu conceito e seu *feedback* sobre seu desempenho.

A explicação de respostas para questões de múltipla escolha pode ser feita em todas as matérias e anos dos ensinos fundamental e médio. Trata-se de uma boa maneira de desenvolver o pensamento reflexivo dos alunos a respeito de seus conhecimentos e de como aplicar aquilo que sabem. Os testes dissertativos são conhecidos por desempenhar essa função. No entanto, questões de testes objetivos também podem promover o pensamento reflexivo para alunos e professores.

A AVALIAÇÃO ENTRE PARES E A AUTOAVALIAÇÃO

A avaliação entre pares

Um método de avaliação cada vez mais popular, muito adequado para promover o pensamento reflexivo, é pedir que os alunos avaliem o trabalho uns dos outros. Ele é comumente chamado de avaliação entre pares. O método de Resolução de Problemas em Pares, que será descrito no Capítulo 8 sobre estratégias de ensino reflexivo, é uma técnica de avaliação entre pares em matemática e ciências que tem sido usada com sucesso com adolescentes de minorias étnicas. A Mediação dos Colegas é outra forma de avaliação entre pares, utilizada para lidar com problemas de comportamento.

Os critérios usados e a percepção pessoal resultante da avaliação entre pares não servem apenas para ajudar uns aos outros, mas para os alunos avaliarem seu próprio trabalho. Portanto, a avaliação feita entre pares também oferece o benefício de promover a autoavaliação dos alunos. A avaliação externa funciona como um modelo para a autoavaliação.

Os benefícios adicionais da avaliação feita entre pares incluem:
- Promover um aprendizado profundo.
- Aumentar a sensação de participação no processo de avaliação.
- Aumentar a motivação.
- Incentivar os alunos a se responsabilizar pela avaliação do próprio aprendizado, desenvolvendo sua capacidade de serem aprendizes independentes.
- Ver a avaliação como parte do aprendizado para que os erros sejam tratados como oportunidades de melhoria em vez de fracassos.
- Praticar as capacidades transferíveis necessárias para o aprendizado ao longo da vida, especialmente as capacidades de avaliação.
- Melhorar o pensamento crítico e os autojulgamentos em relação ao trabalho acadêmico.

Na disciplina de língua inglesa, os alunos frequentemente precisam dar *feedback* uns aos outros sobre os trabalhos que escreveram. Esse processo é chamado de Edição entre pares. O professor fornece os critérios específicos que os alunos devem usar e informa que são responsáveis por dar *feedback* uns aos outros a respeito de dimensões específicas de sua escrita, de acordo com as normas prescritas. As rubricas de pontuação são muito úteis para essa finalidade, pois os ajudam a avaliar o trabalho alheio de forma objetiva. A edição feita entre pares ajuda os alunos a pensar de modo crítico sobre a escrita dos outros e sobre a sua própria escrita. O ideal é usá-la como uma etapa no processo de escrita, na qual os alunos podem utilizar o *feedback* feito pelos colegas para revisar seus trabalhos antes de entregá-los para avaliação.

Nos Estados Unidos, um *site* chamado *Read, Write, Think,* patrocinado pela International Reading Association (Associação Internacional de Leitura) e pelo

National Council of Teachers of English (Conselho Nacional de Professores de Inglês), tem um plano de aula sobre edição entre pares com *links* para recursos na internet. Esse plano de aula, intitulado *Peer Edit with Perfection: Teaching Effective Peer Editing Strategies*, identifica um processo em três etapas: elogios, sugestões e correções.

O autoquestionamento

Uma estratégia de autoavaliação é o *autoquestionamento*, no qual professores e alunos fazem perguntas sobre seu aprendizado e respondem a elas. O autoquestionamento aumenta a consciência e o controle sobre o próprio pensamento. Os exemplos dos professores incluem "Até que ponto os alunos entendem o diagrama que coloquei no quadro?", "O que os alunos tiveram mais dificuldade para entender no capítulo que leram como lição de casa?". Os exemplos correspondentes para alunos são "Até que ponto eu entendi o diagrama que o professor colocou no quadro", "O que tive mais dificuldade para entender no capítulo que li como lição de casa?". As perguntas de autoquestionamento podem ser utilizadas em avaliações formativas e somativas.

Por meio da análise das respostas dadas às perguntas de autoquestionamento, professores e alunos podem avaliar de modo crítico as estratégias de aprendizado, as capacidades e os processos utilizados, além de avaliar criticamente os produtos de suas atividades de aprendizado, como portfólios, apresentações em sala de aula, soluções de problemas, respostas às perguntas do teste e conceitos obtidos nos testes.

Uma professora de inglês pediu que sua turma elaborasse perguntas de autoquestionamento para escrever um texto sobre deuses e deusas. Como tarefa de casa, tiveram de elaborar perguntas para cada etapa do processo de escrita do texto. Além de elaborar suas próprias perguntas, foi pedido a eles que esclarecessem os tipos de perguntas. As categorias incluíam objetivos, planejamento, organização ou habilidade de fazer resumos, verificação do trabalho e avaliação. Por meio da análise das perguntas, a professora pôde avaliar a compreensão da tarefa de escrita por parte dos alunos. Ela compilou uma lista de perguntas da turma e deu uma cópia a cada aluno para colocarem em seus cadernos a fim de orientar a escrita e as autoavaliações. Os alunos gostaram da tarefa e disseram que a lista de perguntas facilitaria o processo de escrita do texto. A Tabela 7.4 lista as perguntas elaboradas pelos alunos. O Capítulo 10 contém uma aula parecida, na qual alunos de ensino médio solucionam uma tarefa.

Tabela 7.4 Perguntas de autoquestionamento para escrita elaboradas pelos alunos

Planejamento: eu...	Monitoramento	Pré-avaliação	Pós-avaliação
Me perguntei algo como: "O que devo fazer em primeiro, segundo e terceiro lugar?"	Pensei sobre meus objetivos finais enquanto fazia a tarefa?	Revisei meu trabalho com cuidado pelo menos três vezes diferentes?	Reli o trabalho para ver quais foram os erros principais?

(continua)

Tabela 7.4 *Continuação*

Planejamento: eu...	Monitoramento	Pré-avaliação	Pós-avaliação
Defini meus objetivos antes de começar a tarefa?	Li a primeira parte da tarefa para ter certeza de que estou no caminho certo?	Existe alguma maneira de melhorar isso antes da entrega?	Sou capaz de corrigir os erros para trabalhos futuros ou devo pedir ajuda com as correções?
Pensei sobre a maneira adequada de começar?	Pensei se o trabalho que fiz até agora está correto?	Realmente fiz o meu melhor?	O que pode ser mudado para um trabalho melhor na próxima vez?
Organizei meus pensamentos antes de começar?	Sinto-me confiante em relação ao que fiz até o momento?		
Estabeleci uma ordem lógica ou escrevi um esboço para minha tarefa?	Tenho certeza de que entendi as instruções e estou seguindo-as?		

A análise de erros

O que seus alunos fazem ao receberem um teste depois de examinar seu conceito? Quantos alunos nunca olham para o teste novamente? Quantos utilizam o teste como um recurso para aumentar o domínio da matéria contida no teste? A análise de erros é um subconjunto especializado de perguntas de autoquestionamento que podem ser muito úteis nesta era de testes importantes devido às Avaliações Nacionais de Progresso Educacional, importância da pontuação obtida no SAT[*] para entrar na faculdade, avaliações estaduais de padrões de conteúdo e lei federal No Child Left Behind (Nenhuma Criança Deixada para Trás) dos Estados Unidos. Os professores reflexivos usam a análise de erros para avaliar seu ensino de modo crítico; os aprendizes reflexivos usam a análise de erros para avaliar seu aprendizado de modo crítico.

O procedimento de análise de erros descrito a seguir é uma técnica usada para converter erros em domínio da matéria. Fornece uma oportunidade estruturada para os alunos aprenderem conteúdos importantes da disciplina que não entenderam bem na primeira tentativa. Por meio da análise de seus próprios erros, eles podem identificar os próprios padrões de aprendizado e como melhorá-los.

Consequentemente, a análise de erros ajuda a desenvolver o pensamento crítico dos alunos sobre seu próprio aprendizado e desempenho em testes. Também os ajuda os a aprender a conectar suas ações – por exemplo, estratégias específicas de aprendizado – com os resultados, como os conceitos obtidos nos testes. Quando os alunos conseguem relacionar seus próprios resultados com suas próprias ações, é mais provável que pratiquem a autocorreção e se tornem aprendizes independentes e autônomos que planejam, monitoram e avaliam seu trabalho.

---

[*] N. de R.T.: O SAT (Scholastic Aptitude Test) é um exame unificado de admissão para graduação muito usado pelas universidades norte-americanas. O exame avalia conhecimentos e habilidades na área da matemática, leitura e escrita. No Brasil, há o Exame Nacional do Ensino Médio (ENEM), que é semelhante ao SAT.

Como professor, encorajamos você a aplicar a análise de erros a duas situações:
1. Ensinar os alunos a aprender com seus erros, identificando o que erraram, por que e como, evitará enganos semelhantes no futuro, consequentemente transformando o fracasso em sucesso.
2. Aprender com seus próprios erros no ensino se envolvendo com os mesmos processos de pensamento reflexivo.

Para professores e alunos, a análise de erros tem três etapas básicas:
1. A. O que eu fiz ou entendi errado? B. Qual é a maneira ou resposta correta?
2. Por que cometi esse erro específico?
3. A. Como posso usar essas informações para ter certeza de que não cometerei o mesmo erro novamente? B. Qual estratégia específica posso usar para recordar as informações ou a abordagem correta?

Exemplo do professor

Situação de Teste de Ciências: mais de 75% da turma forneceu uma resposta incorreta a uma pergunta sobre as causas da mudança de estações. A maioria dos alunos disse que isso acontecia por causa da distância entre a Terra e o Sol.

1. O que eu fiz errado e o que deveria ter feito?

Não prestei atenção suficiente às ideias que os alunos tinham a respeito desse tema antes de abordá-lo na sala de aula. Eu sabia que eles tinham algumas preconcepções sobre a importância da distância entre a Terra e o Sol, mas não fiz esforços específicos para lhes proporcionar experiências que os ajudassem a perceber as limitações de seus conhecimentos prévios e entender por que o motivo correto se baseia na inclinação da Terra.

2. Por que cometi esse erro?

Pensei que minha explicação e desenhos que fiz no quadro eram detalhados e claros o suficiente para superar os conhecimentos prévios inválidos que os alunos trouxeram para a aula.

3. A. Como posso usar essas informações para ter certeza de que não cometerei o mesmo erro novamente?

Na próxima vez, em vez de apenas explicar a inclinação da Terra para os alunos, utilizarei objetos concretos para representar o Sol, a Lua e a Terra. Os alunos poderão manipulá-los enquanto explico o que acontece e o que não acontece. Em vez de apenas me ouvir, os alunos trabalharão ativamente com os conceitos e descobrirão as limitações de seus conhecimentos prévios.

B. Qual estratégia específica posso usar para recordar a abordagem correta? Escrevi em vermelho, em um bloco de papel autoadesivo, quantos alunos erraram a pergunta e forneceram a mesma resposta incorreta. Além disso, descrevi exatamente quais atividades os alunos farão para ajudá-los a superar essa preconcepção muito comum que vários alunos têm em todas as turmas que já ensinei. O *post-it* está na página inicial do meu arquivo sobre esse conteúdo. Assim, o verei automaticamente na próxima vez que revisar as anotações em preparação para ensinar essa aula. Ele começa com grandes letras vermelhas que dizem "Falar é necessário, mas não é suficiente!".

Exemplos do aluno

Questão do teste de compreensão de leitura

O conteúdo do parágrafo três desta redação indica que o autor acreditava que:
a. A primeira fase do movimento de direitos civis norte-americano foi um fracasso.
b. As decisões da Suprema Corte não exercem tanta influência na sociedade quanto as ações do Congresso dos Estados Unidos.
c. Movimentos sociais são capazes de influenciar o processo político.
d. Às vezes, os custos da desobediência civil superam os benefícios.

Item da análise de erros

1. O que eu entendi errado e qual é a resposta certa?

Pensei que a resposta fosse (a): A primeira fase do movimento de direitos civis norte-americano foi um fracasso. Agora sei que a resposta é (c): Movimentos sociais são capazes de influenciar o processo político.

2. Por que entendi errado?

Confundi aquilo em que acredito com o que realmente estava no texto. Pensei que aquilo que o autor chamou de "primeira fase" tivesse sido um fracasso, mas ele não disse nem sugeriu isso. Na verdade, ele estava tentando falar sobre outra coisa.

3. Como me lembrarei disso e evitarei erros semelhantes no futuro?

Meu professor me ensinou a fazer perguntas sobre aquilo que li. Então, me farei uma pergunta como: "Isso é o que eu acho ou o que o autor está realmente dizendo?". Voltarei ao texto para ter certeza de que foi algo que o autor realmente disse ou sugeriu em vez de algo baseado em minhas próprias ideias.

Para lembrar de fazer perguntas durante um teste, amarrarei um barbante em volta do pulso antes de começar. Não costumo usar um barbante; ao vê-lo, irei lembrar de questionar minhas respostas para as perguntas do teste.

Análise de erros da redação

1. O que eu entendi errado e o que deveria ter feito?

Cometi dois erros principais na minha redação. Em primeiro lugar, não expliquei minhas ideias o suficiente. Eu deveria ter explicado mais as ideias nos tópicos e fornecido mais exemplos para corroborar minhas opiniões.

O trabalho não ficou tão organizado quanto deveria. Em alguns parágrafos, as ideias com as quais comecei não estavam relacionadas com as ideias posteriores. Depois, no parágrafo seguinte, eu retomava ideias que havia começado no anterior. Deveria ter continuado com ideias relacionadas no mesmo parágrafo em vez de alternar.

2. Por que cometi esse erro?
Eu estava tão preocupado em ter ideias e colocá-las no papel que não prestei muita atenção ao local em que elas estavam e como foram organizadas.

3. Como evitarei cometer erros parecidos no futuro?
Farei uma lista de conferência para usar enquanto reviso e corrijo meus trabalhos. Um dos itens da lista de verificação será o Desenvolvimento de Ideias. Outro será a Organização de Ideias.

Análise de erros do relatório de pesquisa

1. O que eu entendi errado e o que deveria ter feito?
Perdi pontos porque não citei as fontes das minhas informações no texto. Eu deveria ter colocado os nomes dos autores e os anos de publicação ao final das informações que obtive.

2. Por que cometi esse erro?
Não precisávamos fazer isso no ensino fundamental. Logo, eu não sabia que era o procedimento correto. Não entendia o conceito de "plágio". Tampouco li as instruções da tarefa com cuidado suficiente para saber que isso era necessário. Li apenas para ter uma ideia geral daquilo que era esperado e perdi alguns detalhes.

3. Como evitarei cometer erros parecidos no futuro?
Irei me lembrar de citar minhas fontes no texto porque pensarei sobre como eu me sentiria se alguém pegasse minhas ideias e não me desse crédito por elas. Também lerei as instruções da tarefa com mais cuidado, procurando detalhes específicos em vez de ideias gerais.

Problema de matemática

Subtração

$$\begin{array}{r} 2.668 \\ -\ 1.629 \\ \hline 1.049 \end{array}$$

Análise de erros da questão

1. O que eu entendi errado e qual é a resposta certa?
A resposta 1.049 está incorreta. A resposta certa é 1.039.

2. Por que entendi errado?
Esqueci-me de alterar o "6" na coluna das dezenas por um "5" depois de pegar emprestado para subtrair 9 de 18 na coluna das unidades.

3. Como evitarei cometer erros como esse no futuro?
A partir de agora, em vez de tentar lembrar que peguei emprestado, farei um risco sobre o número do qual peguei emprestado e escreverei o número novo sobre ele. Por exemplo,

$$\begin{array}{r} 5 \\ 2.6\cancel{6}8 \\ -\ 1.629 \\ \hline 1.039 \end{array}$$

Questão do teste de biologia

Qual das alternativas a seguir está correta em relação ao potencial de **descanso** da membrana de um neurônio comum?
a. É negativo no exterior em comparação com o interior.
b. Depende da alta permeabilidade da membrana aos íons de sódio e potássio.
c. Carrega impulsos de uma região para outra.
d. Resulta da distribuição desigual de íons em toda a membrana.

Análise de erros da questão

1. O que eu entendi errado e qual é a resposta certa?

Pensei que a resposta fosse (b): Depende da alta permeabilidade da membrana aos íons de sódio e potássio. Agora sei que a resposta é (d): Resulta da distribuição desigual de íons em toda a membrana.

2. Por que entendi errado?

Eu sabia que havia alta permeabilidade para o potássio, mas me esqueci que era impermeável ao sódio.

3. Como me lembrarei disso e evitarei erros semelhantes no futuro?

Lembrarei que o potencial de descanso de um neurônio depende do desequilíbrio. A distribuição desigual de íons é resultado da diferença na permeabilidade entre o sódio e o potássio. A membrana é extremamente permeável ao potássio, mas é impermeável ao sódio. Isso torna o interior negativo em comparação com o exterior.

Também tentarei usar mais o processo de eliminação. Desse modo, posso excluir algumas opções de resposta.

O autoquestionamento e a análise de erros promovem o pensamento crítico a seu respeito e uma maior compreensão dos sucessos e fracassos pessoais. O objetivo é utilizar esse discernimento para aumentar a consciência pessoal e o autocontrole, melhorando o desempenho em situações parecidas no futuro.

TECNOLOGIAS

No início deste capítulo, falamos sobre filmar seu ensino e uma seção na internet para a avaliação do pensamento crítico foi apresentada. Também foram identificados recursos de avaliação autêntica *on-line*. Muitos outros recursos tecnológicos sobre avaliações estão disponíveis. Eles facilitam o pensamento reflexivo e crítico; alguns já foram discutidos neste capítulo.

O *site* About Education (c2014) contém *links* para avaliação de habilidades de pensamento crítico para os professores avaliarem o pensamento crítico de seus alunos, enquanto os alunos avaliam o próprio pensamento crítico.

O *Assessment Resource Center*, em http://www.umuc.edu/odell/irahe/arc/4gen_ct.html, contém *links* para diversas ferramentas que avaliam habilidades gerais de educação, incluindo o pensamento crítico. Esse *site* contém uma visão ampla das habilidades de pensamento crítico e disposições de que seus alunos precisarão na faculdade. Assim, você pode ajudar a prepará-los antes que cheguem lá. Um *site* para testes de pensamento gratuito na internet, The Critical Thinking CO.™, trata especificamente do desenvolvimento e da avaliação do pensamento crítico para alunos da educação infantil, do ensino fundamental, ensino médio e ensino superior (THE CRITICAL THINKING, c2014).

RESUMO

A avaliação não se limita a *feedback*. Ela inclui reflexão na ação e reflexão sobre a ação. É importante fazer avaliações formativas e somativas. Atualmente, existem muitas técnicas de avaliação; logo, os professores não estão mais limitados a usar testes para avaliar o progresso dos alunos no aprendizado. Trabalhos recentes enfatizaram o uso de estratégias alternativas e autênticas de avaliação, como portfólios e rubricas. Para ser eficaz, a avaliação deve contribuir de forma essencial ao aprendizado em vez de apenas julgá-lo. Dar *feedback* e fornecer orientação com base nos resultados da avaliação são dimensões importantes de avaliações eficazes. Pedir aos alunos para refletir sobre as respostas dadas às questões do teste, explicando-as e analisando-as, pode melhorar o ensino e o aprendizado. Vários recursos diferentes de avaliação para professores, colegas e autoavaliação dos alunos estão disponíveis *on-line*.

REFERÊNCIAS

ABOUT EDUCATION. *Critical thinking skills*. [S.l.: s.n], c2014. Disponível em: < http://712 educators.about.com/od/criticalthinkingskills/>. Acesso em: 10 set. 2014.

ANGELO, T.; CROSS, K. P. *Classroom assessment techniques*: a handbook for faculty. 2th ed. San Francisco: Jossey-Bass, 1993.

ASSESSMENT to promote learning. *Educational Leadership*, v. 63, n. 3, 2005.

AUTHENTIC Assessment in Mathematics. In: THE GEOMETRY FORUM, 1994, Swarthmore. *Anais eletrônicos...* [S. l.]: Mike Diamond, 1994. Disponível em: <http://mathforum.org/sum94/project2.html>. Acesso em: 14 ago. 2014.

BRANSFORD, J. D. et al. (Org.). *How people learn*: brain, mind, experience and school. Ed. amp. Washington: National Academy, 2000.

FACIONE, P. A.; FACIONE, N. C. *Holistic critical thinking scoring rubric*. San Jose: California Academic, 1994. Disponível em: <http://web.calstatela.edu/academic/aa/assessment/assessment_tools_resources/rubrics/scoringrubric.pdf>. Acesso em: 14 ago. 2014.

McTIGHE, J.; O'CONNOR, K. Seven practices for effective learning. *Educational Leadership*, v. 63, n. 3, p. 10-17, 2005.

MUELLER, J. *Authentic assessment toolbox*. Naperville: John Mueller, c2014. Disponível em: <http://jfmueller.faculty.noctrl.edu/toolbox/>. Acesso em: 14 ago. 2014.

NATIONAL BOARD FOR PROFESSIONAL TEACHING STANDARDS. *The five core propositions*. Arlington: National Board for Professional Teaching Standards, c2014. Disponível em: <http://www.nbpts.org/five-core-propositions>. Acesso em: 14 ago. 2014

NATIONAL RESEARCH COUNCIL. *Knowing what students know*: the science and design of educational assessment. Washington: National Academy, 2001.
NEW HORIZONS FOR LEARNING. [*Site*]. [S.l.]: Johns Hopkins University, c2012. Disponível em: < http://education.jhu.edu/PD/newhorizons/>. Acesso em: 10 set. 2014.
SCHROCK, K. *Assessment and rubrics*. Eastham: [s. n.], c2014. Disponível em: <http://www.schrockguide.net/assessment-and-rubrics.html>. Acesso em: 14 ago. 2014.
TEACHER VISION. *Authentic assessment overview*. Old Tappan: Pearson Education Development Group, c2014. Disponível em: <http://www.teachervision.fen.com/teaching-methods-and-management/educational-testing/4911.html>. Acesso em: 14 ago. 2014.
THE CRITICAL THINKING. [*Site*]. North Bend: Critical Thinking, c2014. Disponível em: <http://www.criticalthinking.com/>. Acesso em: 14 ago. 2014.
UNIVERSITY OF WISCONSIN. *Rubrics for assessment*. Menomonie: University of Wisconsin, c2014. Disponível em: <http://www.uwstout.edu/soe/profdev/rubrics.cfm>. Acesso em: 14 ago. 2014.

Leituras sugeridas

BROWN, S.; RUST, C.; GIBBS, G. *Strategies for diversifying assessment in higher education*. Oxford: Oxford Centre for Staff Development, 1994.
BULLOCK, A. A.; HAWK, P. *Developing a teaching portfolio*: a guide for preservice and practicing teachers. Upper Saddle River: Prentice Hall, 2001.
CRITICAL THINKING COMPANY. *Testing thinking*: assess critical thinking skills online. Tomales: The Critical Thinking Company, 2005. Disponível em: <http://www.criticalthinking.org/pages/critical-thinking-testing-and-assessment/594>. Acesso em: 14 ago. 2014.
HARTMAN, H. J. Developing students' metacognitive knowledge and skills. In: HARTMAN, H. J. *Metacognition in learning and instruction*: theory, research & practice. Dordrecht: Springer, 2001.
LYONS, N. How portfolios can shape emerging practice. *Educational Leadership*, v. 56, n. 8, p. 63–65, 1999.
NOVAK, J. *Learning, creating and using knowledge*: concept maps as facilitative tools in schools and corporations. Mahwah: Erlbaum, 1998.
SECONDARY SCHOOL EDUCATORS. *Critical thinking assessment*. [S. l.], About.com, 2007. Disponível em: <http://712educators.about.com/cs/ctassessment/index.htm>. Acesso em: 14 ago. 2014.
WIGGINS, G. *Assessment as feedback*. Baltimore: New Horizons for Learning, 2004. Disponível em: <http://www.newhorizons.org/strategies/assess/wiggins.htm>. Acesso em: 14 ago. 2014.

8
O ensino de estratégias para promover a reflexão

Este livro trata de um estilo de ensino que aprimorará as habilidades de pensamento reflexivo e crítico em professores e alunos. O objetivo é promover aprendizado significativo, retenção, aplicação e transferência daquilo que foi aprendido, além de promover o pensamento e o aprendizado de modo reflexivo e independente. Para ensinar de modo reflexivo, é necessário refletir na ação e sobre a ação. As questões que o professor de disciplinas específicas faz para si próprio podem facilitar a gestão da educação, pois estimulam você a pensar sobre como planejar, monitorar e avaliar aulas em diferentes áreas de conteúdo. As técnicas descritas neste capítulo ajudarão os alunos a terem sucesso acadêmico ao tornarem o aprendizado mais significativo e o pensamento mais reflexivo.

O pensamento reflexivo, o pensamento crítico e o significado exigem reflexão. Às vezes, os alunos resistem ao pensamento porque pode ser um trabalho árduo! As técnicas apresentadas aqui se destinam a prevenir a memorização sem compreensão, normalmente chamada de "aprendizado mecânico". Minimize esse tipo de aprendizado.

Este capítulo contém técnicas que incluem estratégias de questionamento, pensar em voz alta, solução de problemas e aprendizado cooperativo. Outros capítulos do livro explicam estratégias de ensino, como autoquestionamento, ensino recíproco, organizadores gráficos, imagens mentais, encenação, scaffolding, ciclo de aprendizado e controvérsia estruturada.

A maioria das técnicas de ensino abordadas neste livro promove a participação ativa dos alunos e sua responsabilidade pela própria aprendizagem. Às vezes, os alunos tentam manipular os professores para que os deixem aprender da forma fácil, ou seja, simplesmente dizendo a eles o que precisam saber para que possam produzir respostas corretas mesmo sem entendê-las. "Dar comida na boca" é eficiente apenas em curto prazo, como no antigo provérbio chinês sobre ganhar um peixe em vez de aprender a pescar. Pesquisas mostram que, quando os professores aplicam as técnicas de ensino deste capítulo, os alunos se tornam aprendizes mais ativos, reflexivos e independentes.

QUESTIONAMENTO

Por que o questionamento é uma das técnicas de ensino mais eficazes? Pense e relembre todas as funções e tipos de uso de perguntas no ensino. Pense sobre o questionamento de modo muito amplo, incluindo quando você faz perguntas aos seus alunos e quando eles fazem perguntas a você. Para você, quais são as funções das perguntas?

As perguntas são excelentes ferramentas de ensino, pensamento e aprendizado que têm uma grande variedade de possíveis aplicações. São especialmente úteis para o desenvolvimento do pensamento reflexivo e crítico. Por isso são utilizadas de forma tão extensiva neste capítulo e em todo o livro. As funções da pergunta incluem verificar a compreensão, esclarecer tarefas, fazer os alunos falarem, diagnosticar problemas, ajudá-los a entender seus próprios pontos fortes e fracos, delimitar um tema, obter informações, fazê-los pensar, ajudá-los a organizar seus pensamentos, aumentar o interesse dos alunos, gerar abordagens alternativas, colocar os eventos em perspectivas maiores e resumir.

Pesquisas sobre o ensino em sala de aula mostram que a maior parte dele consiste em transmissão de informações. As mentes dos alunos são tratadas como copos que precisam ser preenchidos com a antiga sabedoria da autoridade. Ocorre um número relativamente pequeno de perguntas. Nesse caso, a maioria precisa de respostas de nível relativamente básico. Existem provas de que, quando os professores fazem principalmente perguntas de nível básico (Qual é o nome de...?, Como você descreveria...?), o desempenho do aluno não atinge níveis tão altos em comparação com os alunos que precisam responder principalmente a perguntas de nível mais elevado (Em sua opinião, qual é o mais importante...?, Como você lidaria com...?).

Em que momento, durante o ensino, as perguntas dos aprendizes são mais úteis para a compreensão? Pesquisas informam que as perguntas auxiliam na compreensão de modo mais eficaz quando são respondidas enquanto os alunos estão usando o conhecimento adquirido. Isso ocorre porque o esclarecimento de um conteúdo confuso é mais provável enquanto os alunos estão **aplicando** conhecimentos e habilidades, mas não quando os estão **adquirindo**.

Como promover discussões

A discussão de tarefas, conceitos, habilidades, posturas e estratégias é uma ocorrência comum no ensino. Wilbert McKeachie (2001), um famoso especialista em ensino, identifica vários tipos de perguntas que podem ser utilizadas para estimular e orientar discussões com habilidade. O ideal é que a maioria das discussões tenha uma orientação do tipo solucionadora de problemas. No entanto, periodicamente, é necessário fazer perguntas factuais para verificar os conhecimentos prévios dos alunos. Por exemplo: Qual é a definição da Guerra Fria?

Seguem tipos de perguntas para discussão.
- Perguntas destinadas à interpretação e à aplicação podem ajudar a melhorar a compreensão da matéria aprendida por parte dos alunos. Por exemplo: Em sua opinião, quais foram as causas da Guerra Fria? Esses tipos de perguntas são mais eficazes do que perguntas factuais em termos de promover discussões.
- Perguntas destinadas a problemas são aquelas que resultam de problemas ou casos específicos que precisam ser resolvidos. Elas ajudam os alunos com a solução de problemas. Por exemplo: Qual seria uma boa maneira de abordar esse problema?
- Perguntas conectivas, comparativas e causais são boas para ajudar os alunos a encontrarem relações em matérias ou conceitos. Por exemplo: De que forma esse problema é semelhante ao anterior?
- As perguntas avaliadoras precisam de julgamento. Por exemplo: Por que você acha que esta outra maneira de organizar seu trabalho seria melhor do que a maneira em que ele está organizado agora?
- Perguntas críticas podem ajudar os alunos a aprender a contestar pressupostos e conclusões, além de possibilitar que pensem por conta própria. Por exemplo: Você acha que a autora apresentou provas convincentes o suficiente para apoiar sua conclusão?

Refletindo sobre seu próprio estilo de ensino, quais tipos de perguntas você costuma fazer com mais frequência? Quais tipos você poderia fazer mais?

Além de melhorar suas próprias habilidades de questionamento, você também pode ajudar seus alunos a aprender a fazer perguntas melhores seguindo orientações – saber o que, quando/por que e como utilizá-las. Apenas saber **qual** pergunta deve ser feita é muito menos importante do que saber **quando** e **por que** fazer várias perguntas, além de **como** fazê-las. As orientações a seguir podem ser aplicadas ao questionamento em geral e a tipos de perguntas específicos.

O quê: Fazer as informações virem dos alunos, em vez de fornecê-las a eles. Faça perguntas, extraia respostas e incentive os alunos a pensar em voz alta.

Quando: Fazer perguntas é uma maneira excelente de determinar o que os alunos sabem e/ou entendem. Depois de determinar a base de conhecimento, mais perguntas podem ser usadas para produzir uma quantidade progressivamente maior de conhecimento e compreensão ou orientar a resolução de um problema.

Por quê: Os alunos aprendem melhor quando estão ativamente envolvidos com a matéria e quando a matéria que deve ser aprendida se baseia em seus próprios conhecimentos e experiências. Partir daquilo que os alunos sabem é a melhor base para o desenvolvimento de uma fundação mais sólida. A extração ajuda você a provocar os alunos a pensarem até que cheguem ao entendimento. Também permite que você teste os conhecimentos dos alunos sem antes declamar uma grande parte da matéria. Assim, os alunos se tornam aprendizes mais autônomos.

Como: Não diga; extraia. Faça perguntas. Examine as perguntas dos alunos. Recuse-se a dar informações prontas; se possível, amplie-as. Enfatize perguntas de nível intermediário e avançado, porque elas promovem um pensamento mais complexo e um entendimento completo em comparação com as perguntas de nível básico.

Ouça mais do que fale. Ouça as respostas/pensamentos dos alunos para determinar aquilo que sabem e não sabem ou entendem. Com uma abordagem de questionamento, os alunos farão mais progresso do que com uma abordagem expositiva ou narrativa. A Tabela 8.1 lista alguns exemplos de extração de informações por meio do questionamento e os compara com exemplos narrativos.

Uma grande tensão entre professores e alunos é causada pela diferença nas maneiras de organizar o conhecimento. Em vez de ensinar informações separadas, ensine a organização da matéria enfatizando a importância do macrocenário. Uma abordagem para apresentar os alunos à ideia de formar suas próprias estruturas de conhecimento (organizações) é a técnica de ensiná-los a utilizar estratégias de questionamento. No início, os professores fazem as perguntas, mas o objetivo a longo prazo é ensinar as habilidades de questionamento pessoal aos alunos.

Tabela 8.1 Estimule a reflexão por meio da pergunta em vez de fornecer conhecimento pronto

Extrair (faça)	Dizer (não faça)
Quais são as ideias mais importantes naquela seção da história?	Naquela seção da história, as ideias mais importantes são que a inventora desenvolveu um novo tipo de avião e alguém estava impedindo-a de conseguir patenteá-la.
Com base neste parágrafo, o que foi possível inferir sobre uma causa da poluição?	Com base neste parágrafo, o mercúrio é uma causa da poluição.
O que é um elemento?	Um elemento é uma unidade de matéria básica.
Quais foram alguns dos efeitos duradouros da Revolução Francesa?	Os efeitos duradouros da Revolução Francesa foram o aumento dos valores de liberdade e igualdade.
O que é importante considerar para solucionar este problema?	Para solucionar este problema, é importante identificar aquilo que foi dado e aquilo que deve ser descoberto.
Qual tempo verbal deve ser usado neste parágrafo? Por quê?	Neste parágrafo, use o tempo futuro porque os eventos discutidos ocorrerão daqui a um ano.
Como você produziria um nível constante de aceleração se diminuísse a força?	Para produzir um nível de aceleração constante, a massa deve mudar proporcionalmente a força.

Foi comprovado que fazer perguntas para si próprio é uma técnica de ensino eficaz, pois exige:
- Processamento ativo.
- Refletir sobre o próprio pensamento.
- Recordar os conhecimentos prévios.

Ajudar os alunos a gerenciarem seu trabalho por meio de planejamento, monitoramento e avaliação ajuda a desenvolver suas habilidades críticas de pensamento. As estratégias de gestão para o trabalho acadêmico são discutidas no Capítulo 6 sobre pensamento reflexivo e crítico dos alunos. As abordagens "I DREAM of A" para redação e matemática/ciências (que também enfatizam esses processos) são discutidas nos capítulos sobre inglês e matemática.

Níveis e tipos de perguntas

Uma das dificuldades dos professores ao usarem técnicas de questionamento é não reconhecer que alguns tipos de perguntas são melhores do que outros. Por exemplo, perguntas abertas geralmente são melhores do que perguntas fechadas; perguntas de nível intermediário e mais elevado costumam ser melhores do que perguntas de nível mais básico. Embora os alunos aprendam mais quando você faz perguntas de nível intermediário e elevado, é possível usar perguntas de nível mais básico para construir esses níveis mais avançados.

Muitas vezes, a taxonomia de objetivos cognitivos de Bloom (1984) é utilizada por professores para formular diferentes tipos e níveis de perguntas. Bloom identificou seis tipos de perguntas e as organizou de forma hierárquica. A hierarquia é conhecimento (demonstrar a capacidade de identificar fatos), compreensão (demonstrar o entendimento), aplicação (mostrar como usar uma ideia ou habilidade), análise (dividir um problema ou conceito em partes), síntese (combinar as partes em um todo) e avaliação (fazer um julgamento). A hierarquia pressupõe que, à medida que você avança do nível básico para o avançado (do conhecimento à avaliação), cada nível inferior se torna obrigatório para o próximo nível. Por exemplo, o conhecimento é necessário para responder às perguntas de compreensão; por sua vez, o conhecimento e a compreensão são necessários para responder às perguntas de aplicação, etc. Recentemente, adicionou-se a "criação" ao final dessa taxonomia, depois da avaliação. Assim, ela se tornou o nível mais avançado.

Pesquisas mostram que a maior parte do questionamento feito por professores ocorre na extremidade baixa da taxonomia, com perguntas de conhecimento e compreensão. Isso resulta em níveis mais inferiores de desempenho do aluno do que quando os instrutores fazem perguntas de alto nível. As perguntas de nível mais elevado ajudam os alunos a:
- Pensarem de forma abstrata.
- Experimentarem e solucionarem discrepâncias, promovendo a reorganização e o desenvolvimento do pensamento.
- Manipularem as informações adquiridas.
- Pensarem sobre a matéria de forma mais profunda e completa.

Uma taxonomia de questionamento diferente consiste em pensamento de nível básico, intermediário e mais avançado.

Tabela 8.2 Níveis, tipos e exemplos de perguntas

Nível da pergunta	Amostras de palavras ou instruções	Exemplos
Básico	Rotular, demonstrar, definir, dar atributos, descrever	Qual é o nome do autor? Qual é o tema da redação? O que é uma assíntota? O que é uma característica recessiva? Qual é a lei do equilíbrio químico?
Intermediário	Sequenciar, classificar, enumerar, sintetizar, reproduzir, comparar, contrastar	Qual tipo de romance é? Este exemplo ilustra que ponto do seu trabalho? Estas operações serão executadas em qual ordem? Por que o coração funciona como uma bomba?
Avançado	Avaliar, transformar, concluir, prever, generalizar, propor alternativas, solucionar conflitos, inferir emoções ou causa, planejar, verificar	Como você acha que a história terminará? O que você geralmente inclui em um parágrafo introdutório? Como é possível ter certeza de que não cometeu erros de ortografia? Como você normalmente se prepara para um teste de múltipla escolha? De que outra forma é possível solucionar este problema? Quais conclusões você pode tirar sobre a melhor abordagem para usar esse tipo de problema?

Cada capítulo deste livro referente a uma disciplina específica contém exemplos dessas categorias de perguntas de nível básico, intermediário e avançado.

Perguntas abertas e perguntas fechadas

Um método para fazer melhores perguntas é torná-las abertas. Exemplos de perguntas abertas incluem:
- Como você faz anotações em uma aula de matemática?
- Qual é seu plano para se preparar para o teste da unidade?
- Por que você usou esta equação para solucionar o problema?

Os exemplos de perguntas fechadas menos eficazes são:
- Você faz anotações na aula de história da arte?
- Você está se preparando para as provas semestrais?
- Você usou a equação certa para solucionar o problema?

Qual é a diferença entre perguntas abertas e perguntas fechadas menos eficazes? As perguntas abertas exigem que os alunos pensem de forma mais profunda sobre as informações e as elaborem, enquanto as perguntas fechadas podem ser respondidas com respostas curtas, compostas por uma palavra. Com frequência, as perguntas abertas (que costumam começar com "como, o que ou por que") são utilizadas para iniciar conversas e descobrir como os alunos estudam.

Os professores podem usar técnicas de questionamento de diversas maneiras, incluindo fazer perguntas, responder às perguntas dos alunos, pedir a eles que prevejam as perguntas do teste, pedir que perguntem e respondam às perguntas uns dos outros, dar exemplos de boas perguntas para os alunos, ensiná-los a fazer perguntas para si próprio e usar as perguntas para ajudá-los na análise, na organização, na conexão e na aplicação da matéria aprendida.

Conhecimentos prévios

Em geral, os alunos entram na sala de aula com mais conhecimentos e habilidades do que eles ou seus professores percebem. Os conhecimentos e as habilidades que os alunos trazem são blocos de construção fundamentais, porque fornecem as chaves para um aprendizado significativo. Quando o ensino enfatiza um aprendizado mais significativo, os alunos estão mais propensos a entender e reter aquilo que aprenderam. Neste livro, você encontrará perguntas desenvolvidas para ativar seus conhecimentos prévios sobre temas abordados. O objetivo é ajudar a aumentar o significado daquilo que você está aprendendo, incentivando a reflexão e fazendo conexões com novas matérias.

No momento de ensinar, uma das primeiras coisas a fazer é avaliar a quantidade e a qualidade das informações prévias dos alunos na área destinada ao ensino. Se você apenas pressupor que os alunos têm conhecimentos prévios mínimos sobre um tema e der uma aula expositiva a respeito de um conteúdo importante, poderá entediá-los com algo que já sabem, além de perder um importante tempo de ensino.

Foi comprovado que perguntas do tipo "por que", que pedem que os alunos elaborem ideias, são eficazes quando eles têm conhecimentos prévios sobre um tema e quando eles não têm esses conhecimentos prévios. Quando os alunos não têm conhecimentos prévios substanciais, as perguntas do tipo "por que" ajudam a manter a atenção na informação que deve ser aprendida. Quando eles têm conhecimentos prévios, essas perguntas os ajudam a conectar o novo conteúdo com seus conhecimentos existentes.

Uma das principais características que separa crianças pequenas de aprendizes mais velhos é que estes têm uma maior necessidade de validar seus conhecimentos prévios e suas experiências. Às vezes, os conhecimentos prévios refletem uma compreensão correta de conceitos; em outras ocasiões, eles contêm preconcepções. Alguns deles são causados por experiências anteriores limitadas, enquanto outros se devem a representações equivocadas de experiências prévias.

Muitos alunos com baixo desempenho têm uma teoria ingênua[*] em comum: eles acham que o "aprendizado sempre acontece de forma fácil" para os alunos cujo desempenho é bom. Não percebem que, muitas vezes, o sucesso acadêmico é resultado de esforço. Portanto, essas compreensões equivocadas podem ocorrer com ideias sobre **como** os alunos aprendem, além de **quais** ideias são aprendidas. As preconcepções podem formar a base de crenças sólidas que são resistentes ao ensino convencional. Identificando e abordando os conhecimentos prévios dos alunos,

---

[*] N. de R.T.: Teoria ingênua refere-se a ideias, conceitos, concepções frágeis, apressadas, que o aluno acaba por desenvolver em relação a uma disciplina (em função de sua experiência anterior), percebendo-se como pouco capaz para aprendê-la e dominá-la.

você pode ajudá-los a aprender a usar as ideias corretas como blocos de construção, assim como eliminar as ideias incorretas que interferem no aprendizado. Pesquisas mostram que a melhor maneira de vencer as preconcepções é proporcionar aos alunos experiências que os preparem para confrontar as ideias equivocadas e descobrir, por conta própria, por que elas não são válidas.

Outro motivo para extrair os conhecimentos prévios dos alunos antes de ensinar uma matéria nova é que, se as informações existentes forem ativadas durante a aprendizagem, eles terão mais facilidade para recordá-las, pois elas serão armazenadas junto com os conhecimentos prévios. Caso contrário, os alunos tendem a tratar a nova matéria de modo isolado, sem conectá-la com aquilo que já sabem. O armazenamento da nova matéria com conhecimentos prévios facilita a compreensão, a recordação e o uso da nova matéria.

O Método 6PQ de descoberta do aprendizado, descrito a seguir, oferece uma maneira razoável de descobrir aquilo que os alunos já sabem sobre uma disciplina e, ao mesmo tempo, dar-lhes crédito pelos conhecimentos prévios. Esse método utiliza os conhecimentos prévios dos alunos de forma sistemática como um suporte para a descoberta.

Método 6PQ de descoberta do aprendizado

O Método 6PQ é um processo de perguntas em seis etapas que foi desenvolvido em um contexto de aulas individuais no Chemeketa Community College de Oregon, nos Estados Unidos. Foi adaptado com sucesso para uso em muitas situações de ensino. Trata-se de um procedimento de questionamento para orientar o pensamento dos alunos, ao mesmo tempo em que evita oferecer o conhecimento pronto ou uma aula específica sobre o tema. O objetivo de orientar os alunos é fazê-los encontrar a resposta em vez de recebê-la pronta. Cada tipo de pergunta pode ser descrito por uma entre seis palavras; todas começam com a letra P, como mostra a Tabela 8.3. À medida que um aluno responde a cada pergunta, o professor aprimora o processo ao parafrasear com frequência a resposta, a fim de verificar se entendeu o que foi dito pelo aluno.

Ao final de uma sequência 6PQ, é útil pedir ao aluno para resumir aquilo que aprendeu. Isso pode melhorar consideravelmente a sua compreensão e a retenção das informações. Também ajudará você a avaliar aquilo que foi aprendido. Às vezes, é surpreendente descobrir que os resumos dos alunos não correspondem às suas expectativas.

O Método 6PQ aumenta de valor a cada uso. Não precisa ser utilizado de maneira completa em todas as ocasiões. As únicas etapas que sempre devem ocorrer são 1 (prefácio), 2 (ritmo ou *pace*) e 6 (processo). Recomenda-se fazer paráfrases com frequência, mas não de modo contínuo, pois esse recurso pode se tornar entediante e perder a eficácia se for usado em excesso. Utilize sua intuição para determinar a frequência das paráfrases, dependendo dos alunos e da situação em questão.

Tabela 8.3 Método 6PQ de descoberta do aprendizado

Etapa do processo	Ação	Exemplos
1. Prefácio	Estabelecer um contato e determinar o tópico.	Como foi fazer sua lição de casa ontem à noite? Posso ajudá-lo hoje de alguma forma? Quais foram suas dificuldades?
2. Ritmo (*Pace*)	Determinar aquilo que o aluno já sabe. Extrair conhecimentos prévios e experiências relevantes.	O que você sabe a respeito de...? O que você já sabe sobre escrever uma redação persuasiva? Você já foi persuadido por algo que leu? O que você pode dizer sobre essa experiência? Como você acertou na primeira parte deste problema, o que você sabe sobre a fatoração de polinômios? O que já sabe sobre mitoses?
3. Investigação (*Probe*)	Investigar os limites dos conhecimentos do aluno, pedindo informações mais detalhadas.	Como você sabe isso? Em sua opinião, por que o autor escolheu esse cenário específico para a crise? Quais são os objetivos de uma redação persuasiva? O que você quer dizer com "evidências" quando afirma que "precisa de evidências para embasar seu argumento"? Como poderia modificar esse parágrafo para torná-lo mais persuasivo? Qual tipo de problema é? O que mais você sabe sobre equações quadráticas? Estes são os nomes certos das fases da mitose. Agora, em qual ordem elas ocorrem? O que acontece durante a telófase? Com o que se parece?
4. Empurrão (*Prod*)	Possibilitar que o aluno tente adivinhar qual seria a resposta.	Pergunte: "Em sua opinião, qual seria a resposta?". Se precisasse adivinhar, o que diria? Qual poderia ser o motivo do autor para escolher esse cenário? Qual você acha que é a resposta? O que você acha que poderia ocorrer durante a telófase?
5. Sugestão (*Prompt*)	Dar uma dica ao aluno. É possível fornecer exemplos simples da resposta na forma de uma pergunta, solucionar uma versão mais simples do mesmo problema ou fornecer parte de uma resposta e esperar que o aluno forneça o resto.	Você se lembra do que fez no último problema? Começa com a letra T. Telófase tem algo a ver com os novos núcleos.
6. Processo	Pedir ao aluno para aplicar o conteúdo/habilidade. Ajudar o aluno a ver outras aplicações para a informação ou ajudar a fazer conexões com questões maiores.	Como você poderia usar as capacidades de persuasão na sua vida cotidiana — com sua família, com seus amigos e no seu trabalho? Como sua compreensão da mitose ajuda a aprender sobre a meiose?

Como ocorre com todos os procedimentos, um ensino reflexivo requer uso inteligente e adaptação quando necessário. Ao usar o método 6PQ, inicialmente, tente seguir o procedimento com cuidado. Porém, ao adquirir experiência, você encontrará maneiras de adaptar o processo a cada situação nova. Fuja da tentação de fornecer dicas no início do processo. O diálogo a seguir é um exemplo.

1. PREFÁCIO
Professor: Celeste, posso ajudá-la com a lição de casa de ontem à noite?
Aluna: Não consigo resolver um dos problemas.
Professor: Então você precisa de ajuda com um problema específico? (PARÁFRASE)
Aluna: Sim, entendi uma parte, mas agora não consigo avançar.
Professor: Em qual problema você está trabalhando?
Aluna: Um problema de fatoração, o número 4: Fatorar ($6x^3 + 12x^2 + 6x$).
Professor: Você precisa de ajuda para solucionar apenas uma parte do problema? (PARÁFRASE)
Aluna: Sim.

2. RITMO
Professor: O que você sabe sobre este problema até agora?
Aluna: Acho que isto é chamado de polinômio.
Professor: Sim, está certo.
Aluna: Sei que preciso isolar aquilo que as partes têm em comum. Primeiro, isolei um seis de cada parte. Isso me deixou com $6(x^3 + 2x^2 + x)$. Está certo?
Professor: Até agora, tudo bem. O que mais você sabe?
Aluna: Depois, vi que todas as partes têm um "x"; então, isolei isso.
Professor: O que você obteve?
Aluna: Obtive $6x(x^2 + 2x + 1)$. Estou acertando até agora?
Professor: Sim, você está indo bem. O que acontece depois?
Aluna: Não sei. Não consegui passar disso.
Professor: Certo. Então, você sabe que pode fatorar $6x$ do polinômio, mas foi aí que teve problemas. É isso?
Aluna: Sim.

3. INVESTIGAÇÃO
Professor: Você sabe mais alguma coisa sobre o trinômio que obteve ($x^2 + 2x +1$)?
Aluna: Lembro-me de alguma coisa sobre dois conjuntos de parênteses, mas não recordo quais números devo colocar neles.
Professor: Você sabe o nome referente ao trinômio?
Aluna: Como assim, nome?
Professor: O trinômio está associado a uma equação específica.
Aluna: É a equação quadrática?
Professor: Isso mesmo. O que mais você sabe?
Aluna: Nada. Nada mesmo.
Professor: Certo. Então, você sabe que organiza os números em dois conjuntos de parênteses e que, de algum modo, isso está conectado com a equação quadrática, mas isso é tudo.
Aluna: Sim.
Professor: Como os parênteses são colocados?
Aluna: Um ao lado do outro.
Professor: E o que isso significa?
Aluna: Que devemos multiplicar o que está no interior de cada parêntese. Ah! Então posso colocar um "x" dentro de cada parêntese e multiplicá-los para obter x^2. Está certo?

Professor: Sim, muito bem! Quando você multiplica o "x" que está no interior dos parênteses, o resultado é o primeiro termo da equação quadrática.
Aluna: Acho que eu sabia mais do que pensei!

4. EMPURRÃO
Professor: Certo. Agora, avalie o problema novamente e tente descobrir como preencher o resto das quantidades.
Aluna: Hum... As coisas estão ficando um pouco mais claras. Preciso colocar os números e os "x" dentro dos parênteses. Assim, quando eles forem multiplicados, obtenho o trinômio ($x^2 + 2x + 1$). Mas não sei o que fazer para chegar até aí — o que deve ser colocado onde.

5. SUGESTÃO
Professor: Vou lhe dar uma dica. Você lembra qual função foi usada para obter o x^2 a partir dos "x" localizados dentro dos parênteses?
Aluna: Eu multipliquei.
Professor: Certo. Então qual função será usada para obter o $2x +1$?
Aluna: Acho que devo multiplicar para obter o último termo. Sim! Depois somo para encontrar o termo do meio! Preciso encontrar números que, quando multiplicados, totalizam um e, quando somados, totalizam $2x$. O que seria? Vamos ver... Uma vez um é igual a um; um mais um é igual a dois. Deve ser isso! Está certo?
Professor: Parece que você acertou! Então como fica?
Aluna: Deve ser $6x(x +1)(x + 1)$.
Professor: Excelente, é isso mesmo! Será que você consegue ir um passo além? Não existe uma forma mais simples de representar a informação nos dois conjuntos de parênteses?
Aluna: Entendo. $(x + 1)(x + 1)$ pode ser alterado para $(x + 1)^2$. Isso significa que o resultado é $6x(x + 1)^2$. É isso?
Professor: Ótimo, agora você entendeu!

6. PROCESSO
Professor: Como você pode usar o que aprendeu para solucionar outros problemas?
Aluna: Bem, eu não consegui solucionar os problemas de números 7, 24 e 30 da lição de casa, porque acho que são problemas semelhantes que não consegui solucionar da mesma maneira geral.
Professor: Sim, são semelhantes. Você acha que é capaz de solucionar os problemas 7, 24 e 30 agora, com base naquilo que aprendeu?
(PARÁFRASE)
Aluna: Acho que sim. Obrigada pela ajuda!
Professor: Você pode resumir tudo o que aprendeu antes de tentar fazer os outros problemas?

RESUMO
Aluna: Comecei com o problema: Fatorar ($6x^3 + 12x^2 + 6x$). Percebi que poderia isolar o 6 como um fator comum e que também poderia isolar o x; depois, não consegui avançar. Agora, sei que devo organizar os números em parênteses, lado a lado.

Assim, quando são multiplicados, eles me dão os termos finais do trinômio e, quando somados, geram o termo do meio.

Nesse método, dizer ou mostrar como solucionar o problema é apenas o último recurso. Por meio do 6PQ, os alunos aprendem que sabem mais do que acham que sabem, o que os ajuda a desenvolver a autoconfiança e a disposição para persistir.

A Tabela 8.4, intitulada Autoanálise do questionamento, foi criada para estimular você a pensar sobre seus conhecimentos prévios e sobre suas experiências com componentes familiares do modelo 6PQ.

Tabela 8.4 Autoanálise do questionamento

Componente do processo e pergunta	Sim	Não	Às vezes	Não tenho certeza
1. Prefácio: Estabeleço um contato com os alunos e identifico os objetivos de ensino no início de cada aula.				
2. Ritmo: Faço perguntas a respeito daquilo que os alunos já sabem e ajo a partir disso.				
3. Investigação: A. Testo os limites do conhecimento e da compreensão dos alunos.				
B. Oriento o pensamento e o aprendizado dos alunos por meio do questionamento.				
C. Na maior parte do tempo, faço perguntas de nível intermediário ou avançado.				
4. Empurrão: Incentivo os alunos a tentarem adivinhar quando dizem que não sabem algo.				
5. Sugestão: Dou dicas aos alunos sobre a resposta certa ou a coisa certa a fazer, mas somente depois de tentar todas as estratégias listadas acima.				
6. Processo: Peço aos alunos para que apliquem aquilo que aprenderam a novas situações.				
7. Resumo: Ao final de uma aula, peço aos alunos para que resumam aquilo que aprenderam.				
8. Paráfrase: Repito os comentários dos alunos em minhas próprias palavras para verificar se entendi o que foi dito.				

Questionamento orientado

O questionamento ajuda os alunos a elaborarem informações que estão aprendendo, pois os capacita a adicionar detalhes, explicar relações, esclarecer ideias, fazer inferências, visualizar informações e conectar aquilo que estão aprendendo com seus conhecimentos prévios e suas experiências. Também contribui para a compreensão e memorização a longo prazo da nova matéria que será aprendida. Os alunos podem ser orientados para gerar suas próprias perguntas; segundo as pesquisas, isso auxilia mais no aprendizado do que as perguntas geradas pelo professor.

O questionamento orientado é uma abordagem que serve para ensinar os alunos a fazerem suas próprias perguntas sobre o conteúdo da lição e respondê-las. Trata-se de dar linhas genéricas de perguntas aos alunos, que as utilizam como sugestões. Os exemplos incluem: "Em sua opinião, qual é a causa... ?", "Por que... é importante?", "Como... se relaciona com aquilo que aprendemos antes?". Ao fornecer essas linhas de perguntas, o professor consegue controlar a qualidade das perguntas geradas pelos alunos.

Essa abordagem destinada a desenvolver as habilidades de questionamento dos alunos pode ser feita individualmente (na forma de autoquestionamento guiado) ou em grupos (como questionamento guiado em duplas). No autoquestionamento, os alunos formulam suas próprias perguntas e, em seguida, escrevem respostas para elas. No questionamento em duplas, os alunos formulam suas próprias perguntas e, em seguida, se revezam para responder às perguntas uns dos outros em um grupo pequeno. Utiliza-se um procedimento de questionamento recíproco.

Tal técnica de questionamento ajuda os alunos a pensarem sobre a matéria que estão aprendendo de modo crítico, além de ampliar o pensamento de nível superior. Pesquisas indicam que, embora o autoquestionamento e o questionamento em duplas melhorem o desempenho em comparação com as técnicas de discussão e revisão, às vezes o questionamento em duplas é mais eficaz do que o autoquestionamento.

AUTOQUESTIONAMENTO DO PROFESSOR PARA CONTEÚDOS ESPECÍFICOS

A Tabela 8.5 resume as perguntas que o professor pode se fazer sobre pensamento reflexivo para incentivá-lo a refletir sobre a gestão de ensino em determinadas áreas de conteúdo.

Tabela 8.5 Autoquestionamento para um pensamento reflexivo: conteúdo específico

Processo de pensamento reflexivo	Planejamento	Monitoramento	Avaliação
Leitura	Como posso descobrir o que os alunos já sabem sobre este assunto? O que desejo que os alunos aprendam com este texto? Quanto tempo os alunos provavelmente levarão para ler isto?	O que os alunos têm dificuldade para entender? Como os alunos estão esclarecendo aquilo que não entendem? Até que ponto eles se lembram daquilo que estão lendo?	Os alunos relacionam seus conhecimentos prévios com aquilo que leram? Os alunos ainda não entenderam alguma coisa? Quais estratégias de leitura foram utilizadas por eles?
Redação	O que desejo que os alunos aprendam ao escreverem seus relatórios? Quais partes da redação tendem a ser mais difíceis? Quais regras gramaticais devo lhes ensinar e como?	Os alunos estão desenvolvendo suas ideias de modo suficiente? Até que ponto eles estão planejando a ordem das ideias sobre as quais escrevem? Os alunos estão considerando formas alternativas de expressar suas ideias?	Em que os alunos se saíram melhor em seus trabalhos? Quais tipos de erros gramaticais foram mais comuns? Quais comentários eu devo fazer aos alunos para melhorar sua redação no futuro?

(continua)

Tabela 8.5 *Continuação*

Processo de pensamento reflexivo	Planejamento	Monitoramento	Avaliação
Matemática	Como posso ensinar os alunos a reconhecerem os tipos de problemas? Quais tipos de dificuldade os alunos geralmente têm com esse tipo de problema? Quais conceitos e procedimentos matemáticos os alunos precisam aprender para este problema?	Os alunos estão fazendo representações adequadas do problema? Os alunos estão usando a fórmula correta? Os alunos estão cometendo erros por falta de atenção?	Os alunos avaliaram se suas respostas fizeram sentido? Quais métodos os alunos usaram para solucionar o problema? Quais tipos de erros foram cometidos?
Ciências	Como posso determinar quais pré-concepções dos alunos são capazes de impedir o aprendizado? Como devo ensinar os alunos a formularem hipóteses? Quais dados os alunos precisam coletar?	Até que ponto suas concepções de pesquisa combinam com as hipóteses que estão testando? Os alunos estão registrando suas observações de modo correto? Devem experimentar uma abordagem diferente?	Até que ponto os alunos controlaram variáveis importantes? As conclusões dos alunos foram justificadas com base em seus resultados? O que os alunos aprenderam sobre como os cientistas pensam nesses tipos de situação?
História	O que desejo que os alunos aprendam a respeito da Guerra Civil? Como posso descobrir quais pré-concepções os alunos podem ter em relação à Guerra Civil? Como devo ajudar os alunos a aprenderem as causas da Segunda Guerra Mundial?	Até que ponto os alunos entendem as implicações da lei da oferta e da procura? Até que ponto eles estão aprendendo as diferenças entre as causas políticas, sociais e econômicas da guerra? O que estão fazendo para se manter atualizados sobre os eventos atuais?	Até que ponto os alunos conseguiram aplicar aquilo que aprenderam em história à sua compreensão de eventos atuais? Existe uma forma melhor de ensinar as diferenças entre as causas políticas, sociais e econômicas da guerra? Os alunos conseguiram se lembrar de datas importantes?
Língua estrangeira	Quais características da língua materna podem interferir no aprendizado do novo idioma por parte dos alunos? Quanto tempo eu devo dedicar à conversa, à leitura e à escrita? Quais regras gramaticais são mais importantes?	Até que ponto os alunos me entendem quando falo no idioma estrangeiro? Suas leituras são complexas demais ou contêm vocábulos novos em excesso? Quais problemas de redação são mais frequentes?	Como posso me lembrar de não falar rápido demais? Existe uma forma melhor de ensinar as diferenças de tempos verbais? Quais foram os pontos fortes e fracos de sua comunicação com falantes nativos pela internet?

SOLUÇÃO DE PROBLEMAS EM DUPLAS

Outro método que pode ser utilizado com sucesso na maioria das relações de ensino é quando uma pessoa lida com uma situação e fala constantemente sobre os pensamentos que estão passando por sua cabeça à medida que o trabalho progride. O "pensador falante" pode ser o professor ou um aluno. Para ensinar os alunos a pensarem em voz alta, primeiro dê um exemplo do processo. Aumente aos poucos a dificuldade das tarefas de pensar em voz alta que são atribuídas conforme os alunos obtêm experiência. É possível discutir abordagens alternativas depois que os alunos concluíram a tarefa.

Para Whimbey e Lochhead (1982), trata-se de uma técnica em que um par de pensador e ouvinte trabalha com problemas e inverte os papéis. A solução de problemas em duplas se tornou um jeito popular de ajudar os alunos a pensarem sobre a própria maneira de solucionar problemas. Os alunos se revezam agindo como pensadores (solucionadores de problemas), que externam seus processos de pensamento ao pensarem em voz alta, enquanto ouvintes analíticos controlam e orientam o processo de solução de problemas conforme necessário.

É uma estratégia de automonitoramento de nível superior de pensamento (também chamada de metacognitiva) que dá *feedback* aos alunos sobre aquilo que foi entendido e aquilo que permanece confuso. Ajuda os alunos a identificar quais partes de um problema foram entendidas e em quais eles não conseguem progredir. Esse método torna os problemas mais envolventes, ensina habilidades de comunicação e promove a cooperação. Incentiva a capacidade de refletir sobre pensamentos iniciais e posteriores. A solução de problemas em duplas facilita a autocorreção e a avaliação. Contribui para a formação de grupos de estudo e apoio, além de expor professores e alunos a várias abordagens de solução. Ao ouvir seus próprios pensamentos, o aluno melhora a conscientização e controla sua solução de problemas. A externalização de pensamentos permite que estes sejam vistos a partir de uma perspectiva nova.

Pensar em voz alta

O que é pensar em voz alta?

Uma pessoa dirá em voz alta todas as etapas e o trabalho mental realizado durante a execução de uma tarefa acadêmica (solucionar um problema, responder a uma pergunta, realizar um experimento, ler anotações sobre uma aula expositiva/livro didático, etc.). Existem no mínimo três formas diferentes de usar a estratégia de pensar em voz alta:

1. Quando o "pensador falante" (o professor) é experiente no assunto, a estratégia permite que ele mostre seu próprio pensamento aos alunos. Essa estratégia ensina como pensar sobre a matéria (conhecimentos, habilidades, procedimentos). Assim, os alunos conseguem ouvir o que acontece na cabeça de um experiente na hora de ler um texto, fazer uma tarefa de casa, planejar o estudo para um teste, escrever uma redação, encontrar um erro ou solucionar um problema. O pensar em voz alta também deve incluir declarações do leitor experiente que expressem seus sentimentos; desse modo, os alunos podem aprender a autocontrolar suas próprias emoções.

2. Quando o "pensador falante" é um aluno, a estratégia tem valor mesmo quando ele estiver sozinho. Ele entende melhor aquilo que acontece em sua cabeça ao executar uma tarefa acadêmica. Com frequência, isso proporciona um discernimento real capaz de melhorar o desempenho. Entretanto, os alunos não aprenderão esse processo por meio de uma simples sugestão. É possível demonstrar a estratégia de pensar em voz alta da forma que ela seria realizada por um aprendiz. Assim, os alunos têm uma oportunidade de ouvir o que está acontecendo na mente do aprendiz.

3. O uso da estratégia de pensar em voz alta com dois alunos é muito útil – um aluno age como o PENSADOR, enquanto o outro age como o OUVINTE analítico. Essa abordagem é conhecida como "solução de problemas em duplas". Foi comprovado que é uma abordagem eficaz para ajudar os alunos a aprenderem. O pensador verbaliza TODOS os pensamentos que surgem durante o processo de conclusão de uma tarefa acadêmica. O ouvinte presta atenção a tudo aquilo que o pensador diz, examina a correção, indica os erros e mantém o pensador falando em voz alta. Juntos, os alunos conseguem descobrir erros e identificar problemas, falta de organização e outros impedimentos para o desempenho acadêmico. O professor precisa observar cada par, monitorar o progresso e dar *feedback* sobre o processo.

Quando a estratégia de pensar em voz alta deve ser aplicada?

- Para diagnosticar um problema e ouvir o que o aluno pensa, sabe, estuda.
- Para demonstrar ao aluno o que e como pensar a respeito de conteúdo acadêmico/estratégias.
- Para ajudar a orientar o aluno no momento de aprender o que e como pensar a respeito de matérias/tarefas acadêmicas.
- Para ver o que e como o aluno pensa para fins de avaliação.
- Para ajudar o aluno a se tornar mais detalhista, preciso e sistemático ao executar tarefas acadêmicas.
- Para ajudar o aluno a perceber e controlar melhor seus próprios conhecimentos, suas habilidades e suas posturas.

Por que se deve pensar em voz alta?

- Para evitar a passividade e o aprendizado mecânico.
- Para ajudar os alunos a comunicarem o que sabem e como abordam tarefas acadêmicas. Isso ajuda o professor a identificar/diagnosticar conceitos, regras, fatos incompreendidos/equivocados, omissões importantes e conhecimentos, abordagens ou habilidades inadequadas/incompletas. Ajuda os alunos a pensarem de modo mais preciso, cuidadoso e sistemático. Auxilia-os a examinarem seus próprios conhecimentos, suas capacidades e suas posturas.
- Para perceber melhor seus pontos fortes e fracos quando ouvem seus pensamentos.
- Para conferir seu próprio desempenho e fazer alterações adequadas, conforme necessário, por meio da combinação da autoconscientização com comentários do ouvinte.
- Para ajudar a atingir o objetivo final dos alunos, que é ser seus próprios pensadores e ouvintes.
- Para aumentar o controle dos alunos sobre si mesmos como ouvintes e melhorar seu desempenho acadêmico (e não acadêmico).

Como o pensar em voz alta funciona?
Tarefas do solucionador do problema

- Converta seus pensamentos (ideias, imagens, etc.) em palavras e repita-os em voz alta.
- Verbalize todas as etapas executadas durante a solução de problemas. Não censure. Nenhum pensamento ou etapa é pequeno, fácil, óbvio ou irrelevante demais para verbalizar.
- Verbalize todo o seu pensamento antes de começar a solucionar o problema (o que você vai fazer, quando, por que e como). Até mesmo uma autocrítica é importante para verbalizar em voz alta: "Acho que eu deveria usar aquela fórmula longa e complicada que estávamos usando algumas semanas atrás. Como se chamava? Equação quadrática? Não, talvez não. Talvez eu deva utilizar a fórmula apresentada na aula de ontem".
- Verbalize todos os pensamentos durante a resolução do problema. "Certo, estou quase terminando esse problema de divisão. Agora que encontrei minha resposta, preciso apenas multiplicar para conferir se minha resposta está certa". Verbalize TODOS os pensamentos que você teve antes, durante e depois do trabalho. A verbalização precisa incluir planos sobre o que fazer, quando determinadas etapas são executadas, por que as etapas são utilizadas (ou não) e como prosseguir com cada pensamento.

Tarefas do ouvinte

- Pense junto com o solucionador do problema. Acompanhe com cuidado e verifique se entendeu todas as etapas. Em caso negativo, pergunte. Peça ao solucionador do problema para identificar e definir termos, variáveis, regras, procedimentos importantes. Confira se o solucionador do problema verbalizou todas as etapas e fez todo o trabalho. Se o solucionador do problema pular uma etapa sem pensar em voz alta, peça-lhe para explicar o pensamento que faltou.
- NÃO trabalhe no problema de modo independente. Ouça o solucionador do problema e trabalhe junto com ele.
- Nunca deixe o solucionador do problema passar na sua frente. Se o solucionar de problemas estiver indo rápido demais, peça-lhe para ir mais devagar para que você possa acompanhar de forma cuidadosa, analítica e correta. Sempre que for necessário, peça ao solucionador do problema para esperar enquanto você confere um procedimento ou cálculo e alcance-o.
- Confira cada etapa com o solucionador do problema. Não espere pela resposta. Verifique tudo – cada cálculo, diagrama, procedimento, etc. Na sua cabeça, pergunte-se constantemente: "Isto está certo? Eu verifiquei?". Para promover um pensamento exato, peça ao pensador para definir termos e variáveis importantes com cuidado.
- Se encontrar um erro, evite corrigi-lo. Indique-o e tente levar o solucionador do problema a corrigi-lo por conta própria. Se ele não conseguir progredir,

faça perguntas para orientar o pensamento na direção certa. Se necessário, ofereça sugestões, dicas ou respostas parciais. Forneça a resposta como último recurso. Diga ao solucionador do problema que você não está tentando dificultar, mas sim ajudá-lo a se tornar um aprendiz independente. Se nenhuma sugestão dada ajudar o pensador e você precisar fornecer informações ou demonstrar um procedimento, atribua uma tarefa semelhante como acompanhamento e peça ao pensador para executá-la em voz alta.

Para garantir que os ouvintes realmente estejam fazendo seu trabalho, os professores devem lhes pedir periodicamente para resumirem as etapas utilizadas pelos solucionadores de problemas. As atividades a seguir foram sugeridas por Larcombe para ajudar duplas de alunos do ensino fundamental ou alunos do ensino médio em recuperação a aprenderem a externar seus processos de pensamento matemático.

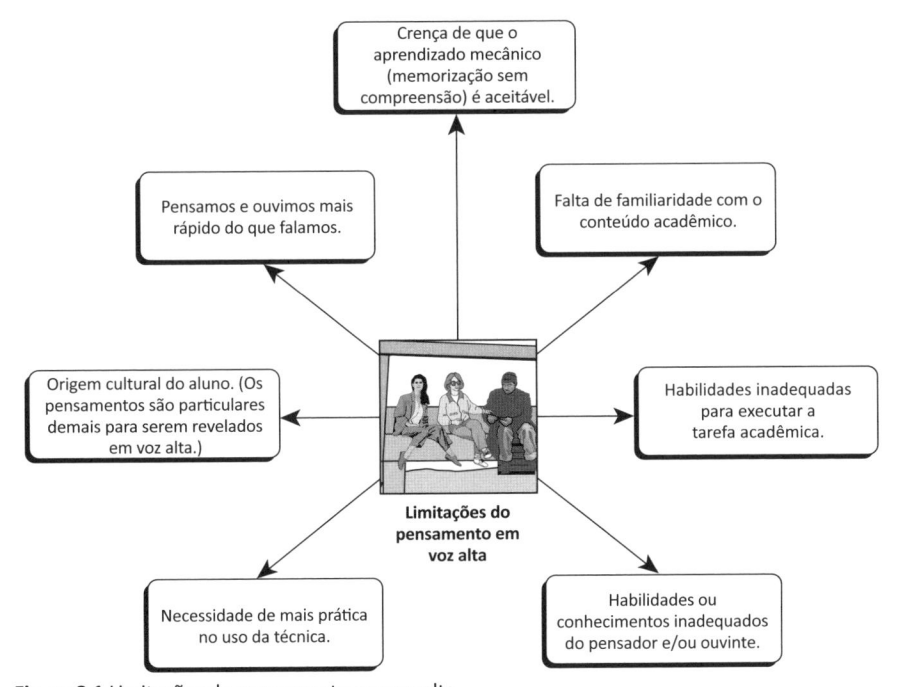

Figura 8.1 Limitações do pensamento em voz alta.

1. Os alunos se revezam para descrever as regras usadas.
2. Ao fazerem uma tarefa de construção, os alunos descrevem uns para os outros como as peças se encaixam.
3. Trabalhando inicialmente com objetos concretos, os alunos conseguem descrever as operações utilizadas para calcular.
4. Um aluno precisa adivinhar um objeto, uma representação matemática ou um gráfico com base na descrição de outro aluno.

Limitações do pensamento em voz alta

Os fatores resumidos na Figura 8.1 podem causar problemas para alguns alunos em relação ao uso dessa estratégia.

USO REFLEXIVO DE ESTRATÉGIAS DE ENSINO

Este capítulo complementa informações sobre como usar o questionamento, o pensamento em voz alta e o aprendizado cooperativo, que são discutidos em todo este livro. A Tabela 8.6 contém informações específicas referentes à "reflexão sobre a ação" para ajudá-lo a considerar e decidir quais estratégias devem ser aplicadas em suas aulas. Você promove a reflexão na ação à medida que monitora uma aula enquanto ela está progredindo e considera estratégias de ensino alternativas que poderiam ser mais eficazes.

Tabela 8.6 Principais informações sobre estratégias de ensino

Estratégia de ensino	O que é?	Quando e por que usá-la?	Como usá-la?
Controvérsia estruturada	Método de debate.	Para ajudar os alunos a aprender a desenvolver argumentos e enxergar questões a partir de diferentes pontos de vista. Desenvolve o pensamento crítico.	Os alunos assumem uma posição e defendem-na junto com um parceiro. A seguir, trocam de papéis nas posições defendidas. Por fim, tentam sintetizar suas perspectivas.
Organizador gráfico	Representação visual externa que resume informações.	Para fornecer um macrocenário em termos visuais e fazer conexões entre ideias. Adicionar ou substituir informações verbais.	Faça mapas conceituais, gráficos, ciclos, diagramas em árvore, redes semânticas, fluxogramas, diagramas de Venn, ou figuras do próprio aprendiz.
Imagem mental	Representação interna de informações usando qualquer um dos sentidos.	Ajuda a pensar sobre a matéria que será aprendida por meio da concretização de informações.	Peça aos alunos para que façam representações visuais, auditivas, olfativas, táteis-cinestésicas e/ou gustativas de informações.
Dramatização	Dramatização da matéria que será aprendida.	Envolve os alunos no aprendizado a partir de uma nova perspectiva.	Os alunos se tornam a matéria que será aprendida, de planetas a células, problemas com palavras ou personagens literários/históricos.
Pensar-Dupla-Compartilhar	Aprendizado individual e cooperativo baseado na reflexão.	Fornece uma oportunidade para reflexão, comunicação e compreensão a partir de diferentes perspectivas.	Os indivíduos escrevem suas próprias ideias e, depois, compartilham o que foi escrito com seu parceiro, discutindo os dois conjuntos de ideias. O parceiro apresenta as ideias da outra pessoa para a turma.

(continua)

Tabela 8.6 *Continuação*

Estratégia de ensino	O que é?	Quando e por que usá-la?	Como usá-la?
Investigar	Aprendizado orientado à descoberta por meio do qual os alunos apresentam problemas, fazem pesquisas e encontram soluções.	Envolve os aprendizes em atividades autênticas. A busca dos próprios interesses aumenta a motivação para aprender e impulsiona as capacidades de aprendizado autônomo.	Peça aos alunos para que formulem suas próprias perguntas sobre um assunto do currículo. Oriente em busca dos recursos adequados. Construa um caminho para compartilhar os resultados do aprendizado com outros.
Aprendizado baseado em problemas	Problemas realistas formam a base do aprendizado e da aplicação de habilidades no conteúdo curricular.	Aprendizado ativo e autêntico em um contexto significativo. Promove o desenvolvimento, desde novatos até experientes.	Escolha um problema que interessará aos alunos e os desafiará; eles geralmente trabalham em grupos para adquirir informações e construir soluções.
Ensino recíproco	Método cooperativo de aprendizado e *scaffolding* temporário para melhorar a compreensão da leitura por meio de diálogos sobre o texto baseados nas habilidades.	Apoio temporário enquanto os alunos aprendem a usar as quatro capacidades de compreensão da leitura de modo independente: prever, esclarecer, questionar e resumir.	Dê exemplos de estratégias. Ensine quando, por que e como usá-las. Grupos de professor e alunos fornecem exemplos e *feedback* sobre o uso da estratégia. Os grupos de prática da estratégia formados apenas por alunos trabalham até conseguir usar as habilidades de forma independente.
Tutorial	Auxilia no aprendizado da matéria já tratada em sala de aula.	Fornece uma abordagem diferente, atenção mais individualizada e mais tempo dedicado à tarefa.	Colegas, alunos mais velhos, profissionais ou computadores fazem perguntas, monitoram a compreensão, fornecem atividades de aprendizado, apresentam informações e avaliam o progresso no sentido de atingir os objetivos de aprendizado.

De que outra forma os professores podem ajudar seus alunos a se tornarem melhores pensadores críticos? Conforme discutido anteriormente, as estratégias incluem incentivá-los a pensar em voz alta e fazer representações gráficas de seu trabalho, como redações que estão escrevendo ou problemas que estão solucionando. Essas estratégias são eficazes porque externam os processos de pensamento dos alunos, ajudando-os a avaliarem seu próprio raciocínio de maneira objetiva.

Questionar a si próprio é outra técnica importante que promove o pensamento crítico. Fazendo perguntas como "Como posso colocar isto em minhas próprias palavras?" e respondendo-as, o aluno é levado a refletir e avaliar de modo crítico aquilo que foi entendido, o que está confuso e aquilo que sabe e não sabe. No processo de responder a tais perguntas, eles às vezes descobrem que seu entendimento inicial estava incompleto ou incorreto. Essa descoberta pode revelar algumas preconcepções importantes que interferem no aprendizado.

Existe um Modelo do Ciclo de Aprendizado baseado na teoria de desenvolvimento intelectual de Piaget. Ele envolve uma abordagem construtivista de ensino e se destina a ajudar os alunos a progredirem do pensamento concreto para o abstrato em relação ao conteúdo (ou seja, de operações concretas para formais). Um ciclo de aprendizado inclui três etapas: exploração, apresentação/desenvolvimento do conceito e aplicação. Esse modelo é mostrado no capítulo sobre ciências.

APRENDIZADO COOPERATIVO

O aprendizado cooperativo é uma excelente maneira de ajudar os alunos a refletirem sobre seu pensamento e aprendizado, além de avaliá-los de modo crítico, porque exige que eles comuniquem seu conhecimento e compreensão para seus colegas. Os processos de decidir o que dizer, como expressar o conteúdo e receber comentários dos colegas, bem como aprender sobre os conhecimentos e as compreensões dos colegas, aumentam a consciência dos alunos em relação aos seus pontos fortes e fracos em seu próprio pensamento e aprendizado. As informações a seguir sobre aprendizado cooperativo ajudarão você a refletir sobre a natureza da estratégia de ensino; assim, poderá avaliar de modo crítico quando, por que e como usá-la para satisfazer as necessidades de seus alunos. Utilize esse tipo de pensamento reflexivo sempre que estiver considerando a aplicação de uma estratégia de ensino particular. Tal conhecimento sobre estratégias de ensino, ilustrado com o *scaffolding* de ensino, é discutido no Capítulo 2 sobre a gestão reflexiva do ensino.

O que é aprendizado cooperativo?

No aprendizado cooperativo, os alunos trabalham juntos para atingir um objetivo comum em uma situação de ensino e aprendizado. Existem três formas básicas de aprendizado cooperativo: tutoria (entre colegas ou com alunos de séries diferentes), em que um aluno ensina outro; as duplas, que trabalham e aprendem em conjunto; e os pequenos grupos de alunos que ensinam e aprendem juntos. Nem todo trabalho em grupo é um exemplo de aprendizado cooperativo. Os critérios para um aprendizado cooperativo incluem interdependência positiva (para os alunos "afundarem ou nadarem juntos"), responsabilidades mútuas e prestação de contas individual e em grupo.

Por que o ensino cooperativo é uma estratégia útil?

O aprendizado cooperativo aumenta a motivação dos alunos para aprender. Em geral, o trabalho acadêmico é muito mais divertido e empolgante para os alunos quando eles trabalham juntos e de forma cooperativa. Pesquisas mostram que o aprendizado cooperativo aumenta a confiança dos alunos em suas próprias capacidades, elevando também a sua autoestima e os seus sentimentos de competência em disciplinas específicas. Existem bons motivos para o antigo dito: "A melhor maneira de aprender algo é ensinar". O ensino exige conhecimento considerável, compreensão, organização e memória de conceitos e habilidades importantes. O aprendizado cooperativo gera situações para os alunos ensinarem uns aos outros. Quando explicam e ensinam conceitos uns aos outros, a retenção de tais conceitos aumenta. A explicação também ajuda os alunos a conectarem seus conhecimentos prévios com novas informações. Além disso, pesquisas documentaram os efeitos positivos do aprendizado cooperativo para melhorar as relações sociais com alunos de diferentes etnias e origens culturais.

O aprendizado cooperativo pode ser utilizado como uma estratégia para ajudar um aluno a mover a direção e o controle centrados no outro (professor) pelo autocontrole. Pesquisas indicam que o aprendizado cooperativo pode ativar e aprimorar habilidades superiores de pensamento reflexivo e crítico. Há uma quantidade crescente de diversidade étnica e linguística nas salas de aula nos Estados Unidos. Foi comprovado que o aprendizado cooperativo é um método de ensino especialmente eficaz em cenários caracterizados por essa diversidade. Pode ser aplicado em praticamente qualquer idade e, muitas vezes, com os materiais de ensino existentes dos professores. Ajuda a melhorar o desempenho desde o ensino fundamental até a pós-graduação.

Como o aprendizado cooperativo é realizado?

Sua função no aprendizado cooperativo é diferente do ensino para a turma inteira. No aprendizado cooperativo, você age mais como um gerente e facilitador do aprendizado (ou técnico) do que como um transmissor de conhecimento. As principais responsabilidades do professor incluem treinar os alunos para a cooperação, estruturar grupos, decidir se/como atribuir papéis, selecionar e preparar materiais de ensino (planejamento) e monitorar e avaliar o desempenho dos alunos. É possível desenvolver planos de ação pessoais para criar lições que supram as necessidades específicas de seus alunos e do currículo. Existem recursos para aulas de aprendizado cooperativo em muitas disciplinas. (Consulte a seção "Tecnologias" para saber mais sobre alguns *sites* excelentes.)

Há várias abordagens para realizar aulas de aprendizado cooperativo. Algumas, como Aprender Juntos e Quebra-Cabeças, podem ser utilizadas em diferentes disciplinas. Outros métodos são mais específicos, tais como Investigação em Grupo para estudos sociais, Grupos de Quatro e Instrução Auxiliada pela Equipe para matemática e Ensino Recíproco para a leitura. As ações Pensar-Dupla-Compartilhar e Solução de problemas em Dupla são métodos de aprendizado cooperativo que envolvem duplas de alunos trabalhando em conjunto, compartilhando seus pensamentos a respeito de um problema ou tarefa.

À exceção das atividades em dupla, a maioria das formas de aprendizado cooperativo envolve grupos de quatro a oito alunos. Muitos defensores do aprendizado cooperativo enfatizam a importância de criar grupos heterogêneos. As variáveis usadas na formação de grupos heterogêneos incluem nível de desempenho, gênero e etnia. Para formar tais grupos e realizar aulas com aprendizado cooperativo eficaz, o professor precisa gerenciar com cuidado.

Quando são usados de modo eficaz, os métodos de aprendizado cooperativo podem ser estratégias excelentes para melhorar as relações sociais, manter um alto nível de envolvimento dos alunos, promover o domínio do conteúdo, aumentar a motivação e desenvolver habilidades superiores de pensamento, incluindo pensamento reflexivo e crítico. Quando não é utilizado de forma eficaz, o aprendizado cooperativo pode ser desastroso, prejudicando cada um desses resultados.

Você usa o aprendizado cooperativo em sua sala de aula? Em caso afirmativo, como planeja, monitora e avalia suas aulas? Independentemente de sua abordagem específica, é fundamental que os professores utilizem o aprendizado cooperativo para pensar de modo reflexivo sobre ele antes, durante e depois das aulas. Isso corresponde, essencialmente, a planejar, monitorar e avaliar seu ensino.

Parte do planejamento inclui garantir que os recursos adequados estejam imediatamente disponíveis para concluir a tarefa. Antes de realizar o aprendizado cooperativo, é aconselhável estruturar cuidadosamente a composição dos grupos em vez de deixar que os alunos escolham seus grupos ou agrupar aqueles que sentam perto uns dos outros. Geralmente é melhor maximizar a diversidade ou a heterogeneidade em um grupo; às vezes, porém, grupos homogêneos são mais eficazes. A conceituação de funções e responsabilidades individuais para cada membro costuma ajudar os grupos a funcionarem de maneira mais cooperativa, pois seus integrantes dependem uns dos outros para concluir a tarefa atribuída. Quando necessário, ofereça um treinamento de **habilidades cooperativas** para que os alunos possam trabalhar juntos de forma mais eficaz. Talvez precisem de um treinamento sobre habilidades de ajuda, por exemplo, como dar *feedback* uns aos outros sem ferir os sentimentos ou como explicar ideias a outro aluno. Podem precisar de um treinamento sobre como ser ouvinte ativo e analítico.

O que você faz enquanto os grupos de aprendizado cooperativo estão trabalhando em suas tarefas? Não é o momento de avaliar trabalhos, preencher formulários escolares ou se preparar para outra aula. O ensino cooperativo durante o uso de métodos de aprendizado cooperativo requer uma vigilância contínua: confira cuidadosamente o que os grupos estão fazendo, observe até que ponto os membros do grupo estão trabalhando bem em conjunto e monitore sua compreensão daquilo que é esperado, seu entendimento do conteúdo da disciplina, até que ponto dominam o conteúdo, e seu progresso na conclusão da tarefa em grupo.

Sem controle e supervisão contínuos e cuidadosos, o aprendizado cooperativo pode ser dividido em trabalho individual ou discussões sobre música, filmes ou TV não relacionadas à tarefa. Além disso, é mais provável que os grupos se dediquem mais a concluir a tarefa do que a aprender a matéria. Por fim, podem surgir tensões em um grupo se houver um desequilíbrio na participação, por exemplo, de uma pessoa dominante a uma que não contribui. Esses dois extremos de participação podem prejudicar o aprendizado cooperativo e gerar ressentimento. Uma das vantagens do aprendizado cooperativo é que ele oferece aos professores oportunidades de trabalhar com pequenos grupos de alunos, suprindo suas necessidades específicas, em vez de trabalhar com a turma inteira de uma vez.

Estruturar a participação dos alunos em grupos

Foi comprovado que o aprendizado cooperativo é uma maneira eficaz de desenvolver as habilidades sociais e melhorar as relações entre alunos culturalmente diferentes. Entretanto, as diferentes necessidades dos alunos podem impedir que um grupo se sinta unido. Pesquisas indicam que os grupos tendem a se dividir em dois campos distintos. Preveja a possibilidade de tal divisão com antecedência e esteja preparado para dividir o grupo em dois e revezar indivíduos entre os novos grupos, se necessário. Um integrante hostil, que ataca outros membros de um grupo, interfere no alcance dos objetivos acadêmicos. Além disso, os alunos podem competir na hora de falar e resistir a ouvir e aprender uns com os outros. Quando os alunos têm conflitos pessoais ou de função, o grupo costuma ter menos tempo para se dedicar a questões acadêmicas em comparação com grupos em que as funções dos alunos se complementam.

Quando existe um desequilíbrio no grupo – por exemplo, alguém está dominando a discussão –, os outros não participam muito ou nem um pouco. Uma boa maneira de lidar com isso é conferir a cada integrante do grupo uma função específica para cumprir. A um aluno que monopoliza a discussão, confira o papel de encorajador da participação ou de observador para sensibilizá-lo para a questão do desequilíbrio na participação. Faça perguntas aos integrantes mais tímidos do grupo; atribua-lhes tarefas ou funções específicas que exijam comunicação com outros integrantes e enfatize a importância de ouvir de modo eficaz e compartilhar o espaço.

O "ensino recíproco" e outras funções do aprendizado cooperativo descritas neste livro podem ajudar os professores a obterem um envolvimento ativo e equilibrado no trabalho em grupo de forma sistemática. Esses modelos são apresentados para estimulá-lo a pensar sobre diferentes maneiras de ajudar os alunos a assumirem uma função ativa em seu próprio aprendizado. Experimente-os e teste suas próprias ideias e/ou as ideias de outras pessoas.

Os grupos utilizam o tempo reservado para atividades de aprendizado cooperativo de modo eficaz? Sem refletir sobre como os grupos usam seu tempo, uma parte considerável dele pode ser desperdiçada por alunos que não se concentram na tarefa, conversam ou discutem atividades extracurriculares. O salto inicial se refere ao problema de fazer com que o grupo comece a agir – seja na hora de começar do zero ou de redirecioná-lo depois que ele se perdeu no caminho. Uma estratégia é criar a função de relógio no grupo para promover o uso eficaz do tempo. É possível transformar o controle do tempo em uma responsabilidade de uma função mais geral que monitora o progresso que o grupo está fazendo e monitora a contribuição de cada aluno para a atividade em grupo. Assim, ninguém domina demais e ninguém fica de lado. O que você faz quando percebe que um grupo não está usando o tempo de forma eficaz? O aprendizado cooperativo é eficaz em sua sala de aula? Como você mantém os grupos no caminho certo e os redireciona quando necessário?

Processamento em grupo

Para maximizar a eficácia do aprendizado cooperativo, depois da atividade de aprendizado, faça perguntas a si mesmo para avaliar como os grupos funcionaram, quais foram os resultados e qual plano poderia ser desenvolvido para contribuir para futuras melhorias. Além disso, ensine seus alunos a participar do processamento em grupo, ou seja, avaliar o funcionamento do grupo e fazer um plano para melhorias no futuro. Isso exige que o grupo reflita sobre como trabalhar de formas específicas, como ouvir sem interromper e usar o tempo com eficácia. Depois que uma tarefa foi concluída, o processamento em grupo o ajuda a funcionar de modo mais eficaz no futuro. O ciclo de pensamento reflexivo formado por planejamento, monitoramento e avaliação sempre retorna ao planejamento.

TECNOLOGIAS

A internet possui inúmeras informações sobre estratégias de ensino que promovem o pensamento reflexivo. Exemplos desses recursos incluem 10 Laboratórios educacionais regionais, cujo *site* central é Relnetwork.org [200-], com *links* para outros recursos *on-line*, incluindo *What Works Clearinghouse*, suporte para uma reforma abrangente no sistema escolar e apoio à implementação do programa No Child Left Behind.

Uma busca pelo termo "Pensamento Reflexivo" no Google produziu 178.000 resultados! Ao limitar a busca para matemática, foram gerados 49.400 resultados; para história, 67.600; para ciências, 81.300; e para inglês, 89.700. Embora alguns desses recursos de ensino sejam para professores de nível fundamental e universitário, muitos são extremamente úteis para professores do ensino médio.

O *site* com recursos para plano de aula *InTime* (c2001) inclui fitas de vídeo contendo aulas ricas em tecnologia e de boa qualidade pedagógica para professores do ensino médio em muitas disciplinas. Seu modelo, chamado de Tecnologia como Facilitadora de uma Educação de Qualidade, identifica os oito princípios de um bom aprendizado:

1. Participação ativa
2. Padrões e conexões
3. Aprendizado informal
4. Experiência direta
5. Situação irrefutável
6. Reflexão
7. *Feedback* frequente
8. Ambiente agradável

O modelo, disponível em Callahan e Switzer (c2001), também inclui atenção ao pensamento crítico, processamento de informações, criação de significado, padrões de conteúdo, conhecimentos do professor e comportamento do professor (ver Fig. 8.2).

Outro recurso *on-line* excelente sobre ensino é o *TappedIn* (c2013), um *site* multifacetado de desenvolvimento profissional para educadores.

Como ser um professor reflexivo em todas as áreas do conhecimento 183

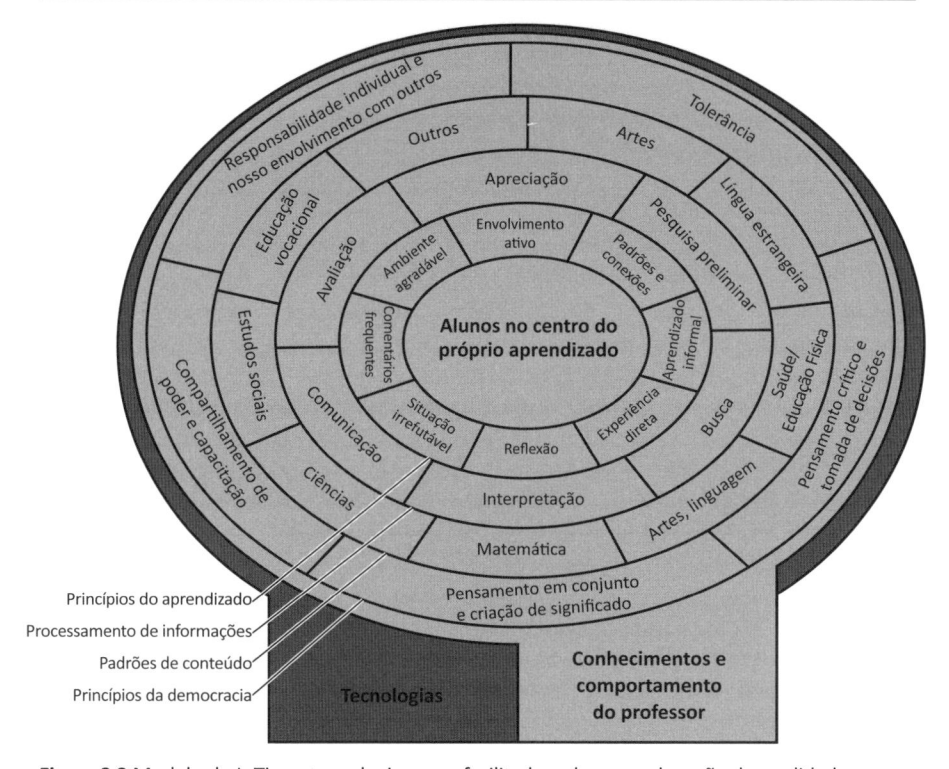

Figura 8.2 Modelo do InTime: tecnologia como facilitadora de uma educação de qualidade.

O professor pode criar seu próprio escritório virtual para se reunir privadamente com alunos *on-line*, em bate-papos com áudio ou texto, participar de conferências *on-line*, interagir com colegas e se envolver em discussões articuladas. O *site* de ensino mais inovador talvez seja o *Active Worlds Educational Universe* (c2008), um ambiente virtual multiusuário com fascinantes aplicações educacionais em história, ciências, matemática, artes da linguagem e outras disciplinas.

RESUMO

O ensino reflexivo inclui reflexão sobre a ação e reflexão na ação. Para refletir sobre a ação o ideal é considerar quais estratégias de ensino você pode usar, além de quando, por que e como usá-las. Para refletir na ação, pense sobre quão bem a aula está se desenvolvendo no sentido de atingir seus objetivos e altere suas estratégias durante a aula, conforme necessário. Muitos métodos de ensino diferentes podem promover o pensamento reflexivo e crítico. A fim de utilizá-los de forma eficaz, você precisa saber o que é cada estratégia e quando, por que e como usá-la. As escolhas dependerão dos alunos e da situação em questão. Você também precisa planejar, monitorar e avaliar o uso de estratégias de ensino para utilizá-las de modo reflexivo. Vários recursos tecnológicos estão disponíveis para ensinar reflexivamente.

REFERÊNCIAS

ACTIVE WORLDS EDUCATIONAL UNIVERSE. [Site]. Newburyport: Active worlds, c2008. Disponível em: <http://edu.activeworlds.com/>. Acesso em: 15 ago. 2014.
BLOOM, B. (Ed.).*Taxonomy of educational objectives*: cognitive domain. New York: Logman, 1984.
CALLAHAN, W. P.; SWITZER, T. J. *Technology as facilitator of quality education*: a model. [Iowa]: InTime, c2001. Disponível em: <http://www.intime.uni.edu/model/modelarticle.html>. Acesso em: 14 ago. 2014.
INTIME. [Site]. Iowa: InTime, c2001. Disponível em: <http://www.intime.uni.edu>. Acesso em: 15 ago. 2014.
McKEACHIE, W. *Teaching tips*. 11th ed. Boston: Houghton Mifflin, 2001.
RELNETWORK.ORG. Brown: Regional Educational Laboratories Network, [200-]. Disponível em: < http://www.relnetwork.org/>. Acesso em: 15 ago. 2014.
TAPPEDIN. [Site]. Menlo Park: SRI International, c2013. Disponível em: <http://tappedin.org/>. Acesso em: 15 ago. 2014.
WHIMBEY, A.; LOCHHEAD, J. *Problem solving and comprehension*. Philadelphia: Franklin Institute, 1982.

Leituras sugeridas

ANDERSON, L. W.; KRATHWOHL, D. R. (Eds.). *A taxonomy for learning, teaching, and assessing*: a revision of Bloom's taxonomy of educational objectives. New York: Longman, 2001.
BARMAN, C. et al. Science and the learning cycle. *Perspectives in Education and Deafness,* v. 11, n. 1, p. 18–21, 1992.
BRUALDI, A. C. *Classroom questions*. Grandville: ERIC Digest, 1998. Disponível em: <http://www.edpsycinteractive.org/files/questions.html>. Acesso em: 14 ago. 2014.
CALLAHAN, W. P.; SWITZER, T. J. *Technology as facilitator of quality education*: a model. [Iowa]: InTime, c2001. Disponível em: <http://www.intime.uni.edu/model/modelarticle.html>. Acesso em: 14 ago. 2014.
COTTON, K. *Classroom questioning*. Portland: Education Northwest, 2001. Disponível em: <http://educationnorthwest.org/sites/default/files/classroom-questioning.pdf>. Acesso em: 14 ago. 2014.
JOHNSON, R.; JOHNSON, D. *Cooperation and competition*: theory and research. Edina: Interaction Book, 1992.
KARPLUS, R. Teaching for the development of reasoning. *Research in Science Education,* v. 10, n. 1, p. 1–9, 1980.
KING, A. Guiding knowledge construction in the classroom: effects of teaching children how to question and how to explain. *American Educational Research Journal*, v. 31, n. 2, p. 338–368, 1994.
SASKATOON PUBLIC SCHOOL DIVISION. *Instructional strategies online*. La Verne: University of La Verne, 2004. Disponível em: <http://olc.spsd.sk.ca/DE/pd/instr/index.html>. Acesso em: 14 ago. 2014.
SCHON, D. *Educating the reflective practitioner*. San Francisco: Jossey-Bass, 1987.
SLAVIN, R. *Cooperative learning*: theory, research and practice. 2th ed. Englewood Cliffs, NJ: Prentice Hall, 1995.
TONJES, M. J. *Teaching reading, thinking, study skills in content classrooms*. 2th ed. Dubuque: Wm. C. Brown, 1987.
WILEN, W. et al. *Dynamics of effective teaching*. 4th ed. New York: Longman, 2000.

9
A leitura reflexiva e crítica

A leitura provavelmente seja a habilidade acadêmica mais importante para os alunos, porque desempenha um papel fundamental no aprendizado de praticamente todas as disciplinas. Ler de modo reflexivo e crítico pode ajudar os alunos a garantir que realmente entendam o que estão aprendendo. Não importa qual disciplina você ensina; é possível ajudar seus alunos a aprenderem a ler melhor se tratar a leitura de forma ativa, reflexiva e crítica em sua área de conteúdo, além de compartilhar suas estratégias de leitura com eles.

Os alunos com graves dificuldades de leitura provavelmente fracassarão até que esses problemas sejam corrigidos. A maioria dos alunos não terá problemas graves, mas muitos terão habilidades de leitura que podem e devem ser aprimoradas. Tal situação existe porque a leitura não é uma habilidade única, mas uma rede complexa de habilidades que precisam ser utilizadas de maneira seletiva, automática e coordenada.

HABILIDADES DE LEITURA

As habilidades cognitivas básicas de leitura e de baixo nível incluem reconhecimento de letras e palavras, compreensão, localização da ideia principal, identificação dos detalhes de apoio, fazer inferências e tirar conclusões. Mesmo no caso de alunos que têm algum grau de competência em relação a essas habilidades, avaliação contínua, ensino, prática e *feedback* podem melhorá-las de forma eficaz.

As habilidades metacognitivas de leitura de alto nível incluem ler para ter uma ideia geral, ativação de conhecimentos prévios relevantes, formação de imagens mentais, previsão da direção do texto, questionar-se sobre o conteúdo, verificação da compreensão, esclarecimento, revisão, resumo e conexão do novo material com conhecimentos prévios. As habilidades de pensamento crítico para a leitura incluem questionar pressupostos, reconhecer contradições e inconsistências e considerar a qualidade das fontes, evidências e conclusões.

Não espere que os alunos sejam competentes com essas habilidades, pois elas raramente são ensinadas e nem todo mundo as desenvolve de forma independente. Precisam ser abordadas, praticadas e aprimoradas continuamente. As estratégias são habilidades em processo de desenvolvimento. Melhorias nessas habilidades podem causar enormes melhorias no desempenho acadêmico. Os alunos que estão cientes de suas estratégias de leitura e as controlam têm uma vantagem distinta, uma vez que muitas das estratégias envolvem monitorar a compreensão, adotar medidas para esclarecer dificuldades e restaurar o processo de compreensão quando ele é interrompido.

O ensino recíproco, discutido neste capítulo, foi especificamente criado para desenvolver algumas dessas habilidades. Para conseguir um ensino eficaz em relação a habilidades de leitura reflexiva e crítica, é preciso descrever as habilidades ou estratégias; mostrá-las aos alunos; dar exemplos; explicar quando, por que e como utilizá-las; enfatizar o valor da flexibilidade na escolha de habilidades específicas para se adequar a determinado contexto; oferecer uma prática orientada sobre uma série de textos; dar *feedback* corretivo; e fornecer *scaffolding* para o desenvolvimento de habilidades.

Muitas vezes, os alunos que não são bons leitores têm preconcepções sobre os que são bons leitores. Uma das principais preconcepções é que bons leitores entendem automaticamente tudo o que leram na primeira vez. Os alunos frequentemente não percebem que os bons leitores se esforçam para compreender aquilo que foi lido. Bons leitores são mais ativos mentalmente durante a leitura do que leitores ruins, pois praticam atividades mentais à medida que leem o texto, tais como visualização, autoquestionamento e inferência. Embora pratiquem algumas das mesmas estratégias de leitura (p. ex., ler para ter uma ideia geral, reler e identificar palavras-chave), os maus leitores não coordenam tais estratégias para garantir a compreensão.

Observe as estratégias de leitura crítica da Tabela 9.1. Defina cada termo, utilize as perguntas de autoquestionamento como guia e, depois, retorne àquilo que já leu neste capítulo. Reflita sobre seu uso de estratégias de leitura e analise-as. Indique (Sim/Não) para cada uma das estratégias da tabela que você utilizou durante a leitura deste material. Indique seu uso geral de cada uma delas com sim, não ou às vezes. Faça o mesmo exercício com seus alunos.

Tabela 9.1 Estratégias de leitura crítica

Estratégia	Definição	Exemplo de perguntas que podemos nos fazer	Usada aqui: sim ou não	Usada de forma geral: sim, não ou às vezes
1. Ler para ter uma ideia geral		O que há neste capítulo?		
2. Ativar conhecimentos prévios		O que já sei a respeito disso?		
3. Prever		O que pode ser discutido a seguir?		

(continua)

Tabela 9.1 *Continuação*

Estratégia	Definição	Exemplo de perguntas que podemos nos fazer	Usada aqui: sim ou não	Usada de forma geral: sim, não ou às vezes
4. Imagem mental		Como posso visualizar o que estou lendo?		
5. Verificar a compreensão		Há algo importante que não faz sentido?		
6. Esclarecer		Como posso esclarecer aquilo que não entendo?		
7. Perguntar para si próprio/testar sobre o conteúdo		O que o texto disse sobre o preconceito que os maus leitores têm em relação aos bons leitores?		
8. Revisar		O que foi discutido?		
9. Resumir		Quais foram as ideias mais importantes?		
10. Conectar com conhecimentos prévios		Como posso conectar aquilo que eu já sabia com as novas ideias presentes no texto?		

PRECONCEPÇÕES SOBRE A LEITURA

Uma preconcepção que os professores costumam ter sobre a leitura é o pressuposto inválido de que os textos lidos pelos alunos são "atenciosos" ou "amigáveis" para os leitores e contêm ideias principais apresentadas de forma explícita, organização clara, densidade adequada e dispositivos que promovem o processamento eficaz de informações. Até que ponto você faz essas pressuposições sobre o material que seus alunos estão lendo? Os alunos precisam aprender estratégias para ler livros difíceis e mal-escritos. Pense em voz alta enquanto lê um texto difícil para que os alunos vejam e ouçam suas estratégias de processamento.

Outra preconcepção é que o uso de boas estratégias de leitura garante a compreensão. Contudo, a simples utilização de uma boa estratégia de leitura não garante o entendimento. Pesquisas sugerem que leitores com alta e baixa compreensão usam as mesmas estratégias, porém, de formas diferentes. O segredo para compreender a leitura com sucesso é saber **como utilizar** as estratégias e como aplicá-las **em combinação** com outras estratégias de leitura.

A LEITURA DE UM LIVRO DIDÁTICO

As quatro etapas a seguir foram recomendadas para ajudar os alunos a aproveitarem melhor aquilo que leem: Visão Geral, Leitura, Esboço e Revisão/Repetição. Peça aos seus alunos para refletirem sobre se e como usar estratégias de leitura como essas.

Ao ler um livro didático, leia-o de forma diferente em relação a outros livros. As quatro etapas podem parecer um pouco de trabalho extra, mas, na verdade, poupam tempo a longo prazo. Utilize essas informações como ferramentas de diagnóstico para identificar os tipos de problemas de leitura que seus alunos poderiam ter, além de recomendar estratégias eficazes para superar tais problemas. Por exemplo, se você perceber que os alunos não estão verificando sua compreensão, recomende a eles que façam perguntas para si próprios, tais como "Há algo que não entendo? Posso explicar isto em minhas próprias palavras?".

A seguir, você verá princípios gerais para a leitura de um livro didático. Planeje tempo suficiente para a leitura – evite sobrecarga. Leia de modo reflexivo, verificando o significado de maneira cuidadosa e crítica. Faça conexões dentro dos materiais de leitura e entre eles, bem como em relação a anotações feitas em sala de aula, conhecimentos prévios e experiência de vida cotidiana. Além disso, separe informações relevantes de irrelevantes, conceitos de exemplos, pontos principais de detalhes e fatos de opiniões ou pressupostos. Revise periodicamente. Analise e integre mapas e ilustrações com o material por escrito. Planeje para recordar: o que, por que e como. Esses princípios e as quatro etapas a seguir podem ajudar os alunos a entenderem melhor aquilo que leem.

Etapa 1: Visão Geral

Antes de jogar um jogo, você precisa conhecer as regras gerais – como ele começa, termina, etc. Da mesma forma, ao ler um capítulo, obtenha uma visão geral dos pontos principais. Isso permite uma leitura mais "direcionada aos objetivos", ou seja, saber o que procurar. Estas etapas ajudarão:

- Se estiverem inclusos, leia a descrição e o resumo do capítulo para reforçar os pontos principais.
- Leia o primeiro e o último parágrafos dos capítulos novamente; o tema deve ser apresentado para criar uma visão geral.
- Examine o capítulo inteiro, observando títulos, subtítulos e ilustrações. Repare no uso de itálico, negrito e palavras sublinhadas. O que a organização lhe diz? Crie mentalmente uma visão geral (imagem) das informações.
- Planeje o tempo de leitura. Considere extensão, complexidade e familiaridade do material; decida quanto tempo será necessário para ler e entender (sempre calcule exageradamente).

Etapa 2: Leitura

Princípios gerais. Estabeleça uma finalidade geral para a leitura do material. Defina objetivos de aprendizado específicos. Aborde os capítulos, um parágrafo ou uma seção de cada vez. Identifique os principais conceitos e termos. Observe todas as perguntas, os problemas ou as questões mencionados. Traduza os conceitos em suas próprias palavras.

- Transforme cada subtítulo em uma pergunta. Por exemplo, se o subtítulo de um parágrafo for "As causas de acidentes nucleares", leia-o pensando na pergunta: "Quais são as causas de acidentes nucleares?". As respostas para essas perguntas serão os pontos principais dos parágrafos. Se estiver destacando, sublinhe apenas palavras-chave. Evite "colorir a página inteira", pois isso tira o sentido dos destaques.
- Crie exemplos pessoais. Saber algo específico contribui para a memorização de uma ideia principal. Escreva em anotações ou descrições do capítulo.
- Procure o significado de palavras desconhecidas ou use o contexto para entendê-las. Pode parecer uma tarefa demorada; porém, se o vocabulário interferir na compreensão, o tempo dedicado à leitura será desperdiçado. Tenha um dicionário em mãos no caso de o esclarecimento interno não funcionar.
- Não continue sem entender. Esteja alerta às possibilidades de imprecisão, ambiguidade, contradições e/ou inconsistências. Nem todos os textos são bem escritos. Use seu tempo para voltar e esclarecer o que foi lido antes de seguir em frente ou, mais uma vez, o tempo dedicado à leitura será desperdiçado.
- Leia com uma finalidade e faça perguntas como:
Quais informações são relevantes e importantes?
Qual é a ideia ou conceito central desta seção?
Quais palavras-chave eu devo esclarecer?
- Use técnicas de processamento de texto: sublinhar, fazer anotações nas margens, fazer esboços e criar organizadores gráficos.

Etapa 3: Esboços e representações gráficas

Ensine os alunos a usarem um esboço seletivo e conciso para mostrar os tópicos principais, subtópicos e suas relações. Ajude-os a aprender a transformar as seções esboçadas em perguntas para testar o aprendizado, a compreensão e a memorização de informações importantes. Devem dar margem a adições e modificações do esboço. Trata-se de uma maneira muito eficaz de estudar, pois o aluno escreve de forma ativa e real em vez de olhar passivamente para uma página. Essas estratégias podem ajudar os alunos a refletirem sobre o que estão aprendendo e determinar se devem estudar mais.

- Use os subtítulos dos parágrafos como um esqueleto para organizar as informações. Faça um esboço utilizando tais ideias principais, mas em forma de paráfrase para facilitar a memória.
- Preencha o esboço com diagramas, exemplos, etc. Isso oferece um guia de estudo eficaz para a preparação para testes. Os alunos podem avaliar o próprio aprendizado de modo crítico.
- As técnicas de organizador gráfico podem ajudar os alunos a analisarem o texto e verem como ele é estruturado. Foi constatado que várias técnicas de organização são especificamente úteis para a leitura de texto.

Muitos organizadores gráficos têm uma função específica, tais como os fluxogramas que mostram sequências. No entanto, todos ajudam a transmitir o "panorama" de partes importantes e como elas estão relacionadas com o todo. Alguns organizadores gráficos considerados úteis para a leitura de textos incluem árvore em rede, mapas espinha de peixe, ciclo, mapas, escala de contínuo, série de cadeia de eventos, matriz de comparação/contraste e um esboço de problemas/soluções. Exemplos extraídos do North Central Regional Educational Laboratory (c1988) estão disponíveis *on-line*.

A construção de organizadores gráficos a partir de um texto é uma maneira excelente de ajudar a entender as relações entre ideias. Amostras de organizadores gráficos são apresentadas neste capítulo. As relações podem ser codificadas e adicionadas às anotações. Por exemplo, utilize a letra "P" para mostrar uma relação entre a parte e o todo, como no caso do coração, que faz parte do sistema circulatório. Use a letra "E" para mostrar um exemplo, como Órion, que é exemplo de uma constelação.

Na escola, os alunos precisam aprender conteúdos que envolvem blocos organizados de conhecimentos em vez de informações desordenadas. Quando os alunos entendem como tais conhecimentos são organizados, as informações se tornam mais significativas, fáceis de entender e de lembrar. Entretanto, poucas vezes são ensinados a fazer essas conexões durante a leitura.

Se os alunos souberem com antecedência quais tipos de relações devem procurar (e lembrar-se de procurá-las durante a leitura), devem ter mais facilidade para identificar relações importantes no material lido. Muitas vezes, entender como as ideias se relacionam é necessário para ter um bom desempenho nos testes. Várias perguntas de provas são consideradas "cabeludas" pelos alunos, pois exigem que eles pensem em relações de alto nível em vez de associações simples.

Como os alunos podem identificar relações? Ensine relações (como as da Tabela 9.2) aos alunos e mostre como reconhecer palavras-chave que identificam tais relações. Além disso, ensine-os a se fazer perguntas sobre as relações entre ideias, tais como: "Qual tipo de relação é descrito neste parágrafo? É uma relação de causa e efeito? É feita uma comparação? Contraste?". O questionamento durante a leitura ajuda os alunos a criarem relações entre as informações e conectá-las com aquilo que já sabem.

As redes de ideias relacionadas que o leitor traz para o texto criam expectativas que influenciam a compreensão e as interpretações daquilo que é lido. Se houver uma diferença entre as ideias do leitor e do autor, a compreensão pode ser prejudicada. Aprender a entender a estrutura de ideias em um texto pode aumentar a compreensão. Por exemplo, ensinar uma "gramática de histórias" aos alunos (ou seja, lhes dizer que um romance normalmente tem um protagonista, antagonista, clímax e desfecho) ajuda o leitor a desenvolver expectativas adequadas que tornam o texto mais fácil de entender. O organizador gráfico literário da internet, disponível no Capítulo 12 sobre língua inglesa, é uma excelente ferramenta de aprendizado para a gramática de histórias. Você consegue pensar em outros tipos de relações e perguntas correspondentes?

Tabela 9.2 Relações na leitura

Tipo de relações	Palavras-chave e descrições	Perguntas
Parte	parte de, pedaço de, segmento de um pedaço – uma coisa faz parte de outra (objeto, ideia, processo, conceito)	Do que _____ faz parte? Como essa parte está relacionada com o panorama de _____?
Tipo/exemplo	tipo de, categoria, exemplos de, espécie de – uma coisa é membro de uma classe ou exemplo de uma classe, categoria, processo, conceito, objeto ou caso	Qual é um exemplo de _____? Em qual categoria _____ se encaixa?
Causa e efeito	leva a, resulta em, causa, é usado para, produz, gera	O que causou _____? _____ levou a quê?
Analogia	semelhante a, análogo a, igual, corresponde a, em comum	_____ foi comparado com o quê? O que _____ e _____ têm em comum?
Características	tem, caracterizado por, característica, propriedade, traço, aspecto, qualidade, detalhe	Como _____ é descrito? O que torna _____ algo único?
Evidência	indica, ilustra, demonstra, apoia, documenta, prova, mostra, confirma, fatos, dados	O que as evidências sugerem? As evidências são boas?

A Tabela 9.3 é um organizador gráfico que identifica os conhecimentos prévios dos alunos e os aproveita. Trata-se da tabela KWL, que tem três colunas: K (*know*) = Aquilo que os alunos já sabem sobre um tema; W (*want*) = Aquilo que os alunos desejam aprender sobre o tema; e L (*learned*) = O que aprenderam sobre o tema. Os alunos registram seus conhecimentos prévios na seção K, fazem perguntas na seção W e informam aquilo que aprenderam na seção L.

Exemplos adicionais de organizadores gráficos estão disponíveis em muitos capítulos deste livro. Todos podem ser adaptados para uso na leitura. Leia o capítulo sobre língua inglesa para obter um organizador gráfico usado na leitura de literatura, além de uma lista completa de modelos para as Artes da Linguagem disponibilizada pelo *software Inspiration* (c2014). A Figura 9.1 mostra um modelo de Inspiração para a análise de poesia.

Tabela 9.3 Tabela KWL

K (Já Sabe)	W (Quer Saber)	L (Aprendeu sobre o Tema)

Imagem mental

Os organizadores gráficos são representações mentais externas. As imagens mentais envolvem representações mentais internas. Até que ponto você usa imagens mentais durante a leitura? Quais tipos de imagens você constrói? O que você sabe sobre o uso de imagens pelos seus alunos? As imagens são uma ferramenta promissora, porém relativamente pouco utilizada, para a facilitação do pensamento e do aprendizado. No entanto, alguns alunos têm vergonha de usar imagens visuais para mediar sua solução para problemas de raciocínio, têm preconcepções em relação às imagens e, muitas vezes, as veem como "muletas intelectuais". Contudo, pesquisas mostram que a construção de imagens visuais facilita o raciocínio com inferências transitivas. As estratégias de imagem incluem a formação de imagens mentais (representações internas) e a criação de figuras ou diagramas (representações externas) para ajudar a codificar ou esclarecer informações.

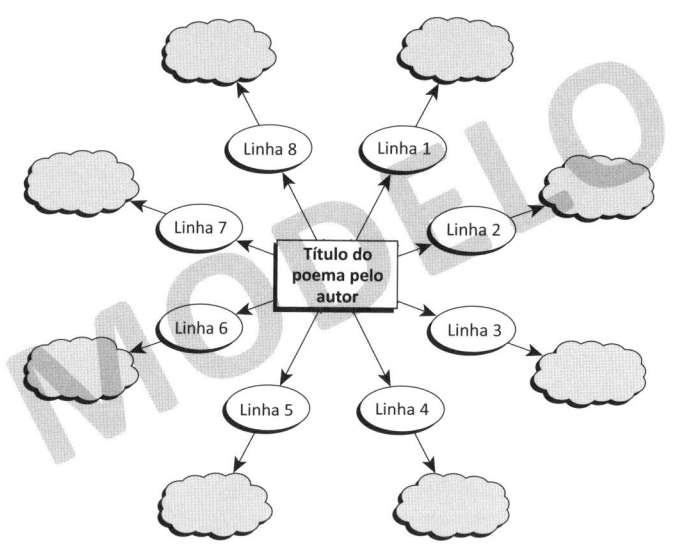

Figura 9.1 Modelo de inspiração para análise poética.

Ensine os alunos a construírem imagens utilizando cada um dos sentidos. Por exemplo, imagens auditivas, como o som de Martin Luther King fazendo seu discurso "Eu tenho um sonho", podem ser úteis para se lembrar do que foi lido na aula de história. Imagens olfativas, como o cheiro do enxofre, são úteis para aprender o que foi lido a respeito de reações químicas. Imagens táteis-cinestésicas podem ser utilizadas para aprender a Terceira Lei de Movimento de Newton. Pesquisas sobre o efeito da geração de imagens induzida pelo professor na recordação e transferência de regras científicas pelos alunos mostram resultados significativos. O treinamento no uso de imagens, no qual você ensina os alunos explicitamente a formarem imagens, é muito útil.

Simplesmente incentivar os alunos a criarem imagens durante uma situação de aprendizado pode não ser suficiente. Os alunos nem sempre usam aquilo que lhes foi pedido, mesmo se tiverem sido treinados. Muitas informações armazenadas permanecem inertes; eles precisam ser convidados a usá-las até que consigam fazer isso por conta própria.

Por que os alunos podem não aplicar estratégias potencialmente úteis, tais como imagens visuais, que estão em seu repertório? Muitas variáveis em potencial agem para influenciar o uso de estratégias. As crenças dos alunos em relação à própria competência de executar tarefas podem influenciar profundamente sua motivação para agir, sua aquisição de estratégias específicas e seu uso de estratégias adquiridas. Existem diferenças individuais nas imagens — pessoas com imagens vívidas tendem a lembrar melhor do que aquelas que tinham imagens visuais ruins. Alunos impulsivos podem agir de forma rápida e casual demais, impedindo o processamento necessário para o uso eficaz das estratégias.

As imagens visuais são representações potencialmente acessíveis de conhecimentos. Demonstrou-se que melhoram a compreensão da leitura, pois sistematizam a codificação inicial de material textual, além de facilitar a recuperação posterior de tais informações. Quando agem conforme suas imagens mentais, as pessoas aparentemente passam por um processo análogo à ação no próprio objeto físico.

As representações mentais de informações que serão aprendidas ou usadas na solução de problemas são determinantes importantes em relação a se e como o aprendizado ocorrerá. Pesquisas mostram o benefício de utilizar diversas representações, incluindo representações internas (como imagens mentais) e representações externas (como gráficos ou tabelas).

Pesquisas sobre a combinação de estratégias de imagens visuais com técnicas mnemônicas (de memorização) forneceram evidências que apoiam a ideia de que várias codificações têm um efeito mais positivo na recordação de informações que codificações únicas. Em um estudo, alunos da 2ª série do ensino médio foram treinados para usar organizadores gráficos e esboços a fim de ajudar a compreender um texto de história. O treinamento incluiu o apoio do professor ao uso do organizador gráfico em testes de múltipla escolha. Esse apoio foi deixado de lado no sexto teste. Um dos grupos de organizadores gráficos havia participado de um treinamento anterior sobre técnicas de geração de perguntas e resumo. Tal grupo teve um desempenho significativamente melhor que os outros.

Pesquisas sobre o uso de modelos visuais concretos para facilitar a compreensão de informações científicas sugerem que existia um padrão consistente de tais modelos que ajudava aprendizes menos aptos a pensar sistematicamente sobre a matéria científica que precisavam aprender. Foram identificadas sete características de modelos eficazes. Os modelos bons eram completos, concisos, coerentes, concretos, conceituais, corretos e "considerados" (usando um vocabulário e uma organização adequados para o aprendiz). A eficácia dos modelos depende dos objetivos instrucionais dos alunos. Leia a pesquisa de Mayer sobre diretrizes para a aplicação de modelos concretos, incluindo quando e onde devem ser utilizados, por que utilizá-los e para quem os modelos são bons.

Um estudo relacionado analisou o uso de um diagrama no aprendizado de textos de ciências sociais e constatou que um diagrama era melhor que uma explicação verbal em termos de representação de relações espaciais e hierárquicas. No mesmo estudo, o pesquisador percebeu que uma combinação de informações não verbais – diagramas e explicações verbais explícitas do mesmo – era mais eficaz do que diagramas sem explicações. A maior contribuição desse estudo foi a integração de informações verbais e não verbais, pois cada uma delas facilita o processamento da outra.

Etapa 4: Revisão e enumeração

Revisar seu trabalho é a melhor ferramenta para recordar. Resuma e compare seu resumo com o do livro; confira se você recordou e entendeu todos os pontos principais. Pense sobre como aquilo que você leu se relaciona com as anotações de sala de aula e com outras leituras. Decida o que você tentará lembrar, por que vale a pena lembrar e como irá lembrar (p. ex., o que você já sabe e pode usar para fazer uma conexão). Teste-se.

- Encontre maneiras interessantes de lembrar-se de fatos. Atribua um significado àquilo que você leu, aplicando eventos memoráveis, palavras, etc., a cada ideia. Use dispositivos de memória — são excelentes quando você precisa memorizar uma lista, por exemplo.
- Distribua o tempo de estudo. Se uma pessoa não gosta de uma disciplina, não deve tentar estudá-la por horas a fio. Em geral, uma hora por disciplina é suficiente para cada ocasião e não exige um esforço excessivo da memória. Apesar de ser preciso tempo para realmente dominar um capítulo, é melhor dividi-lo e não exagerar antes das provas. Muitas informações são apresentadas em livros didáticos. Ensine os alunos a procurar maneiras de unir aquilo que você ensina e aquilo que eles leem.

O ENSINO RECÍPROCO

O ensino recíproco é um método de aprendizado cooperativo para melhorar a compreensão da leitura. Tem sido usado com sucesso do 1º ano até a pós-graduação. No ensino recíproco, um professor e um grupo de alunos se revezam para promover discussões sobre segmentos específicos de um texto utilizando estratégias de leitura, como questionar, esclarecer, resumir e prever. As técnicas de ensino envolvidas são demonstração, exemplo e explicação, prática com *feedback*, diálogo ou "conversa simples com uma finalidade", uso de *scaffolding* ou fornecimento de suporte temporário aos alunos e revezar-se na condução de diálogos sobre o texto. A combinação dessas técnicas leva ao autocontrole ou à autogestão do aluno em relação à compreensão da leitura.

O ensino recíproco se baseia em quatro princípios.
1. A finalidade do ensino recíproco é melhorar a compreensão da leitura, preparando os alunos com as estratégias necessárias para monitorar a compreensão e construir significado.
2. O professor e os alunos compartilham a responsabilidade pela aquisição das estratégias de leitura. Depois de assumir a maior responsabilidade por ensinar tais estratégias, aos poucos o professor transfere a responsabilidade aos alunos.
3. Cada aluno deve participar das discussões. O professor oferece a assistência necessária para apoiar a participação dos alunos.
4. O professor tenta regularmente transferir o controle dos diálogos aos alunos.

As vantagens do ensino recíproco incluem participação ativa dos alunos no aprendizado; uso de estratégias de leitura de maneira integrada e coordenada em um contexto significativo; alunos que gostam de trabalhar juntos e agir como "professores"; alunos capazes de aprender com o benefício dos exemplos repetidos (*modeling*)* e que aprendem a assumir a responsabilidade pelo próprio aprendizado e pelo aprendizado dos outros.

Etapas do ensino recíproco

Uma visão geral das cinco etapas do ensino recíproco é mostrada na Figura 9.2. As etapas são: demonstração do professor; do aprendizado do aluno e da prática orientada em relação ao uso das quatro estratégias de compreensão; prática coordenada usando as estratégias com segmentos de texto em grupos pequenos orientados pelo professor; prática em pequenos grupos de alunos; e competência e autocontrole do aluno.

Exemplo de diálogo

Professor: Hoje, vamos usar aquele método de leitura em que nos revezamos para ensinar. Vocês lembram quais estratégias de leitura nós usamos?
Aluno 1: Lembro-me de três: questionamento, previsão e esclarecimento.
Professor: Está certo. Existem mais?
Aluno 1: Acho que existe mais uma, pelo menos, mas não recordo qual é.
Aluno 2: Existe mais uma, sem dúvida. Seria o resumo?
Professor: Exatamente. Vocês lembram por que usamos essas estratégias e esse método?
Aluno 2: As estratégias servem para melhorar nossa compreensão da leitura; o método deve nos ajudar a aprender a usar as estratégias por conta própria.

---
* N. de R.T.: *Modeling*, no sentido de apresentar o modelo. O professor demonstra detalhadamente cada etapa do exercício, pontuando as estratégias de ação que se fazem necessárias para vencer a proposta.

Etapa do processo de ensino recíproco	O que acontece em cada etapa
1. Demonstração do professor	O professor dá exemplos e explica o uso coordenado das quatro estratégias de leitura.
2. Aprendizado do aluno e prática	O professor instrui diretamente os alunos sobre as quatro estratégias e seu uso coordenado. Os alunos recebem prática orientada e comentários.
3. Grupos de professor e alunos	O professor conduz diálogos sobre o texto em grupos pequenos, dando exemplos das estratégias de forma repetitiva. Os alunos se revezam na condução dos diálogos, recebendo comentários do professor.
4. Grupos de alunos	Os alunos se revezam na condução de diálogos usando as quatro estratégias em pequenos grupos com outros alunos. Os alunos fazem comentários sobre o uso de estratégias. O professor passa de grupo em grupo, observando o progresso e fornecendo assistência, conforme necessário. Ele deixa de dar tal assistência aos poucos.
5. Autocontrole do aluno	Os alunos usam as quatro estratégias de compreensão de leitura de forma competente por conta própria e fazem seus próprios comentários.

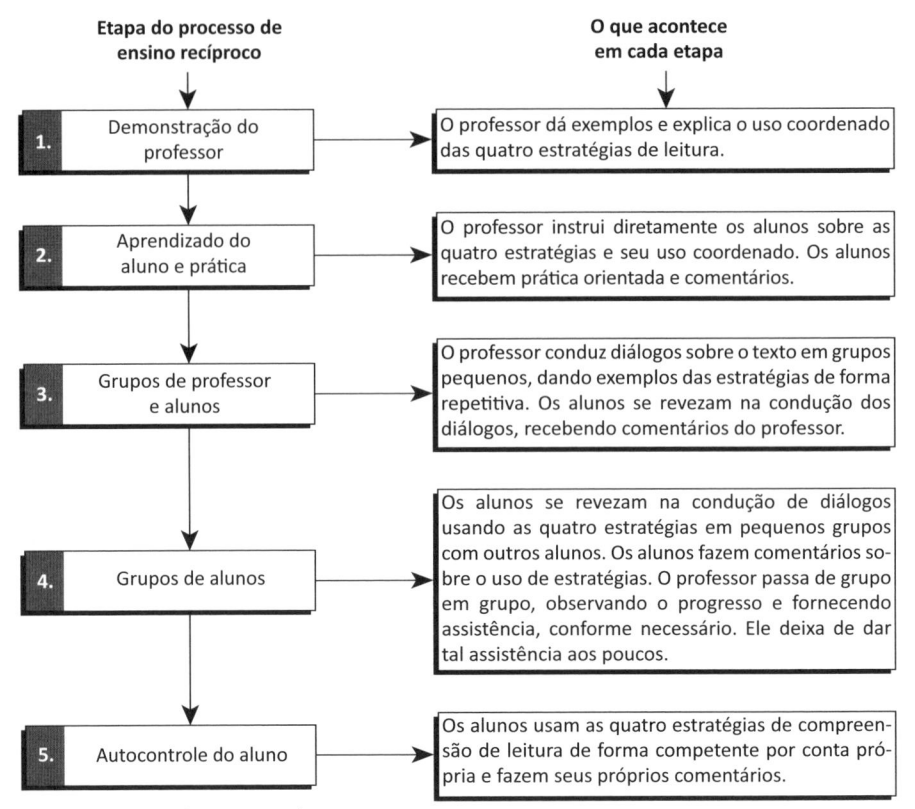

Figura 9.2 Etapas do ensino recíproco.

Professor: Vamos ler o artigo da página 25. Olhando para o título, "A Grande Vala de Nova York", **prevejo** que é um artigo sobre um buraco gigante no centro da cidade de Nova York. Alguém tem outra previsão?
Aluno 1: Acho que será sobre um esgoto onde pessoas sem-teto dormem.
Professor: Certo. Agora vamos ler a história em silêncio. Tenho algo que precisa ser **esclarecido**. Qual é o significado de "Indian portage"?
Aluno 2: Acho que é uma área onde os ameríndios costumavam comercializar.
Professor: Faz sentido. Como uma porta de entrada. Alguém gostaria de esclarecer outra coisa?
Aluno 1: Eu também não sabia o significado de "portage", mas acho que entendi todo o resto.
Aluno 2: Não entendi algumas coisas no último artigo, mas não tive problemas com este.
Professor: Certo. Uma **pergunta** que poderíamos fazer sobre esta história é "O que é a Grande Vala de Nova York?".
Aluno 1: Bem, eu estava errado. Não é sobre pessoas sem-teto. Na verdade, a Grande Vala era o Canal Erie!
Professor: Certo. Agora vou **resumir** o que foi lido. A história nos conta que o Canal Erie foi construído em uma antiga estrada de terra entre Albany e Buffalo. Con-

ta a história da área e como costumava ser um posto comercial indígena, onde ameríndios se encontravam para trocar mercadorias e serviços. Alguém deseja acrescentar alguma coisa ao meu resumo?
Alunos 1 e 2: Não. O que você disse inclui todos os pontos principais.
Professor: Certo. Agora vamos ler o artigo da página 40. Desta vez, vocês conduzem o diálogo.

Estratégias de compreensão de leitura no ensino recíproco

Quatro estratégias específicas são usadas como base dos diálogos de ensino recíproco sobre o texto. São elas: questionamento, esclarecimento, previsão e resumo.

Questionamento

Os professores podem ensinar os alunos a formular e fazer perguntas sobre uma leitura, uma tarefa que deve ser executada, como alguém se sente ou a respeito de um problema que deve ser resolvido. Na leitura, as perguntas geralmente são melhores quando se concentram em informações importantes do texto em vez de detalhes não importantes. Um líder ou facilitador pode fazer perguntas que são respondidas por outros integrantes do grupo ou pode-se esperar que todos façam perguntas.

O questionamento é importante porque melhora a compreensão e ajuda os alunos a integrarem informações. Os alunos podem praticar a escrita de perguntas do tipo "onde, quando, por que e como" e receber comentários de seus colegas e do professor. Os professores devem ajudar os alunos a avaliarem suas próprias perguntas (até que ponto são sobre ideias importantes?) e, depois, ver se conseguem respondê-las. Dar exemplos de boas perguntas pode ajudar os alunos a aprenderem a identificá-las. Boas perguntas requerem reflexão sobre o que é lido, bem como avaliação crítica.

Esclarecimento

O esclarecimento envolve processos de pensamento reflexivo e crítico, como verificar e identificar quando algo não está claro (monitoramento da compreensão) e adotar medidas para obter a compreensão (esclarecimento). A busca pelo esclarecimento promove estratégias de monitoramento da compreensão e reprocessamento de texto, tais como ler e procurar pelo conteúdo relevante.

Quando a compreensão é interrompida, os alunos releem as partes anteriores e posteriores à seção obscura para obter pistas contextuais em relação ao significado. Os alunos procuram sinais dos significados das palavras – como "ou", que significa uma definição/sinônimo – e buscam referentes de termos possivelmente vagos, como "eles(as)" e "ele(a)". Quando não conseguem descobrir o significado por conta própria (esclarecer internamente), os alunos frequentemente solicitam ajuda externa (esclarecer externamente), fazendo uma pergunta a outra pessoa ("O que isso significa? Significa que...?") ou consultando um dicionário. Leia o Capítulo 3 sobre comunicação, para obter mais informações sobre o esclarecimento.

Previsão

A previsão envolve encontrar uma estrutura e/ou pistas sobre o que pode ocorrer em seguida durante a leitura de um texto. Logo, exige reflexão sobre o texto. Fazer previsões ativa conhecimentos prévios e cria expectativas, o que torna as informações mais significativas e fáceis de lembrar. Incentiva os alunos a pensarem sobre o que já sabem e comparar isso com o que estão aprendendo, fazendo ou planejando.

Tais processos criam **expectativas** sobre o que os alunos encontrarão enquanto trabalham, o que os motiva a persistirem e em continuar trabalhando para ver se suas previsões estão corretas. Não importa se as previsões estão certas ou erradas. O importante é a expectativa estabelecida no leitor.

Inicialmente, as previsões podem vir de várias fontes, incluindo pistas em um título e conhecimentos prévios ou experiências dos alunos. As previsões posteriores vêm de pistas que estão no corpo do texto. No caso da não ficção, os alunos podem sublinhar pistas, como principais conceitos, exemplos e conexões com outras coisas que a turma discutiu. No caso da ficção, as pistas incluem o personagem principal, quando e onde a história acontece e o que ocorre. As perguntas e as pistas estão relacionadas e são utilizadas para fazer previsões com base nos conhecimentos prévios e nas experiências anteriores dos alunos. Dê exemplos de previsão aos alunos e lhes ofereça prática e comentários sobre suas previsões.

Resumo

Resumir envolve elaborar algumas frases que informam as ideias mais importantes. A extensão depende do material em questão. Pode ser apenas uma ou duas frases. Bons resumos não incluem detalhes ou informações sem importância. **Selecionar** informações (ideias principais e detalhes muito importantes) e **reduzi-las** às partes essenciais (eliminando a redundância, substituindo ideias gerais por detalhes específicos) são os processos mais fundamentais do resumo. A seleção e a redução exigem pensamento crítico sobre o que foi lido. O resumo contribui para a compreensão e a memória, porque incentiva as pessoas a analisarem e diferenciarem informações relevantes e irrelevantes. Também pode promover o monitoramento da compreensão e esclarecer matérias obscuras, porque é difícil resumir sem entender e recordar.

Quando resumem, os alunos desenvolvem uma representação simplificada do foco principal da matéria. Eles julgam a importância de ideias/informações no texto. (Pode ser útil pedir aos alunos para classificarem a importância de cada ideia em uma escala de quatro pontos, dos menos aos mais importantes.) Os alunos selecionam ou elaboram frases que refletem o assunto principal do texto. Para condensar o texto, eles descartam informações relativamente sem importância e/ou redundantes. Por fim, organizam a matéria que será incluída no resumo.

O resumo se torna mais fácil para os alunos quando eles têm estruturas claras para organizar a matéria (causa/efeito, semelhança/diferença, problema/solução, título/subtítulos) e podem identificar pistas sobre quais informações são importantes. O ensino recíproco e a leitura em geral exigem resumos baseados no leitor, não resumos baseados no escritor.

Resumos baseados no leitor x resumos baseados no escritor

Dependendo da finalidade do resumo, o aluno pode optar por escrever com base no leitor ou com base no escritor. Um **resumo baseado no leitor** é feito para que o leitor tenha uma visão exata daquilo que o autor considerou mais importante. É uma representação objetiva daquilo que o autor escreveu. Os autores usam sinais para enfatizar a importância de uma ideia. Tais recursos incluem declarações introdutórias/sentenças-chave (muitas vezes, a primeira sentença), declarações de resumo (normalmente, a última sentença), itálico, negrito e repetição. O resumo baseado no leitor é produzido para outra pessoa ler. Para escrever um resumo eficaz baseado no leitor, seu escritor deve estar familiarizado com aquilo que o autor disse e quis dizer. Por outro lado, um **resumo baseado no escritor** é feito de qualquer modo que seja adequado a ele. É uma representação subjetiva que ajuda o escritor a entender o que foi lido e reflete o que é pessoalmente significativo para o escritor do resumo, não para o autor.

Os resumos baseados no leitor e no escritor correspondem a uma distinção entre a leitura em modo extensivo e a leitura em modo reflexivo. Um estudo examinou as características de leitores de sucesso e com menos sucesso. Os leitores que usam o modo reflexivo se relacionaram emocional e pessoalmente com o texto, direcionando sua atenção para si próprio, seus próprios pensamentos e sentimentos, além de se afastar das informações transmitidas pelo autor. Os leitores que usaram o modo extensivo tentaram se concentrar na mensagem do autor e tentaram entender suas ideias; não relacionaram o texto a si próprios.

Com o resumo baseado no escritor, o modo reflexivo enfatiza uma interpretação subjetiva do texto, enquanto o resumo baseado no leitor e o modo extensivo enfatizam uma interpretação objetiva do texto. Pesquisas sugerem que os leitores que mais progrediram na leitura e tiveram mais sucesso na escola depois de um semestre costumavam ler de modo extensivo, geralmente reconheciam a estrutura do texto, monitoravam sua compreensão de forma eficaz e consistente e integravam informações no texto.

Seguem três diretrizes baseadas em pesquisas para um ensino recíproco eficaz:
1. Mudar gradualmente. A mudança entre o controle do professor e a responsabilidade do aluno deve ser gradual.
2. Corresponder as demandas às capacidades. A dificuldade do material de leitura e a responsabilidade atribuída aos alunos devem corresponder às competências de cada aluno e crescer à medida que estas se desenvolvem.
3. Diagnosticar o pensamento. Os instrutores devem observar cuidadosamente o "ensino" de cada aluno em busca de pistas sobre como ele está progredindo em relação ao domínio de estratégias de leitura e se ou qual tipo de instrução posterior é necessário.

Adaptação do ensino recíproco

O ensino recíproco foi adaptado para melhorar as capacidades de leitura e escrita dos alunos. Três professores foram treinados no método convencional de uso do ensino recíproco, mas foram incentivados a adaptarem o modelo ao modo que consideraram adequado para determinados alunos. Quando as quatro estratégias de leitura foram apresentadas aos alunos, alguns deles demonstraram que gostaram de aprender ferramentas concretas para melhorar sua compreensão de leitura.

Os professores informaram que os alunos tiveram mais dificuldade com o resumo do que com as outras estratégias de leitura. Um professor criou uma lista de conferência para que os alunos pudessem avaliar seus próprios resumos com base em critérios específicos. Vários alunos tiveram medo do questionamento, mas ficaram aliviados ao descobrirem que não tem problema cometer erros. Os erros eram vistos como experiências de aprendizado. Em uma turma, o ensino recíproco era feito ocasionalmente como forma de ensino para a turma inteira; assim, todos os alunos se tornaram recursos para responder às perguntas. Alguns alunos tiveram dificuldade para formular perguntas sobre ideias importantes em vez de detalhes sem importância. Os alunos tiveram mais facilidade para reconhecer perguntas boas e ruins do que para fazer perguntas boas. Alguns deles acharam o questionamento mais interessante.

Em uma adaptação eficaz, os alunos compilaram perguntas em grupo e as deram para outros grupos responderem. Cada grupo escreveu suas perguntas e as passou para outro grupo. O esclarecimento foi mais fácil do que o questionamento para os alunos; porém, alguns se sentiram à vontade para pedir esclarecimento apenas sobre as palavras que estavam em negrito. Aparentemente, esses alunos acharam que era aceitável não saber o significado de palavras que estavam destacadas por serem importantes ou novas, mas tiveram vergonha de esclarecer palavras escritas de forma regular porque acreditavam que já deveriam conhecê-las.

Alguns alunos demonstraram insegurança em relação à sua capacidade de usar pistas contextuais para descobrir o significado de palavras desconhecidas. Os professores informaram que a previsão foi a estratégia mais fácil para os alunos neste estudo. Eles comentaram que, com frequência, precisaram lembrar aos alunos por que e como utilizar as quatro estratégias. Vários alunos comentaram espontaneamente que haviam começado a usar as quatro estratégias de leitura por conta própria. Os professores disseram que os alunos gostaram especialmente de se revezar para ser o instrutor e conduzir diálogos sobre o texto por meio do ensino recíproco.

QUESTÕES CULTURAIS NA LEITURA

A iniciativa No Child Left Behind (2007) tem como objetivo ajudar alunos de minorias, que costumam ficar atrás dos alunos caucasianos, a preencherem as lacunas de desempenho. Trata-se de um programa controverso, que obteve resultados mistos até o momento. Existem outras formas de ajudar alunos de minorias a melhorarem sua leitura?

Pesquisas sobre aprendizes de origem latina mostram que a alfabetização em seu idioma nativo (espanhol) pode funcionar como uma ponte para a compreensão da leitura em inglês. Para utilizar essa ponte com sucesso, é importante identificar as necessidades específicas e os pontos fortes desses aprendizes. Eles tiveram lacunas em sua experiência educacional formal? São alfabetizados em seu idioma nativo? Pesquisas mostram que alunos de origem latina que usam capacidades de compreensão de leitura em espanhol, como ler para ter uma ideia geral e pistas contextuais, costumam utilizá-las quando leem em inglês. Outra maneira de aproveitar seus pontos fortes é permitir que utilizem seu biculturalismo para discutir os textos em inglês que leram com seus colegas de origem latina, falando em espanhol. Embora alguns professores se sintam desconfortáveis em relação ao uso do espanhol em suas salas de aula, pesquisas mostram que tais discussões entre colegas podem melhorar a compreensão de textos escritos em inglês pelos alunos. O uso de diferentes modalidades – ou seja, pistas impressas, verbais e visuais – também pode ajudar a transmitir o significado daquilo que foi lido.

Adolescentes afro-americanos do sexo masculino também podem melhorar sua leitura utilizando estratégias que atendem exclusivamente às suas necessidades e aos seus interesses. Pesquisas mostram que o debate e um ensino de alfabetização culturalmente sensível, capaz de conectar o conteúdo da sala de aula com suas experiências cotidianas, são abordagens especialmente benéficas. Um ensino de alfabetização culturalmente sensível envolve a escolha de textos de uma maneira que considera as necessidades acadêmicas, culturais, sociais e emocionais dos alunos. Os exemplos incluem textos que tratam de avanço acadêmico, resistência à opressão, desenvolvimento intelectual e elevação cultural. Os livros recomendados incluem *With every drop of blood: a novel of the civil war*, de Collier e Collier (1992), para alunos dos anos finais do ensino fundamental; e *The pact: three young men make a promise and fulfill a dream*, de Jenkins, Davis e Hunt (2002), para alunos do ensino médio.

TECNOLOGIAS

Recursos adicionais para a alfabetização de adolescentes estão disponíveis *on-line* em um *site* patrocinado pela International Reading Association (2007); inclui planos de aula para turmas dos anos finais do ensino fundamental e médio, além de matérias especiais para adolescentes do sexo feminino.

A American Federation of Teachers [200-] (Federação Americana de Professores) tem muitos recursos de leitura úteis, incluindo descrições de programas de sucesso, dicas para pais e discussões entre professores. A página inicial *English Language Arts* (COMMON CORE STATE INICIATIVE, c2014) tem recursos agrupados por nível escolar para a educação infantil, o ensino fundamental e o ensino médio. Uma página sobre estratégias de leitura contém *links* para informações mais completas sobre cada uma das 22 estratégias, incluindo uma lista de conferência para destacar seu uso antes, durante e/ou após a leitura. Além de informações sobre o ensino da leitura, oferece ferramentas, como vídeos, informações sobre melhores práticas, *links* para outros *sites* úteis e recursos para ensinar literatura, escrita e pensamento.

O National Capital Language Resource Center (c2014) tem muitas informações sobre o ensino de idiomas, incluindo objetivos e técnicas para o ensino da leitura, estratégias para o desenvolvimento de habilidades de leitura, desenvolvimento de atividades de leitura, uso de atividades de leitura de livros didáticos, avaliação da proficiência em leitura e recursos. Apesar de terem sido desenvolvidas como um recurso para professores universitários, as ideias podem ser utilizadas facilmente por professores do ensino fundamental e médio.

Uma descrição da abordagem escolar de Deshler para a alfabetização de adolescentes, utilizando seu **Strategic Instruction Model** validado por pesquisas, incluindo "rotinas de aprimoramento do conteúdo" e a estrutura **Content Literacy Continuum**, está disponível *on-line* (DESHLER; TOLLEFSON, 2006). Essa abordagem envolve intervir com professores e alunos para usar estratégias que promovam a alfabetização nas áreas de conteúdo.

RESUMO

A leitura é um conjunto complexo de habilidades fundamental para o sucesso acadêmico em todo o currículo. Muitas vezes, os alunos que não são bons em leitura têm preconcepções sobre os bons leitores. Às vezes, a leitura se torna difícil porque os próprios textos são mal-escritos. Para ler de modo eficaz, reflexivo e crítico em suas disciplinas escolares, os alunos podem aprender várias estratégias de leitura e como coordenar seu uso. Eles frequentemente precisam receber instruções diretas sobre tais estratégias; dê exemplos ou ofereça *scaffolding* para seu uso. Também é importante que os alunos aprendam como os textos são estruturados de forma diferente nas várias disciplinas, assim como aprender estratégias específicas para identificar as estruturas de texto. Diversos recursos tecnológicos, tais como vídeos e *sites* da internet, podem ajudar a melhorar a leitura dos alunos.

REFERÊNCIAS

AMERICAN FEDERATION OF TEACHERS. [Site]. Washington: American Federation of Teachers, [200-]. Disponível em: <http://www.aft.org/index.cfm>. Acesso em: 15 ago. 2014.

COLLIER, J.; COLLIER, C. *With every drop of blood*: a novel of the Civil War. New York: Laurel Leaf, 1992.

COMMON CORE STATE INICIATIVE. *English language arts*. Washington: National Governors Association Center for Best Practices, c2014. Disponível em: <http://www.corestandards.org/ELA-Literacy/>. Acesso em: 15 ago. 2014.

DESHLER, D.; TOLLEFSON, J. M. *Strategic interventions*: a research-validated instructional model that makes adolescent literacy a school wide priority. *School Administrator*, v. 63, n. 4, abr. 2006. Disponível em: <http://www.aasa.org/SchoolAdministratorArticle.aspx?id=9582>. Acesso em: 15 ago. 2014.

INSPIRATION SOFTWARE. [Site]. Portland: Inspirations software, c2014. Disponível em: <http://www.inspiration.com>. Acesso em: 15 ago. 2014.

INTERNATIONAL READING ASSOCIATION. [Site]. Washington: International Reading Association, c2014. Disponível em: <http://www.reading.org/resources/issues/focus_adolescent.html>. Acesso em: 15 ago. 2014.

NATIONAL CAPITAL LANGUAGE RESOURCE CENTER. [*Site*]. Washington: c2014. Disponível em: < http://www.nclrc.org/>. Acesso em: 15 ago. 2014.

NO CHILD LEFT BEHIND. [*Site*]. Washington: Office of Superintendent of Public Instruction, 2007. Disponível em: <http://www2.ed.gov/nclb/overview/intro/guide/index.html>. Acesso em: 15 ago. 2014.

NORTH CENTRAL REGIONAL EDUCATIONAL LABORATORY. *Graphic organizers*. Washington: Learning Point Associates, c1988. Disponível em: <http://www.ncrel.org/sdrs/areas/issues/students/learning/lr2grap.htm>. Acesso em: 15 ago. 2014.

Leituras sugeridas

ANDERSON, V.; HIDI, S. Teaching students to summarize. *Educational Leadership*, v. 46, n. 4, p. 26–28, 1988/1989.

GREECE CENTRAL SCHOOL DISTRICT. *Reading strategies*: scaffolding students' interactions with texts. New York: Greece Central School District, [200-]. Disponível em: <http://www.greece.k12.ny.us/academics.cfm?subpage=930>. Acesso em: 15 ago. 2014.

HARE, C. V.; BORCHARDT, K. M. Direct instruction of summarization skills. *Reading Research Quarterly*, v. 20, n. 1, p. 62–78, 1984.

HARTMAN, H. J. Reciprocal Teaching to Reciprocal Education. *Journal of Developmental Education*, v. 18, n. 1, p. 2–6, 8, 32, 1994.

JENKINS, G.; DAVIS, S.; HUNT, R. *The pact*: three young men make a promise and fulfill a dream. New York: Riverhead Books, 2002.

JONES, B. F.; PIERCE, J.; HUNTER, B. Teaching students to construct graphical representations. *Educational Leadership*, v. 46, n. 4, p. 20–25, 1988/89.

MAYER, R. E. Models for understanding. *Review of educational research*, v. 59, n. 1, p. 43–64, 1989.

PALINCSAR, A.; K. RANSOM, K.; DERBER, S. Collaborative research and development of reciprocal teaching. *Educational Leadership*, v. 46, n.4, p. 37–40, 1988/1989.

ROSENSHINE, B.; MEISTER, C. Reciprocal teaching: a review of the research. *Review of Educational Research*, v. 64, p. 479–531, 1994.

RUBENSTEIN-AVILA, E. Connecting with latino learners. *Educational Leadership*, v. 63, n. 5, p. 38–43, 2006.

TATUM, A. W. Engaging African American Males in Reading. *Educational Leadership*, v. 63, n. 5, p. 44–48, 2006.

THE ESSENTIALS of language teaching: teaching reading. Washington: The National Capital Language Resource Center, 2004. Disponível em: <http://www.nclrc.org/essentials/reading/reindex.htm>. Acesso em 15 ago. 2014.

10

Ensino reflexivo da matemática

Como você conceitua a matemática? Como seu conhecimento e suas crenças sobre a matemática influenciam seu ensino? Uma vez que as pesquisas mostram que o conhecimento, as crenças e as posturas dos professores em relação à matemática afetam a tomada de decisões educacionais a respeito do que ensinar, por que ensinar e como ensinar, é importante refletir sobre suas próprias ideias e seus próprios sentimentos acerca da matemática e pensar em como afetam seu ensino.

No passado, considerava-se aceitável apenas enfatizar as capacidades dos alunos de encontrar as respostas certas para problemas de matemática. Agora, existe um consenso de que os alunos precisam entender a matemática. Até que ponto seus alunos tentam entendê-la? Quais estratégias você usa para promover a compreensão? Como você avalia a compreensão de princípios e procedimentos matemáticos?

PRECONCEPÇÕES

Fazer conexões entre novas informações e conhecimentos prévios é um dos segredos para um aprendizado significativo. Como e até que ponto você extrai e utiliza aquilo que seus alunos já sabem sobre a matemática? Alguns conhecimentos prévios são válidos e podem ser utilizados como blocos de construção, mas outros são inválidos e podem interferir no aprendizado de novas ideias. O problema das teorias ingênuas dos alunos a respeito da matemática tem sido um tema importante nas quatro conferências nacionais do *Misconceptions Seminar*, chamado *From Misconceptions to Constructed Understanding*. Resumos das quatro conferências estão disponíveis em Meaningful Learning Research Group Articles [20--]. Como você identifica e aborda as teorias ingênuas dos alunos sobre conceitos e procedimentos matemáticos?

Como seus alunos conceituam a matemática? Muitos alunos têm crenças equivocadas sobre ela: do que se trata, por que precisam aprendê-la e qual é a melhor forma de aprendê-la. A preconcepção geral mais predominante sobre a matemática pode ser sua caracterização como cálculo. Os matemáticos e professores experientes em matemática não veem o cálculo como um fim, mas como uma ferramenta para a solução de problemas, identificação de estruturas e padrões e compreensão, explicação e verificação dos mesmos. Em vez de recorrer à compreensão de conceitos, muitas pessoas memorizam fatos e procedimentos para aprender matemática. Um livro de recursos que identifica conceitos errados sobre a matemática é apresentado no fim deste capítulo.

Com frequência, alunos de matemática com baixo desempenho acham que aqueles com alto desempenho acertam as respostas dos problemas facilmente e não cometem erros. Não percebem que os bons alunos de matemática sabem quando sua abordagem para solucionar um problema não está funcionando e experimentam uma estratégia diferente. Os alunos com baixo desempenho veem a matemática em termos de resposta ou produto e não a entendem ou apreciam como um processo. Ensine-lhes a importância de estimar respostas para os problemas e as estratégias para fazer isso.

Uma maneira de identificar e superar as ideias problemáticas dos alunos em relação à matemática é utilizar um processo de questionamento em três etapas, criado para contestar diferentes aspectos de sua compreensão. Pense sobre como os alunos representariam a declaração: "Há 10 vezes mais alunos do que professores nesta escola".

1. Para questionar a compreensão qualitativa, faça uma pergunta como: "De acordo com essa declaração, o que há mais na escola: professores ou alunos?". Determine se a linguagem da declaração está confundindo os alunos.
2. Para questionar sua compreensão quantitativa, faça uma pergunta como: "Se houvesse 20 professores na escola, quantos alunos haveria, com base nessa declaração?". Determine se os alunos entendem as implicações dos aspectos quantitativos da declaração.
3. Para questionar a compreensão conceitual dos alunos, faça uma pergunta como: "Como você escreveria uma equação para essa declaração?". Muitos alunos escrevem: 10 A = P. Procure padrões como este. A seguir, provoque um conflito perguntando: "Se você substituir A = 100 na sua equação, obteria P = 20, como antes?".

A finalidade da abordagem indutiva é fazer os alunos reconhecerem suas teorias ingênuas.

Outra teoria ingênua comum que os alunos costumam ter é a crença de que existe apenas uma forma de solucionar um problema. Para cada tipo de problema, ensine estratégias de solução alternativas e incentive-os a avaliar quais fazem mais sentido para eles.

O aprendizado reflexivo de matemática também pode ser facilitado se você ensinar os alunos a conceituarem, visualizarem e reconhecerem tipos de problemas e estratégias de solução correspondentes.

VISUALIZAÇÃO DA MATEMÁTICA

Muitas vezes, os alunos têm mais facilidade para solucionar problemas de matemática quando estes são mais concretos e menos abstratos. Até que ponto seus alunos visualizam os problemas que resolvem? Conseguem construir e usar representações visuais de forma eficaz? As estratégias de visualização incluem criar imagens mentais de um problema e usar representações gráficas para organizar suas partes. O objetivo é enxergar relações entre as partes do problema e o todo. Informe-se sobre as representações e os modelos mentais que os alunos utilizam para entender os problemas que estão solucionando. Forneça-lhes várias representações e vários modelos mentais para que possam entendê-los a partir de diferentes perspectivas.

Leia *The adventures of Jasper Woodbury* (c2014), na seção "Tecnologias", para obter exemplos de uso de situações reais em vídeo para concretizar problemas e facilitar a sua resolução.

Os diagramas de Venn e as tabelas são exemplos de organizadores gráficos eficazes que podem auxiliar a solucionar problemas e aprender matemática. Entretanto, você precisa dar exemplos e ensinar os alunos a criar tais diagramas, além de mostrar como usar imagens e representações durante a solução de problemas e o aprendizado de matemática.

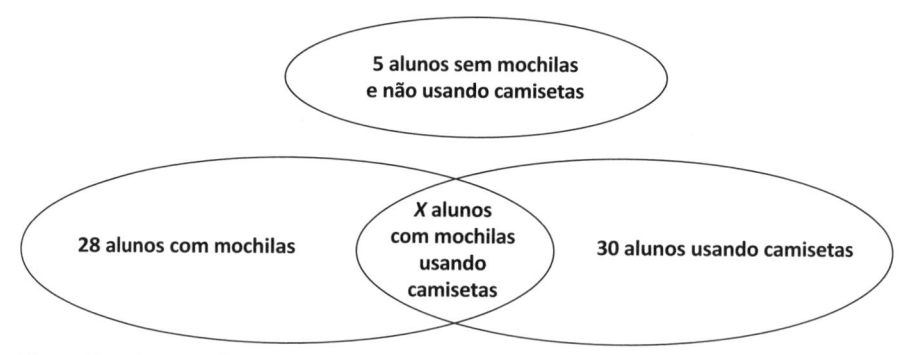

Figura 10.1 Diagrama de Venn para visualizar o problema.

Pense sobre este problema: Em uma sala com 45 alunos, 28 têm mochila, 30 estão usando camiseta e cinco não estão usando camiseta e não têm mochila. Quantos alunos têm mochila e estão usando camiseta?

Total = 45 alunos na turma

Para descobrir o valor de x, os alunos precisam somar os conteúdos de cada região do diagrama, chegando a um total de 45, e utilizar a seguinte equação: $(28 - x) + (30 - x) + x + 5 = 45$. A solução é $x = 18$. O uso desse diagrama de Venn para representar as partes desse problema em relação ao todo pode ajudar os alunos a visualizarem o problema e resolvê-lo.

O mapa conceitual da Figura 10.2 mostra como um organizador gráfico pode ajudar os alunos a entender e recordar os diferentes tipos de triângulos. Ele é organizado em duas categorias principais: ângulos e lados. Entregue esse organizador gráfico aos alunos e peça-lhes para criarem seus próprios desenhos de cada tipo de triângulo. É possível usar os desenhos para avaliar sua compreensão e dar *feedback* corretivo. Ensine-os a cobrirem as definições de modo alternativo com suas ilustrações para testar a compreensão e a memória. Assim, podem avaliar criticamente e refletir sobre o que dominaram e o que ainda precisam aprender. Como prova ou teste, lhes entregue um mapa conceitual parcialmente preenchido e peça para fornecerem as informações que faltam.

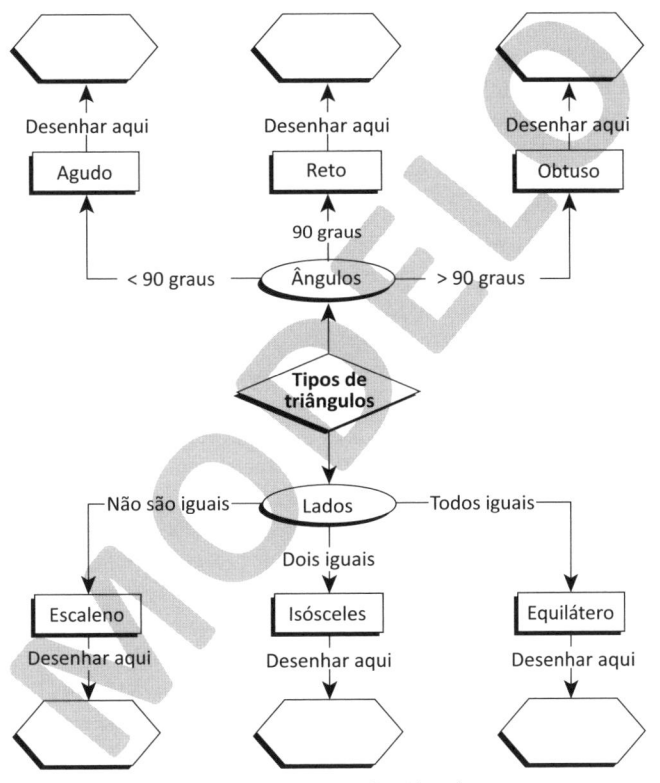

Figura 10.2 Visualização de informações sobre os tipos de triângulos.

ENSINO EFICAZ DA MATEMÁTICA

Como seus alunos se sentem em relação ao aprendizado da matemática? Quais são suas metas de ensino? Pesquisas sugerem que o ensino eficaz da matemática (cujo resultado são alunos que a entendem) depende de pensar sobre as perspectivas dos alunos e usar práticas de ensino centradas neles. O ensino reflexivo da matemática inclui examinar padrões de conteúdo, como os especificados pelo National Council of Teachers of Mathematics dos Estados Unidos e os especificados por secretarias estaduais de educação, e utilizá-los para formular objetivos educacionais. Após a identificação dos objetivos, os professores reflexivos consideram seus próprios pressupostos, seus conhecimentos e suas crenças sobre a melhor maneira de elaborar aulas e planejar atividades de ensino.

Para possibilitar o ensino reflexivo da matemática, é necessário considerar os pressupostos, os conhecimentos prévios, as crenças e as posturas dos alunos em relação ao conteúdo. É preciso examinar seus próprios pensamentos a respeito do ensino antes, durante e depois das aulas. O pensamento reflexivo dos professores sobre o ensino de matemática começa com a etapa **pré-ativa**, que envolve o planejamento da aula antes que esta aconteça. A etapa **interativa** do pensamento reflexivo inclui monitorar ou verificar como uma aula está progredindo e autocontrolá-la enquanto está sendo realizada. Após a aula, a etapa **pós-ativa** do pensamento reflexivo envolve avaliar seu sucesso e rever os planos da aula para torná-los mais eficazes no futuro. Até que ponto você pratica esses tipos de pensamento? O ensino reflexivo da matemática também envolve pensar acerca de suas próprias experiências quando era aluno de tal disciplina. Quais práticas tiveram mais sucesso no momento de ajudá-lo a aprender matemática? Como esse discernimento poderia ajudá-lo a trabalhar de modo mais eficaz com seus alunos?

Na matemática, o **raciocínio baseado em modelos** é um processo cíclico de construção, avaliação e revisão de modelos com base em atividades como invenção ou seleção de um modelo para determinado problema, exploração das qualidades de um modelo e aplicação de um modelo ao processo de solução de problemas. A avaliação e a revisão de modelos após a aplicação ajudam os alunos a construírem modelos melhores para a próxima vez em que precisarem solucionar problemas semelhantes. Assim, o ciclo é continuado. Mostre maneiras alternativas de solucionar problemas aos alunos, enquanto enfatiza ideias matemáticas importantes.

Muitos alunos se sentem ansiosos em relação ao aprendizado da matemática e acreditam que não são capazes de entendê-la realmente. Para tais alunos, a memorização de abordagens e a obtenção da resposta certa se tornam seus objetivos de aprendizado de matemática. Os professores que não são reflexivos em relação ao ensino da matemática provavelmente estão utilizando estratégias que perpetuam essas posturas em seus alunos. Você está disposto a avaliar suas aulas e criticá-las?

Se examinar a matemática pelas perspectivas dos alunos e pensar sobre dificuldades de aprendizado no passado, você poderá ter um discernimento referente aos motivos dos problemas de aprendizado e considerar abordagens alternativas. O maior objetivo de ensino é que os alunos desenvolvam competências e conceitos matemáticos, além de ter uma postura positiva em relação à disciplina. Muitos professores de matemática tiveram uma experiência pessoal com a ansiedade relacionada a esta área em algum ponto de sua educação ou carreira. Refletir sobre suas próprias experiências e compartilhá-las com seus alunos pode ajudá-lo a desmistificar a matemática e torná-la mais acessível para uma maior variedade de alunos.

ESCRITA NA MATEMÁTICA

Com que frequência seus alunos escrevem sobre matemática? A escrita na matemática é uma excelente forma de promover o pensamento reflexivo e a compreensão de conceitos. Também é uma boa maneira de se informar sobre as teorias ingênuas dos alunos. Uma estratégia é pedir aos alunos para que escrevam uma estimativa sobre qual acham que será a resposta de um problema e expliquem por quê. Depois de obter a resposta, peça-lhes para compararem, por escrito, a resposta real com a resposta estimada e explicarem quaisquer discrepâncias. Por fim, diga-lhes para explicarem como poderiam fazer uma estimativa melhor no futuro em relação a um problema semelhante.

Uma segunda estratégia é pedir aos alunos para escreverem um plano a respeito de como solucionarão um problema ou dizer-lhes para descreverem as etapas percorridas até chegar a uma resposta, incluindo os motivos por trás de cada etapa no processo da solução. Uma professora de matemática fez um exercício com seus alunos do ensino médio. A finalidade era avaliar a compreensão deles acerca de como deveriam abordar um problema sobre razão e ajudá-los com o processo de solução. Antes de solucionarem o problema abaixo, ela lhes pediu para criarem uma lista de perguntas que orientassem seu pensamento em relação à maneira de solucioná-lo.

"Um barco é puxado até uma doca com o auxílio de uma corda. Uma extremidade está presa à proa do barco, enquanto a outra passa através de um anel preso à doca em um ponto 1,2 m acima da proa do barco. Se a corda for puxada a uma velocidade de 0,6 m/s, em que velocidade o barco se aproximará da doca quando houver 6,0 m de corda?"

Inicialmente, os alunos pensaram que a professora estava louca por ter lhes pedido para escreverem perguntas. Porém, depois de explicar as três etapas de planejamento, monitoramento e avaliação do processo de solução de problemas, além de dar alguns exemplos, eles se envolveram com o exercício. Depois que os alunos geraram as perguntas, a professora lhes disse para utilizá-las para solucionar o problema. Alguns alunos não escreveram perguntas muito eficazes e não conseguiram ir adiante. Por isso, a professora decidiu que a turma deveria desenvolver uma lista padrão de perguntas para serem utilizadas por todos. Essa lista é mostrada na Tabela 10.1.

Os alunos que solucionaram o problema usando a lista foram convidados a auxiliar os outros. Mais tarde, a professora orientou a turma em uma discussão sobre como cada pergunta estava relacionada a uma parte da solução. Alguns alunos afirmaram que, no passado, preocupavam-se demais em encontrar a resposta, deixando de refletir sobre o processo de pensamento. Esse exercício foi muito útil em termos de orientar o pensamento dos alunos.

Um terceiro método de escrita na matemática é pedir aos alunos para que escrevam um diário. Podem incluir o que acontece durante a aula e o que foi confuso ou tiveram dificuldade para entender. Os alunos também podem identificar todas as preconcepções que descobriram e descrever como seu conhecimento e suas crenças em relação à matemática mudaram durante uma aula. Em seus diários, eles podem escrever sobre a resolução do problema, incluindo quais etapas foram executadas em cada parte do processo (e por quê), bem como avaliar sua compreensão dos conceitos e procedimentos matemáticos. Por fim, os alunos podem escrever a respeito de seus sentimentos relacionados ao aprendizado da matemática. Desse modo, é possível reconhecer o que os leva a se sentirem confiantes e o que os leva a se sentirem ansiosos. Colete e leia esses diários periodicamente para ter um discernimento sobre seu próprio ensino e o aprendizado dos alunos. Dê *feedback* e ofereça-lhes apoio individualizado.

Tabela 10.1 Perguntas que fazemos para nós mesmos elaboradas pela turma

Planejamento	Monitoramento	Avaliação
Este problema lembra um problema que já foi feito?	Minha álgebra está correta?	A resposta faz sentido?
Como devo transformar este problema em um diagrama?	Estou usando a fórmula correta?	Encontrei o que deveria ter encontrado?
O que preciso descobrir?	Meu diagrama foi rotulado de forma correta?	Cometi erros por falta de atenção?
Qual equação eu preciso diferenciar?		

ANSIEDADE EM RELAÇÃO À MATEMÁTICA

O que deixa seus alunos mais ansiosos? Muitos têm dificuldade para solucionar problemas que envolvem palavras. O que seus alunos acham mais fácil? Mais difícil? Eles se sentem ansiosos ao fazer testes de matemática? Para alguns alunos, a ansiedade relacionada à matemática pode vir acompanhada por uma ansiedade mais geral em relação aos testes. Quais estratégias, se houver, eles usam para diminuir a própria ansiedade e relaxar? É possível ensinar-lhes várias técnicas de relaxamento. A visualização criativa (utilizada por atletas olímpicos) envolve imaginar você tendo sucesso nas tarefas em relação às quais está se sentindo ansioso; pode ser muito útil. O mesmo acontece com respirar fundo ou fazer relaxamento progressivo. Outra técnica bem-sucedida de visualização é o "local seguro", onde você se imagina em um local que acha relaxante, como a praia. Incentive seus alunos a experimentarem várias técnicas de redução da ansiedade para que descubram o que funciona melhor para eles.

Ajudar os alunos a se tornarem mais reflexivos em relação ao aprendizado de matemática pode ser a primeira etapa para superar a ansiedade e desenvolver posturas positivas. Às vezes, os alunos são fortes em uma área da matemática e fracos em outra. Por exemplo, alguns alunos acham que a álgebra é relativamente fácil, mas têm muita dificuldade com a geometria. O oposto pode ocorrer para outros alunos.

Seus alunos acham que precisam solucionar os problemas rapidamente? Outra teoria ingênua que muitos alunos têm é que a velocidade é uma característica importante para solucionar um problema. Na solução de problemas, a velocidade pode ser necessária para alguns testes padronizados. Na realidade, os matemáticos costumam ser lentos e cautelosos ao solucionar problemas, usando um tempo considerável para identificar e definir o problema claramente antes de tentar solucioná-lo; a seguir, consideram várias estratégias de solução em potencial e decidem quais métodos devem usar e em qual ordem. Saber que a velocidade não é muito importante pode deixar alguns alunos menos ansiosos em relação a solucionar problemas de matemática, exceto em testes cronometrados, nos quais a velocidade pode ser um problema.

ESTRATÉGIAS E PROBLEMAS ADICIONAIS DO ENSINO DE MATEMÁTICA

Uma abordagem de sucesso utilizada por uma professora para pensar de modo reflexivo sobre o pensamento matemático de seus alunos envolve descobrir o que eles sabem, aproveitar tal conhecimento e usar essas informações para orientar o ensino. Isso inclui:
- Formar hipóteses sobre o que os alunos entendem e não entendem.
- Utilizar essas hipóteses para decidir quais são as atividades de ensino adequadas.
- Recolher informações adicionais sobre o pensamento dos alunos enquanto implementa tais atividades.

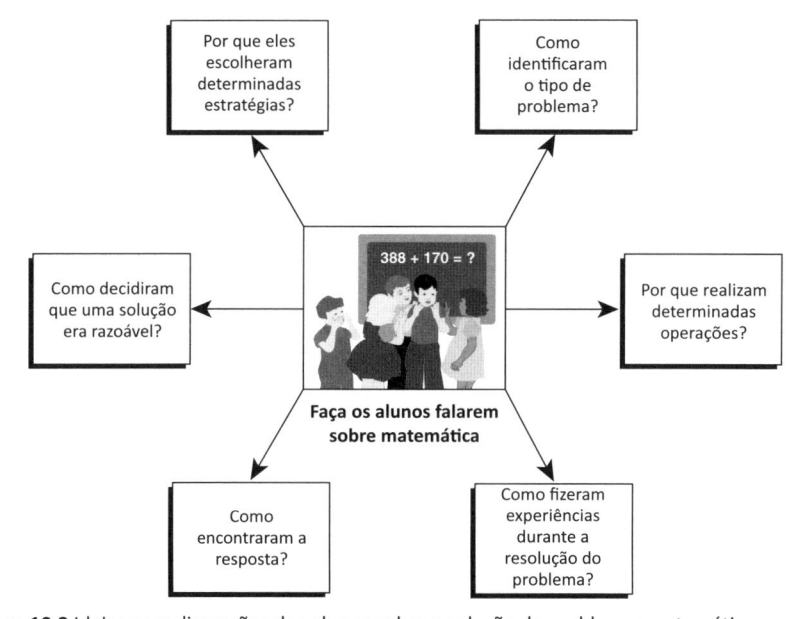

Figura 10.3 Ideias para discussões dos alunos sobre a solução de problemas matemáticos.

- Diagnosticar os níveis de entendimento de alunos individualmente.
- Modificar o ensino com base nessas novas informações.
- Garantir que o ensino seja consistente com aquilo que os alunos precisam aprender sobre matemática considerando as necessidades individuais e aquilo que é matematicamente importante.

A Figura 10.3 contém ideias para fazer os alunos falarem sobre matemática uns com os outros. Ouça essas explicações para avaliar a compreensão de conceitos e procedimentos matemáticos pelos alunos, bem como seu uso de termos técnicos.

Quais atividades poderiam motivar seus alunos a aprender matemática? Descubra os interesses de seus alunos e desenvolva atividades de aprendizado de acordo com isso. Por exemplo, se gostam de ir a parques de diversão, use aulas com montanhas-russas para ensinar-lhes como conceitos matemáticos (como a inclinação de uma rampa) se aplicam ao processo. Para ensinar-lhes a analisar dados e tirar conclusões, peça-lhes para fazer pesquisas ou realizar enquetes sobre temas que acham interessantes, como quanto custaria para construir um *playground* em seu bairro, quem provavelmente ganhará a próxima eleição para prefeito da cidade ou se sua banda favorita está vendendo suas músicas com sucesso. A série sobre tecnologia *The adventures of Jasper Woodbury*, discutida na seção "Tecnologias" deste capítulo, contém excelentes cenários sobre solução de problemas de matemática que os alunos costumam achar motivadores e significativos.

Outro aspecto importante do ensino reflexivo da matemática é avaliar seus livros didáticos. Pesquisas recentes mostram que até mesmo os livros de álgebra mais usados têm muitos pontos fracos. Seus livros didáticos são bons para explicar conceitos matemáticos abstratos? Até que ponto eles relacionam a matemática com experiências cotidianas? Como você avaliaria os métodos de ensino que utiliza, incluindo exemplos e descrições passo a passo de procedimentos? Até que ponto e com qual qualidade eles tratam de crenças negativas sobre a matemática? Duas das limitações mais importantes identificadas foram que os livros didáticos de álgebra não aproveitavam os conhecimentos matemáticos prévios dos alunos e não promoviam o pensamento matemático. Se seus livros didáticos têm essas limitações, quais medidas você adota para compensá-las?

Quais posturas e quais expectativas os pais de seus alunos têm em relação à capacidade dos filhos de se tornarem proficientes em matemática? Como você pode fazer os pais de seus alunos ajudá-los a aprenderem matemática? Em muitos casos, os pais podem não ser capazes de ajudar os alunos a realmente solucionar problemas de geometria ou trigonometria. Porém, podem ajudar seus filhos simplesmente comunicando suas expectativas e a confiança de que eles podem ter sucesso na matemática.

ESTEREÓTIPOS DE GÊNERO

Até que ponto os estereótipos de gênero afetam seus alunos? Muitas meninas são boas em matemática, mas algumas podem sentir medo de ter sucesso na área por causa dos estereótipos de gênero! Esses estereótipos sobre mulheres e matemática costumam aumentar a ansiedade das adolescentes (e até mesmo de estudantes universitárias) e diminuir sua segurança pessoal em relação à matemática, especialmente durante os testes. A ideia de que a matemática é uma disciplina para meninos, mas não para meninas, pode criar uma profecia que acaba se cumprindo.

Convide matemáticas do sexo feminino para falarem com a turma. Peça aos alunos para fazerem uma pesquisa sobre mulheres de sucesso na matemática para contestar tais estereótipos. Instrua os pais de seus alunos para que tal estereótipo negativo e inválido não seja perpetuado. Poucas pessoas sabem que o conceito de elevar ao quadrado, usado por Einstein em sua famosa equação $E = mc^2$, foi desenvolvido pela matemática francesa Marquesa Du Chatelet no início do século XVIII ou que a primeira esposa de Einstein costumava conferir os cálculos matemáticos para ele!

QUESTIONAMENTO

Como fazer perguntas é uma estratégia muito importante para ajudar seus alunos a pensarem sobre matemática, o ensino reflexivo exige que você pense sobre os tipos de perguntas que seus alunos precisam em momentos específicos. A Tabela 10.2 contém perguntas de nível básico, intermediário e avançado que podem ser feitas a respeito da matemática. Pesquisas sugerem que os alunos aprendem mais quando você minimiza as perguntas simples, reservando-as como blocos de construção, e utiliza perguntas de nível intermediário e avançado a maior parte do tempo. As perguntas de nível intermediário e avançado da Tabela 10.2 podem ajudá-lo a tornar a aula mais interessante, pois ajudam a refletir sobre a variedade de perguntas que você costuma fazer na sala de aula e lhe dão ideias para variá-las. Quais tipos de perguntas você faz aos alunos com mais frequência? Quais tipos de perguntas eles fazem para si próprios? Quais tipos você e eles poderiam fazer mais?

Tabela 10.2 Perguntas de nível básico, intermediário e avançado: matemática

Nível e tipo de pergunta	Exemplo do tipo de pergunta
Nível básico	
Rotular	Qual é o nome da relação entre o lado oposto de um triângulo dividido pela hipotenusa em um triângulo reto?
Definir	O que é uma assíntota?
Descrever	Qual é a lei de senos e cossenos?
Nível intermediário	
Sequenciar	Em qual ordem você realizaria as operações para solucionar esse problema?
Reproduzir	Como você faria o gráfico desta equação: $Y = f(x) = x^2 - 1 / x^2 - 9$
Descrever semelhanças/diferenças	Como o produto de dois números positivos é comparado com o produto de um número positivo e negativo?

(continua)

Tabela 10.2 *Continuação*

Nível e tipo de pergunta	Exemplo do tipo de pergunta
Estimar	Qual deve ser a resposta, aproximadamente?
Enumerar	Quais são as oito identidades trigonométricas fundamentais?
Inferir semelhanças/diferenças	Como esta abordagem para o problema se compara com a anterior?
Classificar	Qual tipo de problema é?
Sintetizar	Depois de solucionar cada uma das partes do problema, qual será sua resposta final?
Aplicar	Como a álgebra pode ser usada no dia a dia?
Analisar	Como você poderia dividir o problema em partes?
Nível avançado	
Avaliar	Qual é o melhor método para solucionar este problema?
Relação causal	Como você obteve esta resposta?
Generalizar	Como você geralmente lida com problemas de equação quadrática?
Prever o resultado	Se você não reverter as operações para conferir suas respostas, qual é o possível resultado?
Transformar	Se alterarmos o problema de fatoração de $4x^2 - 9$ para $4x^2 - 7$, como isso afetará sua resposta?
Planejar	Quais etapas serão executadas para solucionar este problema?
Verificar	Como você pode conferir sua resposta?
Concluir	Depois de identificar o tipo de problema e o que foi informado, qual é sua conclusão sobre o que deve ser encontrado?
Propor alternativas	Quais outras abordagens você poderia usar para solucionar este problema?
Solucionar o conflito	Você encontrou respostas diferentes nas duas vezes em que resolveu este problema. O que fazer agora?

I DREAM of A

O método I DREAM of A ajuda os alunos a aprenderem a ser reflexivos ao solucionarem problemas de matemática, pois são ensinados a se fazer perguntas e a pensar em voz alta para orientar seu planejamento, seu monitoramento e sua avaliação. Também se destina a ajudá-los a pensarem a respeito de suas posturas ao solucionarem problemas.

I DREAM of A é uma técnica para desenvolver habilidades de solução de problemas matemáticos que sintetiza o pensamento em voz alta e o questionamento. Trata-se de uma adaptação do método de solução de problemas IDEAL de Bransford, feita especificamente para a matemática. Cada letra maiúscula representa um componente do processo de solução de problemas. Assim, o acrônimo representa uma abordagem sistemática para orientar tal processo. Esses componentes envolvem habilidades de pensamento crítico para planejar, monitorar e avaliar o processo de solução de problemas, como no problema de taxas discutido no início deste capítulo. As quatro primeiras letras são etapas de planejamento; podem ser executadas em sequências diferentes. Com frequência, a solução de problemas começa com "D", de diagramação do problema, que prepara o terreno para "I", ou seja, identificação do problema.

A abordagem I DREAM of A não é uma fórmula mecânica rigorosa como um livro de receitas. Deve ser adaptada pessoalmente pelo responsável por solucionar o problema a fim de satisfazer as necessidades de cada situação. O professor pode agir como modelo, demonstrando como usar o I DREAM of A pensando em voz alta e se questionando enquanto resolve os problemas. Em seguida, dois alunos trabalham juntos, como no método de solução de problemas em duplas descrito anteriormente. Um aluno é o questionador, que conduz o processo de solução de problemas fazendo perguntas ao outro aluno e pedindo que o solucionador do problema pense em voz alta periodicamente durante o processo. O solucionador do problema responde às perguntas e pensa em voz alta, conforme foi pedido pelo questionador. São feitas perguntas para os sete componentes de "I DREAM" e "A".

Embora a maioria das perguntas se concentre nas estratégias e nos conhecimentos necessários para solucionar um problema, o questionador ocasionalmente pergunta sobre os sentimentos do solucionador do problema. O objetivo é estabelecer uma postura positiva e mantê-la. O questionador decide quais perguntas deve fazer, quando deve pedir ao solucionador do problema para pensar em voz alta e quando deve indagar sobre as posturas deste. Segue uma ilustração do problema. A Tabela 10.3 contém perguntas feitas por outras pessoas e autoquestionamentos dos alunos que poderiam ser realizados durante a solução de problemas. Lembre-se de que as perguntas devem ser construtivas para cada problema individual em vez de sempre usar um conjunto prescrito de perguntas.

Tabela 10.3 I DREAM of A em matemática

Etapa do processo de solução de problemas	Exemplos de perguntas para os outros fazerem e perguntas para nós mesmos
I = Identifique e defina	Que tipo de problema é este? O que é informado/deve ser encontrado? Como você poderia explicar o problema em suas próprias palavras? O que você sabe sobre este tipo de problema? Algo parece confuso? Quais informações são relevantes? Quais não são? Como você se sente em relação à sua capacidade de solucionar este problema?
D = Faça um diagrama	Como você faria um esboço ou desenharia este problema? Quais símbolos ou notações devem estar no seu diagrama? Tem certeza de que contém todas as partes importantes? Tem certeza de que existe uma relação exata entre elas? Como seu diagrama ajuda a identificar e definir o problema?
R = Lembre-se de conceitos e abordagens importantes	Você solucionou problemas como este antes? Como? Você tem um exemplo de como solucionar este tipo de problema em seu texto ou anotações? De quais definições, regras, conceitos, procedimentos e equações você poderia precisar para solucionar este problema? Por quê? Quando seriam utilizados? Você deve revisar alguma coisa? Você costuma cometer algum erro nestes problemas? De quais fórmulas você precisa?

(continua)

Tabela 10.3 *Continuação*

Etapa do processo de solução de problemas	Exemplos de perguntas para os outros fazerem e perguntas para nós mesmos
E = Examine abordagens alternativas	Existe outra maneira de solucionar este problema? Pense em voz alta sobre como você poderia solucionar este problema. Quais abordagens você poderia usar? Existem outras estratégias gerais, como trabalhar de modo retroativo ou testar valores extremos, que poderiam ser úteis? Qual é melhor? Por quê? Para você, qual seria a resposta? Quais dificuldades poderiam surgir enquanto você soluciona o problema? Como você poderia dividir o problema em partes? O que você faria em primeiro lugar, em segundo lugar...? Qual é o melhor modo?
A = Aplique seu plano	Qual é seu plano para solucionar este problema? Pense em voz alta enquanto aplica seu plano de solução de problemas. Como devo começar? Estou pensando em voz alta enquanto trabalho? Sinto-me confiante em relação ao que estou fazendo?
M = Monitore o processo	Como está seu desempenho até o momento? Sua abordagem está conduzindo você aonde precisa ir? Como é possível saber isso? Você deveria experimentar outra abordagem? Como você está verificando para ter certeza de que não esqueceu nada nem cometeu erros por falta de atenção? Você está mantendo uma perspectiva positiva? Tudo faz sentido? Não entendi alguma coisa? Minha abordagem está me levando à direção certa?
A = Avalie o processo e o resultado	Tem certeza de que respondeu o problema por completo? Reavaliando o enunciado do problema, sua resposta faz sentido? Como é possível verificar sua resposta? O que você aprendeu, ao tentar solucionar este problema, que poderia ajudá-lo no futuro? Meu desempenho foi bom? Cometi erros por falta de atenção? O que eu poderia fazer melhor da próxima vez?

Em uma situação de aprendizado em duplas ou no contexto de aprendizado cooperativo, os alunos se revezam para desempenhar os papéis de questionador e solucionador do problema. Para se tornarem solucionadores de problemas independentes, os alunos podem aprender a se fazer perguntas quando estão trabalhando por conta própria, além de internalizar os componentes do processo de solução de problemas. Os exemplos de perguntas são apresentados para estimular a pensar sobre tipos adequados de perguntas para fazer. Cada situação exigirá perguntas um pouco diferentes. Pesquisas mostram que **autoquestionamentos dos alunos são mais eficazes do que as perguntas impostas pelo professor.** As perguntas impostas pelo professor são bons blocos de construção ou *scaffolding* temporários para orientar os alunos durante a solução de problemas até que possam se questionar de modo independente, manter uma postura positiva e orientar sua própria solução de problemas.

TECNOLOGIAS

A tecnologia fornece muitas oportunidades para os professores de matemática usarem abordagens inovadoras e eficazes de ensino e aprendizado. Como a tecnologia, incluindo vídeos e CDs, programas de computador, como planilhas e o *The Geometer's Sketchpad*® (c2014), tutoriais *on-line*, *WebQuests* e calculadoras para criação de gráficos, pode ajudar os alunos a se tornarem aprendizes mais reflexivos?

Vídeos do ensino de matemática em uma turma de 9º ano multicultural foram uma importante fonte de dados para o clássico estudo TIMSS 1999, que permitiu examinar o ensino e o aprendizado a partir de pontos de vista alternativos, incluindo perspectivas que representavam os sete países participantes (NATIONAL CENTER FOR EDUCATION STATISTICS, 1999). Em cada país que participou do estudo TIMSS, a maior parte do ensino e do aprendizado foi caracterizada por alunos resolvendo problemas matemáticos **de modo independente**. Como você foi ensinado a solucionar problemas matemáticos? Até que ponto seus alunos solucionam problemas de matemática **cooperativamente**? Quais são as vantagens e desvantagens de trabalhar de forma independente ou cooperativa?

Um padrão revelado no TIMSS entre culturas foi que os professores falavam mais do que os alunos na sala de aula em uma proporção de 8:1. Quanto você fala na sala de aula em comparação com seus alunos? Outro padrão foi que o conteúdo da aula incluía a revisão da matéria aprendida e a cobertura de matéria nova: introduzir e pedir aos alunos para praticar. Suas aulas refletem esse padrão? O que você enfatiza mais: a revisão ou a matéria nova? Como você distribui o tempo ao tratar de uma matéria nova?

Você já se viu conduzindo uma aula de matemática? Vídeos do seu próprio ensino podem ser um grande estímulo para sua capacidade de ensinar matemática de modo reflexivo? Com frequência, os professores não percebem as maneiras que os alunos os veem – por exemplo, como uma expressão facial pode desencorajá-los. Os vídeos preservam as atividades em sala de aula para que possam ser analisadas em detalhes e vistas por outros a fim de obter comentários adicionais. Professores novatos podem se beneficiar se os experientes fizerem recomendações e comentários específicos sobre seu ensino quando os alunos trabalham de modo independente e cooperativo para solucionar problemas.

A série *The adventures of Jasper Woodbury* é um excelente exemplo de como a tecnologia pode desmitificar a matemática, tornando-a empolgante e significativa para alunos a partir do 6º ano. O uso dessa série pode melhorar a solução de problemas escritos com diversas etapas e diminuir a ansiedade relacionada à matemática. Originalmente em fitas de vídeo e, agora, em discos interativos, uma série de aventuras reais mostra aos alunos como a matemática é vital para solucionar problemas realistas importantes no dia a dia. Os alunos ficam motivados a aprender matemática à medida que participam de situações de solução de problemas autênticos. A reflexão é promovida pela abordagem de solução de problemas de Jasper, que enfatiza a importância de identificar o problema, comunicar-se com outros alunos a respeito dele e fazer conexões com outras disciplinas do currículo, incluindo história, literatura e ciência. Os temas matemáticos incluem álgebra, geometria e estatística.

O Algebra Project, criado por Bob Moses, um ativista de direitos civis, foi desenvolvido para promover o ensino de matemática entre alunos de zonas urbanas e rurais. Começa com os alunos tendo uma experiência, como uma viagem de campo. Depois, desenvolvem informalmente um modelo ou imagens a partir das vivências; a seguir, formalizam sua experiência com a linguagem e, por fim, criam representações simbólicas disso usando conceitos matemáticos. Assim, a matemática é construída a partir das reflexões dos alunos sobre suas próprias experiências, fazendo-os entender a função da matemática em suas vidas (MOSES, 22001). Para assistir a vídeos da abordagem, acesse o *site* da *National Headquarters* [20--].

Outra série de vídeos para o ensino de matemática é *Project Mathematics*, uma abordagem com vídeos animados para o ensino de temas básicos na matemática do ensino médio que não podem ser ensinados de forma eficaz com métodos de ensino tradicionais, como um livro didático ou quadro (PROJECT..., 199-). Também inclui materiais sobre a história da matemática. Cor, movimento e som são utilizados para demonstrar conceitos matemáticos, que são conectados a ações na experiência cotidiana. Cada módulo tem um livro de exercícios associado. Apesar de ter sido desenvolvido nos Estados Unidos, já é utilizado em outros países no mundo todo e apreciado por professores e alunos.

O *Geometer's Sketchpad* permite que os alunos explorem e descubram características e propriedades geométricas de maneiras que não são possíveis sem tecnologia. Utilizando o *mouse* para manipular figuras, os alunos podem visualizá-las e analisá-las a partir de diferentes perspectivas, o que melhora sua compreensão consideravelmente. Outra vantagem é que isso ajuda os alunos a se tornarem mais reflexivos em relação à matemática, pois ajuda a perceber como a geometria está relacionada com a álgebra e a trigonometria.

Calculadoras gráficas estão disponíveis *on-line*. Dessa forma, os alunos não precisam necessariamente comprar versões portáteis. São especialmente úteis para promover o aprendizado reflexivo da álgebra, porque promovem uma compreensão mais profunda das equações e como são preparadas. Isso permite que os alunos solucionem problemas de álgebra usando o raciocínio em vez da memorização. O *site Cool math* (c2014), que contém uma calculadora gráfica *on-line* gratuita, possui um *link* para Webgraphing.com que mostra como tais calculadoras promovem o aprendizado de pré-cálculo e cálculo, além da álgebra.

A internet tem recursos volumosos e diversificados para o ensino e o aprendizado de matemática. Um *site* abrangente é o *Math Archives* (c2001), em que um banco de dados que pode ser pesquisado por assunto, bem como materiais para o ensino fundamental. Além disso, o *site* recomenda programas de computador e patrocina concursos e competições. Existem vários tutoriais *on-line* gratuitos para ajudar alunos dos anos finais do ensino fundamental e do ensino médio a aprenderem matemática. Os temas incluem frações, decimais, unidades de conversão, equações quadráticas, fatoração, polinômios, provas geométricas, senos e cossenos, logaritmos, equações lineares e equações diferenciais. Os alunos que têm computadores e acesso à internet em casa podem receber tutoriais específicos para os temas de casa ou as tarefas. Os alunos que não têm acesso à internet em casa podem acessar tais tutoriais em computadores da escola com conexão com a internet. De modo alternativo, por valores mínimos, os professores conseguem comprar CDs para que os alunos possam usar esses tutoriais sem precisar de acesso à internet. Tutoriais baseados na *web* para álgebra e fundamentos da matemática estão disponíveis em MathPower (c2014).

WebQuests

A Tabela 10.4 foi copiada da internet para mostrar algumas das possibilidades de usar essa abordagem de aprendizado por consulta baseada na internet durante o ensino de matemática nos anos finais do ensino fundamental.

Tabela 10.4 *WebQuests* de matemática do 7º ao 9º ano

Aerodynamic adventure	Atividades desenvolvidas em torno de uma simulação sobre plano de voo e matemática.
Creative Encounter of the Numerical Kind	Depois de pesquisar o valor posicional e o sistema numérico, os alunos criam um sistema numérico de base 4 para uma tribo alienígena primitiva.
Design a Dream Vacation	Com um orçamento de 2 mil dólares por pessoa, planeje uma viagem de férias a partir de uma lista de destinos. Use uma planilha eletrônica. Escolha os passeios e as atividades.
Designing a Home	Faça o projeto de uma casa usando plantas, considerando custos, consumo de energia, etc.
Dilemma of the Dangerous Meatloaf, The	Por meio de análise/pesquisa, os alunos determinam e defendem uma posição em relação aos benefícios que um alimento oferece para a saúde.
Dream A Dream, Reach A Goal	Crie uma história de ficção realista com informações sobre um trenó, a equipe de cães, a trilha, o clima e os pontos de controle durante a Corrida de Iditarod.
Evaluating Math Games	Jogue e avalie jogos de matemática.
Franchise	Convença seus colegas a investirem na franquia que você selecionou.
Geometry Meets Poetry	Pegue um conceito geométrico e retrate-o como um poema e um gráfico animado.
Harry Potter WebQuest	Harry Potter desafiou sua escola para uma Partida de Quadribol... Mas, em primeiro lugar, você precisa de um campo e dos materiais. Revise os conceitos de decimais, porcentagem, medidas, perímetro, área, circunferência e gerenciamento financeiro.
Hockey Salary Creator	Utilize conceitos matemáticos para avaliar os jogadores dos times da Liga Nacional de Hóquei.
Home Improvement	Você está sendo contratado como decorador de interiores para projetar cômodos reformados recentemente.
King of Tides, The	Analise dados em tempo real para tentar provar uma relação causal entre a lua e as marés.
Let's Have a Field Day!	Planeje um dia no parque e descubra quanto vai custar.
March Madness	Analise as estatísticas referentes aos jogos do campeonato de basquete NCAA.
Math-Scape	Este *WebQuest* pede aos alunos para criar um projeto de paisagismo.
Personal Budget WebQuest	Organize um orçamento e um estilo de vida.

(continua)

Tabela 10.4 *Continuação*

Pizza Family Reunion, A	Utilize planilhas eletrônicas para modificar uma receita e desenvolver uma lista de compras para um grupo grande.
Rising Cost of Colleges, The	Pesquise três universidades escolhidas por você. Investigue as mensalidades e outras despesas. Procure bolsas de estudo.
Roller Coaster Madness	Projete uma montanha-russa.
Roller Coaster Statistics	Pesquise oito montanhas-russas e decida qual delas oferece mais emoção com base na altura, extensão e velocidade máxima.
Searching for Solutions	Solucione problemas reais envolvendo pesquisa na internet e habilidades matemáticas de alto nível. Novo URL.
Sports Night	Colete dados sobre atletas, faça um gráfico com os dados e faça previsões sobre o desempenho no futuro.
Teaching Tessellations	Escreva um livro para explicar pavimentos a alunos do 5º, 6º e 7º ano de uma escola de ensino fundamental do bairro.
Titanic: What Can Numbers Tell Us?	Crie uma planilha eletrônica e examine estatísticas sobre a viagem.
Vacation Anyone?	Os alunos usam a internet para tirar férias imaginárias em uma cidade dos Estados Unidos; depois, as apresentam.
Weekend@Bernie's	Faça um orçamento para uma família específica (porém, estranhamente familiar).
Who Wants to be a Millionaire?	Analise carreiras e hábitos de investimento para se tornar um milionário nesta vida.
Your Opinion Sells	Desenvolva, conduza, analise e escreva uma pesquisa de opinião para alunos.

A Tabela 10.5 é semelhante. Foi encontrada na internet e trata do uso de *WebQuests* na matemática do ensino médio.

Você fica em dúvida a respeito da melhor forma de ensinar um tema? Existe um ambiente *on-line* onde é possível receber conselhos especializados do "Dr. Matemática". Chama-se *Math Forum*. O *Math Forum* (c2014), é um *site* importante e popular para professores de matemática da educação infantil ao ensino médio. Além de fornecer conselhos especializados para determinadas perguntas, é possível se reunir com outros professores para falar sobre o ensino de matemática em uma sala dos professores em *Teacher2Teacher (T2T)*. Esse *site* também contém informações para pais interessados no ensino da matemática. Ajuda está disponível para problemas matemáticos específicos e para o ensino e o aprendizado de matemática em geral.

O TERC (c2014), outro recurso *on-line* para o ensino de matemática desde a educação infantil até a universidade, atualmente tem projetos em 249 escolas. Seu trabalho inclui desenvolvimento curricular e profissional para professores com a finalidade de ajudar os alunos a se tornarem aprendizes de matemática e ciências durante a vida inteira. Para promover esse objetivo, patrocinam comunidades *on-line* de aprendizado em que é possível colaborar com outros professores.

Recursos extensivos sobre o uso de tecnologia para o ensino de matemática estão disponíveis na biblioteca *on-line* virtual que inclui *links* para muitos programas do nível do ensino médio nos Estados Unidos e em outros países, incluindo Canadá, Reino Unido e Hong Kong (MATHEMATICS WWW VIRTUAL LIBRARY, c2014).

Tabela 10.5 *WebQuests* de matemática do ensino médio

Best Mathematicians You've Never Heard Of, The	Descubra informações sobre um matemático e, depois, crie uma apresentação.
Buying Your First Car	Que despesas uma pessoa pode ter ao comprar um carro pela primeira vez?
Call Me	Qual é a história por trás dos números 10–10 anunciados na TV? Use sistemas lineares para comparar um plano 10–10 com um plano regular de longa distância. Escreva uma redação para persuadir sua família a usar determinado plano de longa distância.
Cavern World	Unidade interdisciplinar em que os alunos criam seu próprio mundo usando ciência, matemática, governo, economia e inglês.
Charts and Graphs	Utilize *sites* da internet para coletar dados a fim de criar gráficos de barras e linhas, bem como gráficos de *pizza*.
Evaluating Math Games	Jogue e avalie jogos de matemática.
Great Pyramid, The	Construa um modelo em escala das pirâmides de Gizé e compare-as matematicamente umas com as outras e com algumas estruturas atuais.
Hockey Salary Creator	Utilize conceitos matemáticos para avaliar os jogadores dos times da Liga Nacional de Hóquei.
In Pursuit of Mice with Math	Planeje uma viagem da turma para a DisneyWorld e faça um orçamento que seja adequado para uma aula de matemática aplicada.
Major Leagues	O beisebol se livrou dos contratos a longo prazo; o pagamento é baseado no desempenho do jogador no ano anterior.
Make It Beautiful	Os alunos farão um projeto de paisagismo, estimarão seu custo, venderão o projeto aos seus colegas e o executarão.
Math Models & Economics	Uma compilação de *WebQuests* elaboradas para cumprir a maioria dos requisitos do semestre para aulas de modelos matemáticos e economia no ensino médio. Inclui: comprar/financiar um veículo; comprar/alugar uma casa; orçamento e carreira; e investimentos.
Mathart: Connecting Math and Art	Elabore e ministre uma aula que misture arte e matemática.
My First Car	Você pode comprar seu próprio carro? Onde ele será comprado? O que você fará em relação ao seguro? Como pagará por ele?
Personal Budget *WebQuest*	Defina um orçamento e um estilo de vida.
Road Block	Estude médias, análise de dados, manipulação de dados, tendências e gráficos enquanto analisa o seguro de veículos.
Space Station Phyve	Pesquise e elabore uma estação espacial ou colônia em rotação.
Take Me Out to the Ball Game	Usando dados estatísticos, você determinará os 10 melhores anos de vários rebatedores de beisebol famosos. Com base nas informações estatísticas, você chegará a uma conclusão: Quem é o melhor rebatedor de todos os tempos?
Titanic: What Can Numbers Tell Us?	Crie uma planilha eletrônica e examine estatísticas sobre a viagem.

(continua)

Tabela 10.5 *Continuação*

Trilingual Packaging Dilemma	Crie uma caixa robusta e atraente para um jogo usando triângulos.
What's in a Line?	Acesse a internet e veja como as equações lineares aparecem na vida real.
What's Your Favorite Proof of the Pythagorean Theorem?	Os alunos apresentam uma das provas do Teorema de Pitágoras, desenvolvem sua própria prova e lidam com as perguntas relacionadas. Comparam as pesquisas feitas na época de Pitágoras com pesquisas atuais; contrastam o tratamento da Sociedade Pitagórica com o tratamento de outros grupos em épocas mais recentes.
When Will I Ever Use This?	A queixa mais comum dos alunos em relação à matemática e, em particular, à álgebra é: "Quando vou precisar usar isto?". Hoje, a álgebra está em julgamento.
Who Wants to be a Millionaire?	Analise carreiras e hábitos de investimento para se tornar um milionário nesta vida.
Yellowstone Caldera WebQuest	Faça previsões sobre atividades vulcânicas e danos com base em dados históricos.
Your Opinion Sells	Desenvolva, conduza, analise e escreva uma pesquisa de opinião para alunos.

RESUMO

Os conhecimentos, as crenças e as posturas dos alunos, professores e até mesmo dos pais em relação à matemática podem ter efeitos profundos no aprendizado e no ensino. Pesquisas recentes enfatizaram o aprendizado da matemática voltado à compreensão, em vez de apenas encontrar a resposta certa. A ansiedade e os estereótipos de gênero podem afetar negativamente o desempenho dos alunos na matemática. Por isso, aplique estratégias para ajudar os alunos a superá-los. O questionamento e o autoquestionamento são estratégias eficazes para aprender matemática e solucionar problemas. Também é muito útil conectar o aprendizado de matemática e a solução de problemas com as experiências cotidianas. Muitas estratégias de ensino, incluindo abordagens tecnológicas, ajudam os alunos a refletirem sobre o significado da matemática no dia a dia.

REFERÊNCIAS

COOLMATH.com. *Coolmath's graphing calculator*. [S.l.]: Cool Math.com, c2014. Disponível em: <http://www.coolmath.com/graphit/index.html>. Acesso em: 15 ago. 2014.

MATH ARCHIVES. [*Site*]. Knoxville: University of Tennessee, c2001. Disponível em: <http://archives.math.utk.edu/>. Acesso em: 15 ago. 2014.

MATHEMATICS WWW VIRTUAL LIBRARY. [*Site*]. Tallahasse: Florida State University, c2014. Disponível: <http://www.math.fsu.edu/Virtual/>. Acesso em: 15 ago. 2014.

MATH FORUM. [*Site*]. Philadelphia: Drexel University, c2014. Disponível em: <http:// mathforum.org/>. Acesso em: 15 ago. 2014.

MATHPOWER.com. *Professor Freedman's Math Help*. [S. l.]: Ellen Freedman, c2014. Disponível em: <http://www.mathpower.com/>. Acesso em: 15 ago. 2014.

MEANINGFUL LEARNING RESEARCH GROUP ARTICLES. Santa Cruz: University of California, [20--]. Disponível em: <http://www2.ucsc.edu/mlrg/mlrgarticles.html>. Acesso em: 15 ago. 2014.

MOSES, B. *Radical equations*: civil rights from Mississippi to the Algebra Project. Boston: Beacon, 2001.

NACIONAL CENTER FOR EDUCATION STATISTICS. *Trends in International Mathematics and Science Study*. Washington: Institute of Education Sciences, 1999. Disponível em: < http://nces.ed.gov/timss/results.asp>. Acesso em: 15 ago. 2014.
NATIONAL HEADQUARTERS. *The Algebra Project*. Cambridge: North Central Regional Educational Laboratory, 2004. Disponível em: <http://www.ncrel.org/sdrs/areas/issues/content/cntareas/math/ma1-algeb.htm>. Acesso em: 15 ago. 2014.
PROJECT Mathematics! computer-animated mathematics videotapes and DVDs. [S. l.: s. n.], [199-]. Disponível em: <http://www.projectmathematics.com/index.html>. Acesso em: 15 ago. 2014.
THE ADVENTURES of Jasper Woodbury. Nashville: Vanderbilt University, c2014. Disponível em: <http://jasper.vueinnovations.com/>. Acesso em: 15 ago. 2014.
THE GEOMETER'S Sketchpad®. Columbus: McGraw-Hill, c2014. Disponível em: <http://www.dynamicgeometry.com/>. Acesso em: 15 ago. 2014.

Leituras sugeridas

AGNES SCOTT COLLEGE. *Biographies of women mathematicians*. Atlanta: Agnes Scott College, 2007. Disponível em: <http://www.agnesscott.edu/Lriddle/WOMEN/women.htm>. Acesso em 15 ago. 2014.
AMEIS, J. A.; EBENEZER, J. V. *Mathematics on the internet*: a resource for k–12 teachers. Upper Saddle River: Merrill/Prentice Hall, 2000.
ARTZT, A.; ARMOUR-THOMAS, E. *Becoming a reflective mathematics teacher*: a guide for observations and self-assessment. Mahwah, NJ: Lawrence Erlbaum Associates, 2002.
BERNANDER, L.; CLEMENT, J. *Catalogue of error patterns observed in courses on basic mathematics*. Amherst: University of Massachusetts, 1985.
BRANSFORD, J. D.; et al. (Org.). *How people learn*: brain, mind, experience and school. Washington: National Academy, 2000.
DODGE, B. *Math webquests for grades 6–8 & grades 9–12*. San Diego: Bernie Dodge, c2007. Disponível em: <http://webquest.sdsu.edu/matrix/9-12-Mat.htm>. Acesso em: 15 ago. 2014.
EDGE, D.; FREEDMAN, E. *Math teachers' ten commandments*. [S. l.]: Donald Edge & Ellen Freedman, 1992. Disponível em: <http://www.mathpower.com/tencomm.htm>. Acesso em: 15 ago. 2014.
FENNEMA, E.; CARPENTER, T.; LAMON, S. *Integrating research on teaching and learning mathematics*. Albany: State University of New York, 1991.
HYDE, J. S.; FENNEMA, E.; e S. J. LAMON, S. J. Gender differences in mathematics performance. *Psychological Bulletin*, v. 107, p. 139–155, 1990.
INSPIREDATA: giving students the power to visualize, investigate, and understand data. TERC. Cambridge: TERC, 2006. Disponível em: <https://www.terc.edu/display/Newsroom/July+5,+2006+-+InspireData,+Visual+Learning+Software+Developed+by+TERC+Debuts+at+NECC>. Acesso em: 15 ago. 2014.
JACKSON, C. D.; LEFFINGWELL, R. J. The role of instructors in creating math anxiety in students from kindergarten through college. *The Mathematics Teacher*, v. 92, n. 7, p. 583–586, 1999.
LIVINGSTON, C.; BORKO, H. High school mathematics review lessons: expert–novice distinction. *Journal for Research in Mathematics Education*, v. 21, n. 5, p. 372–387, 1990.
LOCHHEAD, J.; MESTRE, J. From words to algebra: mending misconceptions. In: COXFORD, A.; SCHULTE, A. (Eds.). *The ideas of algebra, K–12*. Reston: National Council of Mathematics Teachers, 1988.
NATIONAL COUNCIL OF TEACHERS OF MATHEMATICS. *Principles and standards for school mathematics*. Reston: National Council of Teachers of Mathematics, 2000.
NACIONAL CENTER FOR EDUCATION STATISTICS. *Trends in International Mathematics and Science Study*. Washington: Institute of Education Sciences, 1999. Disponível em: < http://nces.ed.gov/timss/results.asp>. Acesso em: 15 ago. 2014
POSAMENTIER, A.; HARTMAN, H.; KAISER, C. *Tips for the mathematics teacher*: research-based strategies to help students learn. Thousand Oaks: Corwin, 1998.
SCHOENFELD, A. *Mathematical problem solving*. Nova York: Academic, 1985.
SOS mathematics. El Paso: Math Medics, 2007. Disponível em: <http://www.sosmath.com/>. Acesso em: 15 ago. 2014.
ZINSSER, J. *La dame d'esprit*: a biography of the Marquise du Chatelet. Nova York: Viking, 2006.

11

Ensino reflexivo de ciências

Muitas vezes, os alunos acham que ciências é uma das disciplinas mais difíceis – não importa se estão no ensino fundamental, no ensino médio ou na universidade. Por esse motivo, muitos alunos desenvolvem fobias em relação a essa disciplina, assim como costumam fazer com a matemática. Como seus alunos se sentem acerca do aprendizado de ciências? Também é comum que os alunos tenham preconcepções (ideias deturpadas) sobre ciências que podem prejudicar o aprendizado de conceitos importantes. Até que ponto você está ciente dessas ideias problemáticas? Como lida com elas?

É importante refletir sobre o conteúdo que você ensina, além de pensar de modo reflexivo e crítico sobre a pedagogia usada para ensinar habilidades e conceitos científicos importantes. Isso inclui considerar o que, por que e como você ensina a fim de satisfazer as necessidades de seus alunos. Além disso, como e com que frequência você os ajuda a pensar de modo reflexivo e crítico sobre ciências para que aprendam a pensar como cientistas? Você os ajuda a se tornarem mais conscientes e ter mais controle de si mesmos como aprendizes para se transformarem em aprendizes independentes e autônomos? Como e até que ponto você ajuda meninos e meninas a se sentirem motivados e confiantes em relação ao aprendizado de ciências?

Atualmente, dois temas importantes na educação de ciências são: ensinar de acordo com padrões nacionais e superar as ideias preconcebidas que inibem o aprendizado dos alunos. O ensino reflexivo de ciências inclui conhecer os padrões de ciências e tentar alcançá-los. Também inclui monitorar a compreensão e o progresso dos alunos, bem como avaliar até que ponto eles estão seguindo os padrões estabelecidos.

PADRÕES

Os Padrões Nacionais de Educação de Ciências nos Estados Unidos, incluindo padrões de conteúdo para alunos que estão aprendendo ciências, padrões de desenvolvimento profissional para professores que ensinam ciências e avaliação de ciências, são apresentados em detalhes em um livro *on-line* gratuito (NATIONAL COMMITTEE ON SCIENCE EDUCATION STANDARDS AND ASSESSMENT, 1996).

O pensamento reflexivo e crítico é fundamental para a alfabetização científica, como é conceituado nos Padrões Nacionais de Educação de Ciências. Na seção sobre Princípios e Definições, a alfabetização científica é caracterizada da seguinte maneira:

> Alfabetização científica significa que uma pessoa é capaz de perguntar, encontrar ou determinar respostas para perguntas derivadas da curiosidade a respeito de experiências cotidianas. Significa que uma pessoa tem a capacidade de descrever, explicar e prever fenômenos naturais.
>
> A alfabetização científica envolve ser capaz de ler e entender artigos sobre ciências na mídia popular, além de participar de conversas sociais relacionadas à validade das conclusões. A alfabetização científica implica que uma pessoa consiga identificar as questões científicas subjacentes a decisões nacionais e locais, bem como expressar opiniões que possuam bases científicas e tecnológicas. Um cidadão alfabetizado deve ser capaz de avaliar a qualidade das informações científicas de acordo com sua fonte e o método usado para gerá-las. A alfabetização científica também implica a capacidade de apresentar e avaliar argumentos com base em evidências, além de aplicar as conclusões de tais argumentos de forma adequada.

Uma ferramenta padronizada que ajuda os professores a observarem seu próprio ensino e avaliar até que ponto eles estão seguindo os padrões em ciências e matemática é o Reformed Teaching Observation Protocol (RTOP). Os itens são organizados nas categorias a seguir:

1. Formato e implementação da aula
2. Conteúdo: conhecimento pedagógico proposicional
3. Conteúdo: conhecimento pedagógico procedural
4. Cultura de sala de aula: interações comunicativas
5. Cultura de sala de aula: relacionamentos entre alunos e professores

O RTOP é um instrumento de medida criado para promover a autorreflexão do professor e o uso dos resultados para melhorar o ensino. Alguns professores utilizam-no para analisar e avaliar vídeos de seu próprio ensino; o objetivo é a renovação. O ensino reflexivo de ciências se beneficia da gravação de suas aulas e usa tal forma de observação para determinar se você está seguindo os padrões nacionais, inclusive no uso de termos e conceitos de ciências e na atenção à solução de problemas.

Além dos padrões nacionais, muitos estados e até mesmo cidades têm seus próprios padrões e seus próprios conjuntos de testes padronizados. Pesquisas sugerem que, no ensino de ciências, é muito útil que os alunos tentem solucionar problemas interessantes e significativos que possam promover uma discussão sobre abordagens concorrentes. Uma abordagem recomendada envolve aproveitar aquilo que os alunos sabem ou conseguem fazer de modo independente e lhes fornecer um suporte temporário até que consigam executar tarefas por conta própria. Tal abordagem chama-se *scaffolding*. Todavia, o pensamento reflexivo e crítico é necessário para usar o *scaffolding* com eficácia, ou seja, no momento de considerar quais tipos de *scaffolding* são fornecidos, em qual ordem devem ser organizados e como decidir qual é a hora de reduzir ou retirá-lo dos alunos.

Um ensino excelente requer um vasto conhecimento. Isso inclui conhecimento do conteúdo pedagógico, por exemplo, como superar dificuldade comuns de aprendizado; conhecimento do conteúdo específico da disciplina e conhecimento pedagógico, como quais estratégias de ensino funcionam melhor para quem e em quais contextos. Como você decide quais métodos de ensino serão usados? O Capítulo 8 sobre estratégias de ensino resume o conhecimento sobre o que são estratégias específicas, por que utilizá-las e como utilizá-las. Pesquisas mostram que o ensino de ciências "baseado em atividades" é especialmente indicado para alunos com baixo desempenho, baixa capacidade e baixo *status* socioeconômico. Os métodos eficazes baseados em atividades incluem *scaffolding*, aprendizado cooperativo, raciocínio baseado em modelos, investigação e o ciclo de aprendizado.

PROBLEMAS E SOLUÇÕES DE APRENDIZADO DE CIÊNCIAS

Até que ponto você prepara seus alunos para os cursos universitários de ciências? Pesquisas sugerem que os cursos universitários introdutórios de ciências são frequentemente caracterizados por aspectos negativos, tais como falha em motivar o interesse dos alunos, aprendizado passivo, ênfase no aprendizado competitivo em vez de cooperativo e dependência de algoritmos em vez de compreensão. Esses aspectos às vezes afastam os alunos de carreiras relacionadas às ciências. Pesquisas recentes sugerem que a incompatibilidade entre as práticas de ensino e os estilos de aprendizado dos alunos pode ser responsável por muitos desses problemas.

Um modelo de estilos de aprendizado é especialmente interessante, porque conceitua as dimensões (sentir/intuir, visual/verbal, indutivo/dedutivo, ativo/reflexivo e global/sequencial) de forma contínua, não dicotômica. Para orientar a instrução para cada um desses estilos, utilize sistematicamente alguns métodos de ensino que justapõem estilos de aprendizado e ajudam a satisfazer as necessidades de todos os alunos.

1. Proporcione experiência relacionada aos problemas para os alunos antes de lhes dar as ferramentas para solucioná-los.
2. Equilibre informações concretas com conceituais (abstratas).
3. Utilize representações gráficas, analogias físicas e demonstrações de maneira liberal.
4. Mostre aos alunos como os conceitos são conectados dentro das disciplinas e entre elas, bem como com a experiência cotidiana.

O ensino reflexivo de ciências pode ajudá-lo a melhorar o alinhamento entre suas práticas de ensino e os estilos de aprendizado dos alunos.

Preconcepções sobre ciências e gênero

Sabe-se que o número de mulheres em carreiras científicas é inferior ao de homens. Ideias deturpadas ou preconcepções sobre diferenças de gênero na capacidade de ter sucesso nas ciências contribuem para esse desequilíbrio. Você tem tais preconcepções em relação ao potencial de desempenho científico de seus alunos com base no gênero? Até que ponto seus alunos e/ou os pais destes têm essas crenças? Essas posturas também podem promover uma ansiedade prejudicial nas meninas. O pensamento reflexivo e crítico a respeito desse problema pode ajudar a solucioná-lo. Essa questão é muito importante agora que os Estados Unidos correm o risco de perder sua posição de liderança nas ciências devido à posição relativamente baixa (9º lugar) alcançada na avaliação de desempenho do ensino médio em comparação com outros países, segundo o relatório TIMSS 2003 (NATIONAL CENTER FOR EDUCATION STATISTICS, 2003).

Em geral, a descoberta da radioatividade por Madame Curie é a única contribuição importante de uma mulher para as ciências que os alunos conhecem. Para ajudar os alunos a superarem tais estereótipos, peça-lhes para que façam pesquisas sobre mulheres famosas nas ciências, tanto no passado como atualmente. Por exemplo, a Marquesa Du Chatelet, que viveu no século XVIII, foi a primeira mulher publicada pelas principais Academias de Ciências de Paris e Bolonha. Apesar de ter sido negligenciada por Watson, Crick e pela comissão do Prêmio Nobel pelo avanço na descoberta da dupla hélice, Rosalind Franklin é conhecida pelo importante papel que desempenhou na determinação da estrutura do DNA. Hoje em dia, a física de Harvard, Lisa Randall, tem feito contribuições importantes para nossa compreensão das dimensões ocultas do universo. Leve cientistas do sexo feminino à sua escola ou sala de aula que ajudem a superar as preconcepções!

Minorias e a educação de ciências

Estereótipos étnicos e raciais ocorrem ao lado de estereótipos de gênero nas ciências. Com frequência, o único cientista afro-americano sobre o qual os alunos aprendem é George Washington Carver e seu trabalho com o amendoim. Vários recursos da *web* fornecem uma abordagem mais abrangente para o reconhecimento de cientistas e inventores de minorias. O *site* Infoplease (c2013) contém tabelas com 10 cientistas afro-americanos de 1731 a 1950 e 10 inventores afro-americanos de 1791 a 1976.

Um *site* abrangente, chamado *The faces of science: African Americans in the sciences* (c2000), contém *links* para informações sobre cientistas do sexo masculino e feminino nestas categorias: bioquímicos, biólogos, químicos, físicos, engenheiros, entomologistas, geneticistas, inventores, matemáticos, cientistas da computação, meteorologistas, médicos, veterinários, geólogos, oceanógrafos, protozoólogos e zoólogos.

Lisa Yount (1998) descreve 12 cientistas asiático-americanos nas categorias de física, ciências da computação, medicina e tecnologia da supercondutividade em seu livro *Asian-American scientists*.

Costuma haver uma diferença de desempenho entre alunos brancos e de algumas minorias na educação de ciências. O *Stress on Analytical Reasoning* (SOAR) é um programa da Xavier University de Nova Orleans com um histórico de sucesso no ensino de ciências para alunos de minorias interessados em ciências da saúde, física, engenharia ou matemática. Para ajudar a eliminar a diferença de desempenho, uma estratégia de ensino extremamente útil usada pelo SOAR é a Solução de Problemas em Duplas. Nessa técnica, um pensador e um ouvinte trabalham em dupla para solucionar problemas e trocam de função. Os alunos se revezam agindo como pensadores que externam seus processos de pensamento ao pensar em voz alta e ouvintes analíticos que monitoram e orientam o processo de solução de problemas conforme necessário. Para obter mais informações sobre tal abordagem, leia o Capítulo 8 sobre estratégias de ensino para promover a reflexão.

Como no problema de estereótipos de gênero nas ciências, recomenda-se levar cientistas de minorias à sua escola ou sala de aula a fim de superar estereótipos e preconceitos baseados em raça ou etnia. Além disso, é recomendado que os alunos assistam à série da PBS intitulada *NOVA Science Now* (c2014), apresentada pelo Dr. Neil deGrasse Tyson, o diretor afro-americano do Hayden Planetarium do Museu de História Natural da Cidade de Nova York. O *site* desse programa possui uma seção de recursos para professores.

Preconcepções

Embora você possa não percebê-los, as ideias preconcebidas entram nas salas de aula de diversas maneiras e a partir de várias fontes. Elas frequentemente impedem ou prejudicam a capacidade dos alunos de obterem compreensões exatas de conceitos científicos. Os alunos não são quadros em branco que simplesmente adquirem informações fornecidas por professores e livros. Em geral, entram na sala de aula com alguns conhecimentos prévios, crenças, valores, posturas e experiências que influenciam o que e como pensam e aprendem. Algumas informações anteriores fornecem uma base para se trabalhar. Um pouco do que os alunos trazem é uma base emergente; partes das informações podem ser desenvolvidas, outras devem ser revisadas e algumas precisam ser descartadas. Os alunos podem trazer informações que criam obstáculos, prejudicam ou impedem o aprendizado. Contudo, algumas preconcepções não causam um impacto tão grande naquilo que os alunos aprendem em suas aulas de ciências.

As preconcepções (ou ideias deturpadas) sobre ciências são ideias preexistentes e falsas (frágeis). Baseiam-se em informações incompletas, experiências limitadas, generalizações incorretas ou interpretações erradas. Podem ser falsas, mas são consistentes com a compreensão básica do aluno. Alguns conceitos problemáticos resultam de mitos culturais ou informações cientificamente desatualizadas. Outros podem ser gerados por informações vagas, ambíguas ou discrepantes.

Recentemente, pesquisadores e educadores questionaram a denominação de tais ideias mal entendidas como ideias deturpadas. Eles preferem os termos "teorias ingênuas" (frágeis), "estruturas alternativas", "conhecimentos errôneos" ou "preconcepções", que enfatizam a natureza emergente das estruturas de conhecimento. Alguns pesquisadores concluem que todos esses termos são adequados dado o contexto específico em que as pessoas os utilizam. Consequentemente, pode ser mais útil pensar neles como visões complementares (em vez de concorrentes) de conceitos científicos incorretos.

Os professores costumam errar ao pressupor que os alunos chegam às salas de aula com conhecimentos prévios corretos de conceitos específicos. Muitos professores não conseguem perceber que os alunos têm teorias particulares que contradizem aquilo que é ensinado nas aulas de ciências. Com frequência, as preconcepções dos alunos não são percebidas nem tratadas. Assim, permanecem em suas bases de conhecimentos e, com o tempo, formam raízes profundas que são difíceis de erradicar.

Às vezes, livros didáticos científicos contêm ideias deturpadas e alternativas sobre ciências. A leitura desses livros pode interferir no aprendizado a menos que o professor filtre os problemas conceituais antes que sejam lidos pelos alunos e tratados como conhecimentos válidos. Um estudo de um livro didático de biologia encontrou 117 ideias deturpadas e 37 concepções alternativas que estavam distribuídas em 18 dos 22 capítulos. Um tipo de concepção errônea é usar palavras erradas ou desatualizadas para representar conceitos. Por exemplo, o termo "membrana semipermeável" foi substituído por "seletivamente permeável" ou "diferencialmente permeável" para não ser interpretado incorretamente como algo parcialmente permeável ou parcialmente impermeável. (Alguns estudiosos tratam o termo "ideia deturpada" como um termo desatualizado e argumentam que a palavra "preconcepção" deve ser usada em seu lugar!)

Outro tipo de concepção errônea são afirmações que não estão corretas. Por exemplo, "O oxigênio é produzido como um produto residual" está incorreto, porque, no contexto da nutrição e da fotossíntese, em que apareceu no texto, o oxigênio é um produto final útil da fotossíntese, já que oxida o alimento para liberar energia. Um exemplo de concepção alternativa é definir a dentição pelo número e tipo de dentes sem mencionar que ela também inclui a organização dos dentes.

Pesquisas sugerem que você deve considerar o número de ideias preconcebidas, conhecimentos errôneos e ideias alternativas no momento de selecionar um livro didático de ciências. Escolha aquele que contém esses casos em menor número. O ensino reflexivo de ciências inclui **perceber** que conceitos problemáticos são comuns em textos padrão de ciências, além de **controlar** a escolha do livro didático para evitar aqueles que contêm afirmações falsas.

Os aprendizes devem ter um aprendizado extensivo, profundo e significativo para recordar os novos conhecimentos corretos e aplicá-los no lugar de antigas ideias ingênuas. Segundo as pesquisas, isso acontece porque as preconcepções têm raízes profundas e são duradouras, inclusive depois que os alunos aprendem novas informações que são inconsistentes com seus conhecimentos prévios. Apesar de os professores terem fornecido informações científicas corretas aos alunos, não se pode ter certeza de que eles as utilizarão para substituir antigas informações errôneas. Às vezes, os conhecimentos prévios dos alunos são tão fortes que eles não acreditam no que veem! Mesmo se um aluno for capaz de repetir a explicação correta do professor sobre um conceito que havia entendido errado anteriormente, uma investigação pode revelar que a ideia preconcebida ainda persiste. Os conhecimentos prévios afetam as observações dos alunos, conduzindo-os até informações que são consistentes com suas próprias perspectivas. Os alunos tratam as informações de forma seletiva, tentando confirmar aquilo que já "sabem".

De acordo com as pesquisas, diversos níveis (ou domínios) de equívocos estão envolvidos em qualquer preconcepção. Preste atenção em cada nível e nas relações entre eles. Cada domínio ou nível contém vários tipos de conhecimentos. As pesquisas apoiam um modelo integrado de ideias preconcebidas, no qual a compreensão profunda envolve quatro níveis interligados de conhecimento. É necessário abordar todos eles para ajudar os alunos a superarem conhecimentos prévios inválidos. Os níveis são:

1. *Conteúdo:* recordar fatos, usar o vocabulário.
2. *Solução de problemas:* estratégias, autocontrole.
3. *Epistêmico:* explicar raciocínios, fornecer provas.
4. *Investigação:* pensamento crítico — ampliar e contestar conhecimentos de domínio específico.

Para ensinar de modo reflexivo, desenvolva planos destinados a identificar os tipos de conhecimentos prévios errôneos dos alunos e a selecionar, adaptar ou desenvolver procedimentos para superá-los.

As pesquisas sugerem que existem muitas fontes possíveis de ideias equivocadas dos alunos em relação à anatomia e à fisiologia (ver Fig. 11.1).

Superando preconceitos ou conhecimentos equivocados

Muitos pesquisadores acham que os alunos superam ideias problemáticas ao reconhecê-las e substituí-las. Alguns sugerem que o reconhecimento dessas crenças equivocadas é necessário para que os alunos consigam superá-las. O reconhecimento cria conflitos cognitivos que motivam a solução de problemas para acomodar crenças atuais ou estruturas cognitivas. A acomodação pode levar à modificação de estruturas existentes e/ou à criação de estruturas novas. Uma posição é que as ideias anteriores raramente são extraídas e substituídas. De acordo com essa perspectiva, é mais eficaz quando os professores ajudam os alunos a diferenciarem entre suas ideias presentes e as dos cientistas e quando os ajudam a integrarem suas ideias em crenças conceituais mais parecidas com as dos cientistas.

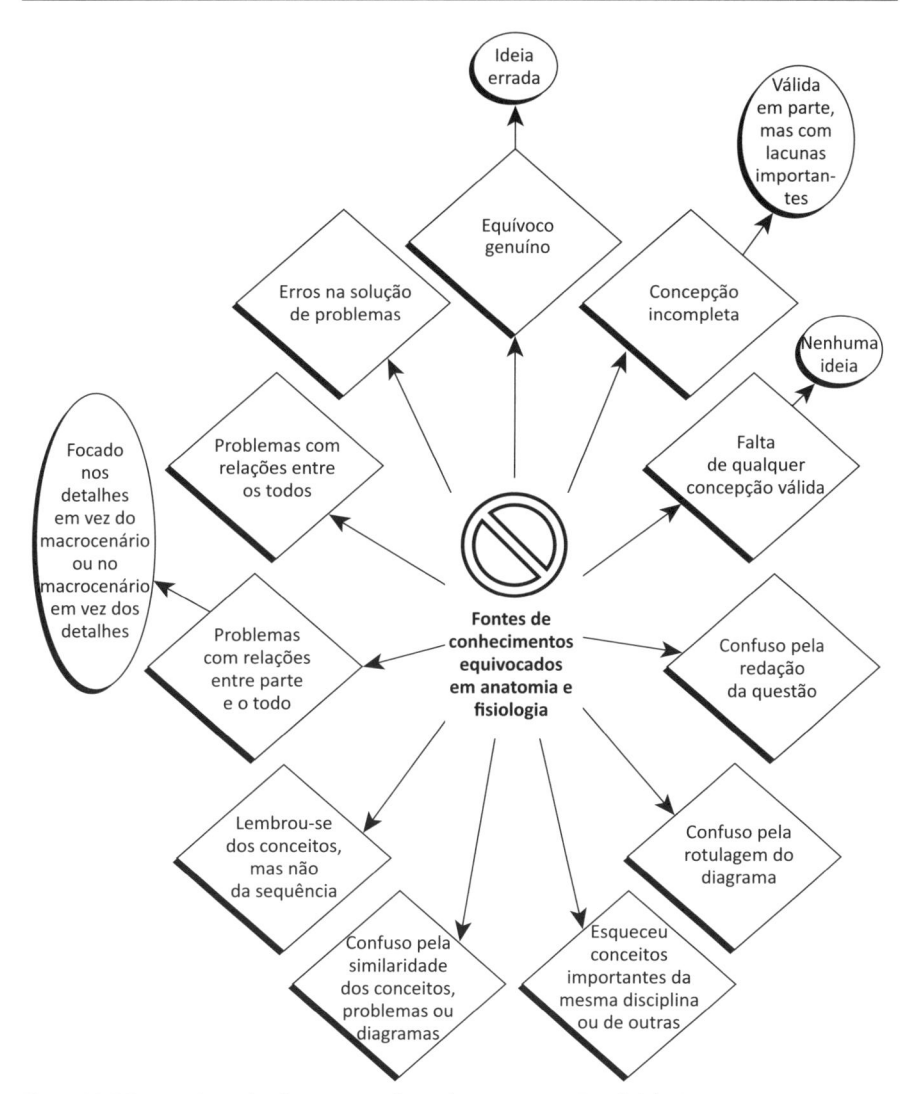

Figura 11.1 Fontes de conhecimentos equivocados em anatomia e fisiologia.

Atividades de aprendizado ativas e significativas são necessárias para ajudar a identificar as teorias frágeis dos alunos e superá-las. Existem muitas ferramentas e recursos de ensino para os professores ajudarem os alunos a identificarem e superarem ideias científicas deturpadas. Alguns incluem fazer analogias, experimentar, estimular conflitos, induzir discrepâncias, exemplos do professor, usar tecnologias e pedir aos alunos para explicarem suas teorias frágeis oralmente e/ou por escrito.

Administre um pré-teste no início de uma unidade para avaliar a compreensão atual dos alunos em relação a conceitos importantes cobertos no currículo. Analise os resultados para avaliar as ideias válidas e inválidas dos alunos. Faça perguntas sobre conhecimentos prévios relevantes que você espera que os alunos levem para a sala de aula e que deseja aproveitar. Por meio de perguntas objetivas no pré--teste ou discussões em sala de aula, tente determinar quais ideias equivocadas se baseiam na ausência de conhecimento real sobre o conteúdo, levando os alunos a darem palpites errados, e quais se baseiam em ideias errôneas que eles suspeitam ou acreditam ser verdadeiras.

Foi comprovado que métodos adicionais são úteis para identificar as ideias incorretas dos alunos e superá-las. Eles incluem o mapa conceitual, o modelo do ciclo de aprendizado e o aprendizado cooperativo. Os professores podem obter benefícios quando seus repertórios incluem várias técnicas de ensino para lidar com o problema intratável de preconcepções ou ideias deturpadas.

Ensino de Mudança Conceitual Subjacente ao sucesso de várias abordagens para superar a preconcepção, está o conceito de mudança conceitual e o uso de métodos que promovem tal mudança. A abordagem de mudança conceitual no aprendizado de ciências envolve ajudar os aprendizes a modificar seus conceitos existentes em vez de simplesmente adicionar novas informações às suas bases de conhecimentos. Por exemplo, na unidade sobre digestão, peça aos alunos do ensino médio para criarem seus próprios mapas de conceitos referentes aos compartimentos de fluidos corporais e compare-os com um modelo especializado para induzir a identificação de discrepâncias (ver Fig. 11.2).

Experiências práticas diretas podem ser utilizadas para ajudar os alunos a desenvolver um modelo de um conceito baseado em suas próprias observações, o que permite fazer previsões e explicações mais exatas. As condições para a mudança conceitual incluem insatisfação com um conceito atual, plausibilidade percebida e utilidade percebida de um novo conceito. Muitas vezes, os modelos de mudança conceitual enfatizam o questionamento de conceitos e os fatos existentes, a identificação de contradições, a busca por consistência e a transformação da teoria em algo inteligível, plausível e produtivo.

Ao ler o modelo de mudança conceitual em sete etapas da Tabela 11.1, pense sobre como seria possível aplicá-lo ou adaptá-lo. Reflita sobre isso no contexto de uma preconcepção específica oriunda de sua experiência com os alunos. Além disso, tente relacioná-la com sua própria experiência em relação à identificação e superação de conhecimentos equivocados que já fizeram parte de sua base de conhecimentos. Refletir sobre o modelo com referência a tais experiências específicas o transformará em algo mais significativo e ajudará você a pensar de modo mais crítico sobre os possíveis usos.

Uma pesquisa sobre o ensino de mudança conceitual sugere que os alunos podem aprender estratégias de processamento ativo (prever, explicar) que ajudam a perceber suas preconcepções e corrigi-las, aprofundando, assim, a compreensão científica. Os alunos podem aprender a distinguir conceitos semelhantes — por exemplo, força, impulso e trabalho de propriedades de sistemas ou objetos.

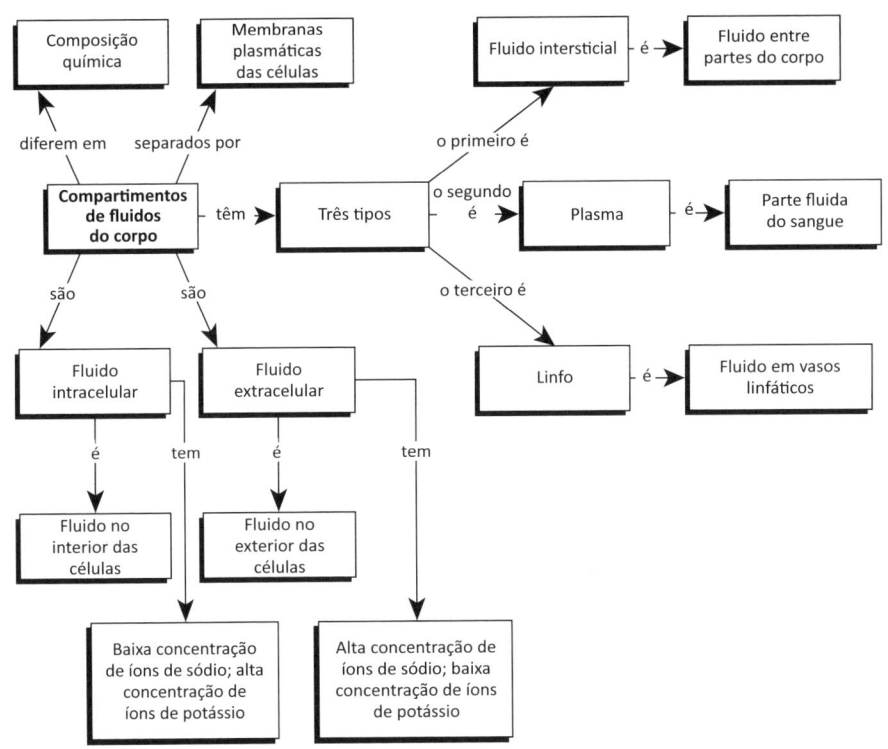

Figura 11.2 Amostra de mapa de conceitos dos compartimentos de fluidos corporais.
Fonte: Hartman (2001, p. 180), copiada com permissão de Springer.

Para superar conhecimentos prévios equivocados, tente usar atividades de aprendizado cooperativo nas quais os alunos explicam e ilustram conceitos e processos científicos uns para os outros. Por exemplo, peça a um aluno para desenhar o "modelo de cadeado e chave" no quadro e discuti-lo com os colegas a fim de responder a uma pergunta feita por você. Esse tipo de atividade pode fornecer um contexto para o processamento ativo que resulta em mudança conceitual.

Em um estudo, alunos de química com idades entre 16 e 18 anos aprenderam o mapa conceitual para auxiliar na visualização de estruturas de conhecimento, além de explorar alterações nas estruturas de conhecimento dos alunos como resultado do aprendizado. Depois de quatro anos de experiência, os pesquisadores constataram que o mapa conceitual é uma ferramenta importante para melhorar o pensamento e o aprendizado em química. Ele ajuda os professores a descobrirem o que os alunos sabem e como relacionam conceitos em sua base de conhecimentos, bem como quais teorias frágeis os alunos têm. Também mostra aos professores como os alunos reorganizam seu pensamento depois de uma atividade de aprendizado específica. Com os mapas conceituais, o aprendizado de uma nova matéria se torna significativo por meio da construção, reconstrução e desconstrução do conhecimento e da compreensão.

Tabela 11.1 Modelo do processo de mudança conceitual

Etapa do processo de mudança conceitual	Atividade
1. Orientação	Introdução ao assunto e motivação.
2. Consciência	O reconhecimento de ideias errôneas pode ocorrer por meio de: **Derivação interna**: sem os comentários de uma fonte externa, o aluno utiliza seus próprios conhecimentos e um raciocínio que interage com as informações no contexto para descobrir se existe um equívoco. **Indução externa**: os alunos são expostos a informações de uma fonte externa (experimento em laboratório/professor/orientador/livro) que contradiz seus conceitos de forma direta. A alteração ocorre por meio do conflito cognitivo. Os alunos são informados diretamente de que seu conceito é inválido; são confrontados com conceitos e fatos conflitantes.
3. Evocação	Explicação das ideias do aluno. Desmontar os conceitos em componentes — desconstruir (dividir as capacidades e os conhecimentos relativos ao conteúdo em uma hierarquia de aprendizado).
4. Reestruturação	Os alunos são receptivos em relação a alterar seus conceitos. Conceitos novos e revisados são integrados. Os alunos trocam e esclarecem ideias após a exposição a significados conflitantes, expandindo informações e retrabalhando-as de modo recursivo.
5. Aplicação	Ideias novas ou reestruturadas são consolidadas quando as pessoas as utilizam para solucionar problemas ou responder a perguntas.
6. Explicação	Os alunos participam da criação de sentido discutindo suas soluções com outros alunos. Explicam, oralmente ou por escrito, por que e como sua compreensão conceitual mudou.
7. Revisão	Reflexão sobre conceitos, o que são, quando, por que e como são utilizados; a que estão relacionados — como se encaixam no macrocenário.

Perguntas sobre preconcepções nas ciências que o professor pode se fazer:
- Quais conhecimentos prévios meus alunos trazem para a sala de aula?
- Como posso identificar os conhecimentos prévios dos alunos?
- Quais conhecimentos prévios são válidos e podem ser aproveitados para promover um aprendizado significativo?
- Quais conhecimentos prévios são inválidos e precisam ser superados e substituídos por ideias válidas?
- Como posso ajudar os alunos a superarem suas preconcepções?
- Quando devo implementar atividades diferentes para superar as preconcepções dos alunos?

Recursos multimídia para tratar de preconcepções

Os recursos multimídia para professores interessados em identificar e superar preconcepções científicas incluem vídeos, CD-ROMs e *sites*. Existem vários recursos *on-line* para listas de ideias errôneas que são comuns em ciências. O *site Student difficulties in physics information center* (BROWN; CROWDER, 199-) contém ideias identificadas por estas categorias: posição, aceleração de força, velocidade, gráficos e solução de problemas. Um *site* de astronomia inclui estas categorias de ideias errôneas: astronomia e astrologia; lua, sol, terra, estrelas e constelações; planetas; telescópios; voo espacial; meteoros, meteoritos e meteoroides; gravidade; e relatividade.

Uma página de ideias mal-entendidas sobre química tem uma tabela de ideias errôneas e ideias "adequadas". Em geral, o ensino de saúde inclui informações sobre alimentação e nutrição que são especialmente importantes para adolescentes do sexo feminino, que podem estar propensas à anorexia ou bulimia. A Duke University tem um programa de educação em duplas chamado ESTEEM que trata de ideias errôneas sobre alimentação e pode ser adaptado para alunos dos anos finais do ensino fundamental e do ensino médio. Preconcepções sobre o colesterol são prevalentes em diferentes faixas etárias; listas referentes a isso estão disponíveis *on-line*.

A série de CD-ROM para (PC e MAC) intitulada *Misconceptions Seminar* contém os anais de congressos do *International Seminar on Misconceptions in Science and Mathematics*, realizado anualmente. O CD-ROM do segundo, terceiro e quarto *International Misconception Seminars* contém mais de 150 resumos e apresentações completas. Esses resumos também estão disponíveis *on-line*.

O *site* do *Comprehensive Conceptual Curriculum for Physics* (C3P) é particularmente interessante. O C3P, um currículo baseado no Ciclo de Aprendizado do Departamento de Física da Universidade de Dallas, foi criado para aplicar pesquisas sobre a educação de física ao ensino de física no ensino médio. O *site* fornece informações sobre as ideias alternativas de alunos do ensino médio sobre física. Apresenta vários recursos para professores, incluindo um exemplo de aula com ciclo de aprendizado referente à cinemática (COMPREHENSIVEE..., 2013).

Os *sites* da National Science Teachers Association (Associação Nacional de Professores de Ciências) (c2014) e da National Association for Research in Science Teaching (Associação Nacional para Pesquisa em Ensino de Ciências) (c2014) contêm periódicos e anais de congressos (texto completo) com artigos sobre ideias científicas errôneas e mudança conceitual.

Por fim, o *site Overcoming Ecology Misconceptions* tem um autoteste destinado a avaliar o sucesso dos alunos em termos de superar suas ideias preconcebidas a respeito da ecologia (BINGHAMTON UNIVERSITY, 2004).

LEITURA DE TEXTOS CIENTÍFICOS

Com frequência, os alunos reclamam sobre a leitura de textos científicos. Até mesmo leitores normalmente competentes podem não perceber as estruturas avançadas subjacentes aos textos científicos. As estruturas descendentes* são importantes porque ativam ideias avançadas, que ativam esquemas que permitem que detalhes sejam inferidos e a atenção seja distribuída de modo eficaz. Pesquisas sugerem que alguns alunos que não entendem a estrutura de textos científicos têm problemas para representar a matéria, impedindo, assim, a compreensão e a retenção.

Um estudo constatou que os alunos tinham dificuldade para classificar o texto nestas categorias de estrutura de texto: classificação, comparação/contraste, enumeração, sequência e generalização. Em outro estudo, depois de receber 8 horas de treinamento referente à análise, identificação e organização de informações relevantes em textos científicos, estudantes universitários de química experimental tiveram um desempenho superior aos controles em medidas de compreensão.

Nesse estudo, o ensino sobre a estrutura do texto incluiu dar exemplos de estratégias de leitura, explicar explicitamente como identificar uma sequência (por exemplo, como repetir uma sequência em suas próprias palavras), como identificar as palavras-chave que indicam uma sequência e como identificar as evidências de apoio. Portanto, desenvolver o conhecimento dos alunos sobre como ler textos científicos pode melhorar sua compreensão, pois os ajuda a se concentrarem em informações relevantes e usá-las para criar conexões e representações internas.

Um estudo relacionado focou em quatro das mesmas estruturas comuns de texto científico – classificação, enumeração, sequência e generalização — e em uma diferente: causa e efeito. Os alunos aprenderam a reconhecer tais estruturas de texto e construir organizadores gráficos das mesmas após a leitura (organizadores posteriores). Os alunos que construíram organizadores posteriores demonstraram memória superior em pós-testes imediatos e estendidos em comparação com os alunos que utilizam a releitura, o destaque ou o sublinhado.

Pesquisas sugerem que é importante fornecer informações aos alunos sobre o que, quando, por que e como utilizar estratégias de aprendizado como organizadores gráficos. Até que ponto você fornece regularmente aos alunos o conhecimento necessário para que possam aprender a usar organizadores gráficos, bem como outras estratégias de compreensão de texto de modo eficaz e eficiente?

Durante a leitura de textos científicos, os alunos frequentemente tentam memorizar palavras longas, fatos, diagramas e detalhes em vez de tentar entender as ideias científicas. Eles aprendem para poder "devolver" as informações, mas não para aplicá-las. Alguns alunos (os **leitores que mudam conceitos**) tentam entender suas crenças e adequá-las às informações contidas no texto. Eles ativam seus conhecimentos prévios e reconhecem quando são inconsistentes com o significado descrito no texto.

Os leitores que mudam conceitos pensam sobre o significado e trabalham para solucionar a discrepância em seu próprio pensamento. Esse esforço para esclarecer uma ideia errônea é descrito como "estratégia de mudança conceitual". Tais alunos apresentam a autoconsciência e o autocontrole que são essenciais para o aprendizado reflexivo.

---

* N. de R.T.: Estruturas descendentes são estruturas ativadas pelo leitor em busca de atribuição de significado no texto. Tais estruturas são influenciadas, por exemplo, pelo conhecimento prévio do leitor, pela sua disposição e pelo sentido que atribui à atividade, entre outros aspectos.

CICLO DE APRENDIZADO

Por mais de 30 anos, o ciclo de aprendizado de Karplus tem sido usado para estruturar o ensino de ciências com o objetivo de ajudar os alunos a passarem da experiência concreta para o pensamento abstrato formal sobre o conteúdo. Essa abordagem construtivista tem três fases de ensino: Exploração, Invenção/Introdução do Conceito e Aplicação (ver Tab. 11.2). Por meio dessa sequência, o pensamento dos alunos deve progredir do pensamento concreto sobre conceitos de ciências e se tornar capaz de lidar com esses conceitos em um nível abstrato formal. A aplicação frequentemente envolve tarefas ou problemas que estão relacionados à vida cotidianas dos alunos. Conforme mencionado, o projeto CP3 (descrito no início e no fim deste capítulo) faz uso extensivo do modelo de ciclo de aprendizado.

Tabela 11.2 Exemplo de aula com ciclo de aprendizado

Estágio do ciclo de aprendizado	Exploração	Introdução do conceito	Aplicação
Assunto: digestão	Coma um punhado de M&Ms. Como a digestão ocorre? Quais são as etapas, os processos e as partes do corpo envolvidos? Compartilhe suas ideias com outros alunos e desenvolva uma resposta em grupo para apresentar ao resto da turma.	Os alunos leem acerca da digestão em seus livros didáticos e assistem a um vídeo sobre digestão. O professor conduz uma aula sobre digestão.	Problema: Pense sobre o que acontece quando você come uma fatia de pizza. Como a digestão ocorre? Quais são as etapas, os processos e as partes do corpo envolvidos? Sua compreensão de digestão está diferente das suas ideias originais? Compartilhe suas ideias com outros alunos e desenvolva uma resposta e um diagrama em grupo para apresentar ao resto da turma.

Outro modelo de ciclo de aprendizado foi desenvolvido por Kolb. Como o modelo de Karplus, a **experiência** é a base do aprendizado e do desenvolvimento no ciclo de aprendizado de Kolb. O modelo de Kolb tem quatro estágios, enquanto o modelo de Karplus tem três. Os estágios de Kolb são experimentação ativa, observação reflexiva, conceituação abstrata e experiência concreta. Há semelhanças notáveis nessas abordagens. Embora o modelo de Karplus tenha sido usado de modo mais extensivo no ensino de ciências, os dois modelos de ciclo de aprendizado podem ser usados para promover o pensamento reflexivo e crítico nessa área. Quais desses dois modelos de ciclo de aprendizado você considera mais adequado para utilizar com seus alunos? Lembre-se, porém, de que um ciclo de aprendizado pode não ser sempre a melhor abordagem. Um estudo que comparou a abordagem de Karplus com *modeling* em alunos de ciências de escolas urbanas dos anos finais do ensino fundamental constatou que, embora os grupos de *modeling* e ciclos de aprendizado tivessem um desempenho superior aos alunos de controle, em relação ao uso de habilidades integradas de processo de ciências, os alunos que aprenderam por meio de *modeling* desenvolveram habilidades integradas de processo de ciências superiores às dos alunos que aprenderam por meio da abordagem de ciclo de aprendizado. Consequentemente, em vez de apenas usar uma abordagem comumente aceita de modo automático, como o ciclo de aprendizado, reflita cuidadosamente e avalie de forma crítica a situação específica e o que as pesquisas dizem sobre as vantagens e desvantagens de vários métodos de ensino para seus alunos e sua disciplina específica. Uma combinação das abordagens de ciclo de aprendizado e *modeling* pode ser testada para ver se resultará em níveis ainda mais elevados de habilidades integradas de ciências.

ESTRATÉGIAS DE REPRESENTAÇÃO

As representações mentais de informações que serão aprendidas ou usadas na resolução de problemas são determinantes importantes em relação a se e como o aprendizado ocorrerá. As representações podem ser internas, como imagens mentais, ou externas, como fluxogramas, diagramas de Venn ou tabelas. Em um estudo, alunos de física da 1ª série do ensino médio foram ensinados a gerar imagens visuais para ajudá-los a lembrar de regras de ciências (por exemplo, a Lei de Boyle). Diversas pesquisas sobre inteligências caracterizam o desempenho inteligente por meio do uso de diferentes representações. Várias representações têm um efeito melhor na memorização do que representações únicas. É melhor usar imagens visuais e palavras para recordar do que usar uma estratégia única.

Uma revisão de pesquisas sobre o uso de modelos visuais concretos para facilitar a compreensão de informações científicas constatou que tais modelos ajudavam consistentemente aprendizes de menor aptidão a pensarem sobre matérias científicas de maneira sistemática. Modelos concretos (que são formados por palavras e/ou diagramas) ajudam os alunos a construírem representações dos principais objetos, ações e suas relações causais no conteúdo científico que está sendo estudado. As sete características de modelos eficazes são: completo, conciso, coerente, concreto, conceitual, correto e "considerado" (usando um vocabulário e uma organização adequados para o aprendiz). Em resumo, os modelos são "bons" com relação a determinados aprendizes e determinados objetivos de ensino. O pesquisador também identificou algumas diretrizes para a aplicação de modelos concretos, incluindo quando e onde devem ser utilizados, além de por que utilizá-los.

Mapas conceituais

Os mapas conceituais ajudam as pessoas a aprenderem a aprender. Os procedimentos para criá-los estão nos anexos do livro de Novak (1998) intitulado *Learning, creating and using knowledge*, que descreve sua teoria do construtivismo humano. Os mapas conceituais são representações gráficas de conhecimentos com o conceito mais geral na parte superior, levando hierarquicamente a conceitos mais específicos. Os conceitos ficam em caixas ou círculos, com linhas de conexão rotuladas que identificam as relações. Os rótulos são palavras que ligam um conceito a outro; são colocados no meio da linha de conexão.

Na Figura 11.2, por exemplo, o conceito *compartimentos de fluidos corporais* está em uma caixa. Uma linha foi desenhada até palavras de ligação, como *são*, e outra linha foi desenhada até conceitos mais específicos, como *fluido intracelular* e *fluido extracelular*, que também estão em caixas. A linha de ligação que vem de fluido intracelular contém a palavra *tem* e leva a uma caixa mais específica, que contém os conceitos *baixa concentração de íons de sódio* e *alta concentração de íons de potássio*.

Os mapas conceituais permitem que os aprendizes aprimorem a compreensão e reduzam a necessidade de aprendizado adquirido mecanicamente. Podem ajudar a explicar o significado aos alunos e desenvolver um melhor ensino. Eles podem ser utilizados com sucesso com indivíduos ou grupos. Podem ser utilizados com conceitos, eventos e relações sociais; com crianças e adultos; com professores e administradores; e no dia a dia.

Os benefícios dos mapas conceituais incluem promover um aprendizado significativo (especialmente em ciências), entender relações de nível superior e inferior, melhorar as relações e a confiança entre colegas, solucionar conflitos e melhorar a compreensão da função e das contribuições de cada um em projetos de equipe. Eles também ajudam alunos e professores a distinguirem preconcepções de concepções válidas, a diminuirem a ansiedade, a aumentarem a autoconfiança e muito mais. Os alunos de ciências do ensino médio ensinados a usar mapas conceituais (e diagramas de Venn) tiveram um desempenho superior ao dos alunos que não aprenderam tais estratégias em testes de solução de novos problemas.

Pesquisas sobre o uso de mapas conceituais com alunos de biologia do ensino médio mostraram que aqueles que utilizam mapas conceituais tinham um domínio do conteúdo significativamente melhor, melhores posturas em relação à biologia e menos ansiedade do que os alunos que não usavam tal estratégia. No início deste capítulo, discutiu-se um estudo sobre os benefícios encontrados para professores e alunos do ensino médio que aprenderam a utilizar mapas conceituais para química.

Frequentemente, o pensamento reflexivo e crítico sobre a condução de aulas de ciências inclui selecionar quais representações ou modelos serão apresentados a uma turma (fluxogramas, diagramas, mapas conceituais), determinar quando apresentá-los (ordem na sequência de ensino) e decidir como apresentá-los (quadro, apresentação de *slides*, computador). Também inclui uma autoavaliação dos professores em relação à eficácia das representações selecionadas, o momento de sua implementação, o método de apresentação e um plano de melhoria de aula para o uso mais eficaz de representações no futuro.

APRENDIZADO POR INVESTIGAÇÃO

O Aprendizado por Investigação é outra estratégia eficaz para desenvolver e aprimorar habilidades de pensamento científico. Os cientistas de verdade trabalham por pesquisa. Eles fazem perguntas sobre assuntos que os interessam, desenvolvem métodos para responder às suas perguntas de modo objetivo, defendem suas conclusões e as comunicam para a comunidade. Recursos *on-line*, incluindo amostras de unidades e atividades de aprendizado, estão disponíveis em *Science NetLinks* (c2014) e *Teach-Nology* (c2012). O modelo da Figura 11.3 resume a estratégia.

A pesquisa científica é um padrão nacional. De acordo com a National Science Teachers Association, a pesquisa se refere às muitas formas diferentes que os cientistas utilizam para estudar o mundo natural, obter evidências e fazer explicações com base nas provas obtidas a partir de suas investigações. Também inclui atividades que os alunos realizam para entender como os cientistas trabalham e desenvolver uma compreensão profunda de ideias científicas. A NSTA recomenda a pesquisa científica como "eixo" da educação de ciências da educação infantil ao ensino médio. Em 2004, a NSTA criou uma lista de três conjuntos de recomendações para o aprendizado por pesquisa no ensino de ciências. Um conjunto de recomendações trata de como os professores devem usar a pesquisa como **abordagem de ensino**. O segundo conjunto fala sobre como os professores devem ajudar os alunos a desenvolverem suas capacidades para **realizar** uma pesquisa científica. O terceiro conjunto de recomendações aborda como os professores podem ajudar os alunos a **entenderem** a pesquisa científica. Para obter mais informações, acesse o *site* em NSTA (2004).

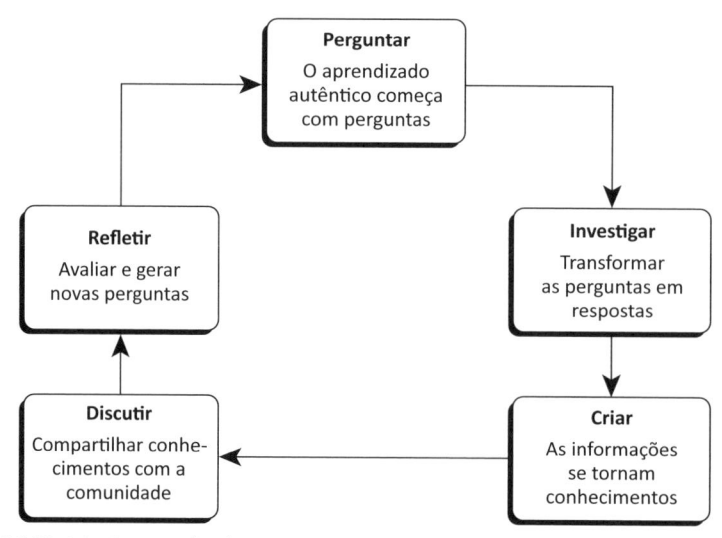

Figura 11.3 Modelo de aprendizado por investigação.

- **Perguntar**: O aprendizado autêntico começa com perguntas
- **Investigar**: Transformar as perguntas em respostas
- **Criar**: As informações se tornam conhecimentos
- **Discutir**: Compartilhar conhecimentos com a comunidade
- **Refletir**: Avaliar e gerar novas perguntas

QUESTIONAMENTO E PENSAMENTO EM VOZ ALTA

Os educadores de ciências sugerem que os processos de autoquestionamento e o pensar em voz alta são estratégias eficazes para promover o pensamento científico. Um estudo concebido para melhorar o aprendizado reflexivo de alunos da 1ª série do ensino médio que estudam ciências e alunos da 3ª série do ensino médio que aprendem biologia envolveu sete objetivos do aprendiz.

1. Maior conhecimento do pensamento reflexivo.
2. Maior consciência de seus estilos de aprendizado.
3. Maior consciência das finalidades e naturezas das tarefas.
4. Mais controle do aprendizado por meio de uma melhor tomada de decisão.
5. Posturas mais positivas em relação ao aprendizado.
6. Padrões mais elevados de compreensão e desempenho definidos pelos próprios alunos, com autoavaliação mais precisa de suas conquistas.
7. Maior eficácia como aprendizes independentes, planejando com cuidado, diagnosticando dificuldades de aprendizado e superando-as e usando o tempo de forma mais produtiva.

Os materiais de ensino incluíram uma lista de verificação para fazer perguntas, uma avaliação de comportamentos de aprendizado, um caderno de resultados e um livro de exercícios de técnicas, no qual os alunos praticaram o mapeamento de conceitos. Esse estudo extensivo teve quatro fases e envolveu 15 métodos de coleta de dados, incluindo vídeos e fitas de áudio, observações em sala de aula, questionários e testes. Os resultados indicaram maior controle dos alunos em relação ao aprendizado e compreensão do conteúdo.

Dois métodos discutidos anteriormente podem contribuir para o objetivo de ensinar os alunos a usar as estratégias de questionamento para si próprios, pensar em voz alta, planejar, monitorar e avaliar, bem como manter uma postura positiva durante a solução de problemas. A Solução de Problemas em Duplas é discutida no Capítulo 8 sobre estratégias de ensino para promover a reflexão. O método I DREAM of A, que usa o questionamento e o pensar em voz alta para melhorar a solução de problemas, é discutido no Capítulo 10 sobre ensino reflexivo de matemática.

O questionamento é um dos métodos mais importantes para ajudar os alunos a pensarem. As Tabelas 11.3 e 11.4 incluem diferentes tipos e níveis de perguntas que podem ser feitas em física e biologia.

Tabela 11.3 Perguntas de nível básico, intermediário e avançado: física

Nível e tipo de pergunta	Exemplo do tipo de pergunta
Nível básico	
Rotular	Qual é o termo que significa forças entre cargas estacionárias?
Definir	O que é aceleração?
Descrever	Qual é a segunda lei da termodinâmica?

(continua)

Tabela 11.3 *Continuação*

Nível e tipo de pergunta	Exemplo do tipo de pergunta
Nível intermediário	
Sequenciar	Em qual ordem você executaria as etapas necessárias para calcular a força elétrica líquida na carga conforme especificado no problema?
Reproduzir	Como você poderia demonstrar a existência de carga elétrica e de transferência de carga?
Descrever semelhanças/diferenças	Por que o coração se parece com uma bateria?
Estimar	Uma pequena gota de água tem mais de 50 elétrons. Se a gota permanecer estacionária quando for colocada em um campo elétrico descendente de 50 N/C, qual será sua massa, aproximadamente?
Enumerar	Quais são as partículas que compõem átomos?
Inferir semelhanças/diferenças	Como sua abordagem para esse problema difere da abordagem que foi usada antes?
Classificar	Se o cabelo de uma pessoa ficar arrepiado, com os fios esticados para cima e para os lados, qual tipo de carga está presente em seu corpo e no cabelo?
Sintetizar	Como você poderia resumir todas as coisas que aprendeu sobre campos elétricos neste capítulo?
Aplicar	Como você pode aplicar seu conhecimento de aceleração para explicar o funcionamento de montanhas-russas?
Analisar	Quais princípios foram violados quando você tentou projetar o circuito elétrico?
Nível avançado	
Avaliar	Qual método você prefere para calcular um campo elétrico em um campo no espaço? Por quê?
Relação causal	Por que você recebe um choque ao tocar outra pessoa depois de caminhar de calçado em um tapete sintético?
Generalizar	Quais generalizações podemos fazer em relação a atrair e repelir cargas elétricas?
Prever o resultado	O que aconteceria se um prato de papel seco fosse colocado sozinho em um forno micro-ondas?
Transformar	Como você poderia evitar um choque ao tocar outra pessoa depois de caminhar em um tapete sintético?
Planejar	Quais etapas você executaria para solucionar este problema: Duas cargas, q e 6q, estão separadas por 1,0 m. Qual é o sinal, a magnitude e a posição de uma terceira carga que faria as três cargas permanecerem em equilíbrio?
Verificar	Como você poderia verificar sua resposta para ter certeza de que está correta?
Concluir	Como seria possível chegar à conclusão de que a força elétrica entre íons, quando estão na água, é menor do que no ar?
Propor alternativas	Quais são, no mínimo, duas maneiras de calcular o campo elétrico em um ponto no espaço?
Resolver conflitos	Cada vez que solucionou o problema, você obteve uma resposta diferente. Como pode solucionar as discrepâncias?

Tabela 11.4 Perguntas de nível básico, intermediário e avançado: biologia

Nível e tipo de pergunta	Exemplo do tipo de pergunta
Nível básico	
Rotular	Qual é o nome de um traço expresso na genética mendeliana?
Definir	O que é um traço recessivo?
Descrever	Como funciona um Quadrado de Punnet?
Nível intermediário	
Sequenciar	Qual é a ordem das fases na meiose?
Reproduzir	Como você faria um diagrama das quatro fases da mitose – prófase, metáfase, anáfase e telófase?
Descrever semelhanças/ diferenças	Em que a mitose é parecida com a meiose?
Estimar	Se dois animais heterozigóticos para um par de genes se cruzam e têm 276 filhotes, cerca de quantos terão o fenótipo dominante?
Enumerar	Quais são as fases da meiose?
Inferir semelhanças/ diferenças	A massa gelatinosa em que os ovos são depositados é semelhante a um útero em quais aspectos?
Classificar	Qual tipo de história de vida é característico quando o único indivíduo no ciclo de vida é diploide?
Sintetizar	As pesquisas sobre várias pistas ambientais revelaram o que em relação ao controle neural e bioquímico do comportamento reprodutivo?
Aplicar	Como é possível usar a genética mendeliana na agricultura?
Analisar	Se você sabe que uma pessoa tem olhos azuis, o que pode concluir sobre seu genótipo?
Nível avançado	
Avaliar	O que é mais vantajoso para a adaptação das espécies ao meio ambiente: autofertilização ou fertilização cruzada? Por quê?
Relação causal	Em quais condições você poderia determinar se houve permutação genética entre cromossomos de diferentes espécies?
Generalizar	Qual generalização você poderia fazer acerca da relação entre o genótipo e o fenótipo de uma pessoa referente a um traço?
Prever o resultado	Em caso de acasalamento entre pessoas de olhos verdes e olhos azuis, qual seria a possível combinação de genótipos entre os filhos?
Transformar	Como a permutação genética entre cromossomos de diferentes espécies afeta a variabilidade genética?
Planejar	Se você quisesse produzir uma geração F2 com combinação provável de 25% AA, 50% Aa e 25% aa, quais pais poderia ter?
Verificar	Como você poderia provar que esses pais produziriam tal composição provável na geração F2?
Concluir	Se duas pessoas de olhos castanhos tiverem um filho de olhos azuis, o que poderia ser concluído sobre os genótipos dos pais?
Propor alternativas	À exceção de raios-X, quais agentes podem produzir mutações?
Resolver conflitos	Se os filhos não refletem as características genotípicas ou fenotípicas dos pais, como você explicaria o genótipo e o fenótipo desses filhos?

IMPLICAÇÕES DA CIÊNCIA COGNITIVA

Uma revisão da literatura relacionada às implicações da ciência cognitiva para o ensino de física identificou quatro princípios amplos (todos com corolários) que ajudam os professores de física a refletirem sobre o ensino. O primeiro é o **princípio da construção**, que diz que as pessoas organizam seus conhecimentos e suas experiências em modelos mentais e que elas precisam construir seus próprios modelos mentais. O segundo é o **princípio da assimilação**, que afirma que os modelos mentais controlam a forma de incorporar experiências e novas informações em nossas mentes. As experiências e os conhecimentos prévios relacionados formam modelos mentais nos quais as novas experiências e os novos conhecimentos são incorporados. O terceiro é o **princípio da acomodação**, que enfatiza que, às vezes, modelos mentais existentes precisam ser alterados para que o aprendizado ocorra. O quarto é o **princípio da individualidade**, que destaca diferenças individuais nos modelos mentais dos alunos como resultado de suas construções pessoais. Os alunos têm diferentes modelos mentais para o aprendizado e diferentes modelos mentais para fenômenos físicos.

Esses quatro princípios fornecem uma estrutura para o pensamento reflexivo em física e em outras ciências. É possível usá-los para ajudar a planejar, monitorar e avaliar seu ensino, atividades em sala de aula e avaliações de aprendizado a fim de maximizar a compreensão de ciências dos alunos. Por exemplo, pesquisas sugerem que avaliar o currículo pela perspectiva dos modelos mentais ajuda a estabelecer as metas de identificação dos modelos mentais que você deseja que os alunos desenvolvam. Também promove a consideração do caráter e as implicações dos modelos mentais preexistentes dos alunos. Por fim, ajuda a perceber o benefício de usar problemas avaliadores para analisar e identificar aspectos críticos do currículo.

Uma implicação do princípio da individualidade é que você precisa pensar sobre como os alunos podem chegar à mesma resposta, mas por motivos muito diferentes. Para determinar como os alunos raciocinam, escute enquanto pensam em voz alta sem orientá-los.

DESENVOLVIMENTO DE HABILIDADES DE PENSAMENTO CIENTÍFICO

Até que ponto seus alunos têm as habilidades de pensamento e raciocínio de que precisam para dominar as ciências? Para utilizar as habilidades de pensamento de modo eficaz, os alunos precisam saber quais são elas e quando, por que e como usá-las. A Tabela 11.5 é um exemplo de conhecimento dado aos alunos de ciência acerca da habilidade de pensamento crítico de justificar. A justificativa é ilustrada porque é importante que cientistas e alunos de ciências sejam capazes de defender as conclusões que obtêm a partir de suas observações e de seus experimentos.

Várias estratégias de ensino podem ser utilizadas para desenvolver habilidades intelectuais, incluindo o aproveitamento de conhecimentos prévios, as perguntas feitas para si próprios, imagens e organizadores gráficos, tais como mapas conceituais, fluxogramas e matrizes. As estratégias de *scaffolding* (que envolvem o fornecimento de suporte temporário) ajudam os alunos a desenvolverem suas habilidades cognitivas. Assim, conseguirão autocontrolar o uso delas. Tais estratégias incluem uma sequência, como fornecer modelos aos alunos, conduzir uma prática orientada com *feedback* em grupos, estruturar uma prática orientada individual com *feedback* e envolver os alunos em prática individual não orientada com *feedback*. Por meio desse tipo de sequência, os alunos devem finalmente ser capazes de aplicar as estratégias por conta própria.

Tabela 11.5 Conhecimentos críticos sobre a justificativa

Tipo de conhecimento	Saber o que	Saber quando/por que	Saber como
Habilidade de pensamento: justificativa	A justificativa é explicar o raciocínio, fornecer provas subjacentes às conclusões/raciocínio; comparar o resultado obtido com o resultado desejado; e avaliar o grau de diferença.	Utilizar a justificativa para criar uma base sólida de suporte para crenças, decisões e/ou ações.	Para justificar, é necessário entender o conceito de evidência ou suporte e seu valor na tomada de decisões sobre o que uma pessoa faz, sabe ou acredita. Os procedimentos incluem encontrar provas; avaliar as provas e compará-las com um padrão ou conjunto de critérios; avaliar seus pontos fortes, pontos fracos e graus de diferença em relação aos critérios; e examinar todas as possibilidades. Quando há um suporte forte para uma resposta, interpretação, abordagem, etc., e um suporte fraco para todas as outras, a justificativa inclui determinar que uma delas é a melhor explicação, abordagem, resposta selecionada, etc., nas circunstâncias.

Fonte: Adaptada de Hartman (2001, p. 189) com permissão de Springer.

TECNOLOGIAS

Cada vez mais, novas tecnologias complementam e aprimoram o processo de aprendizado, e podem apoiar novas concepções do ensino de ciências. Um curso de biologia para o ensino médio caracterizado por "raciocínio baseado em modelos" enfatizou o desenvolvimento de conhecimentos conceituais e estratégicos relacionados à genética clássica, bem como o desenvolvimento de discernimentos referentes à ciência como uma atividade intelectual. Esse curso de nove semanas para alunos da última série envolveu a solução de problemas por **revisão de modelos** em contraste com a solução de problemas por **uso de modelos**, que é mais comum. Na abordagem com revisão de modelos, os alunos trabalham em grupos de pesquisa para compartilhar suas observações de fenômenos, construir e defender seus modelos perante grupos de alunos que criticam os trabalhos uns dos outros. As críticas levam à revisão do modelo. A emergência de modelos concorrentes aumenta a consciência do aluno em relação à necessidade de modelos para explicar dados existentes e prever observações adicionais. Além disso, os alunos obtêm uma maior consciência de que mais de um modelo pode ser consistente com os dados e pode prever e explicar. O computador desempenhou um papel importante no desenvolvimento desse curso. O uso de computadores foi orientado pela perspectiva dos alunos que realizam atividades autênticas como cientistas de verdade, incluindo apresentação de problemas, análise aprofundada de um problema, solução de problemas e comunicação com outros a respeito das descobertas e conclusões. O *software* complementou o trabalho com organismos reais e permitiu que os alunos aprendessem genética ao executar atividades semelhantes às dos geneticistas. É uma ótima maneira de usar a tecnologia!

O *site InTime* (c2002) contém excelentes aulas para o ensino fundamental e ensino médio, incluindo o uso de várias tecnologias no ensino de ciências. Incluem aulas para os anos finais do **ensino fundamental**, tais como:

1. Aviação: inclui a utilização de um simulador de voo, câmera digital, computador e projetor.
2. O sistema solar: envolve fazer uma *WebQuest* e elaborar *slides* de PowerPoint.
3. Exercício que envolve o uso do *Polar Pacer Heart Rate Monitor*, *Polar Vantage XL Heart Rate Monitor*.
4. Qualidade da água: inclui o uso de Sondas de Vernier, computador, eProbe e eMates.

O *InTime* (c2002) também inclui aulas de ciências para o **ensino médio**, tais como:

1. O oceano, que envolve o uso do *HyperStudio*.
2. Uma aula de biologia envolvendo o uso do *QX3 Computer Microscope*.
3. Uma aula de física sobre a segunda Lei de Newton que inclui o uso de Photogates, interface ULI e um computador.

O *Comprehensive, Conceptual Curriculum for Physics* (C3P), discutido no início deste capítulo, também contém recursos úteis em seu *site*. Os temas e as matérias do curso baseados no ciclo de aprendizado são resumidos na Tabela 11.6. Os *links* do *site* do C3P (2013) fornecem informações mais detalhadas sobre esses temas e subtemas. O projeto inteiro está disponível em um CD-ROM, que inclui matérias e recursos do currículo.

Outros recursos tecnológicos para o aprendizado de ciências incluem ajuda *on-line* com a lição de casa e tutoriais sobre física, como *Physics Homework Help from Experts* (2003). Para assistência com química, *The Science Page* (CHEMISTRY..., c2013) oferece vários recursos *on-line* para professores e alunos.

Recursos *on-line* gratuitos de ciências para professores, patrocinados pela National Science Teachers Association (2006), estão disponíveis no *site*, que inclui *links* para diversos projetos, tais como *Urban Bird Studies*, *Court TV* para ciência forense e *Project Oceanography*.

O *software* de organizadores gráficos, chamado de *Inspiration* (c2014), tem modelos específicos para ciências que podem ser modificados facilmente para uso por professores e alunos. São eles:
1. Mapas conceituais
2. Relatórios de laboratório
3. Método científico
4. Ciclos básicos

Tabela 11.6 Temas do curso (com subtemas)

• Experiências, observações e ordem; pesquisa; coleta e análise de dados
• A natureza da matéria; dualidade das partículas de onda; os fundamentos da matéria; modelos do átomo; fusão e fissão de átomos; o universo do nuclear ao galáctico; medições da matéria; espaço; tempo
• Ideia de mudança no tempo; quadros de referência, posição e gráficos de posição x tempo; distância total percorrida e deslocamento; velocidades e gráficos de velocidade-tempo; aceleração; aproximando-se da velocidade da luz
• Classificação das forças; força e ímpeto; resistência à mudança de velocidade; interações; gravitação; forças causadoras do movimento bidimensional; tópicos para o futuro
• Energia; termodinâmica; redistribuição de energia em sistemas
• Eletrostática; diferença de potencial, corrente e resistência (Lei de Ohm); magnetismo; eletrônica de estado sólido
• Propriedades gerais de onda; ondas periódicas; modelagem de fenômenos como ondas; comportamentos de onda; movimento harmônico simples; matéria como ondas e partículas
• Física atômica; caos e fractais; cosmologia; física nuclear; física de partículas; experimento de Michelson-Morley; relatividade especial; relatividade geral

A Figura 11.4 mostra a estrutura básica do modelo do Método Científico. Seu distrito escolar pode querer se inspirar em outros e comprar uma licença para uso em todas as escolas, embora uma versão de teste gratuita de 30 dias esteja disponível no *site* do *software Inspiration* (c2014).

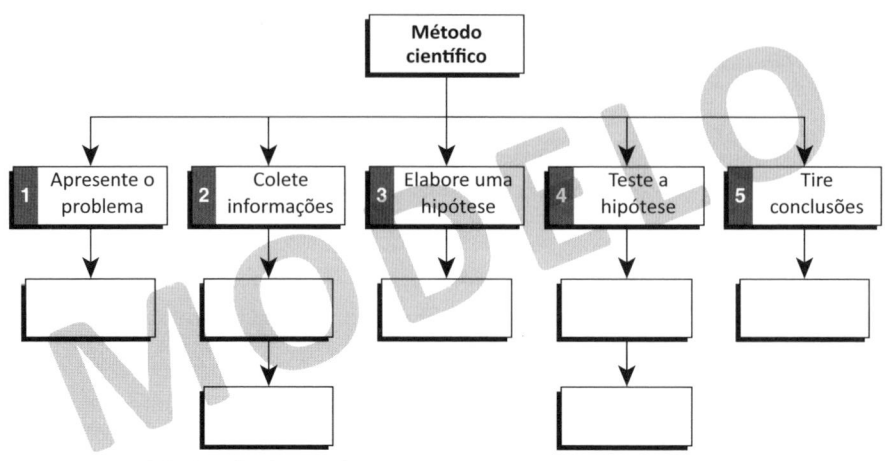

Figura 11.4 Modelo de método científico.

RESUMO

Considerações importantes para o pensamento reflexivo e crítico no ensino de ciências são padrões, preconcepções ou ideias errôneas que os alunos podem trazer para a sala de aula; ter um repertório de métodos de ensino baseados no aprendizado ativo para superar preconcepções; ajudar os alunos a aprender a pensar de forma autêntica, reflexiva e crítica, como os cientistas; e a motivação e as posturas dos alunos em relação às ciências. Algumas estratégias de ensino, como o ciclo de aprendizado, os mapas conceituais, o aprendizado por investigação e o questionamento, são muito recomendadas para o ensino de ciências. Vários recursos tecnológicos estão disponíveis para tal ensino.

REFERÊNCIAS

BINGHAMTON UNIVERSITY. *Overcoming ecology misconceptions*: using the power of story. New York: Binghamton University, 2004. Disponível em: <http://ecomisconceptions.binghamton.edu/intro.htm>. Acesso em: 15 ago. 2014.

BROWN, T.; CROWDER, J. *Students' difficulties in physics information center*. [S. l.: s. n., 199-]. Disponível em: <http://www.physics.montana.edu/physed/misconceptions/>. Acesso em: 15 ago. 2014.

CHEMISTRY RESOURCES. [S. l.]: Science Page Group of Web Pages, c2014.Disponível em: <http://sciencepage.org/chem.htm>. Acesso em: 15 ago. 2014.

COMPREHENSIVE Conceptual Curriculum for Physics. Irving: National Science Foundation, 2013. Disponível em: <http://phys.udallas.edu/>. Acesso em: 15 ago. 2014.

HARTMAN, H. Metacognition in science teaching and learning. In: HARTMAN, H. J. *Metacognition in Learning and Instruction*. Dordrecht: Springer, 2001.

INFOPLEASE. *Biographies*. Tappan: Pearson Education, c2013. Disponível em: <http://www.infoplease.com/biography/science-technology-bios.html>. Acesso em: 15 ago. 2014.

INSPIRATION SOFTWARE. Portland: Inspirations software, c2014. Disponível em: <http://www.inspiration.com>. Acesso em: 15 ago. 2014.

INTIME. *Science Content Videos*. Iowa: InTime, c2002. Disponível em: <http://www.intime.uni.edu/vidsearch/Display/Display_Content_Area.asp>. Acesso em: 15 ago. 2014.

NATIONAL ASSOCIATION FOR RESEARCH IN SCIENCE TEACHING. Reston: NARST, c2014. Disponível em: <www.narst.org>. Acesso em: 15 ago. 2014.

NACIONAL CENTER FOR EDUCATION STATISTICS. *Trends in International Mathematics and science study*. Washington: Institute of Education Sciences, 2003. Disponível em: <http://isc.bc.edu/timss2003i/scienceD.html>. Acesso em: 15 ago. 2014.

NATIONAL COMMITTEE ON SCIENCE EDUCATION STANDARDS AND ASSESSMENT. *National Science Education Standards*. Washington: National Academy, 1996. Disponível em: <http://search.nap.edu/search/?term=National+Science+Education+Standards>. Acesso em: 15 ago. 2014.

NATIONAL SCIENCE TEACHERS ASSOCIATION. *NSTA Position Statement*: scientific inquiry. Arlington: National Science Teachers Association, 2004. Disponível em: <http://www.nsta.org/about/positions/inquiry.aspx>. Acesso em: 15 ago. 2014.

NATIONAL SCIENCE TEACHERS ASSOCIATION. *Free resources for science teachers*. Arlington: National Science Teachers Association, 2006. Disponível em: <http://science.nsta.org/enewsletter/2006-06/news_stories_high.htm>. Acesso em: 15 ago. 2014.

NOVA Science Now. [S. l.]: Alfred P. Sloan Foundation, c2014. Disponível em: <http://www.pbs.org/wgbh/nova/sciencenow/>. Acesso em: 15 ago. 2014.

NOVAK, J. *Learning, creating and using knowledge*. Hillsdale: Lawrence Erlbaum Associates, 1998.

PHYSICS Homework Help From Experts. Manitoba: Physics24/7, 2003. Disponível em: <http://www.physics247.com/>. Acesso em: 15 ago. 2014.

SCIENCENETLINKS. Washington: American Association for the Advancement of Science, c2014. Disponível em: <http://sciencenetlinks.com/>. Acesso em: 15 ago. 2014.

TEACH-NOLOGY.com. Bloomingburg: Teachnology, c2012. Disponível me: <http://www.teach-nology.com/teachers/lesson_plans/science/>. Acesso em: 15 ago. 2014.

TELUSPLANET. *Hispanic, latina, chicana women in science*. Alberta: Telus Planet, 2002. Disponível em: <http://www.telusplanet.net/public/ecade/hispanic-women.html>. Acesso em : 15 ago. 2014.

THE FACES of science: African Americans in the sciences. [S. l.]: Mitchell C. Brown, c2000. Disponível em: <https://webfiles.uci.edu/mcbrown/display/faces.html#Top>. Acesso em: 15 ago. 2014.

YOUNT, L. *Asian-American scientists*: american profies. New York: Facts on Files, 1998.

Leituras sugeridas

ABIMBOLA, I. O; BABA, S. Misconceptions and alternative conceptions in science textbooks: the role of teachers as filters. *The American Biology Teacher*, v. 58, n. 1, p. 14–19, 1996.

AMERICAN HEART ASSOCIATION. *Common misconceptions about cholesterol*. Dallas: American Heart Association, 2007. Disponível em: <http://www.heart.org/HEARTORG/Conditions/Cholesterol/PreventionTreatmentofHighCholesterol/Common-Misconceptions-about-Cholesterol_UCM_305638_Article.jsp>. Acesso em: 15 ago. 2014.

ASD PLANETARIUM. *Introduction to astronomy*: popular misconceptions in astronomy. Bethlehem: Moravian College Astronomy, c2013. Disponível em: <http://www.astronomy.org/astronomy-survival/misconcp.html>. Acesso em: 15 ago. 2014.

BAIRD, J. R. Improving learning through enhanced metacognition: a classroom study. *European Journal of Science Education*, v. 8, n. 3, p. 263–282, 1992.

COOK, L.; MAYER, R. E. Teaching readers about the structure of scientific text. *Journal of Educational Psychology*, v. 80, n. 4, p. 448–456, 1988.

ELKIN, L. O. Rosalind Franklin and the double helix. *Physics Today*, p. 61, fev. 2003. Disponível em: <http://scitation.aip.org/content/aip/magazine/physicstoday/article/56/3/10.1063/1.1570771>. Acesso em: 15 ago. 2014.

EYLON, B.; LINN, M. Learning and instruction: an examination of four research perspectives in science education. *Review of Educational Research*, v. 58, p. 251–301, 1988.

FROM MISCONCEPTIONS TO CONSTRUCTED UNDERSTANDING, 2th, [1992], [California]. *Proceedings...* Ithaca: Meaningful Learning Group, [1992]. Disponível em: < http://www2.ucsc.edu/mlrg/proc2abstracts.html>. Acesso em: 15 ago. 2014.

FROM MISCONCEPTIONS TO CONSTRUCTED UNDERSTANDING, 3th, [1993], [California]. *Proceedings...* Ithaca: Meaningful Learning Group, [1993]. Disponível em: <http://www2.ucsc.edu/mlrg/proc3abstracts.html>. Acesso em: 15 ago. 2014.

FROM MISCONCEPTIONS TO CONSTRUCTED UNDERSTANDING, 4th, [1994], [California]. *Proceedings...* Ithaca: Meaningful Learning Group, [1994]. Disponível em: <http://www2.ucsc.edu/mlrg/proc4abstracts.html>. Acesso em: 15 ago. 2014.

GEORGE WASHINGTON CARVER: MUSEUM & CULTURAL CENTER. *Dr. George Washington Carver*: biographical information. Austin: George Washington Carver: Museum & Cultural Center, [200-]. Disponível em: <http://www.austintexas.gov/sites/default/files/files/Parks/Carver_Museum/Carver_Bio_and_Information.pdf>. Acesso em: 15 ago. 2014.

HARTMAN, H.; GLASGOW, N. *Tips for the science teacher*: research-based strategies to help students learn. Thousand Oaks: Corwin, 2002.

HARVARD UNIVERSITY. *Faculty*: Lisa Randall. Cambridge: Harvard University, c2014. Disponível em: <https://www.physics.harvard.edu/people/facpages/randall>. Acesso em: 15 ago. 2014.

KARPLUS, R. *The science curriculum improvement study* (SCIS). Berkeley: Lawrence Hall of Science; University of California, 1974.

KOLB, D. *Experiential learning*: experience as the sources of learning and development. Upper Saddle River: Prentice Hall, 1984.

LUTZ, A. Educating students to eliminate eating misconceptions (ESTEEM). [S. l.]: Anna M. Lutz, [200-]. Disponível em: <https://web.duke.edu/esteem/peer_education/peer_groups/esteem.html>. Acesso em: 15 ago. 2014.

MARIE Curie: biographical. *Nobel Lectures*, 1966. Disponível em: <http://www.nobelprize.org/nobel_prizes/physics/laureates/1903/marie-curie-bio.html>. Acesso em: 15 ago. 2014

MAYER, R. Models for Understanding. *Review of Educational Research*, v. 59, n. 1, p. 43–64, 1989.

McDERMOTT, L. Millikan lecture 1990: what we teach and what is learned – closing the gap. *American Journal of Physics*, v. 59, n. 4, p. 301–315, 1991.

MESTRE, J. Problem posing as a tool for probing conceptual development and understanding in physics. In: ENCONTRO ANUAL DA AMERICAN EDUCATIONAL RESEARCH ASSOCIATION, 1994, New Orleans. *Anais...* New Orleans, 1994.

MINSTRELL, J. Teaching science for understanding. In: RESNICK, L.; KLOPFER, L. (Eds.). *Toward the thinking curriculum*: current cognitive research. Alexandria: Association for Supervision and Curriculum Development, 1989.

NARODE, R.; et al. *Teaching thinking skills*: science. Washington: National Educational Association, 1987.

NATIONAL SCIENCE TEACHERS ASSOCIATION. *Scientific Inquiry*. Arlington: National Science Teachers Association, 2004. Disponível em: <http://www.nsta.org/about/positions/inquiry.aspx>. Acesso em: 15 ago. 2014.

RANDALL, L. *Warped passages*: unraveling the mysteries of the universe's hidden dimensions. New York: Harper Perennial, 2005.

REFORMED Teaching Observation Protocol (RTOP). Arizona: Evaluation Facilitation Group, 2002. Disponível em: <http://physicsed.buffalostate.edu/AZTEC/RTOP/RTOP_full/>. Acesso em: 15 ago. 2014.

PERKINS, D.; SIMMONS, R. An integrative model of misconceptions. *Review of Educational Research*, v. 58, n. 3, p. 303–326, 1988.

REGIS, A.; ALBERTAZZI, P. G. Concept maps in chemistry education. *Journal of Chemical Education*, v. 73, n. 11, p. 1084–1088, 1996.

ROTH, K. Reading Science for Conceptual Change. In: SANTA, C. M.; ALVERMANN, D. E. (Eds.) *Science learning*: processes and applications. Newark: International Reading Association, 1991. p. 48–63.

SPIEGEL, G.; BARUFALDI, J. The effects of a combination of text structure awareness and graphic postorganizers on recall and retention of science knowledge. *Journal of Research in Science Teaching*, v. 31, n. 9, p. 913–919, 1994.

STEMTEC, the Science, Technology, Engineering and Mathematics Teacher Education Collaborative. Amherst: University of Massachussetts, 2007. Disponível em: <http://k12s.phast.umass.edu/~stemtec/>. Acesso em: 15 ago. 2014.

TOBIAS, S. Peer perspectives on the teaching of science. *Change*, v. 18, n. 2, p. 36–41, mar./abr. 1986.

XAVIER UNIVERSITY OF LOUISIANA. *SOAR1*: stress on analytical reasoning. New Orleans: Xavier University of Louisiana, [201-]. Disponível em: <http://www.xula.edu/education/documents/SOAR1Brochure.pdf>. Acesso em: 15 ago. 2014.

WALBERG, H. Improving school science in advanced and developing countries. *Review of Educational Research*, v. 61, n. 1, p. 25–69, 1991.

WHIMBEY, A.; LOCHHEAD, J. Problem solving and comprehension. Philadelphia: Franklin Institute, 1982.

ZINSSER, J. *La dame d'esprit*: a biography of the Marquise Du Chatelet. New York: Viking, 2006.

12

Prática reflexiva no ensino de inglês

Este capítulo contém três categorias principais de informações sobre o ensino de inglês de modo reflexivo e crítico. Em primeiro lugar, trata do ensino de literatura. Depois, aborda a escrita e, por fim, chega à gramática. O capítulo inclui o uso de questionamento e tecnologias para ensinar tais aspectos da língua inglesa. A leitura foi abordada no Capítulo 9; a escrita para alunos de inglês como língua estrangeira é tratada no Capítulo 13 sobre ensino de línguas estrangeiras.

LITERATURA

As perguntas a seguir buscam ajudá-lo a analisar e avaliar algumas características do ensino e aprendizado de literatura na sala de aula. Como seus alunos leem literatura? Eles relacionam uma obra literária com suas próprias experiências? Como é possível ajudá-los a reconhecer e a expressar relações entre eles e aquilo que estão lendo? Quais estratégias de ensino você usa para promover a participação na leitura e a responsividade ao texto? Até que ponto você está aberto a interpretações de literatura que são diferentes das suas? O ensino reflexivo de literatura envolve ficar no meio do caminho entre considerar uma interpretação como correta e aceitar todas as interpretações como igualmente válidas.

Até que ponto seus alunos mergulham na literatura que estão lendo e realmente se conectam com os personagens e eventos? Como pensam sobre o que leem em relação a um contínuo de orientação, desde informações até a estética? Seus alunos veem a literatura como uma ferramenta para entender a si próprios e o mundo, além de entender o autor e o texto? Seus alunos percebem como suas características e experiências individuais afetam as interpretações daquilo que foi lido? Cada vez que você ensina uma obra literária, os resultados devem ser diferentes, porque seus alunos são diferentes!

Infelizmente, muitos alunos leem literatura de forma relativamente passiva e assimilam informações sem pensar ativamente sobre elas e sem fazer conexões com suas próprias experiências e sua própria cultura. Muitos alunos não percebem como suas origens culturais e regionais, bem como idade, gênero, *status* socioeconômico e experiências pessoais, afetam seus papéis como leitores e as interpretações construídas.

Diversas técnicas podem ajudar os alunos a se tornarem mais reflexivos durante a leitura de literatura. Veja, por exemplo, o modelo de organizadores gráficos literário extraído da *web* na seção "Tecnologias".

Algumas estratégias de ensino de literatura são caracterizadas como **escrita com base retórica** e dependem da estrutura lógica do texto e do contexto. Essas técnicas incluem que os alunos:

1. Assumam o papel de um personagem e escrevam uma carta para outro personagem do texto.
2. Escrevam uma carta para o autor a respeito de sua interpretação do texto.
3. Interpretem os personagens e os eventos em uma encenação.
4. Criem um ambiente ou cenário para a encenação que seja consistente com a caracterização feita pelo autor no texto.
5. Escrevam uma carta para o público explicando o que desejam transmitir com a encenação.
6. Escrevam cartas uns para os outros, comparando e contrastando o texto com suas próprias experiências no mundo onde vivem.

Cada uma dessas estratégias exige que os alunos examinem o texto com cuidado e o reavaliem a partir de diferentes perspectivas. As reavaliações provavelmente ocorrerão em diversas iterações, o que permite que os alunos obtenham perspectivas mais amplas e profundas acerca do que foi lido e do significado que o texto possui para eles.

Um contínuo na leitura da literatura

A maioria dos alunos e muitos professores não estão familiarizados com a ideia de que existe um contínuo de leitura de literatura. Em uma extremidade do contínuo está a orientação rumo à aquisição e à compreensão de informações. Na outra extremidade do contínuo, está a orientação rumo à resposta e interpretação estéticas. O que você enfatiza em seu próprio ensino de literatura? Muitos professores de literatura estão mais interessados na segunda extremidade, não na primeira. Quais estratégias promovem melhor a leitura com uma orientação estética?

Os Registros de Literatura são ferramentas informais de escrita que podem ajudar os alunos a usarem a escrita para pensar sobre literatura de modo crítico. Uma abordagem enfatiza a análise e avaliação de situações, eventos ou ações pelos alunos, bem como a capacidade de fazer inferências e refletir sobre implicações. Essa abordagem também sugere que os alunos comparem sistemas de crenças ou perspectivas e raciocinem sobre eles de modo independente, contestando as premissas inválidas encontradas em argumentos. Faça perguntas desafiadoras para incentivar os alunos a escreverem sobre tais questões.

Tipos e níveis de perguntas sobre literatura

A Tabela 12.1 destaca três níveis de perguntas que são possíveis utilizar no ensino de literatura. Cada nível abrange diferentes tipos de perguntas. São fornecidos exemplos de cada nível e tipo em relação ao ensino de literatura. Pesquisas mostram que os alunos aprendem mais quando você passa a maior parte do tempo questionando além do nível básico, que se concentra no conhecimento e na compreensão. Os níveis intermediário e avançado tratam de um pensamento mais complexo; assim, os alunos aprendem mais com tais perguntas.

Tabela 12.1 Perguntas de nível básico, intermediário e avançado: literatura

Nível e tipo de pergunta	Exemplo do tipo de pergunta
Nível básico	
Rotular	Qual é o termo que se refere a uma palavra cujo significado é igual ao de outra palavra?
Definir	O que é uma analogia?
Descrever	Qual foi o cenário em que o romance ocorreu?
Nível intermediário	
Sequenciar	Qual foi a sequência de eventos que resultou na descoberta do tesouro escondido?
Reproduzir	Como você faria um diagrama da localização do tesouro?
Descrever semelhanças/diferenças	Em quais pontos este conto é semelhante a/diferente de outro que lemos do mesmo autor?
Estimar	Cerca de quanto tempo foi necessário para desenterrar o tesouro escondido?
Enumerar	Em quais locais eles procuraram o tesouro antes de finalmente encontrá-lo?
Inferir semelhanças/diferenças	Qual moral estava implícita nestas histórias?
Classificar	Que tipo de romance é?
Sintetizar	Se combinarmos todas as características da nossa heroína, como você a descreveria?
Aplicar	Como você poderia usar a estratégia de leitura de imagens para se lembrar deste poema?
Analisar	Quais são os sentimentos que o poeta está tentando evocar?
Nível avançado	
Avaliar	Em sua opinião, qual foi a pista mais importante que resultou na descoberta do tesouro escondido? Por quê?
Relação causal	Por que o vilão não encontrou o tesouro, já que tinha tantas pistas?
Inferir emoção	Como você acha que o vilão se sentiu quando descobriu que alguém encontrou o tesouro primeiro?
Generalizar	Como geralmente terminam as histórias de bem contra o mal?
Prever o resultado	Em sua opinião, como a história terminará?
Transformar	O poema seria diferente se acontecesse no inverno em vez da primavera?
Planejar	Quais etapas você executaria para escrever um mistério como este?
Verificar	Como seria possível determinar a validade das informações nesta crítica do romance?
Concluir	Depois de examinar todos os argumentos do narrador, a qual conclusão você chegou?
Resolver o conflito	Quem deve lucrar com a descoberta do tesouro: a heroína que o encontrou ou a pessoa que o possuía originalmente?

Quais níveis e tipos de perguntas são mais característicos do seu ensino de literatura? Quais você poderia utilizar mais?

ESCRITA

A escrita pode ser uma excelente ferramenta para promover o pensamento reflexivo e crítico em inglês e em praticamente todas as outras disciplinas acadêmicas, assim como muitos aspectos da vida cotidiana. Muitas faculdades e universidades reconheceram esse potencial e desenvolveram programas e cursos especiais que enfatizam a escrita nas várias disciplinas e em todo o currículo.

É possível ajudar seus alunos a se prepararem para o sucesso no ensino superior utilizando a escrita para desenvolver suas habilidades de pensamento reflexivo e crítico em todas as disciplinas por meio de tarefas de escrita intensivas e diversificadas.

Além de escrever por conta própria, peça aos alunos para analisarem e avaliarem criticamente seus próprios textos e os dos colegas. Os tópicos para análise incluem procurar inconsistências e ambiguidades, detectar premissas implícitas e explícitas, diferenciar fatos de opiniões, utilizar fontes confiáveis *versus* não confiáveis, apresentar um ponto de vista mais objetivo *versus* um mais predeterminado e enfatizar informações relevantes em vez de irrelevantes. Ensine os alunos a usarem uma lista de conferência com essas e outras características, de acordo com a tarefa de escrita específica, para avaliar seu próprio texto antes de entregá-lo ao professor. Use uma abordagem de revisão em duplas, na qual os alunos aplicam critérios objetivos para avaliar os textos de outros alunos.

Desenvolver e defender argumentos são características importantes em muitas disciplinas. Seus alunos são eficazes no momento de desenvolver argumentos? Eles fornecem provas consistentes para apoiar seus argumentos? A abordagem de debate chamada de controvérsia estruturada (descrita brevemente no Capítulo 8, sobre estratégias de ensino) é uma excelente abordagem para desenvolver o pensamento crítico e a capacidade de construir um argumento sensato, bem desenvolvido e embasado. Também ajuda os alunos a considerarem e entenderem questões a partir de diferentes pontos de vista, o que contribui para o reconhecimento e a apreciação da complexidade.

Exemplo de aula sobre o desenvolvimento de um argumento persuasivo

Como você ensina os alunos a desenvolverem argumentos persuasivos? A seguir, apresentamos um exemplo de aula e diálogo em uma turma hipotética dos anos finais do ensino fundamental que está aprendendo a desenvolver um argumento persuasivo. A professora utiliza o questionamento para promover um pensamento reflexivo e crítico sobre esse tipo de texto.

Professora: Hoje, vocês vão planejar, desenvolver e escrever um argumento persuasivo enquanto continuam aprendendo sobre a participação dos Estados Unidos na Guerra do Vietnã. O que significa "um argumento persuasivo"?
Alicia: Que você precisa convencer alguém de alguma coisa.
Marika: Que você tentará fazer alguém mudar de ideia.
Jeff: A pessoa vai tentar fazer alguém pensar da mesma forma que ela.
Professora: Qual seria um exemplo de argumento persuasivo?
Noah: Nós tentaríamos convencer você a fazer uma festa na quinta-feira em vez de aplicar um teste.
Professora: O que faz um argumento deixar de ser apenas isso e se tornar persuasivo?

Devido aos olhares confusos, a professora Smart se perguntou se seus alunos realmente entendiam a palavra "persuasivo".

Professora: Vejamos como a palavra "persuasivo" é utilizada no contexto. Em nosso livro de estudos sociais, no capítulo sobre o Vietnã, localizem a seção que explicou como o popular movimento antiguerra ajudou a persuadir o presidente Johnson a não concorrer à reeleição.

Enquanto os alunos liam seus textos, a professora Smart escreveu "persuadir" e "persuasivo" no quadro. José levantou a mão.

José: Acho que "persuasivo" significa que o argumento funcionou.
Professora: O que você quer dizer, José? Pode explicar um pouco melhor?
José: Bem, parece que, inicialmente, o presidente Johnson iria concorrer à reeleição, mas as enormes manifestações que ocorreram nas ruas fizeram ele mudar de ideia.
Professora: O que as manifestações realizadas nas ruas têm a ver com um argumento?
Jann: As pessoas estavam protestando contra a guerra. Queriam que ela terminasse. Johnson foi acusado disso. As pessoas não queriam que ele continuasse sendo presidente.
Professora: Qual era o argumento dessas pessoas?
Jann: Elas diziam que a guerra é moralmente errada. Também diziam que não podíamos vencer a guerra. Acho que estavam dizendo que Johnson não seria reeleito porque muitas pessoas estavam contra ele. Para mim, essa foi a parte mais persuasiva. Ao ver todos os manifestantes, Johnson concluiu que não tinha chance de vencer. Provavelmente, esse foi o motivo pelo qual decidiu não concorrer. Ele deve ter pensado: por que devo desperdiçar meu tempo e minha energia quando tantas pessoas estão contra mim e não vou me reeleger, de qualquer forma.
Professora: Então, o que podemos concluir a partir do uso da palavra "persuasivo" nesse contexto?
Nancy: Um argumento é persuasivo quando muda sua maneira de sentir, pensar ou agir. O argumento precisa ter bons motivos para levar você a pensar de determinada maneira.
Professora: Qual seria um exemplo de argumento persuasivo?
Tanya: É melhor comer frutas na sobremesa em vez de doces. Se você comer doces demais, seus dentes vão cair. As frutas não fazem os dentes cair, não importa a quantidade que você comer.
Professora: Por que esse argumento é persuasivo?

Tanya: Porque as pessoas realmente não querem perder os dentes.
Professora: Certo. Alguém pode dar um exemplo de um argumento que não seja persuasivo?
Noah: Não coma doces demais ou você vai estar sem fome na hora do jantar – e hoje o jantar vai ser bife de fígado (eca!).
Professora: Por que esse argumento não é persuasivo?
Noah: Quantas crianças você conhece que gostam de bife de fígado?
Professora: Você tem razão! Bem, como sugeri antes, um dos objetivos da aula de hoje é ajudar vocês a aprender a desenvolver um argumento persuasivo. Em particular, vamos nos concentrar em dois objetivos relacionados: um – planejar seu argumento – dois – fornecer motivos que apoiem suas conclusões ou funcionem como provas.

Enquanto escrevia esses objetivos no quadro, a professora perguntou: "O que significa 'planejar seu argumento'?". Os alunos ficaram em silêncio.

Professora: O que vocês fazem quando estão se preparando para solucionar um problema de matemática? Vamos aplicar isso a esta situação.
Bob: Você decide o que vai fazer antes de realmente solucionar o problema.
Professora: Como poderíamos planejar por escrito?
Bob: Acho que precisamos decidir o que vamos escrever antes de começar a escrever.
Professora: E quais tipos de coisas nós precisamos decidir?

Como não obteve respostas, a professora insistiu um pouco mais.

Professora: Voltem a pensar em matemática. Quais são algumas das coisas que vocês decidem antes de solucionar um problema escrito?
Denny: Qual fórmula usar.
Professora: O que mais?
Denny: Quais são as etapas necessárias para solucionar o problema.
Alicia: Em que ordem devemos executar as etapas.
Professora: Certo. O que mais?

Pela terceira vez, a turma ficou em silêncio. Dessa vez, porém, ele persistiu até que uma expressão de reflexão intrigada começou a aparecer nos rostos. Por fim, uma aluna perguntou se poderiam consultar seus cadernos. Jennifer lembrou-se de uma lista de perguntas de planejamento que escreveu para usar na solução de problemas de matemática.

Jeff: Eu sei! Em primeiro lugar, precisamos dizer qual é o problema.
Tanya: E precisamos descobrir como escrever as informações importantes.
Marika: Também devemos pensar sobre como podemos visualizar o problema em nossas mentes.
Professora: Certo. Agora temos uma lista dos tipos de decisões que vocês precisam tomar quando se preparam para solucionar um problema de matemática. O que isso sugere em relação ao planejamento que precisamos fazer em uma tarefa de escrita? Quais são algumas das perguntas que vocês podem fazer para ajudar a planejar a escrita de uma redação persuasiva sobre a Guerra do Vietnã?

À medida que os alunos sugeriam perguntas que poderiam fazer para si próprios, a professora as escrevia no quadro ao lado das etapas de planejamento de matemática (ver Tab. 12.2).

Tabela 12.2 Questões de autoquestionamento feitas alunos para o planejamento da escrita

Matemática	Escrita
Qual fórmula eu devo usar?	Devo escrever a respeito de quê?
Quais etapas eu devo executar?	Precisarei usar meu livro didático?
Em que ordem eu executo essas etapas?	Precisarei ir à biblioteca?
Qual é o problema?	Quais etapas eu precisarei executar para escrever a redação?
Como registro as informações importantes?	Como organizarei as informações?
Como seria uma "imagem mental" do problema?	Como será a redação?
Já resolvi algum problema parecido com este antes?	Em qual ordem devo executar as etapas?
	O que eu já sei sobre o assunto — motivos para o envolvimento dos Estados Unidos na Guerra do Vietnã?
	Para quem estou escrevendo isto?
	Qual é a finalidade desta redação?

Professora: Por que não devemos começar a escrever agora? Por que precisamos nos fazer essas perguntas?
Bob: Você disse que sempre devemos nos fazer perguntas antes de fazer qualquer tipo de trabalho.
Professora: Mas por quê? Qual é a importância de tais perguntas? Qual é a importância do planejamento?
Bob: Ele ajuda você a fazer um trabalho melhor.
Professora: De que forma?
Bob: Para você se lembrar de incluir todas as informações importantes.
Professora: E...
Nancy: Para não esquecer nenhuma etapa.
Professora: Muito bem. O que mais?
Jann: Se você planejar, sua redação ficará melhor.
Professora: Por quê?
Jann: Ajuda você a decidir o que deve escrever em primeiro lugar, em segundo, em terceiro — dessa forma.
Professora: E por que isso é uma coisa boa?
Nancy: Bem, se você deseja convencer alguém de alguma coisa, é importante elaborar sua lista de motivos e colocá-la em um lugar onde tenham a melhor chance de fazer alguém mudar de ideia — como no início ou no final.
Professora: Aprender a desenvolver um argumento persuasivo pode ajudá-los no dia a dia de que maneira?
Sean: Espero que me ajude a convencer meus pais a me deixarem andar de bicicleta sozinho no parque e ir para a cama mais tarde.
Shannon: Quero que me ajude a persuadir minha irmã a dividir suas roupas comigo.

Serge: Talvez eu consiga convencer meus pais a me deixarem ir para um acampamento nas próximas férias!
Tanya: Pode me ajudar a escrever melhor de forma geral.
Noah: Pode nos ajudar a escrever cartas melhores, como para nossos amigos que moram longe.
Alicia: Pode nos ajudar a escrever cartas melhores na hora de se candidatar a um emprego.
Professora: Ontem, quando estudamos a Guerra do Vietnã, aprendemos que muitos jovens se opunham a ela. O que algumas dessas pessoas fizeram?
Denny: Algumas delas queimaram suas cartas de convocação militar.
Jann: Algumas foram presas.
Jeff: Algumas deixaram suas famílias e se mudaram para o Canadá.
Marika: Algumas delas se tornaram "objetores de consciência".
Professora: O que isso significa?
Marika: Alguns homens foram dispensados de servir na guerra por causa de suas crenças religiosas. Eles diziam que "Não matarás" é um dos Dez Mandamentos.
Professora: Certo. Todas as pessoas que queriam se tornar "objetores de consciência" realmente conseguiram?
Alicia: Não — Algumas pessoas foram recusadas.
Professora: Por quê?
Alicia: Alguns lugares tinham um limite para o número de pessoas que podiam se tornar objetores de consciência.
Professora: O que mais?
Bob: Algumas pessoas apenas diziam que tinham motivos religiosos para não querer ir, mas, na verdade, não eram religiosas.
Professora: Certo. Outra maneira de ver isso é dizer que alguns desses homens não convenceram as autoridades de que sua alegação de "objetor de consciência" era válida.

A professora criou uma rede semântica contendo os vários motivos que as pessoas apresentaram para explicar por que deveriam ser consideradas "objetores de consciência" (ver Fig. 12.1).

Ela pediu à turma para examinar os motivos escritos no quadro em relação a dois aspectos: 1) Quais motivos são os mais eficazes? 2) Quais são as características dos bons motivos? Depois de uma discussão considerável, a turma elaborou estas diretrizes.

1. Deve haver lógica ou uma prova para apoiar os motivos.
2. Os bons motivos são justificados com base nos fatos e na lógica em vez de emoções e preconceitos.
3. As opiniões que se baseiam em fatos ou conhecimentos são mais influentes do que aquelas que se baseiam em emoções.
4. Os preconceitos pessoais distorcem os motivos e dificultam na hora de acreditar neles ou aceitá-los.
5. Às vezes, os motivos são bons porque são apresentados em combinação com outros motivos.

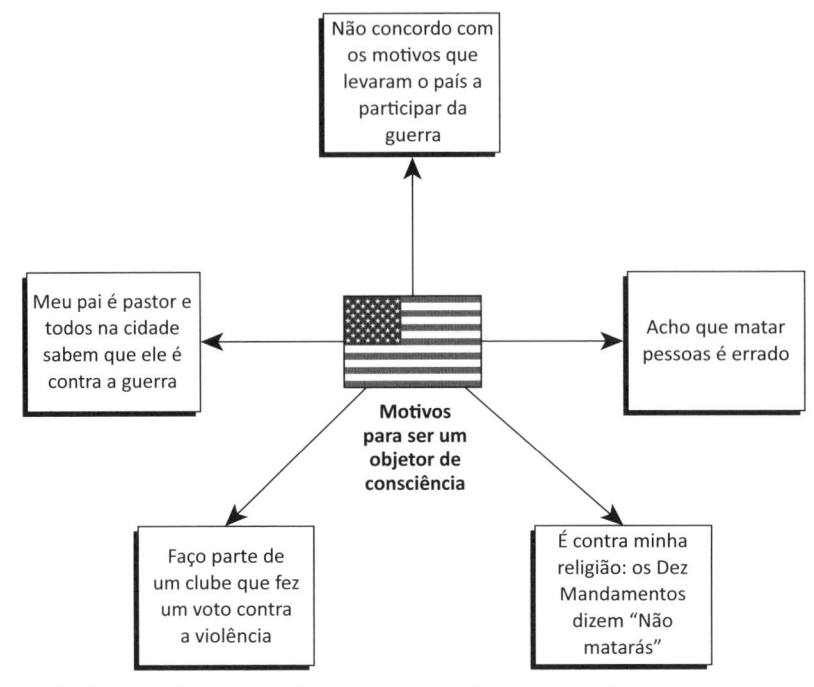

```
                    ┌─────────────────┐
                    │ Não concordo com│
                    │ os motivos que  │
                    │ levaram o país a│
                    │ participar da   │
                    │ guerra          │
                    └─────────────────┘
                             ▲
                             │
┌──────────────────┐    [bandeira]    ┌──────────────────┐
│ Meu pai é pastor e│ ◄──    USA   ──► │ Acho que matar   │
│ todos na cidade   │                  │ pessoas é errado │
│ sabem que ele é   │                  │                  │
│ contra a guerra   │    Motivos       │                  │
└──────────────────┘   para ser um    └──────────────────┘
                       objetor de
                       consciência
                      ╱            ╲
          ┌──────────────┐    ┌──────────────────┐
          │ Faço parte de│    │ É contra minha   │
          │ um clube que │    │ religião: os Dez │
          │ fez um voto  │    │ Mandamentos      │
          │ contra a     │    │ dizem "Não       │
          │ violência    │    │ matarás"         │
          └──────────────┘    └──────────────────┘
```

Figura 12.1 Rede semântica de motivos para ser um objetor de consciência.

Em seguida, a professora apresentou uma tarefa.

Professora: Você deve entrevistar duas pessoas desta turma a respeito de suas opiniões sobre a Guerra do Vietnã. Encontre uma pessoa que dirá que os Estados Unidos deveriam ter lutado e outra para argumentar que não deveríamos ter lutado. Você deve apresentar os dois argumentos. Depois, analise cada argumento e decida qual é o melhor e por quê. Você desenvolverá um argumento no qual tentará persuadir o leitor de que o argumento selecionado é o mais convincente dentre os dois. Cada pessoa da turma deve ser entrevistada duas vezes. Em uma das vezes, você deve argumentar a favor da guerra. Na outra, deve argumentar contra ela.

Enquanto os alunos começavam a trabalhar, a professora escreveu a seguinte tarefa de casa no quadro.

Tarefa de casa

Encontre pelo menos um artigo de jornal ou revista e mostre como, na vida real, o jornalista cita motivos e fornece provas em relação aos argumentos apresentados.

1. Identifique os argumentos e, a seguir, examine como são construídos.
2. Mostre como o autor sustenta o argumento.
3. Avalie os motivos e as provas do autor. Decida se os argumentos são persuasivos e explique por que sim ou por que não.

Para iniciar a tarefa durante a aula, Marika estudou o cartaz que estava na parede, chamado "Ferramentas de pensamento para ler e escrever" (ver Tabs. 12.3 e 12.4). Embora ela lembrasse, na maioria das vezes, o que fazer, por que e como, às vezes verificava a tabela apenas para ter certeza. Lembrou como costumava olhar para ela o tempo todo antes de começar a utilizar tais estratégias de modo regular. Gradualmente, elas se tornaram suas. "Vou fazer uma lista de todas as perguntas que talvez eu queira perguntar para as pessoas que entrevistar. Depois, escolherei as melhores, as organizarei em grupos e decidirei em qual ordem serão feitas. Também preciso decidir quanto tempo cada entrevista durará. Assim, posso garantir que terei tempo suficiente para fazer um bom trabalho."

Problemas de escrita

Quais tipos de problemas de escrita (à exceção de gramática e ortografia) são comuns entre seus alunos? Quais problemas são mais graves em termos de interferir na hora de expressar suas ideias? Os problemas importantes comuns incluem, por exemplo, a estrutura frasal e o uso de palavras. Fragmentos de sentenças podem comunicar pensamentos incompletos. Problemas no uso de palavras podem comunicar ideias erradas. Outro tipo de problema é a resistência à revisão.

Tabela 12.3 Ferramentas de pensamento para ler e escrever: diretrizes para as estratégias

Estratégia	O que	Quando	Por que
Leitura			
	Gerar esquemas	Antes	Ativar conhecimentos relevantes existentes
	Identificar a ideia geral	Antes	Obter uma compreensão inicial
	Perguntas que nos fazemos	Durante	Testar a compreensão e a memória
	Esclarecer	Durante	Resolver um entrave na compreensão
	Imagem	Durante	Auxiliar e enriquecer a compreensão e a memória
	Prever o resultado	Durante	Mostrar a finalidade na leitura
	Revisar	Depois	Consolidar e recordar
	Resumir	Depois	Estabelecer a ideia principal
Escrita			
	Pré-texto	Antes	Gerar ideias gerais
	Pré-composição	Antes	Gerar ideias específicas para a tarefa
	Escrever	Durante	Colocar os pensamentos no papel
	Compartilhar	Depois da escrita	Fazer e dar *feedback*
	Revisar	Depois do *feedback*	Aprimorar
	Editar	Depois da revisão	Fazer melhorias
	Revisão Final	Depois da revisão	Garantir a exatidão
	Avaliar	Depois do conceito	Avaliar até que ponto o padrão foi atendido
	Planejar	Depois do conceito	Descobrir como melhorar textos futuros

Tabela 12.4 Ferramentas de pensamento para ler e escrever: restrições

Leitura	Escrita
Alfabetização no idioma nativo	Conhecimento para construir e expressar ideias
Idioma do texto: nativo/estrangeiro	Idioma do escritor: nativo/estrangeiro Vocabulário para a comunicação
Dificuldade do texto	Público-alvo e finalidade
Uso da estratégia	Contexto

Muitas vezes, os alunos não querem receber *feedback* crítico e/ou utilizar o *feedback* para melhorar sua escrita, mesmo quando os problemas limitam a capacidade do leitor de entender suas ideias. Seus alunos conseguem organizar as ideias de acordo com sua relevância para o assunto específico? Eles apresentam as ideias utilizando uma sequência adequada? Fazem generalizações excessivas ou incluem mitos ou estereótipos culturais de modo acrítico? Considere as ideias e as estratégias desta aula que você poderia aplicar ao seu próprio ensino para ajudar os alunos a se expressarem de maneira mais completa e correta.

Pesquisas mostram que escritores experientes e novatos utilizam processos de pensamento diferentes ao escrever. Os três principais processos necessários para escrever são planejamento, geração de sentenças e revisão. Os experientes e os novatos executam esses processos de modo diferente. Ao contrário dos novatos, que costumam ter um pensamento rígido e linear, os experientes são flexíveis e alternam o planejamento, a tradução e a revisão de forma recursiva. Por exemplo, enquanto estão planejando, os escritores experientes reveem e revisam seus planos e, ao mesmo tempo, transformam as ideias em seus planos no texto. Pensam sobre o macrocenário daquilo que estão escrevendo (persuadir um leitor a aceitar seus argumentos), mas também refletem sobre os objetivos de nível intermediário (como ter um título intrigante) e os objetivos de nível inferior (como escrever a primeira frase).

Uma vasta experiência de escrita ajuda os escritores a colocarem habilidades importantes de escrita, tais como planejar e revisar, no piloto automático para que não se tornem um fardo na memória de curto prazo. Os escritores novatos costumam ter ideias preconcebidas ou deturpadas acerca da escrita. Uma delas é que a capacidade de escrever é inata — você a tem ou não. Outra é que a escrita envolve comunicar tudo o que você sabe a respeito de um assunto em vez de ser seletivo. A terceira é que a escrita é fácil para bons escritores, que eles registram suas ideias da melhor forma possível na primeira tentativa e não precisam fazer revisões. Ferramentas de escrita presentes nos programas de computador podem ajudar novatos a aprenderem a escrever como os experientes. Tais ferramentas incluem processadores de texto, organizadores de ideias, comandos de processo e analisadores de texto.

Ensinar os alunos a planejar, monitorar e avaliar para gerenciar seu trabalho os ajuda a desenvolver habilidades de pensamento crítico para que possam analisar seu próprio trabalho, usar o *feedback* de outros, determinar quando e como revisar e melhorar aquilo que foi escrito, além de escrever de modo mais proficiente no futuro. Essas estratégias de gerenciamento para o trabalho acadêmico foram discutidas no Capítulo 6, que trata do pensamento reflexivo e crítico dos alunos. Quais são seus próprios pontos fortes e fracos como escritor e professor de escrita?

I DREAM of A

Existe uma ferramenta muito útil que foi criada para ajudar os alunos a planejar, monitorar e avaliar seu trabalho na escrita. Também os ajuda a reconhecer suas posturas em relação à tarefa de escrita. Chama-se "I DREAM of A". Utiliza estratégias de questionamento e pensar em voz alta. Uma versão para matemática/ciências foi descrita no Capítulo 10 sobre matemática.

O I DREAM of A expande e integra um modelo geral de solução de problemas com foco específico no processo da escrita. Ele inclui a consideração das posturas dos alunos em relação à tarefa de escrita e prescreve técnicas de ensino (questionamento e pensar em voz alta). O processo I DREAM of A não é uma fórmula rigorosa como uma receita de bolo. Deve ser transformado pessoalmente por cada indivíduo que o utiliza, em cada ocasião em que for usado. Deve ser adaptado a cada situação exclusiva.

I DREAM of A é um acrônimo que se refere a uma abordagem sistemática para pensar sobre os processos envolvidos na escrita. Sua finalidade é aumentar a consciência dos alunos em relação a como escrevem e ajudá-los a assumirem o controle de seu próprio desempenho, auxiliando-os a se tornarem melhores escritores. As primeiras quatro letras (I, D, R e E) são etapas de planejamento que podem ser executadas em qualquer ordem. Muitas vezes, o **planejamento** é descrito como o pensamento que ocorre antes de realmente começar a escrever. Os alunos costumam errar porque se apressam e tentam escrever antes de entender o assunto específico ou a tarefa. O **monitoramento** possui três aspectos, no mínimo: verificar se o aluno compreendeu o conteúdo tratado na tarefa de escrita específica, conferir se entendeu os procedimentos que deve seguir para realizar a tarefa com sucesso e conferir (enquanto o trabalho está em andamento) para ter certeza de que está seguindo na direção correta. Os alunos procuram informações esclarecedoras ou mudam de abordagem conforme necessário. A **avaliação** envolve examinar o produto final do trabalho e o processo de como este foi concluído. O planejamento, o monitoramento e a avaliação são processos recursivos, não lineares. Às vezes, ocorrem simultaneamente. Ensine os alunos a aplicar esses processos de pensamento a praticamente tudo o que fazem até que os processos se tornem automáticos. Além disso, ensine os alunos a ser seletivos no momento de aplicar essas formas de pensamento. Nem todas são necessárias o tempo todo.

- **I** = Identificar e definir a tarefa e estabelecer posturas positivas.
- **D** = Diagrama ou esboço.
- **R** = Recordar conteúdos relevantes, vocabulário, gramática, regras de sintaxe, ortografia, pontuação, definições, tarefas de escrita anteriores e comentários sobre os tipos de erros.

E = Examinar métodos alternativos para lidar com o assunto ou expressar uma ideia.
A = Aplicar os resultados do processo de planejamento, desenvolvendo um esboço da tarefa de escrita.
M = Monitorar o progresso na tarefa. Fazer revisões conforme necessário. A postura dos alunos também é monitorada. Quando a postura é negativa, devem ser usadas estratégias para alterá-la.
A = Avaliar o produto final com base nos comentários, determinar o que e como melhorar para a próxima tarefa e recompensar o desempenho de sucesso.

As perguntas e sugestões contidas na Tabela 12.5 mostram os tipos de perguntas que podem orientar um escritor no processo de uma tarefa de escrita como uma redação. As perguntas devem ser **geradas pelo escritor para cada tarefa específica de escrita**. Não são perguntas genéricas que sempre são feitas, independentemente do que está sendo escrito. O objetivo dessas perguntas é estimular o pensamento acerca dos tipos de perguntas que são possíveis de se fazer durante cada fase do processo de escrita. Elas são mais eficazes quando são geradas pelo próprio escritor do que quando são fornecidas por uma fonte externa, como um professor.

Tabela 12.5 | DREAM of A na escrita

Componente do processo de escrita "I DREAM of A"	Exemplos de perguntas e tarefas
I – Identificar	• Qual é o tema geral da redação? • Quais são algumas das coisas que você gostaria de dizer? Por quê? • Pense sobre o assunto em voz alta. • Qual é a frase que resume o tema? • Quais pontos embasam o tema? Eles são bons? • Como você apresentaria sua tese com clareza? • Como você poderia desenvolvê-la/esclarecê-la? • Como você se sente em relação à sua capacidade de escrever sobre este tema? • Quais benefícios esta tarefa de escrita pode gerar para você?
D – Diagrama	• Faça uma rede ou um rascunho dos temas principais e de outras ideias importantes. • Como as ideias poderiam ser conectadas e organizadas de modo eficaz? • Crie uma imagem mental de como será seu trabalho. • O que poderia ser incluído no parágrafo introdutório? • O que poderia ser incluído nos parágrafos de desenvolvimento? • Faça um rascunho ou uma rede de como cada parágrafo poderia ficar. • As partes estão em uma sequência lógica? • Faça um diagrama em árvore para mostrar os temas, os pontos principais e os exemplos de apoio.
R – Recordar	• Qual conteúdo precisa ser incorporado? • Quais tempos verbais serão utilizados? • Quais tipos de problemas gramaticais você teve no passado? • O que precisa ser revisado antes que a escrita comece?

(*continua*)

Tabela 12.5 *Continuação*

Componente do processo de escrita "I DREAM of A"	Exemplos de perguntas e tarefas
E – Explorar	• Pense em voz alta sobre o que poderia ser colocado em um parágrafo introdutório. • Quais são alguns bons exemplos para escolher? • Outros pontos podem entrar no parágrafo introdutório? • Como a situação poderia ser vista a partir de uma perspectiva diferente? • Há uma forma melhor de dizer isto? • Como o trabalho inteiro poderia ser reorganizado?
A – Aplicar	• Utilize o plano para escrever um rascunho. • Examine as anotações para lembrar os pontos principais. • Não se preocupe com a gramática ou a ortografia agora. • Organize suas ideias em primeiro lugar e cuide do resto depois. • Pense em voz alta para ouvir o que está sendo escrito. • Mantenha uma perspectiva positiva.
M – Monitorar	• Como o texto está ficando até o momento? • Releia em voz alta aquilo que foi escrito. • Como você se sente em relação àquilo que escreveu até o momento? • Suas ideias estão fluindo com rapidez? • Como poderia ser melhor? • Você está desenvolvendo todos os pontos principais de modo suficiente? • A direção do seu pensamento está clara? • Ele está bem organizado? • Alguma coisa importante está faltando?
A – Avaliar	• O que o professor achou da sua redação/trabalho? • O que foi bem feito? • Como você poderia se sair melhor na próxima vez? • Você revisou seu trabalho antes do processamento de texto? • Você e outra pessoa revisaram a cópia final com cuidado antes de entregá-la? • Você deve se recompensar por um trabalho bem feito?

Existem pelo menos quatro maneiras de usar o modelo apresentado na Tabela 12.5. A primeira é mostrar seus próprios processos como escritor, utilizando estratégias de autoquestionamento e pensar em voz alta para que os alunos possam ver como você pensa durante o processo de escrita. A segunda é fazer tais perguntas aos alunos enquanto os orienta durante o processo de escrita. A terceira é ensinar os alunos a usarem o modelo como um guia para questionar uns aos outros enquanto colaboram para orientar seus textos. Os alunos podem se revezar entre fazer perguntas e responder a perguntas. Na quarta maneira, os alunos usam o modelo para trabalhar sozinhos em seus textos.

As perguntas da Tabela 12.5 foram elaboradas como se um professor fosse perguntá-las a um aluno ou um aluno a outro colega. Seguem exemplos de perguntas que os alunos podem aprender a fazer a si próprios:

- Expressei minhas ideias com clareza?
- Meus exemplos embasam minha tese?
- Minhas conclusões são lógicas?
- Meu vocabulário está suficientemente variado?
- Estou conseguindo evitar as repetições?
- Tenho algum exemplo irrelevante?
- Tenho frases extensas demais?

Utilize o questionamento e o pensamento em voz alta como técnicas para orientar os alunos acerca de uma abordagem sistemática de escrita. Isso ajudará a internalizar os processos, e eles serão capazes de usá-los no futuro. Com a prática, os alunos aprendem a fazer questões automaticamente, bem como orientar sua própria escrita durante as etapas do processo de escrita.

Qual é o tema?

Às vezes os alunos seguem na direção errada no momento de fazer um trabalho ou exercício. A interpretação incorreta é um problema predominante em praticamente todas as disciplinas. Inclui determinar o tema específico de uma redação, entender o que está sendo pedido em um item de múltipla escolha e identificar o problema matemático que precisa ser solucionado. Os alunos podem aprender técnicas que os ajudarão a identificar corretamente o tema específico que precisam abordar na escrita. Essas técnicas exigem que analisem cuidadosamente as informações fornecidas, façam e respondam a perguntas adequadas sobre elas para esclarecer o significado e integrem tais informações com seus conhecimentos prévios. Os alunos devem saber que existem poucos tipos básicos diferentes de redação; também precisam conhecer as características de cada um. Registre seus pensamentos sobre essas características na Tabela 12.6 e compare suas respostas com as respostas dos outros.

Seguem exemplos de perguntas que os alunos devem aprender a se fazer para ajudá-los a esclarecer a tarefa de escrita:
- Qual é o tema?
- O que eu sei sobre este tema?
- Quais são as partes mais importantes?
- Isto faz sentido?
- Como as partes se encaixam?
- Que outros autoquestionamentos podem ser úteis?

É possível usar diversas estratégias para ajudar os alunos a aprender a analisar um tema. Eles podem parafrasear o tema para esclarecer seu significado e comparar a paráfrase com a declaração original. Mostre-lhes como dividir um tema complexo em partes, determinar as relações entre as partes e entender como as partes se relacionam com o todo. Demonstre (pensando em voz alta) como diferenciar informações relevantes de irrelevantes e as ideias principais das ideias menores.

Tabela 12.6 Características das redações

Tipo de redação	Características deste tipo de redação
Descritiva	
Persuasiva	
Narrativa	
Ponto de vista explicativo	

Forneça-lhes sugestões ou pistas para ajudá-los a fazer isso por conta própria. Palavras-chave e frases podem ser usadas como pistas. Os exemplos incluem palavras e frases como *comparar e contrastar*, *explicar* e *sintetizar*. Os alunos devem formar hipóteses iniciais sobre o significado, mas evitar tirar conclusões precipitadas. Não devem simplesmente "pressupor" que estão certos, mas devem verificar, revisar ou rejeitar interpretações iniciais de forma contínua.

Tipos e níveis de perguntas sobre escrita

Vários outros tipos de perguntas podem ajudar seus alunos a escrever de modo mais eficaz, como as contidas na Tabela 12.7.

Tabela 12.7 Perguntas de nível básico, intermediário e avançado: escrita

Nível e tipo de pergunta	Exemplo do tipo de pergunta
Nível básico	
Rotular	Como se diz quando você reescreve um trabalho a fim de melhorá-lo?
Definir	O que é uma metáfora?
Descrever	Qual é o tema do seu trabalho?
Nível intermediário	
Sequenciar	Em qual ordem estas ideias serão apresentadas?
Reproduzir	Como você poderia expressar a mesma ideia usando outras palavras?
Descrever semelhanças/diferenças	Qual é a diferença entre a ideia apresentada no terceiro parágrafo e a ideia apresentada no segundo parágrafo?
Estimar	Você espera que seu trabalho tenha qual extensão?
Enumerar	Quais ideias você deseja apresentar no seu trabalho?
Inferir semelhanças/diferenças	Como o leitor deve interpretar sua frase: "Minha cabeça estava como um vulcão em erupção"?
Classificar	Este exemplo ilustra qual ideia no seu trabalho?
Sintetizar	Pensando em todos os pontos principais em conjunto, qual poderia ser um bom título para seu trabalho?
Aplicar	Como você poderia usar um esboço para planejar seu trabalho?
Analisar	Como você poderia dividir este parágrafo muito longo em três ou quatro parágrafos menores?

(continua)

Tabela 12.7 *Continuação*

Nível e tipo de pergunta	Exemplo do tipo de pergunta
Nível avançado	
Avaliar	Em sua opinião, quais são os pontos fortes e fracos do seu trabalho? Por quê?
Relação causal	Por que você decidiu colocar esta ideia no final do trabalho em vez de no começo?
Inferir emoção	Como você acha que o leitor irá se sentir ao ler sua redação?
Generalizar	O que você geralmente inclui em um parágrafo inicial?
Prever o resultado	Se você entregar seu trabalho como está agora, qual conceito acha que irá receber?
Transformar	Como você poderia mudar este parágrafo para deixar seu argumento mais convincente?
Planejar	Como você mostrará as conexões entre as ideias que está apresentando?
Verificar	Como é possível ter certeza de que os pontos principais da sua redação serão realmente transmitidos ao leitor?
Concluir	Quais conclusões o leitor deve tirar após ler o seu trabalho?
Propor alternativas	Você poderia apresentar esta ideia de outras maneiras?
Solucionar o conflito	Por que você argumentou a favor das buscas de drogas no segundo parágrafo, mas argumentou de forma contrária no terceiro parágrafo?

Representações gráficas

As representações gráficas das informações que serão incluídas em uma redação, em um trabalho ou em um relatório podem ser alternativas excelentes ao método de esboço mais tradicional. Uma vantagem é fornecer um resumo visual das ideias do escritor. A segunda vantagem é que ajuda os alunos a enxergarem relações entre ideias. A terceira é não ser linear. Desse modo, os alunos conseguem ver mais opções para organizar as informações. É possível mostrar como desenvolver e conectar ideias desenhando um organizador gráfico, como uma rede semântica, no quadro. Isso foi mostrado no início deste capítulo, na Figura 12.1, Motivos para ser um objetor de consciência. Em seguida, pode pedir aos alunos para desenharem seus próprios organizadores gráficos a fim de desenvolver e organizar suas ideias para uma tarefa de escrita. O CMAP, discutido na seção "Tecnologias" deste capítulo, é uma ferramenta *on-line* de organizador gráfico que pode ajudar os alunos com a escrita. O Capítulo 9, sobre leitura, contém uma discussão mais detalhada acerca dos vários tipos de organizadores gráficos. Informe-se sobre o *software Inspiration* na seção "Tecnologias" deste capítulo.

GRAMÁTICA

Como você caracterizaria os conhecimentos e as habilidades dos seus alunos em relação ao uso adequado da gramática no momento de falar e escrever? Quais são seus objetivos para eles?

Como você conceitua o ensino de gramática? Quanto tempo dedica a ele? Quais métodos são utilizados? Como seleciona e usa exemplos para ensinar gramática? Como seus alunos veem o aprendizado de gramática? Como você aprendeu gramática?

Existem dois conjuntos principais de pontos de vista extremos em relação ao ensino de gramática. Ambos são ideias deturpadas. Um deles (o ponto de vista tradicional) sugere que o ensino de gramática é um conjunto de regras e formas que os alunos devem praticar e memorizar. O outro (um ponto de vista mais recente) é que a gramática não deve ser ensinada de forma explícita. Ela será aprendida de forma automática e implícita pelos alunos ao ouvir, falar, ler e escrever em um idioma.

O que é gramática e por que é importante que os alunos a aprendam? A gramática é uma importante ferramenta de comunicação. Quando os alunos a entendem, a gramática pode ajudá-los a se comunicarem por meio da construção e interpretação eficazes de mensagens. O modelo de competência na comunicação do ensino de gramática sintetiza os dois pontos de vista extremos equivocados acerca da gramática, pois combina o ensino explícito de gramática com o ensino do idioma em um contexto naturalista.

O ensino reflexivo de gramática envolve a seleção cuidadosa de exemplos para ter certeza de que são culturalmente adequados e corretos. Também enfatiza exemplos como ferramentas para entender a questão gramatical específica abordada na aula. Por fim, vê as estruturas, formas e regras gramaticais como guias para uma comunicação significativa em situações específicas.

Existem três estratégias eficazes para o ensino reflexivo de gramática: questionamento, análise de erros e análise de contrastes. Enquanto estiver lendo sobre elas, pense sobre quais dessas técnicas você já aplica e quais poderia experimentar.

Tipos e níveis de perguntas sobre gramática

Fazer perguntas é importante para ajudar os alunos a pensarem de modo reflexivo e crítico sobre o uso de gramática. A Tabela 12.8 contém perguntas de nível básico, intermediário e avançado sobre gramática.

Tabela 12.8 Perguntas de nível básico, intermediário e avançado: gramática

Nível e tipo de pergunta	Exemplo do tipo de pergunta
Nível básico	
Rotular	Qual é o termo utilizado quando um verbo corresponde ao sujeito, como em "Sua maior necessidade é amigos"?
Definir	O que é um gerúndio?
Descrever	Como você forma pronomes possessivos nestes casos: "eu" e "você"?
Nível intermediário	
Sequenciar	Qual é a ordem padrão do objeto, sujeito e verbo ao fazer uma pergunta?

(continua)

Tabela 12.8 *Continuação*

Nível e tipo de pergunta	Exemplo do tipo de pergunta
Reproduzir	Como você poderia reescrever esta sequência para que ela diga a mesma coisa na voz ativa em vez de na voz passiva?
Descrever semelhanças/diferenças	Em que pontos os demonstrativos e os possessivos são parecidos e diferentes?
Estimar	Quantas vezes você acha que cometeu erros de concordância sujeito-verbo no seu trabalho?
Enumerar	Quais são todas as regras gramaticais que aprendemos hoje?
Inferir semelhanças/diferenças	Em que pontos o uso da gramática aqui se compara com seu último trabalho?
Classificar	Qual tipo de erro você cometeu naquela frase?
Sintetizar	Considerando todos os exemplos, como você formularia uma regra para pontuar sentenças com cláusulas independentes e dependentes?
Aplicar	Como você aplicaria esta regra gramatical a este parágrafo?
Analisar	Quais sentenças não contêm erros gramaticais?
Nível avançado	
Avaliar	Em quais áreas da gramática você acha que deveria se concentrar mais? Por quê?
Relação causal	Por que você usou uma analogia naquela sentença?
Inferir a emoção	O que você está tentando transmitir por meio do uso do subjuntivo?
Generalizar	Quando o ponto e vírgula geralmente é utilizado?
Prever o resultado	O que aconteceria com a interpretação da história pelo leitor se ela fosse escrita no passado em vez de no presente?
Transformar	Como você alteraria esta frase para garantir a concordância sujeito-verbo?
Planejar	Qual tempo verbal você usará para escrever esta história?
Verificar	Como é possível ter certeza de que você não cometeu nenhum erro gramatical?
Concluir	O que você concluiria acerca da relação entre o domínio da gramática e uma escrita eficaz?
Propor alternativas	Quais são as diferentes formas de alterar aquela frase para que ela não se torne uma "interrupção formal"?
Solucionar o conflito	Por que você se referiu a "alunos" na primeira parte da sentença e a "aluno" na segunda parte?

Erros gramaticais

Quais erros gramaticais ocorrem com frequência com seus alunos? Eles estão cientes dos próprios erros? Quais estratégias você usa para corrigir a gramática dos alunos?

A tecnologia pode oferecer alguma assistência aos alunos em relação à gramática. A maioria dos programas de processamento de texto tem corretores de gramática e ortografia que identificam erros reais ou possíveis e fazem recomendações para mudanças. No Microsoft Word, essa opção está disponível no menu

"Ferramentas", em "Ortografia e Gramática". Embora seja importante que os alunos conheçam essa possível forma de assistência, eles devem saber que, às vezes, os corretores não entendem o que o escritor está tentando dizer. Podem identificar equivocadamente ocorrências corretas de ortografia ou gramática como incorretas, além de fazer recomendações inadequadas.

No entanto, se não houver outra pessoa por perto para dar *feedback*, as vantagens provavelmente superarão as desvantagens. Não basta simplesmente dizer aos alunos que essa opção está disponível. Forneça-lhes informações explícitas sobre quando e por que usar os corretores de gramática e ortografia em seu *software* de processamento de texto. Demonstre como utilizá-los, pensando em voz alta para explicar suas ações enquanto age.

O ensino reflexivo de gramática inclui análise de erros, o que envolve identificar padrões nos erros dos alunos. Padrões de erros gramaticais são comuns no nível do aluno individual, da turma, da série, na escola e na comunidade como um todo. Os padrões comuns de erros gramaticais incluem, por exemplo, o uso do pronome, o uso da preposição, concordância sujeito-verbo e mudanças de tempo verbal. Alguns desses erros são mais graves do que outros em termos de impacto na clareza da comunicação.

Uma estratégia para ajudar os alunos a se tornarem mais reflexivos acerca do uso da gramática é pedir-lhes para manter uma lista de seus erros gramaticais comuns na parte interna da capa do caderno. Em seguida, é possível instruí-los e incentivá-los a consultarem essa lista depois de escrever o primeiro rascunho de uma redação ou de um trabalho a fim de determinar se cometeram algum dos tipos de erros identificados. A lista e o processo de autoverificação ajudam os alunos a se tornarem mais conscientes do uso da gramática e a terem mais controle da qualidade de seu trabalho. Se tiverem dificuldade para identificar tais erros, podem mostrar o texto e a lista de erros comuns para alguém com melhor conhecimento e com melhores habilidades de gramática. Então, essa pessoa fará comentários. Ajude os alunos a definirem prioridades, ou seja, quais erros merecem mais atenção.

Lembre-se de não sobrecarregar os alunos com *feedback* negativo a respeito de sua gramática. É necessário focar mais no macrocenário do conteúdo que está sendo transmitido na comunicação. Um excesso de críticas pode prejudicar o aprendizado do idioma, pois desencoraja os alunos, aumenta a probabilidade de que sintam medo de aprender o idioma em vez de perceberem que se trata de uma importante ferramenta para a comunicação (oral e por escrito), em todas as disciplinas escolares e no dia a dia.

Outra boa estratégia para promover o pensamento reflexivo em relação à gramática é a **análise de contrastes**, também discutida no capítulo sobre aprendizado de língua estrangeira. A análise de contrastes usa gráficos para destacar o uso adequado e inadequado do idioma. Ao ver exemplos gramaticais incorretos e corretos uns ao lado dos outros, os alunos têm uma melhor perspectiva acerca daquilo que costumam fazer incorretamente em oposição àquilo que devem fazer.

INGLÊS PADRÃO E TROCA DE CÓDIGO

Um problema comum em salas de aula urbanas é que muitos alunos estão acostumados a usar a linguagem informal adequada para a sua comunidade, mas não para a escola ou o local de trabalho. É importante não desvalorizar a cultura dos alunos e fazer com que sintam que a linguagem que usam em casa é "errada". Em vez disso, eles devem aprender o conceito de "troca de código"; assim, conseguirão entender quais são o momento e a situação adequados para usar versões informais ou formais. Uma análise de contrastes entre o inglês padrão e as suas variantes urbanas pode ajudar os alunos a aprender a diferenciá-los. Por meio dessa análise, os alunos aprendem as características exclusivas das linguagens. Podem utilizar esse conhecimento para refletir sobre quais formas de linguagem estão usando e avaliá-las de modo crítico, além de autocorrigir o uso da linguagem para torná-lo adequado para o contexto específico. Eles podem aprender a controlar os pontos fortes e fracos da troca de código.

Em uma publicação patrocinada pelo National Council of Teachers of English (NCTE), Wheeler e Swords (2014) apresentam uma Lista de Conferência de Lista de Compras com Troca de Código utilizando a análise de contrastes.

TECNOLOGIAS

Vários recursos para o ensino de inglês estão disponíveis *on-line* e podem ajudá-lo a pensar de modo reflexivo sobre o que você ensina e como fazer isso de maneira mais eficaz e reflexiva. *Sites* abrangentes para o ensino de literatura incluem aqueles que abordam muitos gêneros diferentes, tais como *Teaching Literature* (c2004) e *The English Teacher* [200-], que também inclui planos de aula. Alguns *sites*, incluindo o *Edwech Teacher* (c2014), contemplam o uso de tecnologia para ensinar escrita e literatura. Um dos *sites* mais completos e diversificados com recursos para professores nas áreas de literatura infantil e alfabetização é *Children's Literature* [20--] ele também inclui guias para os professores e planos de aula.

O National Council of Teachers of English patrocina um *site* chamado *The Assembly for the Teaching of English Grammar* [200-], que é descrito como um fórum nacional para o ensino de gramática. O NCTE também possui uma publicação *on-line* sobre o ensino da escrita.

O *National Writing Project* (2007) contém *links* para uma versão em PDF e uma versão para imprimir de sua publicação intitulada *30 Ideas for Teaching Writing*.

Ferramentas de escrita presentes nos programas de computador podem ajudar novatos a aprenderem a escrever como os experientes. Tais ferramentas incluem processadores de texto, organizadores de ideias, comandos de processo e analisadores de texto. Leia Kozma (1991), um dos recursos indicados no fim deste capítulo.

Duas tecnologias diferentes podem ajudar os alunos a aplicarem organizadores gráficos à própria escrita. O CMAP, o *software on-line* de mapeamento de conceitos mencionado no início deste capítulo, está disponível *on-line* gratuitamente para educadores, no entanto, apenas mapas conceituais estão disponíveis. Patrocinado pelo Institute for Human and Machine Cognition, ele permite que o usuário crie *links* para vídeos, imagens e páginas da *web*, o que aumenta as modalidades e a profundidade das comunicações por escrito (INSTITUTE FOR HUMAN AND MACHINE, 200-).

O *Inspiration* (c2014) é outro aplicativo de *software* com organizadores gráficos, com muitas estruturas diferentes para representar informações. A maioria dos organizadores gráficos deste livro foi criada com o *Inspiration*. Também inclui modelos modificáveis para que o escritor não tenha de construir a estrutura do zero. Existem sete modelos diferentes que são específicos para Linguagens:

1. Características do personagem principal
2. Comparação e contraste
3. Rede literária
4. Jornada mítica
5. Persuasão
6. Análise poética
7. Vocabulário

A Figura 12.2 mostra o esboço básico do modelo de Rede Literária. Embora o *site* não seja gratuito, o preço é razoável. É possível fazer o *download* de uma versão de teste grátis de 30 dias no *site* da empresa. Consulte o Capítulo 9, Figura 9.1, para ver o modelo de análise poética. Por reconhecer a importância e o valor desse *software*, muitos distritos escolares decidiram obter uma licença para todas as escolas.

RESUMO

Como o ensino de inglês é tão multifacetado e fundamental, este capítulo se concentra nos aspectos da literatura, escrita e gramática. O ensino da leitura e do inglês como segunda língua são tratados em capítulos separados. Os alunos costumam ter preconcepções sobre cada um desses tópicos; por isso, é importante que os professores percebam e ajudem os alunos a superarem ideias equivocadas. O questionamento pode ser uma ferramenta poderosa para ajudar os alunos a pensarem sobre o conteúdo literário de modo reflexivo e crítico, além de sobre como escrevem e usam a gramática. Outras técnicas que promovem o pensamento reflexivo (incluindo organizadores gráficos, análise de erros, análise de contrastes e troca de código) podem melhorar a escrita. Várias formas de tecnologia podem contribuir para o pensamento reflexivo e crítico em inglês.

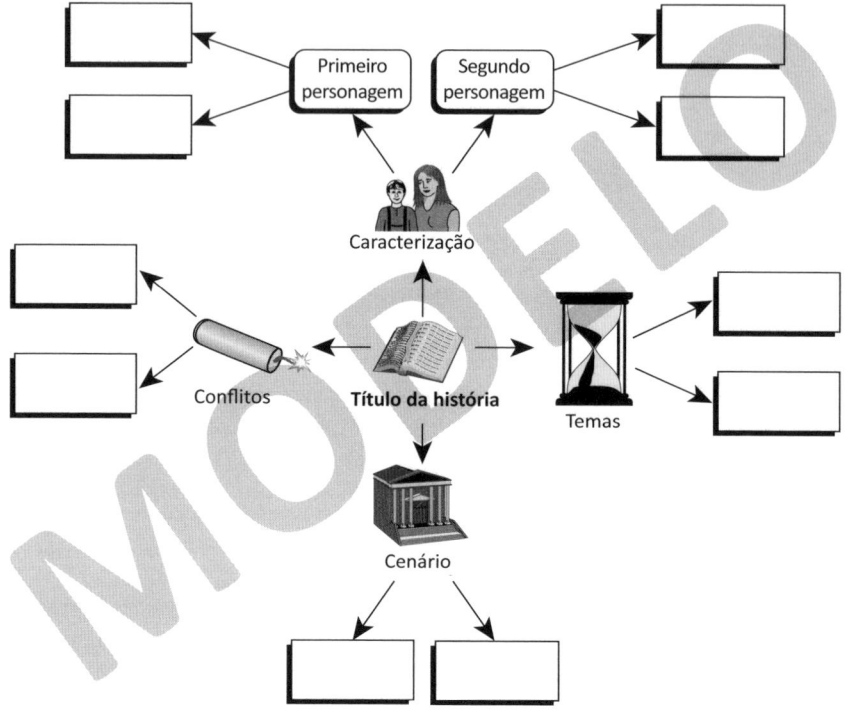

Figura 12.2 Rede literária.

REFERÊNCIAS

CHILDREN'S LITERATURE. [S. l.: s. n.], [20--]. Disponível em: <http://www.childrenslit.com>. Acesso em: 15 ago. 2014.
EDTECHTEACHER. Teaching history and technology. [S. l.]: EdTechTeacher, c2014. Disponível em: <http://thwt.org/>. Acesso em: 15 ago. 2014.
INSTITUTE FOR HUMAN AND MACHINE COGNITION. *CMAP tools*. [S. l.: s. n., 200-]. Disponível em: <http://cmap.ihmc.us/>. Acesso em: 15 ago. 2014.
KOZMA, R. Computer-based writing tools and the cognitive needs of novice writers. *Computers and Composition*, v. 8, n. 2, p. 31–45, 1991.
NATIONAL WRITING PROJECT. *30 Ideas for teaching writing*. Berkeley: National Writing Project, 2007. Disponível em: <http://www.writingproject.org/cs/nwpp/print/nwpr/922>. Acesso em: 15 ago. 2014.
TEACHING LITERATURE. [S. l.]: Rick Beach, c2004. Disponível em: <http://www.teachingliterature.org/teachingliterature/>. Acesso em: 15 ago. 2014.
THE ASSEMBLY for the teaching of English grammar. Fishkill: National Council of Teacher of English, [200-]. Disponível em: < http://ateg.org/>. Acesso em: 15 ago. 2014.
THE ENGLISH TEACHER. *Teaching literature*: fiction and non-fiction. [S. l.]: Leif Danielson, [200-]. Disponível em: <http://teacher2b.com/literature/literature.htm>. Acesso em: 15 ago. 2014.
WHEELER, R. S.; SWORDS, R. *Code switching*: teaching standard english in urban classrooms. *Language Arts,* v. 81, n. 6, p. 470-480, 2004. Disponível em: <http://www.ncte.org/library/NCTEFiles/PD/Consulting/WheelerLAJuly2004.pdf?origin=publication_detail>. Acesso em: 15 ago. 2014.

Leituras sugeridas

HAYES, J. R.; FLOWER, L. Identifying the organization of writing and processes. In: GREGG, L. W.; STEINBERG, E. R. (Eds.). *Cognitive processes in writing*. Hillsdale: Lawrence Erlbaum Associates, 1980.

HALLIDAY, M. Introduction to functional grammar. London: Arnold, 1994.

NCLRC: the essentials of language teaching. Washington: National Capital Language Resource Center, c2004. Disponível em: <http://www.nclrc.org/essentials/grammar/grindex.htm>. Acesso em: 15 ago. 2014.

KAROLIDES, N. Teaching literature as a reflective practitioner: script and spontaneity. *The Wisconsin English Journal*, v. 32, n. 2, p. 16-19, 2001.

NATIONAL COUNCIL OF TEACHERS OF ENGLISH. Illinois, National Council of Teachers of English, c2014. Disponível em: <http:// www.ncte.org/>. Acesso em: 15 ago. 2014.

PAUL, R. et al. *Critical thinking handbook*: 6th-9th grades. Rohnert Park: Center for Critical Thinking & Moral Critique, 1989.

THE NATIONAL CAPITAL LANGUAGE RESOURCE CENTER. *Teaching Grammar*. Washington: The National Capital Language Resource Center, 2004. Disponível em: <http://www.nclrc.org/essentials/grammar/grindex.htm>. Acesso em: 15 ago. 2014.

13

O aprendizado reflexivo de línguas estrangeiras

Uma das considerações mais importantes para o ensino de idiomas é a reflexão sobre os conhecimentos prévios que os alunos trazem à sala de aula e que são determinados por suas línguas maternas. A alfabetização na língua materna é um importante precursor para a aquisição da alfabetização em outro idioma. Algumas culturas têm tradições de linguagem orais, então a leitura e a escrita não são consideradas como habilidades fundamentais. Os alunos que não estão alfabetizados em sua língua materna geralmente têm dificuldade para se alfabetizar em uma língua estrangeira. No entanto, essa alfabetização prévia também pode interferir. Você e seus alunos precisam aplicar estratégias de reflexão e abordar as relações entre os dois idiomas.

OS FATORES QUE INFLUENCIAM O ENSINO DE UMA LÍNGUA ESTRANGEIRA

De acordo com o *site* da Association for Supervision and Curriculum Development's (Associação para Supervisão e Desenvolvimento do Currículo) dos Estados Unidos, o ensino de uma língua estrangeira da educação infantil ao ensino médio é determinado pelos seguintes fatores:

1. As novas normas nacionais norte-americanas para o ensino em língua estrangeira foram desenvolvidas pela colaboração entre o American Council on the Teaching for Foreign Languages (Conselho Norte-Americano sobre o Ensino de Línguas Estrangeiras, ACTFL), a American Association of Teachers of French (Associação Norte-Americana de Professores de Francês, AATF), a American Association of Teachers of Spanish and Portuguese (Associação Norte-Americana de Professores de Espanhol e Português, AATSP) e a American Association of Teachers of German (Associação Norte-Americana de Professores de Alemão, AATG). As normas englobam cinco áreas de objetivos gerais para a elaboração de currículos municipais e estaduais, os "cinco Cs do ensino em língua

estrangeira": comunicação, culturas, conexões, comparações e comunidades. Onze normas foram derivadas desses objetivos.
2. A necessidade crucial de participação em eventos globais. A elaboração do programa de idiomas é determinada por seus fins estabelecidos, que influenciarão as decisões sobre quais línguas aprender, o início e a duração do ensino, o sistema de ensino e as práticas de avaliação.
3. Uma ênfase em comunicação nos resultados dos cursos, das tarefas de ensino e da avaliação. Para que sejam comunicadores competentes em situações da vida real, os alunos necessitam de um ensino que enfatize os contextos culturais autênticos. O objetivo de usar efetivamente um idioma estrangeiro exige turmas pequenas para que os alunos tenham tempo suficiente para praticar a conversação.
4. A mudança em direção ao construtivismo cognitivo como a teoria de aprendizagem dominante que guia o ensino e que é corroborada pelas pesquisas recentes sobre o cérebro e o modo como as crianças aprendem. O construtivismo enfatiza que os alunos façam da inferência de significados e da aproximação uma norma, em vez de buscar o domínio total da matéria ou idioma ou mesmo verbalizações perfeitas desde o início. As pesquisas sobre os estilos de aprendizado mostram que a adaptação do conteúdo, o ritmo e os métodos de ensino devem se adequar às necessidades dos aprendizes individuais.

OS OBJETIVOS

Uma consideração importante no ensino de um idioma estrangeiro é por que cada aluno está estudando aquela língua. Seus alunos são obrigados a aprender outra língua para terminar o ensino médio e entrar na faculdade? Os alunos que estão apenas cumprindo uma exigência e não estão particularmente interessados no idioma que estão estudando às vezes precisam de atenção especial para serem motivados. Algumas escolas exigem que seus alunos aprendam dois idiomas estrangeiros. Contudo, mesmo com tais exigências, em geral há vários idiomas entre os quais os alunos podem escolher. Pergunte a eles por que estão estudando o idioma estrangeiro que você está lecionando. Seus alunos estão aprendendo outro idioma por que planejam visitar um país no qual essa língua é falada, fazer um intercâmbio ou passar as férias com a família no exterior? Se o motivo for um desses, é provável que os alunos estejam muito motivados.

Para os imigrantes que planejam viver nos Estados Unidos, o aprendizado do inglês como língua estrangeira geralmente é essencial para uma boa inserção na cultura. Esses alunos costumam estar intrinsecamente motivados para aprender a ler, a escrever, a falar e a ouvir em inglês com fluência. Para entender tais alunos, é interessante saber que língua eles falam em casa e se seus pais e outros familiares falam inglês. Também é bom saber se seus pais são alfabetizados na própria língua materna e como sua família vê a alfabetização em geral e em inglês, em particular. O meio familiar e os valores e as práticas culturais de um aluno podem ter grande impacto no seu sucesso de se alfabetizar em inglês.

Quais são seus objetivos para o aprendizado de seus alunos em uma língua estrangeira? O que você espera que eles consigam fazer após estudar o idioma? Como você avaliará seu progresso? Seus alunos sabem o que você espera deles? Eles sabem como serão avaliados?

Eis um exemplo conjunto de objetivos de aprendizado em uma língua estrangeira:

1. Aplicar vocabulário de modo efetivo tanto na comunicação oral como na escrita.
2. Expressar-se com proficiência na língua estrangeira.
3. Interpretar com precisão um texto na língua estrangeira.
4. Escrever com eficácia na língua estrangeira.

A Tabela 13.1 é uma rubrica simples para a avaliação da comunicação oral em uma língua estrangeira. Os alunos recebem uma nota de 0 a 5.

Até que ponto suas atividades em aula refletem seus objetivos acadêmicos? O ensino reflexivo de uma língua estrangeira pode ajudar a alinhar seus objetivos de ensino com o tempo no qual os alunos estão envolvidos em atividades em aula. Por exemplo, se um de seus objetivos é desenvolver o vocabulário na língua estrangeira, quanto tempo em sala é dedicado a isso? Até que ponto você passa temas tendo esse objetivo em mente? Se outro dos objetivos é melhorar a gramática dos alunos na língua estrangeira, quanto tempo é dispensado à gramática em aula e nas tarefas domésticas? Faça para si mesmo perguntas similares sobre conversação, leitura e escrita na língua estrangeira. Quais dessas habilidades são suas prioridades mais altas? Por quê? Então modifique as tarefas de sala de aula e de casa de acordo com as respostas, de modo que o tempo de envolvimento dos alunos seja consistente com seus objetivos de ensino.

OS CONHECIMENTOS PRÉVIOS

No aprendizado de uma língua estrangeira, os conhecimentos prévios frequentemente são como uma faca de dois gumes. Às vezes, eles facilitam o aprendizado; em alguns casos não contribuem para nada; e em outros, prejudicam diretamente o resultado. Por exemplo, se sua língua materna é espanhol, a palavra *educación* é similar à inglesa *education* e o aprendizado é mais fácil e vice-versa. Contudo, a palavra *queso* é diferente demais de *cheese* para facilitar o aprendizado de uma ou de outra. E saber a palavra *futball* pode atrapalhar o aprendizado de *football*, que se refere ao futebol norte-americano.

Tabela 13.1 Rubrica de comunicação oral

Nota	0	1	2	3	4	5
Pronúncia	sem resposta	praticamente ininteligível	inúmeros erros, difícil de entender	compreensível, mas com forte interferência da língua materna	compreensível, com mínima interferência da língua materna	sem erros de pronúncia acentuados
Estrutura	sem resposta	muitos erros, pouca estrutura nas frases	inúmeros erros interferem na comunicação	erros frequentes que não impedem a comunicação	boa, mas com vários erros	excelente, com pouquíssimos erros ou nenhum erro
Vocabulário	sem resposta	inadequado	limitado a palavras básicas, frequentemente impreciso	funcional, não consegue comunicar o significado completo	adequado	preciso e variado
Compreensão oral	sem resposta	reconhece simples expressões memorizadas	compreende uma fala lenta ou direta	compreende uma fala simplificada	entende bem a fala, mas às vezes precisa que repitam	entende praticamente tudo
Conversação/Fluência	sem resposta	fragmentado, praticamente ininteligível	capaz de usar expressões corriqueiras	frases incompletas, transmite o significado mas com erros frequentes	transmite o significado adequadamente, mas com vários erros	natural, com pouquíssimos ou nenhum erro

Os professores reflexivos de línguas estrangeiras podem se fazer perguntas como estas:
- Nas línguas maternas dos meus alunos, que palavras são similares àquelas que eles aprenderão na língua estrangeira? O reconhecimento das semelhanças pode facilitar o estabelecimento de conexões entre os dois idiomas.
- Até que ponto os alunos reconhecem as semelhanças?
- Como posso ajudar meus alunos a se conscientizarem das semelhanças?
- Que palavras das línguas maternas de meus alunos são tão diferentes das línguas estrangeiras que eles não conseguirão estabelecer qualquer relação que possa facilitar o aprendizado ou que resultarão em relações que na verdade causarão uma interferência?
- Que estratégias posso usar para ajudar os alunos a aprenderem essas palavras?

Em algumas situações, os conhecimentos prévios da língua materna de um indivíduo podem interferir no aprendizado da língua estrangeira porque os alunos fazem relações inadequadas. A interferência pode ocorrer com palavras (como no caso de *futball*) ou com sons. Além disso, é comum os falantes nativos de inglês terem dificuldade de aprender as vogais espanholas (e vice-versa), pois as letras são as mesmas, mas as pronúncias diferem: "e" em inglês corresponde a "i" em espanhol; "j" em espanhol corresponde a "h" em inglês; "y" em espanhol corresponde a "j" ou "g" em inglês. Portanto, os professores reflexivos de línguas estrangeiras podem se fazer perguntas como essas:
1. De que modo as características das línguas maternas dos alunos podem dificultar-lhes o aprendizado das características das línguas estrangeiras?
2. Que estratégias posso usar para ajudar os alunos a reconhecer e lembrar as diferenças entre as características dos idiomas envolvidos?

Os alunos variam quanto às suas capacidades de aprendizado de línguas estrangeiras. O que você achou mais fácil e mais difícil ao aprender outro idioma? O aprendizado de línguas estrangeiras pode ser difícil em função dos padrões discrepantes de sintaxe e das diferentes regras gramaticais. Por exemplo, os alunos chineses que estão aprendendo inglês muitas vezes têm dificuldades com a estrutura das frases devido à inexistência dos artigos definidos e indefinidos em chinês e frequentemente os omitem ao falar e escrever em inglês.

A ANÁLISE DE CONTRASTES

Os professores de inglês como segunda língua e de outros idiomas estrangeiros podem se beneficiar com a conscientização dos padrões de erro dos alunos que resultam da influência de sua língua materna. Os professores de idiomas reflexivos podem se fazer perguntas deste tipo: "Como as estruturas de frases das línguas maternas dos alunos se comparam com as estruturas de frases nesta língua estrangeira?"

Uma estratégia efetiva para ajudar os alunos a identificarem, entenderem e lembrarem as diferenças entre a língua materna e a estrangeira é a análise de contrastes, que sistemática e explicitamente foca nas discrepâncias entre os idiomas. Um *site* da internet define a análise de contrastes como "uma abordagem investigadora indutiva baseada nos elementos distintivos de um idioma". A análise de contrastes é útil para ajudar a entender como a língua materna pode interferir no aprendizado da estrangeira. Ao refletir sobre essas diferenças, os alunos podem se conscientizar dos problemas de aprendizado comum e usar isso para conferir e corrigir seu próprio uso da língua. A análise de contrastes costuma ser empregada com a análise de erros para identificar erros no aprendizado e uso da linguagem.

A obra *Contrastive guide to teach english to chinese students*, de Lay (1991), descreve tais diferenças e como abordá-las. Como já mencionamos, em chinês não há artigos definidos nem indefinidos, assim, os alunos chineses podem ter dificuldades para aprender a usá-los. Nesse caso, os artigos são omitidos ou empregados quando não deveriam. Com base em análises de textos em inglês de estudantes chineses, Lay (1991) desenvolveu uma lista de conferência para redação a fim de ajudar os professores a abordarem tais problemas. A seção da lista trata dos artigos, incluindo os casos em que eles devem ser omitidos antes de substantivos concretos, substantivos abstratos e antes de adjetivos. Considere sua própria lista de conferência. Como ela variaria de acordo com a língua materna do aluno?

A análise de contraste pode ser feita dentro de um idioma ou entre dois idiomas. Dentro de um idioma, ela envolve a observação das semelhanças e diferenças entre as características, como fonemas, morfemas, lexemas, semântica e equivalências de translação.

Outro exemplo de dificuldade com estruturas de frase que os alunos apresentam ao aplicar conhecimentos de sua língua materna a outra é a ordem das palavras. Por exemplo, os falantes nativos de inglês frequentemente cometem erros de sequência nas línguas latinas, porque em inglês o adjetivo vem antes do substantivo que ele modifica, como em *beautiful lake*, enquanto em português, a ordem seria inversa: lago bonito.

Outra dificuldade no aprendizado de uma língua estrangeira é a questão da atribuição de gêneros. A maioria dos falantes ingleses tende a ver a língua como neutra em gênero, com algumas poucas exceções, como os barcos, que são considerados femininos. Contudo, nas línguas românicas há palavras masculinas e femininas, bem como sufixos masculinos e femininos. Essa especificidade de gênero é um conceito linguístico totalmente novo para a maioria dos falantes de inglês e eles podem ter dificuldades de aprendê-lo.

O QUESTIONAMENTO

Ao ensinar reflexivamente, faça para si próprio perguntas como: "Até que ponto meus alunos estão cientes do uso de gêneros na linguagem e têm experiência com isso? Que outras línguas talvez eles saibam que poderiam lhes ajudar a aprender este idioma estrangeiro?".

Os alunos cuja língua materna é o espanhol costumam achar mais fácil aprender italiano do que um falante de inglês nativo, pois as regras de gramática e sintaxes são mais similares entre si nesses idiomas latinos do que entre inglês e italiano. No entanto, uma vez que um falante nativo de inglês aprende italiano, ele terá mais facilidade de aprender espanhol (como terceira língua), por ter adquirido tais conhecimentos e experiências com essas novas estruturas linguísticas, como a ordem das palavras e a atribuição de gêneros.

Em alguns casos, o aprendizado de uma língua estrangeira é especialmente difícil devido às diferenças de unidade linguística. Por exemplo, ao aprender russo, um estudante cuja língua materna é o inglês observará que algumas letras do alfabeto russo são similares ao inglês, mas nem todas. Ao tentarem aprender chinês, coreano, hebraico ou árabe, os estudantes cuja língua materna é o inglês descobrirão unidades linguísticas, como os caracteres e os diferentes alfabetos. Nesses casos, os conhecimentos prévios que o estudante reflexivo de uma língua estrangeira pode aproveitar para facilitar seu aprendizado são muito mais limitados. Que perguntas você poderia fazer a si próprio ou a seus alunos para orientar o aprendizado desses tipos de línguas? Que estratégias você poderia usar?

O ensino em uma turma com estudantes de várias etnias é especialmente desafiador, devido à sua complexidade. As turmas que usam o inglês como segunda língua ou língua estrangeira costumam ter estudantes que não só falam uma variedade de línguas maternas, mas também apresentam culturas diferentes. Considere, por exemplo, uma sala de aula com 20 alunos que falam apenas duas línguas maternas: espanhol e francês. Os falantes de espanhol podem vir de uma grande variedade de países, como México, República Dominicana, Equador, Espanha, Cuba, Colômbia, Bolívia, Chile, Argentina, Porto Rico, Peru e Venezuela. Já os falantes de francês como língua materna podem vir do Haiti, Canadá, Martinica, Marrocos, Bélgica, Suíça, Argélia, Camboja ou França. Neste exemplo, uma sala de aula com 20 alunos que falam apenas dois idiomas nativos poderia refletir 20 países diferentes, cada um com seus costumes e suas práticas culturais, sem falar nas variações dos próprios idiomas! Que perguntas você e seus alunos poderiam fazer para investigar as semelhanças e diferenças no modo como usam suas línguas?

O ensino reflexivo pode ser útil para garantir uma comunicação efetiva em uma sala de aula tão complexa. Questões que você pode se fazer são: "Estou falando bem devagar? Minha pronúncia está clara? Será que a estrutura de minhas frases não é complexa demais para este momento? Qual o tamanho de frases que seria melhor eu usar para esta turma? Eu tenho um sotaque que poderia confundir os alunos sobre qual seria a pronúncia padrão? Como e até que ponto minha comunicação não verbal ajuda os alunos a entenderem o que estou dizendo? Que fatores culturais discrepantes – como a adequação do contato visual entre o aluno e o professor – podem afetar a comunicação com os alunos e a compreensão por parte deles? Meus alunos se sentem à vontade para me perguntar quando não entendem algo que disse? Até que ponto os alunos estão acostumados a interagir com o professor e com seus colegas durante a aula em vez de ouvir e escrever de modo passivo?".

TIPOS E NÍVEIS DE QUESTIONAMENTOS PARA O ENSINO DE UMA LÍNGUA ESTRANGEIRA

O questionamento pode ser uma ferramenta poderosa para o aprendizado de uma língua estrangeira. As estratégias de questionamento incluem as perguntas dos professores aos alunos, perguntas que os professores fazem para si próprios, as dos alunos uns para os outros e a aquelas que eles fazem para si próprios.

Para pensar de modo reflexivo sobre seu uso das perguntas no ensino da língua estrangeira, considere o seguinte: Que tipo de questões você faz com mais frequência? Que tipo de questões seus alunos costumam fazer? Para ajudar os alunos a aprenderem a pensar de modo efetivo na nova língua, faça perguntas de diferentes tipos e níveis. Tente passar a maior parte de seu tempo evitando as perguntas mais básicas, de modo que seus alunos possam pensar de modo mais profundo e crítico na língua estrangeira. A Tabela 13.2 ilustra perguntas para língua estrangeira dos níveis básico, intermediário e avançado.

Tabela 13.2 Perguntas de nível básico, intermediário e avançado: língua estrangeira

Nível e tipo de pergunta	Exemplo de tipo de pergunta
Nível básico	
Rotular	Qual é sua língua materna?
Definir	O que significa "alfabetização"?
Descrever	Como você caracterizaria alguns dos valores culturais de um país no qual esta língua predomina?
Nível intermediário	
Sequenciar	Qual foi a sequência de eventos que levou você a estudar esta língua?
Reproduzir	Como você colocaria essa ideia em suas próprias palavras usando a nova língua que está estudando?
Descrever semelhanças/diferenças	Como a língua que você está aprendendo se compara e contrasta com sua língua materna?
Estimar	Há mais ou menos quanto tempo você está aprendendo esta nova língua?
Enumerar	Quem você conhece que fala esta língua estrangeira?
Inferir semelhanças/diferenças	Quais seriam algumas semelhanças e diferenças entre as culturas dos dois países onde esta língua predomina?
Classificar	Que tipo de linguagem é esta?
Sintetizar	Se você combinar o que sabe sobre as características da nova língua que está aprendendo, como a descreveria para alguém que nunca a ouviu?
Aplicar	Como você usaria sua nova língua para se comunicar com alguém de outra parte do mundo via internet?
Analisar	Quais são as características mais confusas da nova língua?
Nível avançado	
Avaliar	Quais são seus pontos fortes e fracos nesta língua?
Faça uma relação de causa e efeito	Por que algumas palavras do vocabulário são mais difíceis de aprender do que outras?

(continua)

Tabela 13.2 *Continuação*

Nível e tipo de pergunta	Exemplo de tipo de pergunta
Inferir o afeto	Como você identificaria as emoções de alguém ao ouvi-lo falar nesta língua?
Generalizar	Que erros você costuma cometer ao escrever nesta língua?
Prever o resultado	Se hoje você escrevesse uma carta para alguém usando sua nova língua, você acha que conseguiria expressar bem seus pensamentos?
Transformar	Como seu aprendizado da nova língua mudou seu entendimento das culturas nas quais ela predomina?
Planejar	Como você continuará a aprender esta língua após sair da escola?
Verificar	Como você pode se certificar de que sua pronúncia está correta?
Concluir	Que conclusões você pode tirar sobre como seu conhecimento de sua língua materna afetou o aprendizado desta língua estrangeira?
Propor alternativas	Você pode dar pelo menos três exemplos de como melhorar seu uso do novo idioma?
Resolver conflitos	Como você pode se certificar de que sua língua materna não interferirá com o aprendizado da nova língua?

O ENSINO DA ESCRITA PARA ESTUDANTES DE INGLÊS COMO SEGUNDA LÍNGUA

As pesquisas mostram que nem todos os problemas de escrita são resultados da influência da língua materna no aprendizado da segunda língua. O desenvolvimento cognitivo, a linguagem anterior e/ou o ensino da escrita e a experiência também são fatores importantes. Os professores de inglês como segunda língua precisam lembrar que nem todos os problemas são resultantes da interferência da língua materna no aprendizado de inglês e que nem todos os alunos com o mesmo histórico familiar terão as mesmas preferências ou problemas culturais associados a seu grupo.

As pesquisas sobre a escrita do inglês como uma segunda língua sugerem que os professores podem ajudar os alunos com o uso das seguintes estratégias, que aumentam a reflexão sobre a escrita:

1. Melhore o planejamento da escrita, como a geração de ideias e a orientação de como estruturar o texto para facilitar a escrita.
2. Permita que os alunos escrevam por etapas, com cada versão tendo um foco distinto, como uma versão focada no conteúdo e na organização e outra centrada nas questões linguísticas.
3. Ofereça estratégias realistas para a revisão e edição e mantenha esses processos separados.

Enquanto os falantes nativos de uma língua têm uma intuição sobre "o que soa bem", muitas vezes os aprendizes de uma segunda língua, especialmente aqueles com baixo nível de proficiência, não têm essa intuição. Como resultado, eles podem estar interessados em aprender regras de gramática explícitas. Muitos professores de inglês como segunda língua não têm experiência suficiente com a gramática para explicar de modo claro as regras relativas a verbos, substantivos, artigos e preposições, que acarretam erros comuns para tais alunos. Talvez você ache mais útil enfatizar o ensino de como se comunicar claramente, e não focar as regras específicas. Se os alunos se rebelarem com essa abordagem, você pode tentar ajustar as expectativas deles e ajudá-los a entender que não é realista esperar que eles escrevam como falantes nativos de inglês, sem cometer qualquer erro de gramática.

Muitos alunos deixam de fazer uma revisão final de seus ensaios esperando que os professores a façam por eles. Incentive os alunos a revisarem as próprias redações. Resista à pressão para identificar e corrigir todos os erros que eles cometem. O ensino da escrita visa melhorar os escritores, não as redações! Você pode ajudar mais os alunos se eles se conscientizarem sobre seus pontos fortes e fracos em inglês e admitirem quando precisam de mais informações. Esteja preparado para enfrentar algumas resistências. Nem todos os alunos estão aprendendo uma segunda língua por que querem – alguns têm pouca ou nenhuma vontade de melhorar seu inglês. Além disso, alguns deles não têm nenhuma oportunidade para praticar seu inglês em casa.

Melhorar a redação em uma língua estrangeira não é fácil. O que você faz para motivar seus alunos a melhorarem sua escrita? Até que ponto eles estão cientes do que os motiva a aprender? Uma estrutura para o ensino culturalmente responsivo enfatiza a importância da motivação intrínseca, com base em um desejo pessoal de aprender, em vez de se basear em prêmios extrínsecos (externos), como elogios, boas notas ou jantares de graça. Essa estrutura têm quatro componentes que foram descritos no Capítulo 4, na seção "Aspectos Emocionais do Pensamento e do Aprendizado". Reflita sobre como você poderia adaptar essa estrutura a sua turma a fim de melhor atender às necessidades de seus alunos de diferentes culturas.

Os aprendizes de inglês como segunda língua deveriam saber as prioridades acadêmicas do programa de sua escola. O programa de ensino de inglês como segunda língua está mais voltado para a escrita do que para a conversação? O programa enfatiza o desenvolvimento de todas as habilidades linguísticas? Como se espera que os alunos aprendam todas essas habilidades? Com relação à escrita, o programa está mais preocupado com a fluência e a clareza ou com a perfeição gramatical? Que tipos de tarefas de leitura e escrita se espera que os alunos façam?

As pesquisas sugerem que os professores muitas vezes não estão preparados para lidar com os diferentes padrões de erros gramaticais e de retórica dos alunos. A melhor maneira de ajudá-los é priorizar os erros que eles cometem e focar em um ou dois de cada vez. Estabelecer objetivos específicos para cada aula também ajuda. Estabeleça uma hierarquia, selecionado as áreas mais importantes que serão focadas em uma lição. Por exemplo, erros que interferem no entendimento do leitor (erros globais) são mais sérios do que pequenos erros gramaticais (erros pontuais). Comece ressaltando os pontos fortes do aluno, identifique e reconheça o que eles fizeram bem ao escrever a redação, e assim por diante.

A CONVERSAÇÃO EM UMA LÍNGUA ESTRANGEIRA

Em **círculos de conversação**, os alunos em contextos informais são expostos a falantes nativos da língua e têm oportunidades para discussões significativas com eles. Como você poderia recrutar participantes para um círculo de conversação?

A imersão na cultura em que a língua estrangeira predomina é a melhor forma de aprendê-la. Saber que você terá essa experiência pode ser uma motivação poderosa para a aquisição de uma língua estrangeira. Os alunos podem ficar muito entusiasmados com o aprendizado do espanhol se souberem que irão a um país de língua espanhola, seja para fazer uma visita, seja para fazer um intercâmbio e viverem com uma família que fale o idioma. O domínio da língua costuma ser acelerado pela experiência de viver naquela cultura. As experiências de imersão ajudam os aprendizes de uma língua estrangeira a refletirem sobre as ações enquanto se preparam para a comunicação com os outros na língua que estão aprendendo e ajudam a fazê-los refletir durante a ação quando avaliam a efetividade de sua comunicação em tempo real.

Nem todo mundo vai para o exterior, então tais oportunidades devem ser cultivadas aqui. Como você poderia ajudar seus alunos a imergirem na língua estrangeira que estão aprendendo? Algumas organizações de viagem *on-line* oferecem oportunidades de imersão virtual em um idioma, como acesso a museus e estações de rádio onde estudantes de uma segunda língua podem ouvir seu uso autêntico. Um desses *sites* é *World Class Tours* [200-], que inclui recursos para o estudo de alemão, francês, espanhol, italiano e grego. *Active Worlds Educational Universe* (c2008) é um ambiente virtual 3D com usuários múltiplos (MUVE) no qual participantes escolhem um *avatar* e podem interagir com pessoas do mundo inteiro em tempo real, por meio de *chats* e mensagens instantâneas. Nele há mais de mil mundos a explorar.

ESTRATÉGIAS ADICIONAIS PARA O ENSINO DE UMA LÍNGUA ESTRANGEIRA

As pesquisas sobre a ação colaborativa têm sido recomendadas para o ensino reflexivo de uma língua estrangeira porque ajudam os professores a tomarem melhores decisões de ensino e resolverem seus problemas individuais ao compartilharem os desafios comuns às salas de aula, ao pensarem sobre essas situações em sala e sobre suas complexidades, ao gerarem abordagens alternativas, ao monitorarem e ao avaliarem sua efetividade e ao usarem o *feedback* para planejar futuras melhorias no ensino. A dimensão colaborativa implica que várias pessoas coletem dados da sala de aula, compartilhem perspectivas e interpretações e ajudem uns aos outros a chegar a novas conclusões sobre as causas e soluções. Livros, como Beaumont e O'Brien (2000), e recursos *on-line*, como aqueles do *Center for Applied Linguistcs*, podem lhe ajudar a aprender mais sobre o uso de pesquisas sobre ação colaborativa no ensino de uma língua estrangeira.

Os periódicos e as gravações em áudio ou vídeo podem ajudá-lo como professor a compartilhar suas experiências com os colegas e a entender melhor a si próprio e a seus alunos. Os textos dos periódicos têm pouca utilidade se você não analisá-los, seja de modo individual, seja em grupo. Um dos benefícios dos periódicos escritos pelos professores para a reflexão sobre o ensino de uma língua estrangeira tem sido identificado como o oferecimento de um relato de primeira mão sobre o que acontece na sala de aula, que pode aumentar a consciência das relações entre os eventos de sala de aula e os padrões ou as tendências.

O ensino reflexivo de uma língua estrangeira exige o monitoramento cuidadoso de seu comportamento e o impacto que você e seu ensino têm sobre seus alunos. É por isso que as gravações em vídeo são especialmente úteis. Muitas coisas acontecem durante uma aula para que você consiga examinar tanto os eventos que deseja estudar mais detalhadamente, como as situações que aconteceram e você não tinha ciência naquele momento. Talvez você não tenha conseguido perceber o que estava acontecendo com um aluno que estava coçando a cabeça e tinha uma expressão de perplexidade em seu rosto, pois estava envolvido em uma discussão com outro aluno. A análise de vídeos pode lhe ajudar não apenas a identificar seus pontos fortes e fracos no ensino, mas também a desenvolver e aprimorar suas habilidades de observação a fim de se tornar mais ciente dos eventos que estão acontecendo durante a aula.

Os diários dos alunos podem ter benefícios duplos: ajudar os alunos a se tornarem aprendizes reflexivos e dar aos professores *feedback* sobre as atividades de ensino do ponto de vista dos alunos. Ensinar não é o mesmo que aprender, e os diários dos alunos podem ajudar a cobrir essa diferença e oferecer aos professores revelações que eles não teriam de outra maneira. Ao usar os diários dos alunos, uma das coisas a ser solicitada é que os alunos confirem sua compreensão daquilo que acontece na aula ao responderem questões do tipo "por que isso não ficou claro para mim?", "o que foi mais difícil de entender" ou "que perguntas eu tenho sobre a aula de hoje?".

Recolha periodicamente esses diários para ter *feedback* dos alunos e também para lhes dar *feedback*. Os resultados podem ser surpreendentes. Às vezes, as lições que você pensou serem claras deixaram os alunos confusos e com dificuldades para entender; outras vezes, o que acontece é o inverso: as lições que você achou que eram complexas ou difíceis são percebidas como mais fáceis do que você imaginava. Mesmo que pergunte diretamente, muitos alunos relutam em lhe dizer que não entenderam algo durante a aula mesmo depois. Os alunos de inglês como língua estrangeira muitas vezes se sentem inseguros ou envergonhados por não serem proficientes ao falar inglês. Os diários podem lhe oferecer um ambiente mais confortável para a comunicação dos problemas de aprendizado.

Você também pode ter uma discussão e/ou fazer um levantamento do que seus alunos gostam de fazer fora da sala de aula e inserir tópicos e atividades relacionados em seu currículo e em suas aulas. Você pode usar um questionário para descobrir que tipos de atividades de ensino e estratégias de aprendizado são preferidos e considerados mais úteis por parte de seus alunos. Alguns alunos da língua estrangeira preferem as atividades de leitura, enquanto outros preferem as de audição. As pesquisas sugerem que o ideal é os professores apresentarem materiais em modalidades múltiplas para ampliar e aprofundar a codificação da nova língua e se ajustar às preferências dos alunos.

O ENVOLVIMENTO DOS PAIS

O envolvimento dos pais na educação pode ser um fator determinante no sucesso acadêmico dos alunos. Em muitos casos, os alunos que estão estudando inglês como língua estrangeira vêm de famílias de imigrantes que não se envolvem com a escola de seus filhos. Que desafios especiais esses pais enfrentam? Como esses desafios afetam seus filhos em termos acadêmicos? Até que ponto esses pais ajudam seus filhos com as tarefas escolares? Até que ponto eles participam das atividades e dos eventos escolares, como reuniões e associações de pais e mestres? Se os pais de seus alunos não estão muito envolvidos com a educação deles, quais são as razões? Como você pode resolver esse problema?

Ao fazer esse tipo de pergunta, os professores reflexivos de língua estrangeira podem ser úteis e tornar os pais imigrantes mais envolvidos com a educação de seus filhos, e aproximando os ambientes doméstico e escolar e as culturas nativa e estrangeira.

Um dos principais motivos pelos quais os pais imigrantes muitas vezes não se envolvem com a educação de seus filhos se relaciona com o conhecimento insuficiente ou inexistente que eles próprios têm da língua inglesa. O ensino reflexivo de inglês como língua estrangeira pode incluir a aproximação dos pais a fim de trazê-los para perto da escola e do processo educacional. Como as barreiras de linguagem costumam ser uma das principais razões para a falta de envolvimento dos pais, talvez você queira considerar uma variedade de abordagens para rompê-las. Um dos métodos é convidá-los para um programa extracurricular elaborado para melhorar o domínio dos pais em relação ao inglês. Comece com a conversação e audição. Após algum progresso nessas áreas, passe para a leitura. Por fim, trabalhe a escrita. Outra estratégia é enviar voluntários bilíngues ou poliglotas à casa dos alunos para que estudem com os pais. Uma terceira opção é traduzir os documentos da escola para os idiomas dos pais. Cada uma dessas abordagens pode ser estruturada para mostrar aos pais que você os valoriza e respeita, assim como sua cultura.

Outro problema comum que limita o envolvimento dos pais com a educação dos filhos é a falta de escolaridade formal, o que resulta na sensação de que eles não têm muito a contribuir para o sucesso acadêmico dos próprios filhos. Uma questão reflexiva que pode ser feita é: "Como posso ajudar esses pais para que contribuam para a educação de seus filhos, apesar de sua baixa escolaridade?". Uma resposta para essa pergunta foca na distinção entre os pais como educadores, o que exige conhecimentos sobre as matérias, e o foco nos pais como gestores da educação, o que dispensa tais conhecimentos. Aqueles que não têm escolaridade formal própria e falam pouco ou nada em inglês podem ser bons recursos educacionais para seus filhos, mesmo que sejam analfabetos em sua língua materna. Veja a Figura 13.1.

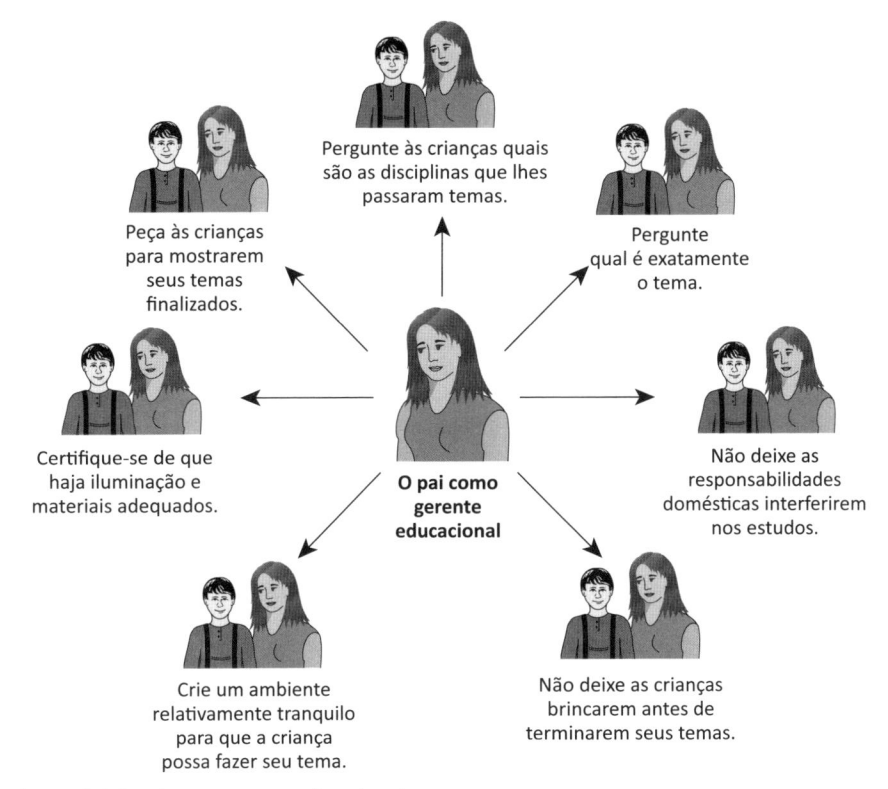

Figura 13.1 O pai como gerente educacional.

O desenvolvimento das habilidades de gestão da educação pode ter vários benefícios, inclusive o aumento da autoconfiança dos pais em relação à própria capacidade de contribuir para a educação de seus filhos, demonstrar às crianças que sua educação é levada a sério e a redução da intimidação que sentem em atividades relacionadas à escola.

Em certos casos, as preocupações dos pais quanto ao sustento econômico de suas famílias podem ser uma prioridade mais importante do que o apoio acadêmico. Uma visita à escola pode implicar a redução da renda de um pai. Como você poderia familiarizar os pais trabalhadores com o ambiente escolar e lhes informar sobre os procedimentos escolares sem prejudicar sua renda? Frequentemente, os imigrantes não sabem dos recursos e das estratégias disponíveis para ajudá-los a pagarem suas contas. Como você poderia informá-los sobre tais oportunidades?

Alguns professores e escolas consideram útil criar uma página na internet para que seus alunos e suas famílias se mantenham informados a respeito dos temas dos alunos, das políticas escolares e dos eventos escolares. Você pode, inclusive, postar materiais nas línguas maternas de seus alunos, de modo a atender as necessidades individuais de suas famílias. Um programa gratuito de tradução *on-line* torna essa abordagem muito simples (um exemplo é o *site Free Translation* [c2014]). No entanto, em função dos diferentes níveis de acesso às tecnologias digitais, um *site* de turma ou escola provavelmente não atenderá às necessidades de todos os pais.

TECNOLOGIAS

A seguir, veremos algumas questões reflexivas no ensino de uma língua estrangeira relacionadas com a tecnologia: até que ponto você têm experiência com a comunicação *on-line*? Você usa *e-mail*? Já visitou *chat-rooms*? Já participou de uma teleconferência ou ao menos a assistiu? Já visitou *sites* de recursos de línguas estrangeiras e explorou as opções? Como você se sente sobre cada uma dessas experiências com a tecnologia?

Há muitos recursos *on-line* para o ensino de uma língua estrangeira, além do *site Active Worlds* (c2008), que já comentamos no início do capítulo. O *site Linguascope* (2007) tem *links* para mais de 600 miniplanos de aula, um livro *on-line* de exercícios de espanhol, livros de imagens virtuais que incluem contos da Índia e Argentina e *links* e materiais para o ensino de espanhol, francês, alemão, latim, inglês e outras línguas.

Outro *site*, *Teaching Ideas* (c2014), inclui atividades de vocabulário, aprendizado de nomes, revisão de palavras e jogos como Living Bingo, vôlei, batata quente e ideias para o uso da música no ensino de línguas estrangeiras. Embora muitas dessas ideias tenham sido desenvolvidas para crianças pequenas, elas podem ser facilmente adaptadas para o uso com alunos do final do ensino fundamental e do ensino médio.

Princípios e métodos para o ensino de uma segunda língua estão disponíveis em MoraModules (c2014). As abordagens ao ensino de uma língua estrangeira discutidas neste *site* incluem a tradução da gramática, leitura, áudiolinguística, a resposta física total e a comunicativa. Uma abordagem comunicativa discutida é a funcional-notacional, que enfatiza a importância do contexto no qual uma língua é empregada e o conceito de "troca de códigos", de modo que os alunos entendam a apropriação em cada situação no uso de diferentes línguas, formas linguísticas e dialetos.

Um conjunto de rubricas muito completo e detalhado para a avaliação do aprendizado de uma língua estrangeira em diferentes níveis é disponibilizado pelas Escolas Públicas do Condado de Fairfax.

O *site* do recurso *InTime* (c2002), para professores da educação infantil ao final do ensino médio, com planos de aula e vídeos de aulas ricas e com boa pedagogia, presta atenção especial à educação multicultural e ao ensino responsivo culturalmente. Duas de suas lições focam especialmente o ensino de línguas estrangeiras e de inglês como segunda língua. As lições para os níveis finais do ensino fundamental, a 4, a 5 e a 6, são para alunos de inglês como segunda língua. A lição para o ensino médio é para alunos que estão estudando francês e foca a famosa corrida de bicicleta Tour de France. Você pode acessar o *site* e assistir a essas lições na prática. A lição para o ensino médio é descrita da seguinte maneira no *site*:

> O projeto é intitulado Le Tour de France. Os alunos de Francês IV acompanham o percurso da corrida de bicicletas Tour de France deste ano. Eles buscam informações sobre as cidades ao longo da corrida. Especificamente, precisam obter informações turísticas e aprender sobre a história de cada local. Os alunos imaginam que trabalham em uma empresa de turismo tentando promover a viagem a possíveis clientes. Eles precisam fazer uma brochura com informações turísticas e uma apresentação em PowerPoint, ambos em francês. As informações são obtidas contatando escritórios de turismo (por *e-mail*) na França, acessando *sites* da internet e usando outros materiais impressos. (INTIME, c2002).

O National K-12 Foreign Language Resource Center (NFLRC), dos Estados Unidos, tem muitos recursos *on-line* para o aprendizado de uma língua estrangeira. Um conjunto de projetos foca os testes e a avaliação, promovendo a reflexão sobre a ação. Há projetos adicionais sobre o ensino e aprendizado de línguas e sobre o ensino à distância. *LearningLanguages.net* é um portal que reúne recursos de língua estrangeira para professores e alunos da educação infantil ao final do ensino médio que falam inglês. Ele inclui videoaulas, uma "palavra do dia em língua estrangeira", jogos e exercícios de gramática e informações culturais. *Foreign Language Home* é outro recurso *on-line*, ímpar por oferecer dicas de ensino de língua estrangeira e acesso a cursos de aprendizado e a *software* específicos.

Uma opção é fazer reuniões *on-line* com ou sem teleconferências e que podem ocorrer com ou sem sincronia. As teleconferências têm o benefício extra de permitir a comunicação não verbal e transmitir a sensação de uma relação muito pessoal com os participantes, mas isso exige a comunicação sincronizada. Atualmente muitos adolescentes gostam de ter a experiência sincrônica de visitar *chatrooms* na internet e conhecer novas pessoas. Essa motivação e experiência podem ser aproveitadas para facilitar o aprendizado de uma língua estrangeira. Qual é a experiência que seus alunos têm com a internet? E qual experiência em particular eles têm com as *chatrooms*? Eles tiveram experiências positivas ou negativas ao conversar *on-line* com outras pessoas? Eles ficam frustrados quando a conexão é ruim ou perdida? A fim de garantir experiências positivas e seguras, alguns professores fazem arranjos formais com turmas de outros países, tornando a experiência com uma conversa *on-line* uma atividade oficial, sancionada e supervisionada. As conversas ocorrem durante o horário escolar, com o uso de equipamentos e suporte técnico da escola.

As conversas não sincronizadas apresentam a vantagem de permitirem a comunicação com alguém de outra parte do mundo sem que seja preciso se preocupar com o problema do fuso horário. Elas também podem ter a vantagem de permitir que os alunos obtenham ajuda com a ortografia e gramática antes de enviar uma correspondência. Que equipamentos tecnológicos a sua escola possui? E qual é o suporte técnico disponível?

Há também laboratórios, centros e tutoriais *on-line* de ensino de línguas que podem complementar o que acontece na sala de aula. Eles têm recursos como, gravações de áudio e vídeo. As estações de rádio e televisão em uma língua estrangeira também podem ser acessadas pela internet. Como você poderia usar esses recursos? De que modo eles poderiam ser benéficos para seus alunos?

RESUMO

Os alunos aprendem uma língua estrangeira por diferentes motivos. Lembre-se disso ao estabelecer e priorizar as metas de ensino. Muitos alunos nos Estados Unidos não são falantes nativos de inglês, mas têm de aprender essa língua porque ela é o idioma predominante e, consequentemente, é importante para o sucesso naquela cultura. A língua materna de um aluno pode ajudar ou dificultar o aprendizado de determinada língua estrangeira. Ajude seus alunos a verem as semelhanças e diferenças entre suas línguas maternas e as línguas estrangeiras. Identifique e resolva os erros recorrentes por meio de técnicas, como a análise de contrastes. O questionamento pode ajudar tanto os professores quanto os alunos a pensar de modo reflexivo e crítico sobre a nova língua que está sendo ensinada. Estabelecer uma relação com os pais imigrantes cuja língua materna não é o inglês também pode ajudar tanto a eles quanto a seus filhos. Uma diversidade de recursos baseados na tecnologia pode auxiliar os alunos a aprenderem línguas estrangeiras e lhe ajudar a avaliar seu progresso.

REFERÊNCIAS

ACTIVE WORLDS. [*Site*]. Newburyport: Active worlds, c2008. Disponível em: <http://edu.activeworlds.com/>. Acesso em: 15 ago. 2014.

BEAUMONT, M.; T. O'BRIEN, T. (Eds.). *Collaborative research in second language teaching*. Trent: Trentham Books, 2000.

CREATING rubrics for assessment. [S. l.]: Teaching with Technology, 2005. Disponível em: <http://www1.chapman.edu/cll/faculty/piper/2042/rubric.htm>. Acesso em: 15 ago. 2014.

FREE TRANSLATION. [S. l.]: SDL, c2014. Disponível em: <http://www.freetranslation.com/>. Acesso em: 15 ago. 2014.

INTIME. Science Content Videos. Iowa: InTime, c2002. Disponível em: <http://www.intime.uni.edu>. Acesso em: 15 ago. 2014.

LAY, N. D. S. *A contrastive guide to teach English to chinese students*. New York: City College, 1991.

LINGUASCOPE. *Foreign language lesson plans and resources*. [S. l.: s. n.], 2007. Disponível em: <http://www.csun.edu/~hcedu013/eslsp.html>. Acesso em: 15 ago. 2014.

MORAMODULES. *The bilingual education controversy*: a road map. [S. l.]: Mora Modules, c2014. Disponível em: <http://moramodules.com/Prop227/BERoadmap.htm>. Acesso em: 15 ago. 2014.

TEACHING IDEAS. [*Site*]. [S. l.: s. n.], c2014. Disponível em: <http://www.teachingideas.co.uk/foreignlanguages/contents.htm>. Acesso em: 15 ago. 2014.

WORLD CLASS TOURS. [*Site*]. Alberta: World Class Tours Ltd, [200-]. Disponível em: <http://www.wctours.ca/links/index.html#spain>. Acesso em: 15 ago. 2014.

Leituras sugeridas

AMERICAN COUNCIL ON THE TEACHING OF FOREIGN LANGUAGES. Alexandria: American Council on the Teaching of Foreign Languages, 2005. Disponível em: <http://www.actfl.org>. Acesso em: 15 ago. 2014.

BARTLETT, L. Teacher development through reflective teaching. In: RICHARDS, J. C.; NUNAN, D. (Eds.). *Second language teacher education*. New York: Cambridge University, 1990.

DAVIS, R. *Randall's Esl cyber listening lab*. [S. l.]: Randall Davis, 2007. Disponível em: <http://www.esl-lab.com/>. Acesso em: 15 ago. 2014.

DONATO, R. *Digest*. Washington: Center for Applied Linguistics, 2003. Disponível em: <http://www.cal.org/resources/digest/0308donato.html>. Acesso em: 15 ago. 2014.

FOREIGN LANGUAGE HOME. [S. l.: s. n., 200-]. Disponível em: <http://www.foreignlanguagehome.com/>. Acesso em: 15 ago. 2014.

FRENCH, K.; HARRIS, J. Opening doors to the world: using activity structures to design foreign language instruction... *Learning and Leading with Technology*, v. 29, n. 4, p. 42-48, dez. 2001.

GRAHAM, L. et al. A look at the research on computer-based technology use in second language learning: a review of the literature from 1990-2000. *Journal of Research on Technology in Education*, v. 34, n. 3, p. 250-273, 2002.

HOLMAN, L. J. Meeting the needs of Hispanic immigrants. *Educational Leadership*, v. 54, n. 7, p. 37-38, abr.1997.

IOWA STATE UNIVERSITY. *National K-12. Foreign Language Resource Center (NFLRC)*. Iowa: [s. n], 2003. Disponível em: <http://nflrc.iastate.edu>. Acesso em: 15 ago. 2014.

LEARNINGLANGUAGES.net. [*Site*]. Madison: Internet Scout Project, c2003. Disponível em: <http://www.learninglanguages.net>. Acesso em: 15 ago. 2014.

LOOS, E. U. et al. (Eds). *What is contrastive analysis?* LinguaLinks Library. [S. l.]: SIL International, 2004. Disponível em: < http://www.sil.org/linguistics/what-linguistics>. Acesso em: 15 ago. 2014.

PACHECO, A. Q. Reflective teaching and its impact on foreign language teaching. *Revista Electrónica Actualidades Investigatives en Educación*, v. 5, n. 3, 2005. Disponível em: < http://revista.inie.ucr.ac.cr/uploads/tx_magazine/reflective.pdf >. Acesso em: 15 ago. 2014.

PAULSEN, J. B. New era trends and technologies in foreign language learning: an annotated bibliography. *Interactive Multimedia Electronic Journal of Computer-Enhanced Learning*, v. 3, n. 1, 2001. Disponível em: <http://www.imej.wfu.edu/articles/2001/1/05/printver.asp>. Acesso em: 15 ago. 2014.

RICHARDS, J. C.; LOCKHART, C. *Reflective teaching in second language classrooms*. New York: Cambridge University, 1994.

WALLACE, M. J. *Training foreign language teachers*: a reflective approach. New York: Cambridge University, 1991.

WALLACE, M. J. *Action research for language teachers*. Cambridge: Cambridge University, 1998.

WALTER, J. A. *Languages*. Alexandria: Association for Supervision and Curriculum Developmen, c1998. Disponível em:< http://www.ascd.org/publications/curriculum-handbook/408/chapters/Languages-Summary.aspx>. Acesso em: 15 ago. 2014.

WLODKOWSKI, R. J.; GINSBERG, M. B. A framework or culturally responsive teaching. *Educational Leadership*, v. 53, n. 1, p. 17-21, set. 1995.

14
O ensino reflexivo de história

Qual é sua concepção da natureza e do propósito da história como um campo de estudo? Como seus alunos veem o estudo da história (ou os estudos sociais)? Quando você pensa nos historiadores, como os conceitualiza? Como seus alunos os conceitualizam? O quanto seus alunos aprendem e refletem sobre as perspectivas múltiplas da história e os estudos sociais em vez de apenas considerarem uma perspectiva dos Estados Unidos ou eurocêntrica? Neste capítulo, todas as ideias apresentadas no contexto do ensino da história também são consideradas como aplicáveis ao ensino dos estudos sociais e vice-versa.

Muitas pessoas têm preconcepções ou teorias ingênuas sobre a história. Muitas vezes, baseadas em suas experiências pessoais nos estudos sociais que tiveram no ensino fundamental e/ou nas aulas de história do ensino médio (e mesmo do ensino superior), eles acreditam que aprender história é apenas decorar datas, como a da Revolução Francesa (1789), e fatos, como a Queda da Bastilha.

No entanto, os historiadores veem a história de modo muito diferente. Aprender as datas e os fatos é apenas parte de uma visão muito mais ampla e mais importante do uso de regras de evidência, interpretação, análise e compreensão dos eventos, e o uso dessas informações para entendê-los melhor, bem como o comportamento das pessoas na vida cotidiana. Os historiadores focam mais em grandes ideias e conceitos do que em fatos e datas. Seus objetivos são ajudar os alunos a se tornarem pensadores críticos das conclusões históricas e se tornarem cidadãos competentes. No mundo atual, muitos historiadores visam à cidadania competente nas escalas local, regional, nacional e global.

OS OBJETIVOS E AS COMPETÊNCIAS NO ESTUDO DA HISTÓRIA E NOS ESTUDOS SOCIAIS

Quais são seus objetivos para o ensino de história? Qual é sua visão das competências que os alunos precisam ter para alcançar os objetivos que você estabeleceu? O ensino de história reflexivo exige o reconhecimento de que os problemas sociais abordados tendem a ser multifacetados, complexos e geralmente controversos. Em geral, não há apenas uma resposta correta para esses problemas. A fim de entender os problemas sociais, os alunos precisam considerar uma combinação de abordagens lógicas e perspectivas múltiplas e frequentemente antagônicas.

Os alunos precisam se envolver com o questionamento disciplinado de um problema ou questão e ter uma mente genuinamente aberta para considerar os pontos de vista de outras pessoas para chegar a uma decisão fundamentada. Assim eles podem assumir uma postura embasada em determinada questão e fazer uma defesa convincente de suas posições.

Para atingir esse objetivo, os alunos precisam mais do que a capacidade de desenvolver raciocínios persuasivos ou de justificar com habilidade seus posicionamentos. São cinco as competências identificadas como componentes do raciocínio crítico de alto padrão nos estudos sociais:

1. Ter empatia: a capacidade de ver o mundo da perspectiva do outro. Por exemplo, os educadores no Oriente Médio reuniram estudantes do ensino médio palestinos e israelitas a fim de promover a paz e as mudanças sociais em encontros e contatos *on-line* durante um trabalho de colaboração. Esse projeto, chamado de MEET (Educação no Oriente Médio por meio da Tecnologia), busca ajudar os estudantes a entenderem os pontos de vista uns dos outros.

2. Aplicar conceitos abstratos a situações específicas. Por exemplo, os estudantes aplicam o conceito abstrato de democracia ao analisarem os sistemas eleitorais nos diferentes estados dos Estados Unidos, onde há diversos candidatos representando distintos partidos políticos, e comparam esses sistemas aos sistemas eleitorais de outros países, onde há apenas um candidato e um partido no qual as pessoas podem votar.

3. Inferir além de dados limitados para tirar conclusões. Por exemplo, após coletar dados sobre os sistemas eleitorais dos Estados Unidos e de outros países, os estudantes tiram conclusões sobre quais países são democráticos e quais não são.

4. Compreender um problema estabelecendo um discurso crítico. Por exemplo, os alunos debatem se os afro-americanos já superaram as consequências das décadas de escravidão usando a abordagem da controvérsia estruturada. Como consequência, eles têm uma perspectiva mais ampla e profunda do legado da escravidão e de suas implicações para os afro-americanos na sociedade atual.

5. Desenvolver decisões defensáveis sobre um problema, aplicando critérios de avaliação. Por exemplo, os alunos conduzem pesquisas sobre a história da igualdade dos gêneros nos locais de trabalho e julgam se ela já é uma realidade ou não, ou até que ponto ela existe, empregando critérios objetivos, como os salários de empregos comparáveis e o número de posições administrativas de alto escalão para cada gênero nas grandes corporações.

Você inclui essas quatro competências no seu ensino? Quais métodos usa para desenvolver essas competências em seus alunos? Essas competências são importantes para sua filosofia de ensino e aquela de sua escola? Seus alunos realmente adquirem tais competências? Como você avalia o progresso dos estudantes no desenvolvimento dessas competências?

Seus alunos pensam na história de maneira crítica? Eles estão cientes de questões como o antagonismo entre as perspectivas eurocêntrica e afrocêntrica? Eles sabem das implicações e limitações da história que é escrita por homens brancos de classe média que têm como público-alvo estudantes do mesmo meio? Nos livros didáticos de ciências, a história das contribuições das mulheres às descobertas, como a da estrutura em hélice dupla do DNA, muitas vezes é tratada de modo injusto. Como você pode se certificar de que seus alunos também não são tratados injustamente e desenvolvam uma visão mais ampla e mais crítica da história que eles leem em seus materiais didáticos e veem na mídia?

Os estudantes precisam ter uma base de conhecimentos substancial para que possam desenvolver raciocínios críticos sobre problemas complexos. No entanto, muitas vezes é difícil conseguir que os alunos sejam persistentes o suficiente para obter um conhecimento profundo e amplo da história, às vezes porque eles a consideram maçante ou irrelevante e resistem a seu estudo. Envolver os estudantes com os conteúdos, como o movimento pelos direitos civis nos Estados Unidos, por meio de experiências de aprendizado autênticas e baseadas em problemas* ajuda a motivar os estudantes a persistirem no aprendizado e a terem perspectivas e entendimentos mais profundos e complexos sobre os problemas e as questões sociais.

Quais tópicos, questões ou problemas sociais seus alunos precisam aprender e entender com profundidade? Como você estruturaria experiências de aprendizado autênticas e baseadas em problemas a partir desses? Quais recursos multimídia estão disponíveis e são adequados ao seu uso?

CONCEPÇÕES DE HISTÓRIA DE PROFESSORES EXPERIENTES E NOVATOS

As pesquisas que comparam professores experientes com novatos mostram que os segundos geralmente focam a superfície ou as características superficiais de uma situação. Eles tendem a ver a história como um registro direto de eventos e se confundem com perspectivas múltiplas ou relatos antagônicos. Em contraste, os experientes em história olham as situações sociais problemáticas com mais profundidade ao julgar os eventos e as evidências. Eles usam conceitos abstratos como igualdade e justiça para estruturar, organizar, analisar e interpretar as informações e raciocinar sobre uma questão. Eles identificam e discutem questões significativas dentro de contextos autênticos, além de desafiar explicações e conclusões a fim de se certificar que estejam baseadas em conhecimentos sólidos e na lógica. Até que ponto sua visão da história corresponde a essa perspectiva?

A fim de ajudar os alunos a se tornarem aprendizes de história experientes, que pensam de modo mais profundo sobre os problemas sociais e desenvolvem

---

* N.de R.T.: Em inglês, *problem-based learning*: experiência de aprendizado que se baseia na resolução de problemas que fazem parte do contexto do aluno. Requer um aprendiz ativo, que use estratégias de aprendizagem eficientes em busca da solução para os problemas.

suas próprias interpretações das evidências, possibilite que eles criem suas próprias narrativas históricas e as comparem com pontos de vista conflitantes. Os professores de história experientes estão perfeitamente cientes acerca dos problemas de intepretação das evidências históricas e ajudam seus alunos a entender a complexidade do tema e da análise histórica. Eles também enfatizam as "grandes ideias" em detrimento dos detalhes e tentam fazer seus alunos entenderem as implicações da história na vida cotidiana. Que estratégias você usa para enfatizar essas "grandes ideias"? Até que ponto e como você relaciona a história à vida cotidiana? Como você poderia orientar seus alunos a usarem conceitos abstratos, como ferramentas de raciocínio para a análise de situações, considerando de modo genuíno as perspectivas alternativas, avaliando as evidências, inferindo e tirando conclusões?

Os professores de história experientes diferem dos novatos no modo como leem o mesmo texto, pois estão mais cientes da estrutura dos conhecimentos históricos e das diferenças de interpretação dos eventos históricos, além de se esforçarem mais para reunir muitas evidências históricas distintas a fim de compor um todo coerente. (Para mais informações sobre as diferenças entre professores experientes e novatos na leitura dos textos de história, veja a seção "A leitura de livros didáticos", mais adiante neste capítulo.)

Os alunos costumam pensar na história como **estática** e que há **apenas uma** visão correta do que aconteceu. Até mesmo alguns professores novatos de história às vezes têm essa perspectiva. No entanto, os professores de história experientes, que refletem tanto sobre a história como sobre o modo como ela é lecionada, dão-se conta de que a história é uma disciplina **dinâmica** e que às vezes há **múltiplas** visões corretas do que aconteceu. Como você vê a história em relação a essa distinção entre uma concepção estática e uma dinâmica?

Os professores experientes de história também sabem que, às vezes, aquilo que costuma ser considerado como verdadeiro não é exato. Por exemplo, o presidente Lincoln costuma receber o crédito de ter abolido a escravatura nos Estados Unidos, mas, na verdade, ele não a aboliu por completo. Como você ajudaria seus alunos a considerarem a história como dinâmica e caracterizada por perspectivas corretas alternativas?

Outra crença ingênua, mas comum, é que os historiadores são acadêmicos que ensinam aos alunos o que aconteceu no passado. No entanto, também há historiadores públicos cuja missão é relatar o que é aprendido pelos estudiosos (muitas vezes das academias) para as pessoas que não estão inseridas nos ambientes escolares. Diretores de museus, guias turísticos em monumentos históricos, cineastas de documentários, autores de romances históricos, escritores do *History Channel* e membros de várias organizações civis se inserem nesse grupo. Como você poderia ajudar seus alunos a terem uma noção mais precisa de quem os historiadores realmente são?

A imagem da história como uma memorização de datas e fatos tem diferentes implicações para o uso de estratégias de ensino e avaliação do aprendizado dos alunos do que a visão mais complexa e profunda da história dos historiadores. A primeira enfatiza o uso de estratégias de ensino passivas (como a leitura e as aulas expositivas), nas quais os alunos simplesmente absorvem as informações, e a avaliação costuma envolver a repetição das datas e dos fatos adquiridos.

A segunda visão, totalmente distinta, enfatiza o uso de estratégias, como o debate e a representação, nas quais os alunos avaliam e aplicam as informações, cuja avaliação envolve a explicação das razões e o oferecimento de evidências para as conclusões. Nessa abordagem, fatos e datas são aprendidos e aplicados em um contexto significativo, e perspectivas múltiplas são consideradas. Até que ponto suas estratégias de ensino e avaliação refletem essas duas imagens da história?

AS ESTRATÉGIAS DE ENSINO

Das lições que você já deu, quais se destacam em sua mente por serem experiências bem-sucedidas para ajudar os alunos a pensarem como historiadores ou por serem malsucedidas nesse sentido?

Uma estratégia especialmente útil para que você se torne mais reflexivo em relação ao ensino de história é manter um registro por escrito de tais "incidentes críticos", de modo que você possa examiná-lo e ter novas ideias para melhorar sua atividade docente e o aprendizado de seus alunos.

Como professor de história (em comparação com os muitos outros tipos de professores), você talvez tenha uma apreciação especial de sua própria história profissional e da história de seus alunos como aprendizes. Peça a eles que mantenham registros pessoais dos incidentes críticos em seus aprendizados da história – o que funciona e não funciona para eles como indivíduos.

O oferecimento da estratégia de *scaffolding* aos alunos para que questionem os problemas complexos e pensem de modo mais similar ao dos indivíduos experientes já foi descrito, incluindo quatro tipos de orientações:

1. Conceituais: que conhecimentos devem ser considerados. Os professores novatos tendem a tratar todas as informações como tendo a mesma importância, enquanto os experientes diferenciam melhor as ideias importantes dos detalhes. Como você pode ajudar seus alunos a distinguirem entre as informações relevantes e as irrelevantes, de modo que eles foquem os pontos-chave em vez de tratar todas as informações como se tivessem o mesmo valor? Que pistas você pode lhes dar para que não precisem sempre de sua orientação, lhes mostrando o rumo correto?

2. Reflexivas: como pensar durante o aprendizado. A análise das evidências e de suas fontes é muito importante na história, então, os alunos devem se fazer perguntas como: "Que informações ou documentos corroboram este relato ou esta interpretação dos eventos? Quem é a fonte deste documento ou relato? Qual seu nível de credibilidade? O que as outras fontes dizem sobre esse evento ou interpretação?". Ofereça aos alunos exemplos de questões que eles devem fazer para si próprios. Para dar um suporte, dê sugestões ou dicas quando os alunos começarem a se fazer perguntas similares durante a leitura de seus textos de história e durante o exame de documentos históricos.

3. Procedimentais: como usar os recursos disponíveis. Mostre aos alunos como ler documentos históricos e seus livros didáticos pensando em voz alta enquanto você lê para eles e, portanto, dando modelos de como um indivíduo experiente lê a história. Pense em voz alta ao fazer pesquisas históricas para externalizar os passos que você dá para responder às questões. Por exemplo, em que *sites* da internet você buscaria informações? Se você está utilizando os Arquivos Nacionais dos Estados Unidos, por exemplo, que sequência de atividades você usaria para responder suas perguntas? Como você aproveitaria a biblioteca de sua escola ou de seu bairro? Que passos tomaria para encontrar as informações que está buscando? E como você registraria as informações importantes quando as encontrasse?

4. Estratégicas: abordagens alternativas para facilitar a tomada de decisões. Por exemplo, suponhamos que seus alunos tenham de pesquisar as causas da queda do Império Romano. Para abordar esse tema de modo estratégico, eles precisam consultar uma variedade de fontes que representam diferentes pontos de vista. Por exemplo, os italianos talvez tenham explicações distintas daquelas dos outros europeus, enquanto os americanos, asiáticos e africanos tenham ainda outros tipos de perspectivas. E na Itália, Europa em geral, América, Ásia e África provavelmente haja várias outras interpretações.

A pesquisa e a reflexão sobre as abordagens alternativas podem ajudar os alunos a sintetizarem diversas perspectivas e a formularem suas conclusões próprias e cuidadosamente consideradas. Para alcançar esse objetivo complexo, mostre aos alunos como você e outros analistas experientes da história sintetizam informações díspares de uma variedade de fontes. Que tipos de *scaffolding* você poderia oferecer para que seus alunos pensassem de modo mais similar aos especialistas em estudos sociais? Qual *scaffolding* específico você poderia usar para examinar abordagens alternativas ao conteúdo histórico, decidindo como interpretá-lo e sintetizando os dados díspares?

Como e até que ponto seu ensino da história ajuda os alunos a desconstruírem estereótipos, superarem concepções problemáticas, preconceitos e racismos e construírem relações positivas com estudantes culturalmente diversos a fim de que eles se tornem bons cidadãos? Uma estratégia é ajudá-los a entender a história **relacionando-a com o uso que eles próprios fazem da história em sua vida cotidiana.** Por exemplo, quando você faz novos amigos, é comum lhes contar sobre você mesmo e seu passado, sua história pessoal. Faça os alunos escreverem sobre suas próprias histórias de vida e as compartilharem como os outros colegas da turma. Peça-lhes para refletirem sobre as semelhanças e as diferenças entre suas histórias pessoais e a história como uma disciplina escolar em termos do que elas são, quando e como são utilizadas e como são desenvolvidas e comunicadas.

Relacionar a história como disciplina com a vida cotidiana pode ser especialmente útil para fazer os alunos refletirem, analisarem e avaliarem de modo crítico e usarem os mapas de modo efetivo. Faça perguntas como: "O que são mapas?", "Quais são alguns dos diferentes tipos de mapas?", "Por que são utilizados?", "Como os lemos?", "O que significam seus símbolos?", "Por que você acha que tais símbolos foram escolhidos?", "Quais as diferenças entre um mapa bom e um ruim?", "Por que os mapas são importantes na história?". Seja trabalhando individualmente, seja em grupo, os alunos podem criar mapas de seus percursos de casa até a escola, de seus bairros, de uma fazenda, do centro da cidade ou da comunidade do entorno da escola.

Muitas vezes os alunos aprenderam algo sobre a história ou os estudos sociais que você está cobrindo com os outros professores dos anos anteriores. Para resgatar seus conhecimentos adquiridos – a fim de que eles possam relacionar com o novo conteúdo e tornar o aprendizado mais efetivo, e você possa identificar e saber como trabalhar as concepções frágeis que talvez eles tenham – ao abordar um novo tópico adote a rotina de fazer perguntas do tipo: "Quem já ouviu falar sobre esse assunto antes desta aula?" ou "O que vocês já sabem sobre isso?". Registre as respostas dadas no quadro de modo organizado, de forma que todos tenham uma ideia geral do ponto de partida da turma sobre o tópico.

Os debates

Fazer debates é outro bom método de ensino para ajudar os alunos a aprenderem a pensar como historiadores. Os debates ajudam os alunos a verem a interpretação histórica como um processo dinâmico de coleta, análise e interpretação de evidências e tirada de conclusões. Eles também aumentam a consciência das controvérsias sobre como os eventos históricos são interpretados por pessoas de diferentes origens e perspectivas. Permita que seus alunos debatam se os Estados Unidos deveriam ter entrado em guerra com o Iraque em 2003 do ponto de vista de várias pessoas, como aquelas que serviram no Iraque, os familiares dos soldados mortos ou feridos no Iraque, o presidente Barack Obama, os senadores John McCain e Russ Feingold e a secretária de Estado Hillary Clinton. Possibilite que eles considerem como a questão da existência ou ausência de armas de destruição em massa arruína a economia e o papel da Al Qaeda no Iraque.

Essas questões são selecionadas para ajudar os alunos a verem como nosso entendimento da história muda com a descoberta de novas informações, consequentemente tornando o estudo da história um processo dinâmico. Uma vez que os alunos tiverem pesquisado e debatido suas posições a respeito da questão, possibilite que troquem de papéis e desenvolvam argumentos de uma perspectiva contrária. Isso faz parte do método da controvérsia estruturada, que culmina com uma síntese de informações de diferentes perspectivas, forçando a reflexão sobre as discrepâncias e levando os alunos a tirarem conclusões novas e mais bem pensadas.

Uma alternativa para fazer esse tipo de debate na sala de aula é inseri-lo em um fórum de discussão *on-line*. Tal ambiente tem a vantagem de possibilitar que os alunos consigam realizar pesquisas e escrever sobre suas posições de acordo com seus próprios ritmos e horários. Isso também oferece mais oportunidades para que os alunos reflitam, avaliem e revisem suas ideias e o modo como as transmitem.

A dramatização

As representações ou dramatizações da história podem ser métodos especialmente úteis para promover a reflexão sobre a história. Ao representarem a recusa de Rosa Parks a passar para o fundo do ônibus, meus alunos conseguiram entender com mais profundidade a coragem que ela precisou ter para adotar uma postura tão controversa, especialmente naquele momento da história dos Estados Unidos. Isso também os ajudou a analisarem a situação das perspectivas do motorista do ônibus, dos demais passageiros, dos policiais que foram chamados para removê-la da frente do ônibus e dos membros do movimento de direitos civis naquela época. Tal experiência de aprendizado foi um incidente crítico tanto para mim como para muitos de meus alunos, pois demonstrou como a dramatização pode ter efeitos transformadores no entendimento que os alunos têm dos eventos históricos e em suas capacidades de examiná-los de várias perspectivas. A compreensão deste importante evento da história dos Estados Unidos foi aprimorada não somente pela dramatização em si, mas também pela pesquisa que cada aluno fez para que pudesse desempenhar seu papel de modo adequado. A reflexão sobre o aprendizado da história foi aprimorada de modo que os alunos escrevessem sobre suas experiências, preparando-se para a dramatização e participando dela.

Os alunos que assistiram à dramatização refletiram e escreveram sobre ela. Eles relataram que a peça melhorou seu entendimento deste famoso evento histórico porque ver seus colegas no palco reforçou sua conscientização, aumentou seu envolvimento e lhes deu diferentes perspectivas sobre como o fato realmente havia ocorrido e seu significado. Com a encenação, todos os alunos se deram conta de que antes tinham ideias equivocadas sobre o evento. Existe uma crença ingênua, mas predominante, de que a decisão de Rosa Parks de se recusar a passar para o fundo do ônibus e dar lugar para um passageiro branco foi uma ocorrência espontânea, e não um ato planejado de desobediência civil!

Uma das reclamações mais frequentes sobre o aprendizado da história é que ele é chato, o que costuma ser devido à ênfase que muitos professores dão à memorização de datas e fatos sobre o que estava ocorrendo durante importantes períodos de tempo. Experiências como essa que acabamos de descrever demonstram como o estudo da história pode ser empolgante e significativo. As datas e os fatos foram inseridos em um contexto social mais amplo, o que revelou sua significância.

O questionamento

Os professores muitas vezes falam sobre "cobrir" o currículo da história, mas o que isso significa? Cobrir o conteúdo da história contando aos alunos as informações importantes não garante o aprendizado. Perguntar aos alunos sobre seus conhecimentos prévios sobre um tópico é uma excelente maneira de começar qualquer aula de história e torná-la mais significativa. O questionamento é outro bom método para fazer com que os alunos aprendam a pensar de modo crítico sobre a natureza das evidências históricas e como avaliá-las.

Um *site* chamado *Learn to question* [20--] enfatiza o questionamento como uma estratégia para a promoção do pensamento crítico e discute o valor do questionamento para que os alunos aprendam a seguir as regras das evidências de modo a ficar claro como chegar às conclusões.

É interessante fazer vários tipos de perguntas, como as da Tabela 14.1, a fim de ajudar os alunos a se tornarem e se manterem interessados em um tópico. Que habilidades de pensamento são necessárias para que uma pessoa seja um bom professor ou aluno de história? As pesquisas sugerem que o melhor para promover a diversidade e profundidade do aprendizado é minimizar o número de perguntas básicas e fazer os alunos passarem a maior parte do tempo pensando nas perguntas de nível intermediário e avançado. Quais desses tipos e níveis de perguntas você faz com mais frequência? E que tipo de pergunta você poderia fazer com mais frequência?

14.1 Perguntas de nível básico, intermediário e avançado: história

Nível e tipo de pergunta	Exemplo de tipo de pergunta
Nível básico	
Rotular	Qual o nome de uma das importantes leis que Truman conseguiu aprovar?
Definir	O que é o "estramônio"?
Descrever	Qual foi o papel do "estramônio" na Virgínia?
Nível intermediário	
Sequenciar	Qual foi a sequência de eventos que culminaram na Guerra da Independência dos Estados Unidos?
Reproduzir	Como era o mapa das colônias da Nova Inglaterra por volta de 1650?
Descrever semelhanças/diferenças	Quais eram as semelhanças entre Harry Truman e Andrew Jackson?
Estimar	Quanto tempo levou (aproximadamente) para que Massachusetts e Rhode Island chegassem a um acordo sobre sua fronteira comum?
Enumerar	Quais eram as colônias norte-americanas durante o século XVII?
Inferir semelhanças/diferenças	O que a década de 1980 teve de comum com a de 1950?
Classificar	Como você classificaria os papéis das mulheres durante os anos do pós-guerra?
Sintetizar	De modo geral, qual foi o impacto financeiro da Segunda Guerra Mundial nos Estados Unidos? Por quê?
Aplicar	Como você entende que o Movimento pelos Direitos Civis norte-americano da década de 1960 afeta sua perspectiva das relações raciais de hoje?
Analisar	Como você dividiria o Movimento pelos Direitos Civis norte-americano da década de 1960 em etapas?
Nível avançado	
Avaliar	Como você avaliaria o impacto do Macartismo na sociedade dos Estados Unidos? Por quê?
Estabelecer uma relação causal	Por que havia uma diversidade tão grande entre as colônias inglesas durante o século XVII?

(*continua*)

14.1 *Continuação*

Nível e tipo de pergunta	Exemplo de tipo de pergunta
Inferir o afeto	Como você imagina que Rosa Parks se sentiu ao ser retirada do ônibus e presa?
Generalizar	Que generalizações você pode fazer sobre as causas da imigração?
Prever o resultado	O que você acha que teria acontecido com os Estados Unidos se os aliados tivessem perdido a Segunda Guerra Mundial?
Transformar	De que maneira as colônias inglesas alteraram os mapas da América do Norte?
Planejar	Quais etapas você adotaria se tivesse de escrever um ensaio após pesquisar sobre a segregação racial nos Estados Unidos?
Verificar	Como poderíamos determinar se Alger Hiss realmente era um espião soviético?
Concluir	O que você concluiria sobre o impacto do "Experimento Sagrado", de William Penn?
Propor alternativas	Quais são algumas das táticas que os norte-americanos poderiam ter empregado para reduzir o impacto de Joe McCarthy durante a década de 1950?
Resolver conflitos	Como podemos celebrar a "descoberta da América" feita por Cristóvão Colombo se sabemos que os nativos norte-americanos já estavam lá há muito antes de sua chegada?

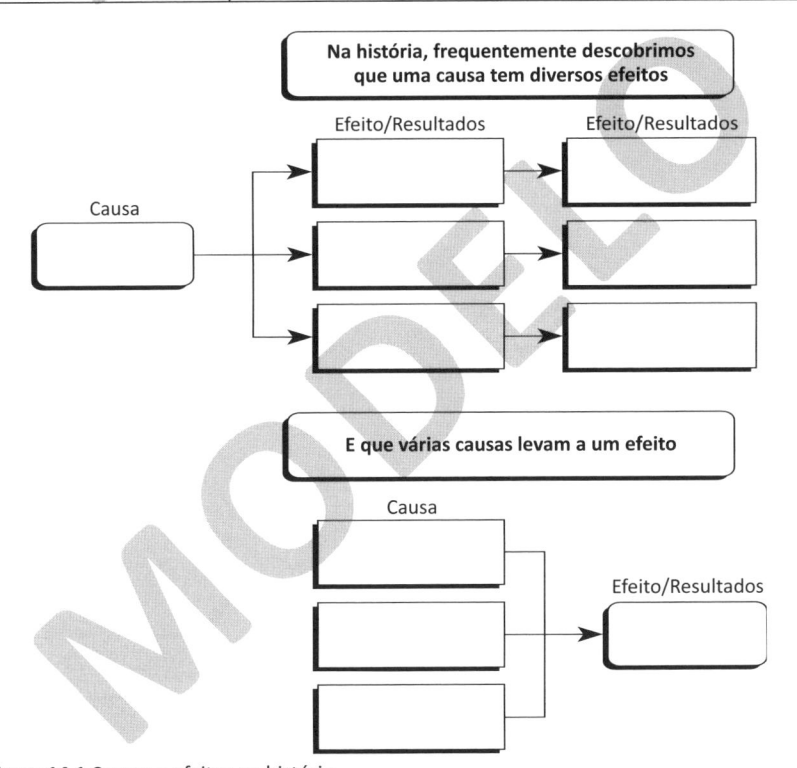

Figura 14.1 Causas e efeitos na história.

Os organizadores gráficos

Os professores e alunos podem desenhar seus próprios organizadores gráficos e/ou usar ferramentas da informática, como os modelos dos *softwares*. Fluxogramas e/ou linhas de tempo desenhados no quadro podem ajudar os alunos a conceitualizarem uma sequência de ações que estão associadas a eventos históricos importantes, como a Guerra Civil Norte-Americana. Por exemplo, quando ocorreram a abolição da escravatura, a eleição de Lincoln, a fuga de Harriet Tubman da escravidão e a decisão de Dred Scott em relação à Guerra Civil? Para avaliar a compreensão dos alunos dessa sequência de eventos, peça-lhes que desenhem seus próprios fluxogramas ou linhas de tempo com esses acontecimentos.

O *software* de organização gráfica *Inspiration* (c2014) tem cinco modelos específicos para estudos sociais que os alunos e professores podem adaptar conforme necessário (ver Figs. 14.1 a 14.3). Os modelos são:
1. Causa e Efeito
2. Eventos
3. Período Histórico
4. Rede Histórica 1
5. Rede Histórica 2

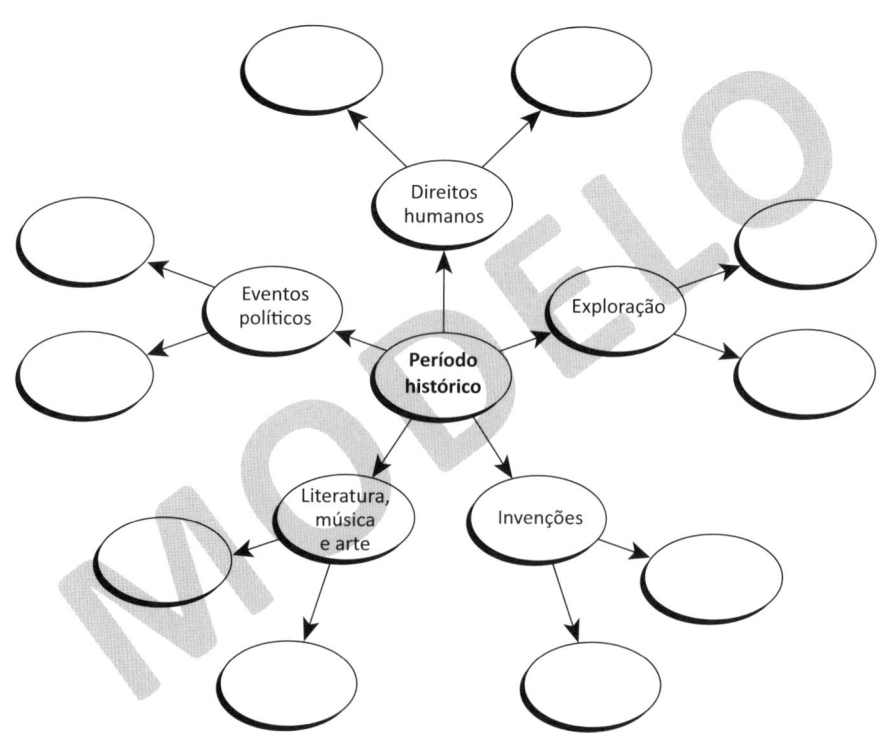

Figura 14.2 Período histórico.

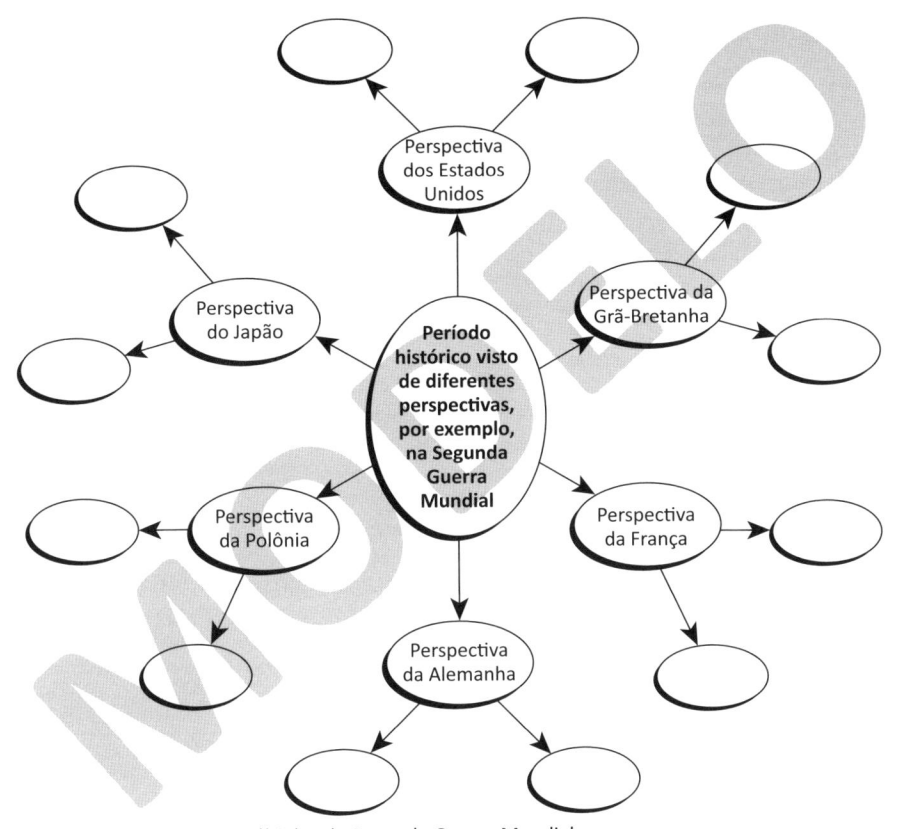

Figura 14.3 Perspectivas múltiplas da Segunda Guerra Mundial.

O modelo do período histórico poderia ser facilmente modificado para focar diferentes perspectivas de um evento, como no exemplo da Segunda Guerra Mundial apresentado na Figura 14.3.

Os bairros ou distritos escolares podem adquirir uma licença no *site* para uso do *software* em todas as escolas. Antes de recomendar este programa para seu bairro ou distrito escolar, teste-o de graça por 30 dias, conforme a oferta do *site*.

A LEITURA DE LIVROS DIDÁTICOS

Como seus alunos leem seus livros didáticos de história ou estudos sociais? O National Council for the Social Studies (Conselho Nacional para os Estudos Sociais, NCSS) dos Estados Unidos identifica oito padrões de organização ou estrutura de texto para se pensar os estudos sociais durante a leitura. Eles são a descrição, comparação/contraste, causa e efeito, definição de conceito, sequência, problema/solução, proposta/suporte e objetivo/ação/resultado (ver Tab. 14.2). Como você poderia ajudar seus alunos a ler tendo em mente essas estruturas de texto? Como poderia avaliar a eficácia deles na leitura para essas estruturas de texto? Essas são questões importantes que o professor reflexivo de estudos sociais/história deve levar em consideração e se esforçar para aplicar.

Tabela 14.2 A leitura da história

Estruturas de organização para a leitura da história	Exemplos
Descrição	Na Boston Tea Party, os colonialistas da América do Norte protestaram contra a política britânica de impostos sem representação, destruindo caixotes de chá no Porto de Boston.
Comparação/contraste	A Primeira e a Segunda Guerra Mundiais tiveram alguns pontos em comum, como o envolvimento de vários países, e algumas diferenças, como as causas de seu início.
Causa e efeito	O escândalo Watergate geralmente é considerado como o responsável pela queda do governo do presidente Richard Nixon, mais em função do encobrimento dos fatos do que da espionagem.
Definição de conceito	A desobediência civil envolve uma pessoa seguindo sua consciência e desobedecendo às leis a fim de protestar sem violência contra algo que ela acredita que o governo esteja fazendo e que seja moralmente errado.
Sequência	Após a decisão da Suprema Corte dos Estados Unidos, Brown *versus* o Comitê de Educação em 1954, as escolas de todo o sul e de outras partes do país começaram o processo de pôr fim à segregação racial.
Problema e solução	O problema de a Europa ter colonizado repetidas vezes as Américas e ter aplicado sua influência ao Novo Mundo foi resolvido pela Doutrina Monroe, que declarou que os Estados Unidos não tolerariam mais tais interferências em suas questões.
Proposta/suporte	A maioria dos historiadores modernos viu a Renascença mais como uma era cultural do que histórica, pois a maioria das mudanças que ocorreram foram no conhecimento, como na matemática e nas artes (pintura e poesia, por exemplo).
Objetivo/ação/resultado	A Declaração da Independência dos Estados Unidos foi escrita e assinada após grandes protestos dos colonialistas contra a Grã-Bretanha para o propósito de formalmente separar as colônias norte-americanas do domínio britânico. O resultado foi que as colônias começaram a individualmente estabelecer seus próprios governos, que posteriormente foram unificados em um Congresso Geral.

Além de ler com essas oito estruturas de texto em mente, o NCSS recomenda que os professores de estudos sociais ajudem os alunos a aprenderem a matéria por meio do envolvimento em atividades que incluam estratégias para a aquisição de vocabulário, fazendo inferências e previsões, resumindo, sintetizando e avaliando as informações. Até que ponto seus materiais de ensino e suas atividades envolvem os alunos nesses tipos de experiências de aprendizado? O método do Ensino Recíproco, descrito no Capítulo 9, é uma abordagem efetiva para o envolvimento dos alunos em algumas dessas atividades de interpretação de texto. Parte da atividade de um professor de estudos sociais reflexivo envolve a seleção de materiais e a elaboração de atividades como essas, que ajudam os alunos a aprenderem a pensar como historiadores.

Ao ensinar os alunos a usarem estruturas de texto específicas para os estudos sociais durante a leitura e ao usar métodos de ensino que envolvam os alunos nos tipos de atividades descritos anteriormente, você pode ajudá-los a obter a competência cívica, que o NCSS define como "[...] a capacidade de tomar decisões bem embasadas para o bem público como cidadãos de uma sociedade democrática e culturalmente diversa em um mundo interdependente". Até que ponto seus alunos alcançaram essa competência cívica? As pesquisas sugerem que um importante componente da tomada de decisões cívicas é ser capaz de raciocinar criticamente sobre os problemas sociais. O aprendizado baseado em problemas é uma boa estratégia para se alcançar esse objetivo.

AS FONTES PRIMÁRIAS DA HISTÓRIA

Entre as várias responsabilidades dos historiadores está a determinação das fontes primárias da história e a avaliação da credibilidade de uma fonte. Seus alunos sabem quais são as diferenças entre as fontes primárias e as secundárias? Eles entendem por que essa é uma distinção importante? Um *site* chamado *Historical primary sources: a guide* inclui informações sobre a definição de fontes primárias e secundárias e a descrição de várias fontes primárias. Ele também inclui questões como as seguintes para se perguntar sobre as fontes primárias e avaliar de modo adequado sua qualidade.

1. Quem criou a fonte e por quê? Ela foi criada por um ato espontâneo, uma transação de rotina ou um processo bem pensado e deliberado?
2. Quem a registrou tinha conhecimento de primeira mão sobre o evento? Ou ele relatou o que os outros viram e contaram?
3. O relator era uma parte neutra ou tinha opiniões e interesses que podem ter influenciado o que foi registrado?
4. O relator ofereceu a fonte para o uso pessoal, para o uso de um ou mais indivíduos ou para o uso de um grande grupo?
5. A fonte era para ser pública ou privada?
6. O relator quis informar ou persuadir os outros? (Confira as palavras da fonte. Elas podem lhe dizer se o relator estava tentando ser objetivo ou persuasivo.) O relator tinha razões para ser honesto ou desonesto?
7. A informação foi registrada durante o evento, imediatamente após o evento ou depois de algum tempo? (Neste último caso, após quanto tempo?)

Como você incluiria essas perguntas em seu ensino de história?

UM EXEMPLO DE AULA: O PENSAMENTO CRÍTICO E A TRANSFERÊNCIA NA HISTÓRIA

A seguir, veremos um exemplo de aula e diálogo preparados para promover o pensamento crítico acerca da história e para ajudar os alunos a transferirem o que aprenderem a outras matérias. A lição se baseia no Rich Instruction Model descrito no Capítulo 2 sobre a gestão reflexiva do ensino.

O senhor Wise estava ocupado escrevendo os objetivos da aula de hoje no quadro enquanto seus alunos da 1ª série do ensino médio entravam na sua aula de História dos Estados Unidos.

> **Objetivos**
> Os alunos farão inferências e tirarão conclusões analisando dados brutos de uma tabela de fatos sobre os primeiros exploradores europeus.
> Os alunos compararão e contrastarão fatos sobre os primeiros exploradores europeus/ as primeiras explorações europeias e seus conhecimentos dos exploradores/das explorações modernas e avaliarão os riscos envolvidos.

Como de costume, a aula de história começou com uma discussão sobre quais objetivos deveriam ser alcançados na lição e por que o senhor Wise sempre fazia uma distinção entre o objetivo imediato da lição e seus benefícios de longo prazo. Em vez de dizer aos alunos o que ele esperava que fossem os benefícios, ele (como sempre) evocou tais ideias dos alunos com base em suas análises reflexivas dos objetivos explicitados.

Professor: O que vocês acham que talvez aprendam de importante na aula de hoje?
Jéssica: (após examinar os objetivos descritos no quadro) Talvez tenhamos uma melhor compreensão sobre por que algumas pessoas hoje escolhem ser astronautas, pois eles são exploradores modernos, do espaço.
Shakira: E talvez aprendamos quais são os tipos de risco que as pessoas assumem quando são exploradoras. Antes de estudar sobre a explosão do ônibus espacial, o *Challenger*, eu nunca tinha pensado sobre os perigos da exploração do espaço. Eu só pensava como deveria ser empolgante explorar o desconhecido.

Vários alunos da turma balançam suas cabeças, concordando. O estudo da morte trágica da professora Christa McAuliffe, em 1986, esfriou o entusiasmo de muitos alunos sobre a possibilidade de se tornarem astronautas. Por mais sofisticada que nossa tecnologia seja, não há garantias. A própria McAuliffe parecia ser ingênua com relação aos riscos de sua aventura.

Professor: Ok. O que mais poderíamos ganhar com esta aula?
Phil: Poderíamos aprender como interpretar melhor as tabelas.
Juan: E como tirar melhores conclusões. E fazer inferências quando lermos em outras matérias – não apenas nas aulas de história.

Michael: Talvez algum dia tenhamos empregos nos quais seja preciso reunir coisas semelhantes e mantê-las separadas de outras coisas que são diferentes.
Professor: Você poderia dar um exemplo?
Michael: Bem, como um advogado que mantém todos os seus casos de assassinato em uma gaveta e todos os casos de lesão corporal com agravantes de pena em outra.
Professor: Parece que você anda assistindo televisão demais!
Todos riram e balançaram a cabeça, concordando.
Professor: Mais alguma coisa?

Ninguém respondeu. O senhor Wise deu bastante tempo para que a turma refletisse, mas enfim concluiu que os alunos esgotaram as ideias sobre o tópico.

Professor: Um último benefício poderia ser o autoconhecimento sobre a disposição pessoal que vocês teriam para assumir riscos.

O senhor Wise distribuiu uma "tabela de dados" que descrevia os primeiros exploradores europeus, o que eles buscavam e o que aconteceu com eles. No pé da página, sob o título "Pense sobre isso", havia uma série de perguntas. Ele tentou enfatizar as perguntas de nível intermediário e avançado, usando as de nível básico como blocos de construção. (Veja os exemplos dos níveis de perguntas sobre história apresentados no início deste capítulo.)

Professor: Leiam a tabela de dados e respondam às questões no final. Depois compartilharemos e discutiremos suas respostas.

Lenny pegou sua caneta e começou a escrever.

Professor: Só 1 minuto, Lenny. O que você está fazendo?

Ele realmente se irritava quando os alunos começavam a trabalhar de modo impulsivo, sem pensar ou seguir as instruções dadas.

Lenny: Estou primeiro respondendo a última pergunta. Pode ser?
Professor: A ordem de resposta às perguntas não é tão importante quanto o que você faz para preparar sua resposta.

Lenny imediatamente ruborizou e o constrangimento lhe fez mais uma vez se dar conta de que estava sendo "impulsivo" em vez de "reflexivo".

Lenny: Acho que antes de responder as perguntas eu deveria ler a tabela.
Professor: Que bom que você se deu conta sem que eu tivesse que lhe dizer.

O senhor Wise quis transformar sua crítica em um elogio pelo fato de o aluno ter se dado conta e corrigido a próprio comportamento.

Enquanto leram, vários alunos levantaram a mão para pedir esclarecimentos sobre algo da tabela que não haviam entendido. A primeira estratégia do senhor Wise sempre era devolver a pergunta para o aluno para que ele tentasse descobrir por conta própria.

Como vários alunos estavam levantando a mão, o senhor Wise decidiu modificar seu plano de aula original e discutir a tabela em si antes que os alunos terminassem de preparar suas respostas. Ele pensou: "Se eu deixar que eles façam suas perguntas antes da discussão planejada, poderei matar dois coelhos com uma tacada. Não só possibilitarei que os alunos de fato entendam o que leram – e possam interpretar melhor os dados – como poderei aproveitar a oportunidade para desenvolver um pouco mais suas capacidades de inferência, comparação e contraste e tirada de conclusões".

Quando os alunos haviam terminado de escrever e estavam esperando pela próxima fase da lição, o senhor Wise aguardou um momento para pensar que tipo de perguntas faria para a turma. Ele projetou a tabela de perguntas de nível básico, intermediário e avançado mostradas em uma oficina que teve na escola.

Ele decidiu começar pelas perguntas de nível intermediário e depois passar para as de nível avançado. Primeiramente, pediu aos alunos que descrevessem as semelhanças entre os antigos exploradores e os da atualidade. Sua próxima pergunta exigiu a inferência de semelhanças entre o passado e o presente. A seguir, ele passou para o nível avançado.

Professor: Como vocês acham que Vasco da Gama se tornou um mercador rico com as explorações das Índias?

Sua pergunta seguinte, também de nível avançado, envolveu a inferência de afeto ou emoção.

Professor: Como vocês acham que Vasco da Gama se sentia em relação à exploração no final de sua vida, quando se deu conta de que ela foi responsável por sua riqueza, doença e morte iminente?

Após uma série de perguntas, que indicaram que os alunos realmente haviam entendido o material, o senhor Wise retomou a lição planejada.

Professor: Antes de compartilhar e discutir suas respostas, quem poderia me dizer que passos vocês já deram nessa tarefa?
Dennis: Em primeiro lugar, eu li as questões rapidamente para ter uma ideia do que era importante entender e lembrar durante a leitura. Então eu li a tabela. Depois passei para a primeira pergunta. Era difícil de responder, porque era geral. Então tive de olhar a tabela de novo e pensar que conclusões eu poderia tirar dela. Notei algumas relações entre o que aconteceu com os exploradores. Decidi que uma coisa que podia dizer sobre os negócios da exploração, com base na tabela, era que no passado esse era um negócio muito perigoso. Então escrevi isso no papel.
Professor: E como você chegou a essa conclusão? Que evidências a suportam?
Dennis: Muitos dos exploradores morreram devido às suas explorações. Alguns foram assassinados e outros pegaram doenças, de acordo com a tabela.

A próxima etapa da aula era uma atividade de aprendizado em grupo no qual os alunos trabalharam em um de três "grupos de transferência". O propósito de cada grupo era identificar maneiras de aplicar o que foi aprendido na lição. O contexto de um dos grupos era "Dentro do mesmo tema, mas passando para outro tópico"; outro era "Mudando de disciplina, ou seja, passando para outra matéria"; e o contexto do terceiro grupo era "A vida cotidiana fora da escola".

O senhor Wise tentou conduzir os grupos de transferência como se fossem parte regular de suas aulas. Os alunos iam trocando de grupo aos poucos, de modo que todos tivessem experiências múltiplas fazendo relações nos três contextos apresentados. Às vezes, o senhor Wise dava a cada grupo uma pergunta para ajudá-los a focarem seus pensamentos sobre a transferência. Após gerarem as conexões, os grupos compartilharam suas estratégias de transferência com os demais colegas da turma, de modo que todos pudessem aprender sobre a transferência em cada um dos contextos.

Hoje o senhor Wise escreveu a tarefa de cada grupo no quadro.

Tarefas dos grupos de transferência

Grupo 1: Dentro da disciplina História
Como estes exploradores influenciaram nossa cultura? Que tipo de legado eles nos deixaram? Por exemplo, quais são algumas das consequências políticas e econômicas das explorações?

Grupo 2: Entre várias disciplinas
Como você aplicaria as habilidades de pensamento focadas no dia de hoje a outras disciplinas do currículo escolar? Por exemplo, como você usaria as habilidades de tirar conclusões e projetar padrões de dados à ciência e à matemática?

Grupo 3: A vida cotidiana
Como a exploração atual afeta nossas vidas? Por exemplo, como a exploração do espaço afeta a tecnologia?

Durante a discussão em grupo, Marika olhou para o canto do quadro onde geralmente era colocado o tema para casa. Lá estava escrito: "Crie dois anúncios para atrair exploradores: um do passado e outro do presente". Um caleidoscópio de imagens passou por sua mente. Ela preferia tarefas que lhe pediam para criar informações em vez daquelas que solicitavam a reprodução de ideias de outras pessoas.

O senhor Wise tinha algumas outras atividades planejadas para dar continuidade à lição. Uma delas pedia aos alunos que saíssem pela trilha natural da escola e fossem "explorar", mantendo um registro de explorador do que haviam descoberto. Em outra, os alunos tinham de ir à prefeitura conseguir tabelas com dados longitudinais do relatório anual da cidade e/ou outros documentos e ver quais previsões poderiam ser feitas ou que conclusões seriam tiradas a respeito da comunidade.

Tabela 14.3 Tabela de dados sobre os antigos exploradores das Américas

Explorador	O que buscava	O que aconteceu com ele
Vasco da Gama	Rotas de comércio para as riquezas das Índias.	Encontrou-as. Tornou-se um mercador rico, mas adoeceu e morreu em sua terceira expedição marítima.
Marco Polo	Rotas de comércio para as riquezas da China.	Encontrou-as. Enriqueceu e teve muitas aventuras. Morreu de velho e como um mercador bem-sucedido, mas também passou três anos na prisão.
Cristóvão Colombo	Rotas de comércio para as riquezas das Índias.	Encontrou várias vezes um continente desconhecido. Morreu de velho após passar um período na prisão, abandonado e pobre; jamais soube o que havia encontrado.
John Cabot	A passagem do noroeste para as riquezas da Índia.	Encontrou a Terra Nova por acaso. Perdeu-se no mar em sua segunda viagem.
Francisco de Coronado	As lendárias cidades do ouro em uma área que atualmente corresponde ao sudoeste dos Estados Unidos.	Não teve sorte. Morreu pobre no México. É considerado por todos como um fracassado.
Ponce de Leon	A fonte da juventude e o ouro da Flórida.	Não teve sorte com nenhum dos dois. Foi morto por nativos na Flórida.
Hernando de Soto	Ouro nas áreas que atualmente vão da Geórgia ao Texas.	Não teve sorte. Adoeceu e morreu quando retornava a Cuba.
Vasco de Balboa	Riqueza pessoal no Novo Mundo.	Descobriu o Oceano Pacífico. Tornou-se muito rico, mas foi decapitado pelo governador do Panamá, acusado de traição.
Fernando de Magalhães	Ser o primeiro a navegar ao redor do mundo.	Morto por uma tribo de nativos das Filipinas. Alguns membros de sua tripulação conseguiram terminar a viagem.
Américo Vespúcio	Explorar a região das Índias de Colombo para os mercadores e banqueiros.	Tornou-se famoso como o primeiro a se dar conta do que as Américas realmente eram. Morreu de velho trabalhando como cartógrafo para o rei da Espanha.
Jacques Cartier	A passagem do noroeste para as riquezas das Índias.	Descobriu o rio Saint Lawrence. Morreu de velho em sua propriedade na França.
Samuel de Champlain	A passagem do noroeste para as riquezas das Índias.	Abriu a região dos Grandes Lagos para o comércio de peles. Morreu de velho após estabelecer uma colônia no Quebec.
Reverendo Jacques Marquette	Converter os índios ao Cristianismo.	Explorou o alto do rio Mississippi para os franceses. Adoeceu e morreu às margens do lago Michigan.
Louis Joliet	Desbravar novas terras para a França.	Explorou o rio Mississippi com Marquette. Morreu de velho e como empresário de sucesso.
Robert de la Salle	Desbravar novas terras para a França.	Explorou o rio Mississippi até sua foz. Foi assassinado por seus próprios homens em uma área que atualmente pertence ao Texas.
Henry Hudson	A passagem do noroeste para as riquezas das Índias.	Descobriu o rio Hudson e a Baía de Hudson. Foi abandonado por sua tripulação amotinada em um pequeno bote na Baía de Hudson.

Pense nisso!

O que você pode dizer sobre as explorações com base nos fatos aqui apresentados? O que há de tão atraente nas explorações para que as pessoas estejam dispostas a arriscar sua própria vida? Que tipo de pessoa gostaria de ser um explorador? Quem são os exploradores da atualidade? Que riscos eles correm? Que tipo de gratificação eles buscam? Quais são as diferenças (se é que existem) entre a exploração atual e aquela da época dos antigos exploradores? Você gostaria de ser um explorador? Por quê?

O que você considera como pontos fortes e fracos desta aula? Que ideias você aplicaria à sua própria atividade docente?

TECNOLOGIAS

Até que ponto (e de que modo) a tecnologia pode ajudar os alunos a melhorar seu aprendizado de história? Como e até que ponto você usa a tecnologia em suas aulas? De que outros modos você poderia usá-la?

Uma das principais fontes para os professores de história, que pode ajudar os alunos a aprender a pensarem como historiadores, são os arquivos oferecidos no computador (*computer-based*). Alguns arquivos podem ser adquiridos em CD-ROM, como *The Valley of the Shadow* [20--] sobre a Guerra Civil dos Estados Unidos, que inclui linhas de tempo detalhadas e cópias de artigos de jornal da década de 1980 para serem analisada pelos alunos. Outros estão disponíveis *on-line*, como os arquivos sobre a História dos Estados Unidos da Biblioteca do Congresso norte-americano.

Um exemplo é o *Veterans history project* (2014) no qual os alunos podem ver e ouvir veteranos contarem suas histórias pessoais, com novas perspectivas sobre a guerra. Além dos arquivos de documentos, o projeto tem fotografias, exposições e recursos multiculturais e patrocina *webcasts*. Há, inclusive, uma área especial para os professores, que inclui planos de aula para atividades de ensino baseadas nas fontes primárias. Visite o *site* e faça para si próprio questões de ensino reflexivas sobre as possibilidades de uso do material, do tipo: "Como meus alunos poderiam se envolver com uma pesquisa orientada de algumas destas fontes primárias a fim de ter novas perspectivas sobre os eventos atuais?".

Um arquivo que foca na história tem uma ferramenta de busca atrelada para que se possa procurar por assuntos ou documentos específicos. Foi projetado para oferecer uma visão da classe trabalhadora e descentralizada da Europa sobre a história. É organizado nestas categorias: mundo, Ásia e Oceania, Américas, África e Europa.

O American Memory Project é outro recurso de história disponível na Biblioteca do Congresso norte-americano. Ele inclui seções sobre a história dos afro-americanos, a história dos americanos nativos, a história das mulheres, o governo e a lei, a guerra e os militares e a imigração, entre outros assuntos. Para uma lista completa dos recursos do projeto, clique em *List all collections*. Como você poderia usar esses recursos em suas aulas?

History Matters (2014) é uma fonte de pesquisa multimídia e *on-line* espetacular e ímpar para os professores do ensino médio e universitário que lecionam história dos Estados Unidos e do mundo. Um componente original é *Making sense of documentary photography*, que pode ajudar os alunos a pensar as fontes históricas visuais de modo reflexivo e crítico. Outro recurso é o *Video oral histories*. O *site* também inclui um guia anotado para os *sites* da internet mais úteis para o ensino de estudos sociais e a história dos Estados Unidos e do mundo.

The River City Project (c2007) é uma interface gráfica orientada para o aluno, um ambiente virtual para usuários múltiplos baseado em *Active Worlds* e seu componente, *Virtual High School*, e os ambientes de jogos nos quais muitos alunos passam seu tempo livre. É um ambiente de cidade simulado, digitalizado da rica coleção de objetos visuais do Museu Smithsoniano que foram encontrados em cidades nas épocas destacadas pelo currículo escolar. O currículo padronizado dos níveis finais do ensino fundamental dos Estados Unidos permite diferentes tipos e níveis de pesquisa sobre problemas autênticos no contexto de um ambiente virtual e histórico realista e de imersão. O *River City* ensina aos alunos a história da Revolução Industrial e seu impacto sobre a cultura e o meio ambiente do século XIX. Em um ambiente *on-line* animado e que parece um jogo, os alunos coletam amostras de água, identificam a incidência de doenças, analisam as relações entre a poluição e as doenças e escrevem cartas ao prefeito de River City, dando recomendações com base em suas conclusões. Como se vê, essa lição é multidisciplinar, incluindo história, ciências e redação em língua inglesa.

As *WebQuests* (c2007) são outra excelente maneira de usar a tecnologia para promover o aprendizado reflexivo da história. Por meio de experiências de questionamento estruturadas, os alunos conduzem suas próprias pesquisas, acessando uma variedade de recursos, como documentos, bancos de dados e arquivos. A ênfase não é apenas na busca de informações, mas também em como usá-las para dar suporte à análise, síntese e avaliação. Essas estratégias de pensamento de nível avançado são componentes importantes do pensamento reflexivo. Há 138 *WebQuests* com a palavra *history* no título ou descrição, com níveis que variam do 5º ano do ensino fundamental ao último ano do ensino médio. Há seis *WebQuests* sobre imigração. Uma delas focaliza a imigração dos chineses à Califórnia durante a Corrida do Ouro. Outra envolve pesquisas sobre a imigração dos mexicanos. Uma terceira é um exercício de resolução de um problema sobre a imigração a Idaho.

Uma das maneiras mais inovadoras e motivantes para os alunos aprenderem história é com o uso de ambientes simulados em computador, que lembram os videogames, como o famoso *Oregon Trail* (Trilha do Oregon). O programa de simulação *Oregon Trail* envolve os alunos em um ambiente de representação no qual eles viajam cerca de 3,2 mil quilômetros e encontram obstáculos comparáveis àqueles com os quais os pioneiros da década de 1840 se depararam, como doenças, afogamentos e picadas de cobra. O objetivo é chegar ao Vale Willamette tomando decisões sensatas que exigem o pensamento reflexivo. Os estudantes aprendem história experimentando-a em um agradável ambiente de computador, no qual precisam pensar como os pioneiros.

Na 6º ano do ensino fundamental de minha escola, todos participaram de uma dramatização da *Oregon Trail*. Em grupos, alguns de nós cobrimos nossas próprias carroças cobertas, nos vestimos como os pioneiros e levamos nossas "famílias" para a *Oregon Trail*, onde encontramos outros alunos que eram americanos nativos, com seus belos cocares e suas emocionantes danças, o que nos ajudou a aprender sobre suas culturas e os conflitos pelas terras. Já se passaram mais de 40 anos e ainda tenho uma memória clara dessa aventura e a lembro como minha experiência favorita de aprendizado da história. Qual será a aula de história (se é que há alguma) que seus alunos recordarão melhor? Por quê?

As *WebQuests* são outras maneiras de os alunos usarem a tecnologia para aprender sobre a *Oregon Trail*. Um projeto multidisciplinar para os alunos do ensino fundamental (do 7º ao 9º ano) é descrito no *site WebQuest* (c2007) do seguinte modo:

> *Westward Expansion 1801-1861* foca o período da Expansão e Reforma entre 1801 e 1861. Isso é feito por meio dos seguintes estudos: a história da Aquisição da Louisiana, as políticas estaduais e federais que influenciaram o impacto social, político e da tribo *Cherokee* na ideia do destino manifesto que fazia parte da Trilha do Oregon, a importância da expedição de Lewis e Clark e suas contribuições para as relações amigáveis com os ameríndios e a importância da Doutrina Monroe e da guerra de 1812 para o século XIX.

No *site InTime* (c2002), há um banco de dados rico em recursos tecnológicos, lições centradas nos alunos e que envolvem várias disciplinas e anos escolares, vídeos das lições junto com planos de aula, questões para investigação e *links* para recursos da internet, incluindo conteúdos nacionais e padrões tecnológicos. Há 18 aulas de estudos sociais que variam do início do ensino fundamental até o final do ensino médio. Uma dessas aulas elaboradas para os alunos do 9º ano do ensino fundamental é *A walk through history* (Um passeio pela história). Outra é *Introduction to black studies* (Introdução aos estudos sobre os negros) para alunos do ensino médio. Ambas as lições têm conjuntos de questões para investigação a fim de ajudar os professores a pensarem reflexivamente sobre as aulas: um conjunto de perguntas multiculturais para serem feitas antes e depois da exibição do vídeo e 10 outras categorias de perguntas também para esses dois momentos: entrevista com o professor, panorama da aula, princípios de aprendizado, processamento de informações, padrões de conteúdo, princípios da democracia, tecnologia, conhecimentos do professor e comportamento do professor.

A Tabela 14.4 apresenta exemplos dessas questões.

Tabela 14.4 Questões de História do *site InTime*

Aula	Perguntas multiculturais para serem feitas antes da exibição do vídeo	Perguntas multiculturais para serem feitas depois da exibição do vídeo	Perguntas sobre os princípios da democracia para serem feitas antes da exibição do vídeo	Perguntas sobre os princípios da democracia para serem feitas depois da exibição do vídeo
A walk through history	Como as aulas de história podem ser estruturadas de modo que seu conteúdo e suas estratégias promovam o pluralismo cultural na sociedade ou a harmonia entre os vários grupos de uma sala de aula?	Como essa aula poderia ser modificada a fim de motivar os alunos a verem a história por meio dos olhos de outros grupos culturais, além da perspectiva dos brancos de classe média?	Que situações são mais comum os professores enfrentarem em termos de intolerância na sala de aula? O que eles podem fazer para evitar que elas ocorram?	Que outros princípios da democracia não apresentados no vídeo poderiam ser introduzidos na aula? Explique como sua integração teria afetado a estrutura da aula.

(continua)

Tabela 14.4 *Continuação*

Aula	Perguntas multiculturais para serem feitas antes da exibição do vídeo	Perguntas multiculturais para serem feitas depois da exibição do vídeo	Perguntas sobre os princípios da democracia para serem feitas antes da exibição do vídeo	Perguntas sobre os princípios da democracia para serem feitas depois da exibição do vídeo
Introduction to black studies	A história dos negros alguma vez foi discutida em sua experiência no ensino médio? As aulas de história deveriam incluir no currículo a história dos negros? Explique.	Quais conceitos-chave que guiam o estudo de grupos étnicos e culturais Dial utilizou nessa aula? De que modo outros conceitos-chave poderiam ser incluídos?	Callahan (1998) descreveu alguns problemas comuns da técnica do pensamento crítico. Um exemplo é quando os alunos tentam ganhar uma discussão ignorando a questão e atacando a outra pessoa. Callahan chamou isso de "personalizar". Como professor, de que modo você ajudará seus alunos a evitarem esse problema que pode surgir quando eles estiverem discutindo de modo crítico com outras pessoas?	O professor possibilita que os alunos criem os significados ao envolvê-los em um diálogo sobre as relações inter-raciais. Quais são as crenças expressas pelos alunos em relação a isso?

RESUMO

É comum que os alunos tenham teorias ingênuas ou preconcepções em relação àquilo que é tratado pela história. Ensiná-los como os historiadores veem a história pode lhes dar uma nova perspectiva sobre o assunto e ajudá-los a desenvolverem habilidades de pensamento crítico e reflexivo. Várias estratégias podem ser empregadas para ajudar os alunos a entenderem as complexidades da história e reconhecerem e entenderem que os eventos históricos podem ser vistos de perspectivas múltiplas e diversas. O pensamento reflexivo sobre a história também pode ajudar os alunos a entenderem como ela se relaciona com as experiências de vida cotidiana deles. Conhecer a estrutura dos textos de história pode melhorar a compreensão de leitura dos alunos. Na internet há inúmeros recursos baseados na tecnologia, inclusive materiais de fontes primárias e métodos de ensino empolgantes.

REFERÊNCIAS

HISTORY matters: the U.S. survey course on the web. [S. l.]: American Social History Project, 2014. Disponível em: <www.historymatters.gmu.edu/>. Acesso em: 15 ago. 2014.

INSPIRATION SOFTWARE. Portland: Inspirations software, c2014. Disponível em: <http://www.inspiration.com>. Acesso em: 15 ago. 2014.

INTIME. Science Content Videos. Iowa: InTime, c2002. Disponível em: <http://www.intime.uni.edu> Acesso em: 15 ago. 2014.
LEARN TO QUESTION. [*Site*]. Boston: [s. n., 20--]. Disponível em: <http://www.learntoquestion.com/resources/lessons/intro/text/1.html>. Acesso em: 15 ago. 2014.
THE RIVER CITY PROJECT. [*Site*]. Arizona: Harvard University, c2007. Disponível em: <http://muve.gse.harvard.edu/rivercityproject/view/rc_views.html>. Acesso em: 15 ago. 2014.
THE VALLEY OF THE SHADOW. [*Site*]. Charlottesville: University of Virginia, [200-]. Disponível em: <http://valley.lib.virginia.edu/VoS/choosepart.html>. Acesso em: 15 ago. 2014.
VETERANS HISTORY PROJECT. [*Site*]. Washington: Library of Congress, 2014. Disponível em: < http://www.loc.gov/vets/ >. Acesso em: 15 ago. 2014.
WEBQUEST.org. [*Site*]. San Diego: San Diego State University, c2007. Disponível em: <http://webquest.org/>. Acesso em: 15 ago. 2014.

Leituras sugeridas

ALU, J. *African american history in the language arts curriculum*. [S. l.]: American Memory Project, 2002. Disponível em: <http://www.chatham.edu/pti/curriculum/units/2002/Alu.pdf>. Acesso em: 15 ago. 2014.
CALDER, L.; BEAVER, M. A worse result. *Journal of American History*. Disponível em: <http://www.journalofamericanhistory.org/textbooks/2006/calder/pr_worse.html>. Acesso em: 15 ago. 2014.
COHEN, A. *Peace via technology*. [S. l.]: Boloji, 2005. Disponível em: <http://www.boloji.com/wfs4/wfs496.htm>. Acesso em: 15 ago. 2014.
HERCZOG, M. M. Using the NCSS National Curriculum for the Social Studies: a framework for teaching, learning and assessment to meet State Social Studies Standards. *Social Education*, v. 74, n. 4, p. 217-224, 2012. Disponível em: <http://ncss.metapress.com/content/22024872320m223p/>. Acesso em: 15 ago. 2014.
KNOWPLAY. *History software*: your guide to history learning software on the web. [S. l.]: KnowPlay Educational Technologies, 2004. Disponível em: <http://www.educational-software-directory.net/social-studies/history>. Acesso em: 15 ago. 2014.
LEINHARDT, G., I. L. BECK, I. L.; STAINTON, C. *Teaching and learning in history*, Hillsdale: Lawrence Erlbaum Associates, 1994.
LIBRARY OF CONGRESS. *American memory*. Washington: Library of Congress, [201-]. Disponível em: <http://memory.loc.gov/ammem/index.html>. Acesso em: 15 ago. 2014.
LIBRARY OF CONGRESS. *World history & cultures*.Washington: Library of Congress, [201-]. Disponível em: <http://www.loc.gov/topics/worldhistory.php>. Acesso em: 15 ago. 2014.
MEET: an innovate initiative that uses techonology to bring together Israeli and Palestinian youth. Jerusalem: Institute of Technology of Massasuchets (parceria), c2011. Disponível em: < http://meet.mit.edu/>. Acesso em: 15 ago. 2014.
NATIONAL CURRICULUM STANDARDS FOR SOCIAL STUDIES. *Executive summary*. Maryland: National Curriculum Standards for Social Studies, 1992. Disponível em: <http://www.socialstudies.org/standards/execsummary>. Acesso em: 15 ago. 2014.
OREGON TRAIL SIMULATION SOFTWARE. Boston: Houghtton Mifflin Harcout, [200-]. Disponível em: <http://www.academicsuperstore.com/market/marketdisp.html?PartNo=564916>. Acesso em: 15 ago. 2014.
SCHON, D. *Educating the reflective practitioner*. San Francisco: Jossey-Bass, 1987.
SHOPS, L.; DOYLE, D. A. The task force on public history: an update. Washington: American Historical Association, set. 2003. Disponível em: <http://www.historians.rd.net/publications-and-directories/perspectives-on-history/september-2003/the-task-force-on-public-history-an-update>. Acesso em: 15 ago. 2014.
STRUCTURED Controversy. La Verne: Saskatoon Plubic School, c2009. Disponível em: <http://olc.spsd.sk.ca/DE/PD/instr/strats/structuredcon/index.html>. Acesso em: 15 ago. 2014.
U.S. HISTORY.org. Philadelphia: Independence Hall Association, c2014.Disponível em: <http://www.ushistory.org/>. Acesso em: 15 ago. 2014.
WORLD HISTORY ARCHIVES. [S. l.]: Hartford Web Publishing, [200-]. Disponível em: <http://www.hartford-hwp.com/archives/>. Acesso em: 15 ago. 2014.

Índice

Ação
  prática reflexiva, 13-14, 19-20, 28
  testagem de hipóteses, 15
Active Worlds Educational Universe, 183, 286
Adolescentes
  conectividade com a escola, 93
  percepção social e, 72, 90
  recursos para alfabetização, 201
Advocates for Youth (*site*), 86
Algebra Project, 217-219
Alunos
  análise de erros, 153-155
  aprendizado cooperativo, 178-182
  autônomos, 117-122
  autoquestionamento, 150
  conhecimentos prévios, 164-165
  estratégias de memorização, 113-116
  gestão do tempo, 122-125
  habilidades para fazer provas, 125-129
  motivação e aprendizado, 75-77
  pensamento crítico, 110-112
  reflexivos, 113-116, 117-122
  trabalhos em grupo, 180-182
Alunos do ensino médio
  aulas de ciências, 246
  ensino para aulas de história, 314
  ensino para aulas de matemática, 218-220
  ensino para redação, 255, 272
  gestão do tempo, 125
  lição de casa, 43
  orientação para o ensino de história, 313-314
  orientação para o ensino de línguas estrangeiras, 277, 290
  orientação para o ensino de matemática, 220-222
Alunos hispânicos. *Veja* Alunos latinos

Alunos latinos
  ensino de ciências, 228
  habilidades de leitura, 200
Ambientes
  aprendizado, 30-31
  centrados na avaliação, 30
  centrados na comunidade, 31
  centrados no aluno, 30
  centrados no conhecimento, 30
  construtivos, 88-90
American Council on the Teaching of Foreign Languages, 276
American Federation of Teachers, 201
American Memory Project, 313
Análise de contrastes
  gramática, 271-272
  línguas estrangeiras, 280-281
Análise de erros, 151-155
  exemplos dos alunos, 153-155
  exemplos dos professores, 152
  uso da gramática, 271-271
Análise prática, 192
Ansiedade
  matemática, 209, 210
  nos testes, 84
  relacionada a uma disciplina, 84
Apatia, 100
Aprendizado
  6PQ, método, 165-169
  ambiente, 30-31
  autônomo, 117-122
  baseado em problemas, 177
  cooperativo, 178-182
  efetivo, 113
  envolvimento ativo, 29

estratégias de memorização, 113-116
excessivo, 42, 114
motivação, 75-78
multicultural, 17
pensamento crítico, 110-112
reflexivo, 13, 28, 113-116, 117-122
Aprendizado cooperativo, 178-182
  condução, 179-180
  descrição, 178
  utilidade, 178-179
Aprendizado reflexivo, 13, 28
  aprendizes autônomos, 117-122
  técnicas de memorização, 113-116
Aprendizado significativo, 113
  importância, 29
Aprendizes
  autônomos, 117-122
  características, 117-119
  estratégias para o desenvolvimento, 120-122
  habilidades de aprendizado, 119-120
  urbanos, 96-97
Apresentação de um problema, 145
Argumentos persuasivos, 255-260-261
Assessment Resource Center, 155
Atividades extracurriculares, 95
Atribuições, 81-82
  estáveis e instáveis, 81
  internas-externas, 81
Audição, 50-54
  autoavaliação, 51
  estratégias para melhoria, 52-54
  fatores que interferem, 51-53
  OCEAN, modelo, 54-55
Autoafirmações de enfrentamento, 84-85
Autoavaliação, 32
Autoconfiança, 117, 125
Autocontrole das emoções 84-85
Automatismo, 114-115
Autoquestionamento, 111,122, 150-151, 170-171, 177
  interpretação de textos, 186-187
  orientação no ensino da matemática, 209, 215-216
  orientação no ensino de ciências, 235, 240
  orientação no ensino de redação, 170, 258, 256-266
  orientação no ensino de uma língua estrangeira, 281-282
  Veja também Questionamento
Autorrecompensas, 118-119
Autorreforçadores, 84-85

Avaliação, 132-157
  análise de erros, 151-155
  apresentação dos problemas, 145
  autêntica, 133
  autoquestionamento, 150-151
  avaliação de progresso, 140-142
  características da avaliação eficaz, 135-138
  como explicar as respostas dos testes, 147-148
  conhecimentos prévios, 164-165
  desempenho, 136
  entre pares, 148-150
  ferramentas construtivistas, 145-146
  formativa, 132
  organizadores gráficos, 142-145
  pensamento crítico, 112, 137, 139-140
  qualitativa, 132
  quantitativa, 132
  recursos na internet, 133-134, 137, 149-150, 155
  rubricas, 137-140
  somativa, 132
  técnicas em sala de aula, 134
  testes de referência, 147
  Veja também Processo de avaliação
Avaliações de progresso, 140-142
  listas de conferência, 140
  portfólios, 141-142
  tabelas de progresso, 140-141

B
Bloom, Benjamin, 162
Bruner, J., 57
Bullying, 72, 85
Burke, K., 100

C
Calculadoras gráficas, 218
Carver, George Washington, 227
Castigo, 92
Center for Applied Linguistics, 286
Choque cultural acadêmico, 97
Ciclo de aprendizado de Karplus, 237
Ciclo de aprendizado de Kolb, 237
Ciclos de *feedback*, 165
Ciência cognitiva, 243-244
Ciências, 227-251
  aprendizado por investigação, 240
  autoquestionamento do professor, 171
  ciência cognitiva para o ensino, 243-244
  desenvolvimento das habilidades de pensamento, 244-245
  ensino baseado em atividades, 225

estratégias de representação, 238-239
estudantes de minorias étnicas, 228
leitura de textos, 236-237
mapas conceituais, 231-234, 238-239
modelagem das abordagens, 238
modelo do ciclo de aprendizado, 237-238
padrões nacionais norte-americanos, 227-225
preconcepções/conceitos equivocados, 228-236
processo de questionamento, 240-243
questões de gênero relacionadas, 227-228
recursos multimídia, 235-236, 245-249
recursos na internet, 228, 235-236, 240, 245-249
Rich Instruction Model, 26
Cientistas asiático norte-americanos, 228
Círculos de conversação, 286
Classroom Assessment Techniques (Angelo & Cross), 134
CMAP (*software*), 268, 272
Comprehensive Conceptual Curriculum for Physics (C3P), 235, 237, 246
Computadores. *Veja Software; Tecnologia*
Comunicação, 48-67
  audição, 50-54
  autoavaliação, 50
  bloqueios, 61-62
  diferenças culturais, 59-61
  efetiva, 49-50
  esclarecimento, 63-65
  exercícios de atenção, 66
  feedback, 56-58
  habilidades de conversação, 54-56
  mitos, 48-49
  não verbal, 58-59
  reconhecimento de problemas, 62
  recursos na internet, 59, 66
  seguir instruções, 65-66
Comunicação corporal, 58-59
  comportamentos do professor, 100
  explanação, 58
  expressão de emoções, 58
  questões culturais, 58-59
Conectividade com a escola, 93-95
Conhecimento, 37-38
  anterior, 16, 114, 164-165
  contextual/condicional, 37-38
  declarativo, 37
  dos conteúdos, 29
  equivocado, 228-236
  estratégico, 42
  prévio, 42
  processual, 38
  tácito, 91

Conhecimentos prévios, 16, 42, 114, 164-165
  aprendizado de ciências, 233
  aprendizado de uma língua estrangeira, 278-280
Conscientização
  de erros equivocados, 234
  de problemas, 103
Consequências, 99
Content Literacy Continuum, 201
Contínuo da autopercepção, 74-75
  interpretação de textos, 186-187
  orientação no ensino da matemática, 209, 215-216
  orientação no ensino da redação, 170, 258, 265-266
  orientação no ensino de ciências, 235, 240
  orientação no ensino de uma língua estrangeira, 281-282
  Veja também Questionamento
Controle
  externo, 92
  problema, 103
Controvérsia estruturada, 176-177, 255, 300
Cool-math, site, 218
Crawford, Glenda B., 46
Critical Thinking Community, 129
  aprendizado de línguas estrangeiras, 286
  comunicação, 59-61
  diversidade cultural, 17-18
  gestão da sala de aula, 95-97
  habilidades de leitura, 200-201
  mensagens não verbais, 58-59
  questões de gênero, 97
Curie, Madame, 227
Curiosidade, 78-80

D

Debates, 300
Depreciações, 100
Desconfirmação, 62
Desenvolvimento da habilidade intelectual, 30
Dewey, John, 14, 80, 110
Diagramas de Venn, 142-144, 206
Diretrizes
  ensino, 31-32
  para elaboração de cronogramas, 124
Discernimento cultural, 72-74, 90-92
Discussões, 159-162
Du Chatelet, Marquise, 212, 227

E

Educational Leadership (periódico), 142, 147
Educational Resources Information Clearinghouse (ERIC), 129
Efeito de ondulação, 89

Elicitação de ideias, 234
Elogios aos alunos, 58, 74-75
Emoções, 69-87
    autocontrole, 84-85
    comunicação não verbal, 58
    específicas da disciplina, 84
    específicas do indivíduo, 84
    motivação, 69-79
    posturas, 79-83
    recursos na internet, 85-86
    reflexão, 52-54, 106
Ensino
    diferenciado, 28, 45
    diretrizes de transferência, 41
    diretrizes gerais, 31-32
    objetivos, 27-31
    para mudança conceitual, 231-237
    portfólios relacionados, 141-142
    sobre a gramática, 268-271
    sobre a literatura, 252-254
    Veja também ensino reflexivo
Ensino recíproco, 177, 181, 186, 194-200
    adaptações, 199-200
    diretrizes baseadas em pesquisas,199
    estratégias para interpretação de textos, 197-199
    etapas, 195-196
    exemplo de diálogo, 195
    quatro princípios, 194
Ensino reflexivo
    autoquestionamento do professor, 170-171
    estratégias de ensino, 176-178
    questionamento, 158-159
    recursos na internet, 182-183
    resolução de problemas em duplas, 171-176

Envolvimento dos pais, 288-289
Esclarecimento
    externo, 63-65
    interno, 63-65
Escrita com base retórica, 253
Especialistas, 18-19, 116, 117
Estações, 28
ESTEEM, programa, 235
Estilo
    impulsivo, 80
    reflexivo, 80
Estilos de aprendizado, 226
Estratégias
    de aprendizado, 82
    de esclarecimento, 63-65, 198
    de representação, 238-239

Estratégias de ensino, 158-184
    aprendizado cooperativo, 178-182
    autoquestionamento do professor, 170-171, 177
    condução de discussões, 159-162
    Método 6PQ de descoberta do aprendizado, 165-169
    questionamento, 159-169
    recursos na internet, 181
    resolução de problemas em duplas, 171-176
    scaffolding, 38
    uso reflexivo, 176-178
Estratégias de memorização, 76-77, 113-116
    habilidades de leitura, 193-194
    habilidades para a resolução de testes, 127
Estudantes afro-americanos
    educação em ciências, 228
    habilidades de leitura, 200-201
    questões de comunicação,60
Estudantes chineses, 280
Estudantes de minorias étnicas
    ensino de ciências, 228
    habilidades de leitura, 200-201
Estudos orbitais, 28
Estudos sociais
    livros didáticos, 305-307
    objetivos e competências, 294-296
    organizadores gráficos, 304-305
    recursos tecnológicos, 313-316
    Veja também História
Etapa
    interativa, 208
    pós-ativa, 208
    pré-ativa, 208
Etnocentrismo, 17
Exercícios de atenção, 66
Expectativas, 198
Explosões, 100

F
Fact Monster, site, 67
Falta de sono, 126-127
Familiaridade, 42
Fatores familiares, 17
Favoritismo, 100
Feedback, 31-32
    avaliação, 165
    comunicação, 56-58
Ferramentas de avaliação construtivista, 145-146
Fluxograma, 143
Fontes
    primárias, 307
    secundárias, 307
Franklin, Rosalind, 228

G

Generalizações, 42
Geometer's Sketchpad, 217
Gestão do tempo, 122-125
  dicas para o desenvolvimento, 123-125
  execução de provas, 127-128
  exemplo de plano de um estudante, 125
  fatores que a afetam, 123
  tempo de estudo, 194
Gestão reflexiva da sala de aula, 88-109
  abordagem baseada em pesquisa, 89
  comportamentos negativos do professor, 99-101
  conectividade à escola, 93-95
  controle externo, 92
  dinâmica cultural, 95-97
  estratégias proativas, 88-90
  habilidades sociais, 97, 98
  percepção social, 90-92
  problemas e soluções, 101-107
  recursos multimídia, 107
  recursos na internet, 107
  regras e procedimentos, 97-99
  resolução de problemas, 101-107
Gilbert, Thomas, 165
Gramática, 268-271
  análise de contrastes, 271-272
  apoio dos computadores, 271
  correção de erros, 270-271
  de histórias, 190
  questões relativas, 269, 270-271
  recursos na internet, 272
  troca de códigos, 272
Gratificações, 92
Gravações
  de vídeos, 56, 61, 217, 287
  em áudio, 56, 61, 287
Grupos
  participação dos estudantes, 180-182
  processamento reflexivo, 182
Grupos de transferência, 310

H

Habilidades de conversação, 55-56
Habilidades de realização de testes, 125-129
  dicas para seu desenvolvimento, 127-129
  fatores que as afetam, 125-126
Habilidades de socialização, 97-98
Habilidades metacognitivas, 185
Hipótese
  orientadora, 14-16
  testagem pela ação, 15

História, 294-317
  autoquestionamento do professor, 171
  debates, 300
  encenação ou dramatização, 301
  estratégias de ensino, 297-305
  exemplo de aula, 308-313
  experientes *versus* novatos, 296-297
  fontes primárias, 307
  livros didáticos, 305-307
  objetivos e competências, 294-296
  organizadores gráficos, 304-305
  processo de questionamento, 301-304
  recursos multimídia, 313-314
  recursos na internet, 301, 313-316
History Matters, site, 313
Holistic Critical Thinking Rubric, 138
Homework Spot, site, 44
How People Learn (National Research Council), 30, 136
How We Think (Dewey), 14, 110
Human Competence (Gilbert), 165
Humor, falta, 100
Hunter, Madeline, 45

I

I DREAM of A, método
  ciências, 241-242
  matemática, 214-216
  redação, 263-266
IDEAL, método de solução de problemas, 214
Ideia/hipótese orientadora, 14-16
Imagem mental, 176-177
  leitura, 191-194
  matemática, 206-207, 210
Imagem visual
  matemática, 206-207, 210
  na leitura, 191-194
Imagens
  auditivas, 192
  olfativas, 192
  táteis-cinestésicas, 192
Imaginário. *Veja* Imagem mental
Impotência, 82
Incidentes críticos, 297
Inconsistência, 100
Inflexibilidade, 100
Inglês, 252-275
  como língua estrangeira, 281
  como segunda língua, 281, 284-285
  ensino sobre gramática, 252-255
  ensino sobre a leitura, 234-237

instruções para redação, 237-252
recursos na internet, 72-73
softwares, 257-258
troca de códigos, 256
Injustiças, 100
Inspiration, software, 246, 272
Instruções para redação, 255-268
Intelectualização, 15
Inteligência
  intrapessoal, 69
  múltipla, 49, 238
  prática, 91
  social, 90-92
  tipos múltiplos, 49
Interações sociais, 85
International Reading Association, 201
InTime, site, 45, 183, 246, 290, 315-316

J
Jasper Woodbury, série, 211, 217
Justificativa (habilidade), 244-245

K
Kidsource, site, 85
Knowing What Students Know, 133
Kounin, J., 89
KWL, tabela, 190-191

L
Learn to question, site, 301
Learning, creating and using knowledge (Novak), 238
Learninglanguages.net, site, 291
Leitura, 185
  autoquestionamento do professor, 170
  BACEIS, modelo, 23
  contínuo na literatura, 253
  de textos de ciência, 236-237
  ensino recíproco, 186, 194-200
  ferramentas de pensamento, 261-262
  habilidades relacionadas, 185-186
  identificação de relações, 190-191
  imagem mental, 192-194
  organizadores gráficos, 189-190, 192
  pensamento crítico, 185-187
  preconcepções, 187
  processo com quatro passos, 187-194
  questões culturais, 200-201
  recursos na internet, 189, 201
Lembrar-se de maneira reflexiva, 113-116
Lição de casa, 43-44

diretrizes para atribuição, 44
funções, 43
recursos na internet, 43-44
Linguagem corporal. *Veja* Comunicação corporal
Línguas estrangeiras, 276-293
  alunos de inglês como segunda língua, 281, 284-285
  análise de contrastes, 280-281
  autoquestionamento do professor, 171
  conhecimentos prévios, 278-280
  conversação, 285
  envolvimento dos pais, 288-289
  estratégias de ensino, 286-287
  forças que influenciam o ensino, 276-277
  objetivos de aprendizado, 277, 278
  processo de questionamento, 281-284
  recursos na internet, 286, 290-292
  reuniões *on-line*, 291
  rubricas para avaliação, 279, 290
  software de tradução, 289
Listagem Focada, 134
Listas de conferência, 140
Literatura, 252-254
  contínuo de leitura relacionado, 253
  ensaios baseados na retórica, 253
  organizador gráfico, 272-274
  questões para seu ensino, 252, 254
  recursos na internet, 272-274
Livros didáticos
  ciências, 236-237
  estudos sociais, 305-307
  história, 305-307
  matemática, 212
  processo para leitura, 187-194

M
Mapa conceitual, 144
  aprendizado de ciências, 231-234, 238-239
  instruções para redação, 272
  problemas matemáticos, 206-207
Master Teachers, 142
Matemática, 204-223
  ansiedade no aprendizado, 209, 210
  autoquestionamento do professor, 170
  ensino efetivo, 207-208
  escrita, 209-210
  estereótipos de gênero, 212
  estratégias de visualização, 206-207, 210
  estratégias/problemas de ensino, 211

I DREAM of A, abordagem, 214-216
ideias para discussão com os alunos, 211
preconcepções, 204-205
processo de questionamento, 212-216
recursos multimídia, 217-218
recursos na internet, 204, 217-220
rubrica para a solução de problemas, 138-139
Math Forum, site, 220-222
Mathematics Archives, site, 218
Matriz de Características Definidoras, 134
McAuliffe, Christa, 308
McKeachie, Wilbert, 31, 159
Mediação dos colegas, 105-106, 149
MEET, projeto, 295
Mente aberta, 83
Método 6PQ de descoberta do aprendizado, 165-169
Método Científico, 246-248
Método sem Perdas, 104
Microsoft home, revista, 67
Microsoft Word, 270
Minhas Mensagens, 99, 106-107
Mitos, comunicação, 48-49
Modeling, 42, 238
Modelo BACEIS, 23-25
  aplicado à leitura, 25
  diagrama de componentes, 24
  generalidades, 22-23
  Rich Instruction Model, 26
Modelo de aprendizado por investigação, 239-240
Modelo do ciclo de aprendizado, 177-178
Monólogo interno
  positivo, 84-85
  técnicas, 84-85
Moses, Bob, 217
Motivação, 69-78
  aprendizado dos alunos, 75-77
  autônoma, 117
  estabelecimento de objetivos, 75
  estratégias para aprimoramento, 73-74
  extrínseca, 70, 74-75
  fatores que a influenciam, 69-71, 75
  intrínseca, 69-72
  princípios, 73-75
  revelação social, 72-74
  tabela de progressos, 78

N
National Association for Research in Science Teaching, 235-236
National Board for Professional Teaching Standards, 141
National Capital Language Resource Center, 202
National Council for the Social Studies, 305
National Council of Teachers of English, 272
National Council of Teachers of Mathematics, 207
National K-12 Foreign Language Resource Center, 291
National Research Council, 133
National Science Teachers Association, 235, 240, 246
National Writing Project, 272
No Child Left Behind, programa norte-americano, 200
Nova science now, série, 228
Novatos, 18-19, 116-117

O
Objetivos
  de ensino, 27-31
  motivação, 75
  proximais, 82
Observação, 14
OCEAN, modelo, 54-55
Oregon Trail, *software*, 314
Organizações de viagem, 286
Organizadores gráficos, 176-177
  análise da literatura, 272-274
  aprendizado da história, 304-305
  estratégias de memorização, 115-116
  problemas de matemática, 206-207
  processo de leitura, 189-190, 192
  processo de redação, 268, 272
  realização de testes, 128
  recursos na internet, 189
  uso nas avaliações, 142-145
Orientação, 165
Overcoming Ecology Misconceptions, site, 235

P
Pact: three young men make a promise and fulfill a dream, the (Jenkins, Davis e Hunt), 201
Padrões, 85
Pais imigrantes, 288
Paráfrase Direcionada, 134
Paráfrases, 52, 54
Parks, Rosa, 301
Passividade, 101
Pensamento
  BACEIS, modelo, 23-25
  científico, 244-245
  crítico, 110-112
  dualista, 111

níveis de habilidade, 119-120
reflexivo, 110
Pensamento crítico, 110-112
   avaliação, 112, 137, 140
   ensino de ciências, 244-245
   habilidades de leitura relacionadas, 185-187
   recursos na internet, 129-130
   rubrica para avaliação, 137, 140
   tabela de progressos, 140
Pensar-Dupla-Compartilhar, estratégia, 176-177
Pensar em voz alta, estratégia, 172-176
   ensino de ciências, 240-242
   limitações, 176
   maneiras de usar, 172-172
Perguntas
   abertas, 63, 164
   abertas *versus* fechadas, 63, 163
   autoquestionamento, 111, 122, 150, 170-171, 177
   críticas, 159
   de biologia, 243
   diretrizes sobre como fazê-las, 160
   discussão, 159-162
   do tipo "por que", 163
   fechadas, 63, 163
   tipos e níveis, 162-163
Periódicos, 141, 287
Perry network, site, 111
Pesquisas sobre a ação colaborativa, 286-287
Pistas verbais, 31
Planos de aula, 45
Portfólios, 141-142
Posturas, 30, 78-83
   atribuições, 81-82
   curiosidade, 78-80
   estilo reflexivo, 80
   mente aberta, 83
   predisposições, 78
Prática reflexiva
   alunos, 110-130
   autoquestionamento, 170-171
   BACEIS, modelo, 23-25
   características, 19-20
   comunicação, 48-67
   conhecimentos, 37
   estratégias para promoção, 20-22
   explicação, 13-14
   fases, 14-16
   gestão, 33-36
Prática variada, 41
Práticas de gestão, 33-36
   autoquestionamento, 34

processo de avaliação, 36-36
processo de monitoramento, 33-35
processo de planejamento, 33-33
Preconcepções
   científicas, 228-236
   em astronomia, 235
   em leitura, 187
   em química, 235
Predisposições, 78-79
Prevenção da violência, 85
Previsão do material de leitura, 188
Previsões, 198
Princípio
   da acomodação, 244
   da assimilação, 244
   da construção, 244
   da individualidade, 244
Problemas de comunicação, 62
Procedimentos, sala de aula, 98-99
Processadores de texto, 271
Processamento preciso, 81
Processo de avaliação
   aprendizes autônomos, 118-120
   ferramentas construtivistas, 145-146
   I DREAM of A, método, 263-264
   professores, 34, 36
   Veja também Avaliação
Processo de monitoria
   aprendizes autodirigidos, 118-119, 120
   I DREAM of A, método, 263-264
   professores, 33-36
Processo de planejamento
   aprendizes autodirigidos, 117, 120
   I DREAM of A, método, 263-264
   professores, 33-33, 34
Professores
   análise de erros, 151-152
   comportamentos negativos, 99-101
   experientes *versus* novatos, 18
   reflexivos, 19-20
Programas de trabalho, 28
Project Mathematics, 218
Protocolo de incidentes críticos, 21-22

Q

Questionamento, 16, 122, 158-169, 176-177, 240
   abordagem orientada, 169
   aprendizado autônomo, 122
   aprendizado da literatura, 253-254
   aprendizado de línguas estrangeiras, 281, 283-284

aprendizado recíproco, 198
condução de discussões, 159-162
conhecimentos prévios, 164-165
ensino de ciências, 240-243
ensino de história, 301-304
ensino de matemática, 212-216
ensino para redação, 258
interpretação de texto, 190, 191, 198
Método 6PQ de descoberta do aprendizado, 165-169
Veja também Autoquestionamento
Questões
  comparativas, 159
  de aplicação, 159
  de física, 241-243
  dos problemas, 159
  para avaliação, 159
  para interpretação, 159
Questões de gênero
  aprendizado da matemática, 212
  aprendizado de ciências, 227-228
  diversidade cultural, 97
  línguas estrangeiras, 281

R
Raciocínio
  baseado em modelos, 208, 245
  pensamento reflexivo, 16
Randall, Lisa, 228
Rascunhos, 189
Read, Write, Think, site, 149
Reconhecer de quem é o problema, 103-104
Reconhecimento
  independente, 62
  relacional, 62
Recursos de mídia. *Veja* Recursos multimídia
Recursos multimídia
  ciências, 235-236, 245-249
  gestão da sala de aula, 107
  história, 313-314
  matemática, 217-218
  para prevenção do *bullying* e da violência, 85
  pensamento crítico, 129
  Veja também Software; Recursos na internet
Recursos na internet
  aprendizado de uma língua estrangeira, 286, 290-291
  avaliação, 133-134, 137, 149-150, 155
  comunicação, 59, 67
  ensino de ciências, 228, 235-236, 239-240, 245-249
  ensino de inglês, 272-274

ensino de leitura, 189, 201
ensino de matemática, 204, 217-220
ensino reflexivo, 181-183
estratégias de ensino, 180
gestão da sala de aula, 107
história, 301, 313-316
lição de casa, 43
organizadores gráficos, 189
pensamento crítico, 129-130
planejamento das aulas e avaliação, 45
prevenção do *bullying* e da violência, 85
questões emocionais, 85-86
Veja também Recursos multimídia; *Software*
Recursos *on-line. Veja* Recursos na internet
Redação, 255-268
  alunos de inglês como segunda língua, 284-286
  análise de tópicos, 266-267
  aprendizado da matemática, 209-211
  argumentos persuasivos, 255-260-261
  autoquestionamento do professor, 170
  baseadas na retórica, 253
  ferramentas de pensamento, 262
  I DREAM of A, abordagem, 263-266
  organizadores gráficos, 268, 272
  problemas, 260-261, 263
  questões relacionadas, 267-268
  recursos na internet, 272-273
  software, 272
Redações
  análise de erros, 153
  planejamento em testes, 128
Rede semântica, 260
Reestruturação de ideias, 234
Reflective practitioner, The (Schon), 15
Reflexão
  na ação, 14, 19-20, 28
  orientada, 21
  sobre a ação, 14, 19-20, 28
  sobre os sentimentos, 52-54, 106
Reformed Teaching Observation Protocol (RTOP), 225
Registros de Literatura, 253
Regras na sala de aula, 98
Relatório de pesquisa, 154
Repreensões públicas, 100
Resolução
  de problemas, 245
  em duplas, 149, 171-176, 241-242
Resumos
  baseados no escritor, 199
  baseados no leitor, 199

Revisão de modelos, 245
Revisão de seus trabalhos, 194
Revisão/edição entre pares, 149-150, 255
Rich Instruction Model, 26
  aulas de ciência, 25
  ensino de história, 308-313
River City Project, ambiente virtual, 314
Robertson, e., 49
Rubricas, 137-140
  analíticas *versus* holísticas, 137, 139-140
  avaliação do ensino de línguas estrangeiras, 279, 290
  resolução de problemas de matemática, 138-139

S
Sagacidade, 91
Sarcasmo, 100
Schon, D. A., 15, 110
Schrock, Kathy, 137
Science NetLinks, site, 240
Seguir orientações, 65-66
Semelhança, 41
Sentimentos
  reflexão, 52-53, 54, 106
  Veja também Emoções
Sobreposição, 89-90
Software, 272-274
  aprendizado de ciências, 246-249
  aprendizado de história, 314
  aprendizado de literatura, 272-274
  aprendizado de matemática, 217
  orientações para redação, 272
  tradução de línguas estrangeiras, 289
  Veja também Recursos multimídia; Tecnologia
Soluções Documentadas para Problemas, 134
Sondagem de conhecimentos prévios, 134
Sternberg, R. J., 24-25
Strategic Instruction Model, 202
Stress on Analytical Reasoning (SOAR), 228
Sucesso
  atribuições, 81-82
  tomada de riscos, 79
Sugestões, 14

Supersistema
  externo, 23-24
  interno, 23-24
Suportes temporários, 38, 225, 244, 297-299

T
Tabelas de progresso, 140
  motivacionais, 78
  pensamento crítico, 140-141
TappedIn, site, 182
Teacher's Guide, site, 107
Teacher2Teacher (T2T), site, 221-222
Teachernet, *site*, 107
Teaching Tips (McKeachie), 31
TeachSafeSchools, *site*, 85
Técnicas de relaxamento, 210
Técnicas mnemônicas, 193
Tecnologia, 18
  ensino de ciências, 245-249
  ensino de história, 313-316
  ensino de leitura, 201
  ensino de matemática, 217-220
  ensino em inglês, 271, 272-274
  ensino em uma língua estrangeira, 290-292
  Veja também Recursos multimídia; Recursos na internet
Teleconferências, 291
Tempo de estudo, 194
TERC, *site*, 220
Testes
  análise de erros, 151-155
  de referência, 147
  explicação de respostas, 147-148
  habilidades para realização, 125-129
Timidez, 102
TIMSS, estudo, 217
Tom da voz, 100
Tomada de riscos, 70, 79
Toward a theory of instruction (Bruner), 57
Transferência, 30, 38-41
  aprendizado autônomo, 119
  distante, 39
  ensino de diretrizes, 41
  lateral, 38
  motivos para sua falta, 39-40
  negativa, 38, 41
  nula, 38
  "pela via principal", 38-39
  "pela via secundária", 39-40
  positiva, 38-39
  próxima, 39-40
  tipos de transferência positiva, 38-40
  vertical, 38

Troca de códigos, 96, 272
Troca de perspectivas, 19
Tutoria, 177
Tyson, Neil deGrasse, 211

U
USA Today, site, 67

V
Veterans history project, 313
Vínculos para o Sucesso, modelo, 82
VISIT, projeto, 45
Visualização criativa, 210

W
Web, recursos. *Veja* Recursos na internet
Webgraphing.com, site, 218
WebQuests
  história, 314-315
  matemática, 219-221-222
With every drop of blood: a novel of the civil war (Collier e Collier), 200-201
Withitness ("sintonia total"), 89, 90
World Class Tours, site, 286

Z
Zona de desenvolvimento proximal (ZPD), 38